U0923200

◎四川省社会科学高水平研究团队（2018—2020）“四川藏羌彝走廊文化创意产业发展研究团队”科研成果
◎阿坝师范学院校级专项科研项目“阿坝州旧志集成”科研成果

阿坝州旧志集成

综合卷

董常保 编

四川大学出版社

责任编辑：袁　捷
责任校对：庄　剑
封面设计：严春艳
责任印制：王　炜

图书在版编目(CIP)数据

阿坝州旧志集成 / 董常保编. —成都：四川大学出版社，2018.10
ISBN 978-7-5690-2433-3

Ⅰ.①阿…　Ⅱ.①董…　Ⅲ.①阿坝藏族羌族自治州－地方史　Ⅳ.①K297.12

中国版本图书馆 CIP 数据核字（2018）第 231701 号

书名　阿坝州旧志集成

编　者　董常保
出　版　四川大学出版社
地　址　成都市一环路南一段 24 号（610065）
发　行　四川大学出版社
书　号　ISBN 978-7-5690-2433-3
印　刷　四川盛图彩色印刷有限公司
成品尺寸　185 mm×260 mm
印　张　182.25
字　数　4443 千字
版　次　2018 年 11 月第 1 版
印　次　2018 年 11 月第 1 次印刷
定　价　2398.00 元

◆读者邮购本书，请与本社发行科联系。
电话：(028)85408408/(028)85401670/
(028)85408023　邮政编码：610065
◆本社图书如有印装质量问题，请寄回出版社调换。
◆网址：http://press.scu.edu.cn

《阿坝州旧志集成》编纂委员会

序

阿坝藏族羌族自治州（以下简称阿坝州）北邻甘肃、青海两省，西连甘孜州，南接成都、雅安，东毗德阳、绵阳、广元，是西北、西南各民族地区通往东南地区的主要枢纽和走廊，具有特殊的地理区位。自古以来，北部的蒙古族、回族向南迁徙，西部的吐蕃向东扩张，南部彝族向北浸渐，东部汉族大量迁入，在众多民族南来北往、繁衍迁徙和沟通交流的过程中，逐渐形成了民族特色鲜明的藏羌彝民族文化走廊。

阿坝师范学院作为地处阿坝州唯一的一所省属高等院校，长期以来，扎根于民族地区办学，充分发挥学校的人才和科技优势，为民族地区经济社会发展做贡献。文化和生态是阿坝州的重要资源，特别是藏羌彝走廊的优秀民族传统文化，积淀着藏羌彝等民族最深厚的精神追求，代表着民族独特的精神标识，彰显着藏羌彝等民族的精神气质，是藏羌彝等民族生生不息、发展壮大的丰厚滋养，同时也为学校发展提供了取之不尽，用之不竭的丰厚资源，是学校特色发展的营养基。

立足于这块文化积淀深厚的沃土，借助我校实力雄厚的科研团队，秉承和贯彻《关于实施中华优秀传统文化传承发展工程的意见》《四川省“十三五”文化发展规划》等文件精神，我们团队申报了“四川省社会科学高水平研究团队（2018—2020）”，经四川省社会科学界联合会批准，并被命名为“四川藏羌彝走廊文化创意产业发展研究团队”。团队以藏羌彝走廊等非物质文化遗产传承保护为主要研究对象，努力实现与产业化发展、文化创意、人数据等的融合。

我校文学与传媒学院董常保教授，作为四川省社会科学高水平研究团队成员，在古代文学、地方旧志、石刻文献、地方及民族文化研究等方面取得了一定成果。长期以来，董教授一直致力于阿坝州地方旧志的搜集和整理，历时十余年，收集了 40 种阿坝州旧志，并整理完成了点校本，作为学校和研究团队的研究成果，为学校建立阿坝州历史文献大数据提供了基础支撑，可喜可贺！

习近平总书记指出：“身体力行保护文化遗产，为子孙后代留存文化火种。”《阿坝州旧志集成》的出版问世，是我校扎根阿坝地区、服务民族地区的重要科研成果之一，是阿坝州第一部收集较为齐全的旧志集成，是阿坝州存史、资政、治政的重要参考书之一，是学者研究阿坝州民族历史的必备工具书之一，它定将成为研究阿坝州历史文化的经久不衰的重要参考资料。

四川藏羌彝走廊文化创意产业发展研究团队负责人　向武（教授）

2018 年 4 月

前　言

阿坝藏族羌族自治州（以下简称阿坝州）位于四川省西北部，青藏高原东南麓，东南部为高山峡谷区，中部为山原区，西北部为高原区，北与青海、甘肃接壤，东、南、西与成都、绵阳、德阳、雅安、甘孜等市（州）相邻。南北长约414公里，东西宽约360公里，面积8.42万平方公里。辖马尔康、金川、小金、阿坝、若尔盖、红原、壤塘、汶川、理县、茂县、松潘、九寨沟、黑水等13县（市），州府驻马尔康市。藏、羌、回、汉等各族人口共90余万，是四川省第二大藏区和我国羌族的主要聚居区。

一

清代之前，今阿坝州并未形成完整的行政建置。从清初到乾隆四十一年（1776），在今阿坝州地区设置“一州四厅”，即茂州和松潘、杂谷脑、阿尔古、美诺四厅。乾隆四十四年裁阿尔古厅并入美诺厅，四十八年改美诺为懋功厅。嘉庆六年（1801）以茂州属之保县入杂谷脑厅，嘉庆八年改为理番直隶厅。清代“一州三厅”的行政建置，为今阿坝州行政建置的雏形。

民国初年改州厅为县，1927年设立松理懋茂汶屯殖督办署，辖有茂、汶、松、理、懋五县及抚边、靖边、崇化三屯。1935年设置四川省第十六行政督察区，领茂县、松潘、汶川、理番（理县）、懋功（小金）、靖化（金川）六县。自此，阿坝州形成了完整统一的行政建置。

1950年2月成立川西人民行政公署茂县专区专员公署，1953年撤销茂县专区设立四川省藏族自治区，1955年四川省藏族自治区更名为四川省阿坝藏族自治州，1987年阿坝藏族自治州更名为阿坝藏族羌族自治州。其中，马尔康、黑水、九寨沟、阿坝、若尔盖、壤塘、红原七县（市），均为1950年后新设。

阿坝州建置虽晚，但其所辖之茂县、松潘、汶川、理县等县都有悠久的历史，且纂修方志代代相承，给后人留下了相当宝贵的精神财富。阿坝州雄踞川西高原，兼跨高山大川，为西北各民族地区连接川渝的重要枢纽，是我国最主要的民族迁徙融合的走廊之一。而阿坝州现存旧志，便是承载和记录这些历史的珍贵媒介。为此，欲全面了解阿坝州的历史变迁、民族交融、民族习俗、茶马古道等诸多文化，必先全面了解该地的历史文献。阿坝州现存旧志虽多，但大多分藏于各大图书馆和散见于各种大型图书中，读者很难全部收集齐全，欲睹阿坝州历史文化之全貌，若仅凭若干旧志而管中窥豹，则难免失之偏颇。因此，《阿坝州旧志集成》（以下简称《集成》）的收集、整理和刊行，实为当务之急。

二

《集成》之编辑，先需初定旧志目录，然后按目索志，进而收集、补充未入目录之志书，尽力臻于完善。

《集成》志书的选录，采取顶层设计，编制目录，进而采用宏观与微观相结合的方法，以收疏而不漏之效。为此，首先以《中国地方志联合目录·阿坝藏族自治州》所列旧志目录为《集成》的宏观参考书目，以其收录的25种志书体例为选录标准，即志（含乡土志）、志略（含志略草案）、纪略、概说、图说、采访册等六大门类。其次，以四川省内各地方志书目，如《华西大学图书馆四川方志目录》《四川省地方志目录》《四川大学图书馆馆藏地方志目录》《四川省地方志联合目录》《四川省各图书馆馆藏四川方志联合目录》《四川方志考》等，作为地方性微观书目。再以《阿坝州志·阿坝州历代编修志书目录》所载旧志书目，为区域性微观书目。从而初步确定三部具有全国性、地方性和区域性的地方志目录，作为初定《集成》的主要参考目录。

确定《集成》草目后，便按目索志。以各目录所载之“馆藏单位”，先后查询全国相关图书馆，并到州内各档案馆、图书馆、史志办等单位实地调研。经不断努力，逐渐收集到诸如《中国地方志集成》《故宫珍本丛刊》《中国方志丛书》《四库全书》《四库全书存目丛书》《民国边政史料汇编》《民国边政史料续编》《四川大学图书馆馆藏珍稀四川地方志丛刊》《重庆图书馆稀见方志丛刊》《中国西南文献丛书》《中国少数民族古籍集成》（汉文版）等大型方志图书中所收阿坝州旧志，历经数年努力，截至2013年，共收集到35种志书的电子版、影印本或复印本。

此外，还收集到（嘉靖）《茂边纪事》、（弘光）《松潘边图考》、（乾隆）《金川图说》、（乾隆）《大清一统志》和（嘉庆）《重修一统志》等5种旧志。二者相合，共收集到40种旧志。

三

《集成》收录阿坝州及所属各县之现存旧志，均为誊录点校本，共四十种。其择选标准、誊录标准和编排体例如下：

选入标准

1. 本《集成》所收旧志，时间截至1949年，且均为汉文志书。

2. 本《集成》所收旧志，需符合志书体例。诸如《平定金川方略》《平定两金川方略》《平定两金川述略》《金川案》等书籍概不收录。

3. 本《集成》非类书，凡散见于历史典籍且不能独立成册者，均不在收录范围。

4. 单独的人物志、野史、家谱概不收录。如（民国）《大禹传》《金川妖姬志》及土司传、家族谱等。

5. 诗文集，虽据奏章有感而作，若非亲涉其地，概不收录，如乾隆《平定金川诗》。

誊录标准

1. 版本选择：手抄孤本，以国家图书馆所藏版本为主；公开发行本，且被多种丛书收录者，则择取最早、最足、最清晰之本；若仅存覆抄本，则以覆抄本为主。

2. 底本与参校本：孤本仅有底本，无参校本。若有多版本，则相互对比，择优选用。如（民国）《汶川县志》有《中国地方志集成》和《中国方志丛书》两种版本，对比后，发现《中国地方志集成》本常识性讹误较多，《中国方志丛书》本错误较少，故以《中国方志丛书》本为底本，《中国地方志集成》本为参校本，并出校记。

3. 正文誊录，段落一仍原志，仅将竖排改为横排，繁体字改为简化字，并加标点。原书中难以辨认又无从查考的字词，本书采取□处理。底本之双行夹注，改为单行小字。底本表示尊敬的抬头、顶格、空格，一律按正常行文予以调整。

4. 誊录、整理、点校过程中，在保持旧志原貌的前提下，在版式上做了适当调整。

5. 底本讹误，以脚注刊正，并出校记。若原书有《勘误表》则径改，亦出校记。

6. 底本目录与内容不一致者，今予以重编，并出校记。

7. 后志引用前志有不同之处者，概作注释；再版与原版相异者，亦作注释。

8. 原文中一些带有时代烙印的记载、时事评价、政治称谓等，一仍其旧，不代表编者和出版者的意图。但为慎重起见，必要时仍对某些称谓施加引号，表示原作者所陈并非历史的真实情况或带有政治、民族偏见，如文献中称少数民族为“夷人”，污蔑共产党和红军为“赤匪”“共匪”等；对某些历史事件的记载和评价施以脚注，表明编者和出版者的立场，如红军长征途中经过阿坝，打击国民党和土豪劣绅，主张民族平等，号召民族团结，解民于倒悬，但当时作者基于反动的政治、民族立场和囿于时代的局限，歪曲历史事实，大加污蔑红军和共产党等，请读者甄别判断。

编排体例

1. 目录编排，有总目录，有分卷目录，总目列于首册，分卷目录刊于卷首，每部旧志下有详细小目。

2. 结构编排，采取总分结构，参照（乾隆）《大清一统志》之“一州四厅”次序编排成书。按综合卷（第一册），茂县卷（第二册），汶川卷（第三册），松潘卷（第四册），九寨沟卷、理县卷（第五册），金川卷、小金卷（第六册），次第编排。

3. 分册编排，各册先设计书名篇章页，次目录，次正文。

4. 分册编排，遵循完整性，即同一县的旧志尽量安排在同册。

另外，鉴于历史原因，本《集成》部分旧志未能收录，如成书于明代的《威茂通志》，毁于明末战火，仅乾隆《保县志》收录数条；如乾隆《保县志》多次提及“旧志”，现已不存；如民国《靖化县志》志稿，由县长游辅国于 1940 年着手编纂，至 1946 年后完成志稿，后佚失；如民国《理县志》，由县长姚佑民兼任主任委员，于 1949 年着手编纂，现仅存《采访资料一览表》。

董常保

2018 **年初春于阿坝师范学院桂苑**

附：《阿坝州旧志集成》未收书存佚表

时代	作者	书名	存佚	出处（收藏单位）
明代	佚名	《松潘军民指挥司志》	佚	明·杨士奇《文渊阁书目》
	佚名	《叠溪守御千户所》	佚	明·杨士奇《文渊阁书目》
	佚名	《威州保县志》	佚	明·杨士奇《文渊阁书目》
	薛曾、王元正	《威茂通志》	佚	（乾隆）《茂州志·序》
	苏继文	《松边志》	佚	（乾隆）《茂州志·乡贤》
	宋沧	《筹边图说》	佚	（乾隆）《茂州志·名宦》
	丰爵	《筹边策》	佚	（民国）《松潘县志·行谊》
	莫善如	《威茂边政考》	佚	《明史·艺文二》
清代	阿桂	《平定两金川方略》	存	国家图书馆
	来保	《平定金川方略》	存	国家图书馆
	清高宗等	《平定金川诗》	存	国家图书馆
	赵翼	《平定两金川述略》	存	国家图书馆
	郑栖山	《平定两金川军需例案》	存	《西藏学汉文文献汇刊》（第二辑）
	佚名	《金川案》	存	阿坝州档案馆
	魏源	《乾隆初定金川土司记》	存	《圣武记》
	魏源	《乾隆再定金川土司记》	存	《圣武记》
	佚名	《金川妖姬志》	存	《满清野史三编》
	周瑛	《松潘厅志》	佚	（民国）《松潘县志·序》
	夏毓秀等	《松潘厅志》	佚	（民国）《松潘县志·序》
	任运昌	《治边要略》	佚	（民国）《松潘县志·行谊》
民国	佚名	《川西地理大要》	存	国家图书馆
	庄学本	《羌戎考察记》	存	国家图书馆
	黎光明	《川西民俗调查记录》	存	国家图书馆
	余仲奎等	《四川理番六种木材之性质》	存	国家图书馆
	蒋次昇	《四川松潘草地畜牧兽医调查报告》	存	国家图书馆
	祝世德	《大禹志》	存	汶川县档案馆
	张目寒	《川西纪游》	存	《蜀中纪游》

总目录

综合卷

茂县卷

汶川卷

松潘卷

九寨沟卷、理县卷

金川卷、小金卷

目　录

（乾隆）大清一统志（茂松杂阿美）

（嘉庆）重修一统志（茂松杂懋）

川西边事辑览

四川松理懋茂汶屯区屯政纪要

松理茂懋靖汶边务鸟瞰

四川陆军测量局考察记

川西调查记

（清）乾隆敕撰

（乾隆）大清一统志（茂松杂阿美）

（清）乾隆五十五年刻本

提　要

摘自（乾隆）《大清一统志》。茂州设于雍正五年（1727），辖保县、汶川二县；松潘厅于雍正九年改设抚民厅；杂谷厅于乾隆十七年（1752）以保县旧城设；阿尔古厅（金川）和美诺厅（懋功）乾隆四十一年（1776）设。

一州四厅遵循（乾隆）《大清一统志》省以下编纂体例，均冠以图、表，分门如下：茂州十七门，松潘厅十六门，杂谷厅十三门，阿尔古厅十二门，美诺厅十门。一州四厅地处川西边陲，茂州、松潘厅和以保县改设的杂谷厅历史较久，阿尔古和美诺二厅原为土司地，乾隆平定大小金川后新设。故未能完全遵循（乾隆）《大清一统志》省以下编纂体例的二十一门，而是结合本地实际情形有所减损。

（乾隆）《大清一统志》（茂松杂阿美），对研究清初到乾隆平定大小金川后的建置沿革、地理、历史、风土等方面具有重要的文献价值，是阿坝州现存最完整最早的一部地方总志。

目　录

茂　州

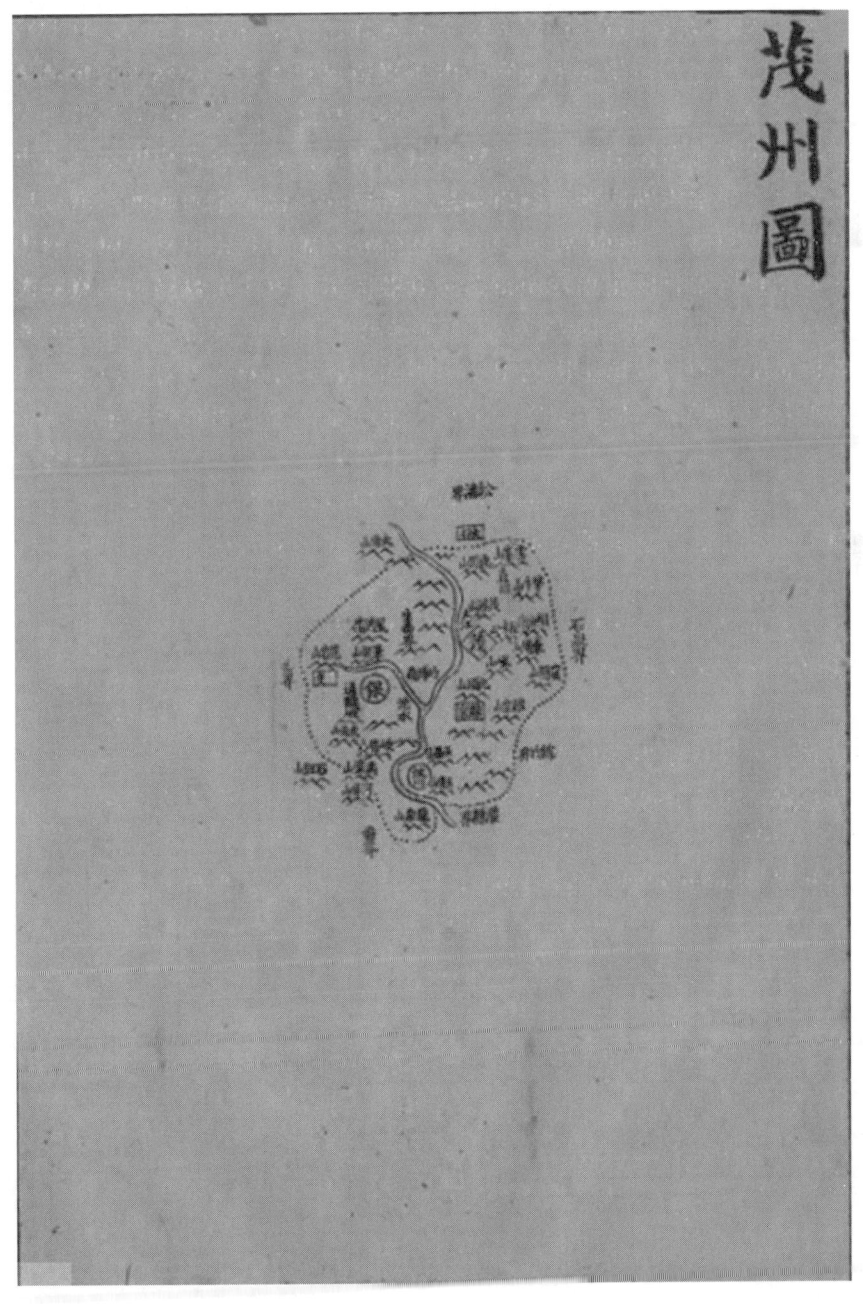

茂州

	两汉	三国汉	晋	宋齐梁	西魏周	隋
茂州	汉元鼎六年置汶山郡，地节初罢，为蜀郡北部都尉。	**汶山郡**：先主复以北部置郡。	徙郡治汶山县	绳州北部郡，齐复置北部都尉，梁置州郡。	汶州北部郡，周保定中改置州。	**汶山郡**：初废郡，改蜀州，寻改会州，大业初又改。
	汶江县：汉初为郡治，寻属蜀郡。	**汶江县**：郡治。	**广阳县**：改汶江县置，属汶山郡，东晋后废。	**广阳县**：为梁复置州郡治。	**广阳县**：州郡治。	**汶山县**：仁寿初更名，郡治。
保县						
汶川县			**汶山郡**：移治，东晋又徙。		**汶山郡**：周复置。	开皇初罢。
	绵虒县；汉属蜀郡，后汉曰绵虒道。	**绵虒县**，属汶山郡。	**汶山县**：更名郡治，后废。		**汶川县**：周置，郡治。	**汶川县**：属汶山郡治，移汶山县。
	广柔县：属蜀郡。	**广柔县**。	**广柔县**：属汶山郡。	废		

表

唐	五代	宋	元	明
茂州通化郡：武德初复曰会州，寻改南会州，贞观八年又改属剑南道。	**茂州**：属蜀。	**茂州通化郡**：属成都府路。	**茂州**：至元中改吐蕃宣慰司。	**茂州**：属成都府。
汶山县：州治。	**汶山县**	**汶山县**：政和六年改建寿宁军，旋废。	**汶山县**	初省入州
羁縻真州：天宝五载置昭德郡，乾元初改，领昭德、昭远、鸡川三县，广德后入番。 **羁縻乾州**：大历二年置，领招武、宁远二县，属茂州郡督府。 **羁縻涂州**：武德初置，领端源、婆览二县。贞观初省，旋复领端源、临涂、悉怜三县，属茂州都督府。 **羁縻炎州**：贞观中置西封州，旋改，领大封、慕仙、义川三县，属茂州都督府。 **羁縻彻州**：贞观中置领文彻、俄耳、文进三县，属茂州都督府。 **羁縻向州**：贞观中置，领具左、向贰二县，属茂州都督府。 **羁縻冉州**：贞观中置领冉山、磨山、玉溪、金水四县，属茂州都督府。 **羁縻穹州**：贞观中置西博州，旋改，领小川、彻当、壁川、当博、恭耳五县，属茂州都督府。 **羁縻笮州**：贞观中置西恭州，旋改，领遂都、亭劝、比思三县，属茂州都督府。又永徽初置篷鲁等三十二州。 **羁縻嵯州**：贞观中置领江源、洛稽二县，属松州都督府。 **羁縻可州**：贞观中置西义州，旋改，领义诚、清化、静方三县，属松州都督府。 **羁縻远州**：贞观中置领罗水、小部川二县，属松州都督府。维州地。				
羁縻霸州：天宝中置静戎郡，乾元初改州，领安信、牙利、保宁、归化四县。	**维州**：属徙。 **保宁县**：前属改置州治。	**威州**：景德初更名，属成都府路。 **保宁县**：政和四年改置亨州，改安信县曰嘉会。宣和初废。	**威州**：属成都路，至元中省入州。	**威州**：属成都府，宣德中移治。
		熙宁九年置威戎军，政和六年更名延宁，宣和初省。		
汶川县：属茂州。	**汶川县**。	**汶川县**：初属威戎军，后复属茂州。	**汶川县**：至元 丨九年废，后复。	**汶川县**：宣德中移治，属茂州。

茂 州

（茂州）在四川省治北少西四百一十里，东西距一百八十里，南北距四百三十里。东至龙安府石泉县界一百里，西至黑虎寨番界八十里，南至成都府灌县界二百七十里，北至龙安府松潘卫界一百六十里。东南至石泉县界一百里，西南至杂谷厅界一百六十里，东北至石泉县界一百里，西北临大江。本州东西距一百七十里，南北距一百五十里。东至石泉县界九十里，西至黑虎寨番界八十里，南至汶川县界七十里，北至叠溪营八十里。东南至绵州安县界一百二十里，西南至保县界七十里，东北至石泉县及叠溪营界一百里，西北至叠溪营界九十里，自州治至京师四千九百里。

分 野

天文井鬼，分野鹑首之次。

建制沿革

《禹贡》梁州之域，汉初为冉駹国地。（按：《史记·大宛传》天子发间使出駹，出冉。是冉、駹本二种也。）武帝元鼎六年，以其地置汶山郡。（见《汉书·武帝纪》。《华阳国志》作元封四年置，误。）治汶江县。宣帝地节三年省，属蜀郡，为北部都尉。后汉因之。建安中，先主定蜀，复以北部为汶山郡。（《华阳国志》作安帝延光三年复立，《后汉·西南夷传》又作灵帝时，今据《蜀志·陈震传》为正。）晋时移郡治汶山县，改汶江为广阳属之。东晋后荒废。萧齐复置北部都尉。梁普通三年，置绳州北部郡，仍置广阳，而县为治。（按：《隋志》：汶山县旧曰广阳，梁改为北部都尉。今考《齐志》有北部都尉，无广阳县。盖北部置于齐，州郡县皆置于梁时也。）后周保定四年，改绳州曰汶州。隋开皇初，郡废，改汶州曰蜀州，寻又改会州，置总管府。仁寿元年，改县曰汶山。大业初，府罢，复改州为汶山郡。唐武德元年，复曰会州。三年置总管府。四年改曰南会州。七年改置都督府。（督南会、翼、维及羁縻涂、炎、彻、向、冉、穹、笮等十州。永徽后，又增领三十二州，皆生羌部落。）贞观八年，始改曰茂州。天宝元年，改通化郡。乾元元年，复曰茂州，属剑南道。五代属蜀。宋亦曰茂州通化郡（领羁縻十州），属成都府路。元属吐蕃宣慰司。明洪武初，以州治汶山县省入，属成都府。本朝初因之。雍正五年，以州直隶四川省，省威州为保县属之，领县二。

保县：在州西南八十里，东西距五里，南北距六十九里。东至汶川县界二里，西至汶川县界三里，南至汶川县界一里，北至岳希司番界六十八里，东南至汶川县界三里，西南至汶川县界四里，东北至汶川县界三里，西北至杂谷厅界七十二里。古冉駹国地，汉为绵虒县地。晋属汶山郡。隋开皇中始于今县西北番界置薛城戍，属会州。唐武德七年，以其地置维州。贞观元年，羌叛州废。二年，复置，并州薛城县为治。天宝元年，改维州郡。乾元元年，复曰维州，属剑南道。广德元年，没吐蕃。太和五年，收复，寻弃之。大中三年，而复内附。五代，蜀永平二年，州内徙，又改县曰保宁。宋景德三年，改曰威州，属成都府路。元至元十九年，以州治保宁县并入，属成都路。明洪武六年，于州西北境析置保县属之，仍隶成都府。宣德中，又移州治汶川县。本朝雍正五年，省威州入保县，仍移县来治，属茂州。

汶川县：在州西南一百二十里，东西距一百六十里，南北距一百七十里。东至本州界一百四十里，西至瓦寺司界二十里，南至成都府灌县界一百二十里，北至本州界五十里，东南至灌县界一百里，西南至瓦寺司界三十里，东北至本州界五十里，西北至保县界十里。汉置绵虒县，属蜀郡。后汉曰绵虒道。三国汉置汶山郡。晋改县曰汶山。东晋后郡徙县废。后周复置汶山县，仍于县置汶山郡。隋开皇初郡废，属会州。大业初属汶山郡。唐属茂州。宋熙宁九年，于县置威戎军。政和六年，改名延宁。宣和三年，废军为寨，县仍属茂州。元至元十九年，废县设巡检司，后复置。明宣德中，县南徙，仍属茂州。本朝初，属成都府。雍正五年，复属茂州。

长宁安抚司：在州西北四十里。明初，历日寨首归附，置长宁安抚司。本朝顺治九年，首领苏延辅归附，仍按原职，所辖番民四百三十户。东至长宁堡官道七十里，西至龙平大小历日、三姐等寨五十里，南至水草坪巡司界卅里，北至实大关十八里。

瓦寺安抚司：在汶川县西北二十里。其先于明时世袭安抚司。本朝顺治九年归附，仍授原职，所辖番民一千二百户。东至保子关番界四十里，西至金川鄂克什两司界五百里，南至董卜韩胡宣慰司界六百里，北至杂谷厅界二百五十里。其境内有天赦、天成等山，为往鄂什克小金川必由之路。磴道千盘，每至秋冬，积雪凝冰，险滑难越。

静州长官司：在州东二里。宋时蛮董姓者据其地，号静州蛮。明洪武七年，置长官司，世袭。本朝康熙五年，首领董应诏归附，仍授原职，所辖十寨番民。东至关子堡陇木土司界三十里，西至岷江岳希司界十里，南至州界二十里，北至叠溪营界六十里。

岳希长官司：在州西五里。明洪武七年，置长官司。本朝康熙五年，首领坤道龄归附，仍授原职。所辖黑族七番民一千十户。东至州界镇西桥，西至章圭寨二十里，南至牟托巡司界二十里，北至竹木坎巡司界五十里。

陇木长官司：在州东北四十里。明洪武七年，置长官司，后为何姓。本朝康熙五年，首领何延禧归附，仍授原职。所辖番民百十七户。东至石泉县界三十里，西至静州司界五里，南至州界五里，北至叠溪营界三十里。

水草坪巡检司：在州北三十里。东至长宁堡十里，西至镇戎堡岳希司界四十里，南至魏磨关四十里，北至两河口长宁安抚司界十里。

牟托巡检司：在州西南四十里。东至州界二十里，西至生番界十五里，南至保县保子关二十里，北至岳希司界二十五里。

竹木坎副巡检土司：在州西北五十里，东至三姐寨生番界十五里，西至黑龙寨三十里，南至长宁堡岳希司界三十里，北至水草坪巡司界五里。以上三土巡司皆顺治九年归附，与长宁等司并属茂州。

形 势

控制吐蕃，捍蔽内郡（《图经序》）。逼近羌戎，环带山险，成都肩背之地（《旧图经》）。威茂两州，实灌口之障蔽，其势特与沿边诸州不同。堡寨参错于中，州城孤立于外，而属部藩周分环据，二三百里之间，官路惟留一线（宋胡元质奏议）。

风 俗

其山有六夷、七羌、九氐，各有部落。土气多寒，盛夏冰犹不释（《后汉书·冉駹夷传》）。好弓马，以勇悍相高，诗书之训阙如，自古及今，并无两税（乐史《太平寰宇记》）。俗耐饥寒（《图经》）。叠石为碟以居，如浮图。高二三丈者，谓之笼鸡；十余丈者，谓之碉；亦有板屋土屋者（同上）。

城 池

茂州城有内外二城，内城周三里有奇，门四，明洪武初筑。外城周五里，门二，成化中筑，明末圮。本朝康熙六年重筑，五十六年再修。

保县城：即旧威州城，周六里，门二。明弘治中因旧修筑。

汶川县城：周二百八十四步，门二。明正德七年建，本朝乾隆二十九年修筑。

学 校

茂州学：在州治南。明洪武八年建，明末毁。本朝康熙六年重建，入学额数八名。

保县学：在县治南，即旧威州学。本朝雍正元年自县西迁建，今所入学额数八名。

汶川县学：在县治南，明嘉靖二年建，入学额数八名。

户 口

原额户四千七十一，滋生户一万三千一百五十一。

田 赋

田地六千五百二十七亩八分零，额征丁条量银九百五十六两四钱七分八厘零。

山 川

茂湿山：在州北一十里。《旧唐书·地理志》：茂州，以郡界茂湿山为名。《明统志》：树木茂密，常有岚气，因名。

五味山：在州东十八里。山出五味子，因名。

马蹄山：在州东三十里。

巨人山：在州南三十里。《寰宇记》：山头有石如人，面南。明皇幸蜀时，以石人背立，敕令鞭之一百。下有九池，俗传是九龙池。祝穆《方舆胜览》：山有黑龙湫，四山环绕百二十里。《旧志》：与雪山相连，前有龙洞，有水喷出，山后有径，可达天池、大坝、彭县三郎庙等处。

龙泉山：在州南。《隋书·地理志》：汶山郡北川县，有龙泉山。《寰宇记》：在汶山县南四十八里，山下有湫，号青池，一曰龙池，时或水旱，民祷必应。放牧马于其侧，多生骏驹。

鸡宗山：在州南四十里。《方舆胜览》：宋熙宁九年，杨文绪作乱，声援俱绝，至书木牌投于江以告急，朝廷遣王中正将兵旁出鸡宗山讨平之，置关及镇羌寨于此。

鹰门山：在州北二十里。《寰宇记》：山多鹰楼，故名。按《隋志》：北川县有雁门山。即鹰门山之讹也。

岷山：在州东南。《益州记》：岷山去成都五百里。李吉甫《元和郡县志》：汶山县有汶山，即岷山也。南去青城石山百里，天色晴明，望见成都。山岭停雪，常深百丈。夏月融泮，江川为之洪溢，即陇山之南首也。《旧志》：岷山在州东南二十里，其高直上六十里，山有九峰，四时积雪不消，一名雪山，俗呼九顶山。按此非古岷山也。《汉志》：岷山在湔氐道徼外，在今松潘卫北生番界。又郭璞《山海经注》：岷山在广阳县西。张栻《西岳碑》云：在茂州列鹅村，其趾曰羊膊。欧阳忞《舆地广记》：在汶山县西北，俗谓之铁豹岭。此又在州西番界，今无可考。

陇东山：在州东北十八里。按《宋史》：州北有陇东道，通绵州。即此。

玉垒山：在保县治。《汉书·地理志》：绵虒县玉垒山，湔水所出。郭璞《江赋》：玉垒作东别之标。《元和志》：山在汶川县东北四里。《旧志》：在威州治后。

峨眉山：在保县西五里，一名古城山。

七盘山：在保县西十里。《寰宇记》：在汶川县北九里，有七盘路。

慈母山：在汶川县南六十里。《元统志》：山中有池曰滋茂池，亦曰慈母池。《名胜志》：慈母山在青城山东。滋茂龙池在汶之尤溪，万山耸立，中有方池，周四十里。

河屏山：在汶川县西二里，山腰有大坪。

涂禹山：在汶川县西北二十里。峰峦秀丽。今为瓦寺安抚司在牧之处。

相公岭：在州东北茂湿山北三里。《方舆胜览》：相公岭，州之主山。《旧志》：宋王中立驻帅于此，因名。

娘子岭：在汶川县南百里，高峻逶迤，为县门户。

木瓜坪：在汶川县东一里。又马念坪，在县西北五里，接瓦寺土司界。

大邑坪：在汶川县南。悬崖临江，地势险阻，为金川要路。现设塘汛。又兴文坪，在县南七十里。

湿阪：在汶川县南。《元和志》：岭上树木森沉，常有水滴，未尝暂燥，故曰湿阪。按，《元统志》作湿冻岭。

龙洞：在汶川县南一百三十里。两山石壁高悬，疑于无路。至冬则水不入江，皆注洞中，不知归于何处。

大江：自松潘镇叠溪营流入，南流经州城西，又西南经保县、汶川二县西，又南入成都府灌县界。郦道元《水经注》：江水自蚕陵南下至石境，又六十余里而至北部，始百许步。又西百二十余里至汶山故郡，乃广二百余步。又西南百八十里，至湿阪，江稍大矣。《元和志》：汶江北自翼州南流，经汶山县西二里。《旧志》：岷江自叠溪营入茂州境。南流五十里，合黑水。又东南三十里至州城西，又折而西南六十里过汶川县地，十余里入威州界。西流一里径州城，北合花水。又西南十里，仍过汶川县界。又三十里至县城西，又南曲流一百三十里入灌县界。其在威州界者，亦名湔水，每斤较沱水轻二两。

神溪河：在州东，又东入龙安府石泉县界，即古石密溪也。《元和志》：石密溪在汶山东十九里。《旧志》：今名马蹄溪。源出州东马蹄山，东入石泉县界。又有都流溪，源出都流口寨，合马蹄溪。按《舆图》作神溪，下流即石泉河。详见“石泉县”。

白水河：在州南，源出龙泉山，西流入江，居民引以灌溉，甚利。

黑水河：在州西北六十里，源出生番界。东南流经叠溪营西界，至长宁堡西入大江，即古翼水也。

黑虎寨河：在州西北，源出黑虎寨。东流至长宁堡南入江。《旧志》谓之北松溪。

草坡河：在汶川县南，源出瓦寺土司界，有二派，南曰龙潭沟，北曰沙派沟。东南流会为一，入大江。

南龙溪：在州南。《方舆胜览》：茂州有龙溪水，引入城内，至光孝寺。以两池潴之，居民常汲饮。《州志》：源出巨人山龙湫，今改流城外，西入江。

三溪：在州北五里。《明统志》：五福泉在州治。《图经》云：自三溪口引水入城，至州治，贮以两井，号五福泉，民汲饮。《州志》：源出茂湿山，南流入城，民取汲之，西入江。

磨刀溪：在汶川县北二十里，西流入江。

桃川：在汶川县南四十里，山溪也。有桃千余树，故名。

洞口瀑泉：在保县西南五里，其源极远，自半空直下，喷流数千尺，居民资以灌溉。

温泉：在汶川县西南一里。山下涌出，冬温夏凉。

新井：在州城中。州旧无井，仰汲于江。遇蛮警，辄断汲路。明正德中，巡抚马昊凿地数十丈方得泉，号曰新井。

古 迹

汶江古城：在州北。汉置，为蜀郡北部都尉治。晋改置广阳县。隋改汶山。唐宋皆为茂州治。明初，始省入州。《元和志》：汶山县，本汉汶江县地。汶江城在县北三里。宋白《续通典》：晋置广阳县于汶江县西北五十里，周移置于石镜山南六十里，即今治也。

汶川故城：在保县南。汉置绵虒县，属蜀郡。晋改曰汶山。梁周时改置汶川县者于此。《水经注》：湔水出绵道，亦曰绵虒县，即汶山郡治，刘先主之所置也。《元和志》：汶川县北至茂州一百里，本汉绵虒县地。梁于此置汶川县，因县西汶水为名，仍于县置。汶山郡，隋开皇三年罢郡，以县属汶川。《旧志》：明宣德中，威州数罹番害，遂迁州治于汶川县，而移汶川县治于寒水驿北，即今治也。故城在今威州城南山腰平处，曰古城坪，基址尚存。

广柔故城：在汶川县西北。汉置县，属蜀郡。后汉因之。晋初属汶山郡，后废。《括地志》：在汶川县西七十二里。

废真州：在州西北。《元和志》：真州在合江镇西一百四十二里。东至翼州界四十里，南至茂州通化县一百里，西至维州界一百里，北至悉州界四十里。其地本名真符。天宝三年，节度使章仇兼琼以其地险阻，又当西山要路，奏置真符营，控押一川。五年，节度使郭虚己仍奏置昭德郡。乾元元年，改为真州。管县四：真符县、郭下，又昭德、昭达、鸡川三县，并在州侧近以熟首领为其令长，居无常所。《旧唐书·地理志》：真州治真符县。天宝五载，分鸡川、昭德二县置。又鸡川县，先天二年，割翼州翼水县置，属翼州。天宝五载，改属真州。昭德县，《旧识》臼县属悉州[1]。天宝元年，改属翼州，仍改名昭德。五年，改属真州。《宋史·地理志》：茂州领寿宁寨，本羁縻真州。政和六年，建寿宁军在大皂江外，距茂州五十里。八年废为寨。宣和三年，废寨为堡。《旧志》：废真州在叠溪所西南百里，有栖鸡川。

废乾州：在州西。《唐书·地理志》：大历三年，开西山置，领县二：招武、宁远。又《旧唐书·地理志》：茂州羁縻州有涂州。武德元年，临涂羌归附置，领端源、婆览二县。贞观二年，州县俱省。五年又置，领端源、临涂、悉怜三县。又炎州，贞观五年，生羌归附，置西封州。八年，改炎州，领县三：大封、慕仙、义川。又彻州，贞观五年，西羌首领董嗣贞归化置，领县三：文彻、俄耳、文进。又向州，贞观五年，生羌归化置，领县二：具左、向贰。又冉州，本徼外敛才羌地。贞观五年，置西冉州。九年去西字，领县四：冉山、磨山、玉溪、金水。又穹州，贞观五年，生羌归附，置西博州。八年改穹州，领县五：小川、彻当、壁川、当博、恭耳。又笮州，贞观七年，白狗羌降附，置西恭州，八年改笮州，领县三：遂都、亭劝、比思。右七州，皆属茂州都督。永徽后，又拆为三十一州，今不录。又松州羁縻州有崌州，贞观元年，招慰党项置，领县二：江源、洛稽。又可州，贞观四年，处党项羌，置西义州。八年，改可州。领县三：义诚、清化、静方。又远州，贞观四年，生羌归附置，领县二：罗水、小部川。俱隶松州都督。《宋史·地埋志》：茂州领羁縻当、真、时、涂、远、飞、乾、可、向、居十州。《旧志》：今皆在番界。

废霸州：在保县西北。《旧唐书·地理志》：天宝元年，招附生羌，置静戎郡。乾元元年，改霸州，置安信县，县与州同置。《寰宇记》：乾德三年，霸州内附，领安信县，去州二十里；牙利县，去州五里；保宁县，去州三十里；归化县，去州西北百里；并与郡同置。《宋史·地理志》：威州领嘉会寨，本羁縻霸州。政和四年，建为亨州县，曰嘉

---

[1] 《旧识》臼县属悉州：（嘉庆）《一统志》作"《旧志》县旧属悉州"。

会。宣和三年，废州，以县为寨，隶威州。《元统志》：通化县有嘉会乡。《旧志》：威州西北二十里有霸州堡，设仓置戍。

合江城：在州北。《唐书·地理志》：翼州有合江谷，筑三谷三守捉城。《元统志》：合江镇在茂州北八十里。《旧志》：合水在叠溪所南五十里，一为汶山，北自松潘界东；一为黑水，西自生番界；来合流于此。如张两翼，谓之翼水，故州以为名。或谓之合水，亦谓之合江。唐置守捉城于此，今置穆肃堡。

安戎城：在州西番界。唐仪凤二年，益州长史李孝逸筑，以绝吐蕃通蛮之道。永隆元年，为吐蕃所陷。开元二十八年，节度使章仇兼琼克而守之。至德初，改曰平戎城。杜佑《通典》：恭州西南到平戎城百十里。

舍堂城：在州北二里。明嘉靖三十一年，兵备胡鳌筑。与州城犄角，今废。又罗城，在州北三里。嘉靖中，副使宋[①]纨筑。以捍小姓五寨诸蛮，号为金城，又名万里城。

笼山城：在保县北。唐置戍于此，今为龙山番寨。

威戎军城：在汶川县北。《唐书·地理志》：茂州有威戎军。《宋史·地理志》：延宁寨，本威戎军，熙宁间所建。政和六年，汤延俊纳土，重筑军城，改名延宁。宣和三年，废为寨，隶茂州。四年，又废寨，入汶川县。

石纽村：在汶川县西北。谯周《蜀本纪》：禹本汶山郡广柔县人，生于石纽。《华阳国志》：番人营其地，方百里，不敢居牧。有过，逃其野中，不敢追，云畏禹神。《括地志》：石纽山在汶川县西。《元和志》：广柔故县有石纽村，禹所生处，至令其地名刳儿坪。《寰宇记》：石纽村在汶山县西百四十里。按石纽村，又见石泉县。

列岫堂：在州治。《明统志》：因九顶列于南，屏风盘台列于西，巨人橐驼列于东，故名。又有雪峰、妙算、遥雪三堂，皆在州治。

练光亭：在州城内。《舆地纪胜》：王咨记云，大江自徼外东绕郡城西北，极目可百里许，每日出未下，朝霭横空，夜色敛昏，素月流天，一望水光，杳荡无际，江流其间，若万丈长虹夭矫其上而吞吐之也。旧有亭曰观澜，据城之隅，不兴景会，因取少陵《赋岷江图》有“山虹饮练光”之句，以练光题其颜。

关隘

积水关：在州东七十里，明置巡司，今裁。

桃坪关：在州东。西去土门堡二十里，亦名桃坪堡，属陇木长官司戍守。

鸡宗关：在州南四十二里。宋熙宁九年置，明置巡司，久革。又州界有敷文关，宋宣和三年废为堡。

七星关：在州南四十五里。唐乾符二年，高骈镇西川，复戍望星关，即此。关前山有小孔七，大孔一，穿山而成，如七星伴月然，故名。关南栈道临江倚崖，古称绝险。明嘉靖十九年，副使张问之凿崖开修，旁有偏桥。

① 宋：误，当为“朱”。

雁门关：在州南七十里。明正统十年，黑苦[①]等羌倡乱，巡抚寇深置关，临江而据险，为州南门户。旁有偏桥，关外以溪为限，溪南即汶川县界。

魏磨关：在州北三十里，明置巡司，今裁。

实大关：在州北八十里。东南去穆肃堡十里。明洪武初，平蛮将军丁玉设，关外即叠溪营界。

镇远关：在保县西南一百二十里，为杂谷、瓦寺往来之路。

保子关：在保县西北一里，湔沱二水之中，为汉羌出入要卫。

故桃关：在汶川县南，县丞分防之所。《水经注》：都安县有桃关。《元和志》：在汶川县南八十二里，远通西域，公私经过，惟此一路。关北当风穴，其一二里中，昼夜风起，飞沙扬石。

彻底关：在汶川县南五十里，为松茂第一要隘。

茶关：在汶川县南一百四十五里，一名蚕崖关。又寒水关，在县西，明置巡司，今裁。

土门堡：在州东七十里。明正德中，州将何卿破叛蛮于此。《旧志》：州东十里有土地岭堡，又东有镇远关子、神溪、土门等堡，达于桃关，其七关堡，为州东险要处。

坝底堡：在州东土门堡东四十里。与石泉县接界，亦曰坝底城。

镇戎堡：在州北十里。又椒园堡，在州北二十五里。

长安堡：在州北，去椒园堡十二里。明成化十五年置，初在山阪，水道艰险。明嘉靖十五年，改筑于旧堡之南。

韩胡堡：在州北四十里，去长安堡十四里，亦曰临江县。

松溪堡：在州北五十里，去韩胡堡十四里。

长宁堡：在州北六十里。明初置长宁安抚司，设同知于此，辖凿溪、章贡等寨，后废，改置长宁堡。今为松潘、叠溪要路。

穆肃堡：在州北，去长宁堡十三里。

坡底堡：在保县西南七十里。又乾溪堡在县北五十里。新安堡在县北旧城东十里。

汶堡：在汶川县西一里。石城周三十八丈，门二。西北通土司番寨。

马原堡：在汶川县西五里，为番夷出入之所。

雁门堡：在汶川县北五十里，石城周四十丈。

寒水驿：在汶川县南门外。旧置于县西北四十里苏村寨。明隆庆中，移于江东。上至茂州安远驿七十二里，下至灌县永康驿一百六十里。又太平驿，在县东南八十里。

津　梁

镇西桥：在州西门外。为羌人出入要路。

绳桥：在保县西北。《元和志》：汶川县有绳桥，在县西北三里，架大江蔑笮四条，以葛藤纬络，布板其上，虽从风摇动，而牢固有余，番人驱牛马去来无惧。今按：其桥

① 苦：误，当为“虎”。

以竹为索涧，六尺长十步。《旧志》：铃绳索桥跨湔水，永镇索桥跨沱水，皆在州西北城外。本朝乾隆三十六年进讨小金川，以逾汶川县绳桥，前抵瓦寺，必经碉头、草坡之险，因于桃关改建索桥，路近而经稍平，行者便之。

铃绳桥：在汶川县西一里。跨大江，长四十八丈，涧八尺，绳围一尺五寸，左右各四栏以翼之。桥两柱，高六丈，东西建层楼。楼下有立柱转柱，立柱以紧绳，转柱以绞绳。

祠 庙

大禹庙：在保县西四十里通化里。

江渎庙：在州东门外二里。

武侯祠：在保县西十里七盘山。

报功祠：在保县治西。元建，祀蜀姜维、唐李德裕，后改名灵祐，增祀秦李冰。

名 宦

三国汉

何祗：字君肃，为汶山太守，民夷信服。迁广汉后，夷反叛，云：传前何府君，乃能安我耳。时难屈祗，拨祗族人为汶山守，复安。

宋

赵瞻：盩厔人，知威州。瞻以威茂杂群獠，险而难守，不若舍之而建郡于汶川，条著甚详，为《西山别录》。后熙宁中，朝廷经理西南，就瞻取其书考焉。

赵全时：简县人。神宗时，知威州，治行异等。

范百常：华阳人，知茂州事。初茂州有盖、涂、静、当、直、时、飞、宕、恭九种蛮，蛮自推一人为州将，治其众将，常诣州受约，东州居群蛮之中，地不过数十里。宋初，无城隍，惟植鹿角，蛮乘夜屡入寇，民甚苦之。熙宁八年，相率诣州请筑城，百常实主是役。蛮以为侵其地，率众奄至，百常击走之。乃合静、时等蛮来寇，百常拒守，凡七十日。诏遣王中立将陕西兵来援，诛杀颇众，蛮乃降。

桂堂：彭山人，守威州时，羁縻保、霸二州交恶，堂自携牛酒至通化军会二州酋长，论以祸福，乃降。

史季俭：威州祺城主簿。成都之陷，子良震与婿杨城夫，争相为死，各特赠两官，与二子下州文学。

明

刘坚：永乐时，知茂州。奏立学校，秉公有守，均徭平讼，流民复业。岁旱祈雨立应。秩满，州民保留之。

陈敏：陕西华亭人。宣德时，知茂州。州僻处边徼，与松潘、叠溪诸番邻，岁被其患。自敏莅任，内抚民庶，外驱羌戎，恩威互施，始获安业。及遭丧去官，诸长官司及番民百八十人乞留，报可。正统中，九载报最，军民复请留，进成都府同知，视茂州事。都司徐甫，言敏在职公勤，群番信服。命进敏右参议，仍视州事。景泰初，秩满九载，进右参政，仍视州事。敏莅任二十余年，威信大行，军民胥悦。以监司秩莅州，前未有也。

汪浩：茂州判官。英宗时，佐贰中最知名。

孙汉：江阴人。嘉靖中，知茂州时，五寨蛮乱，守业有方，蛮不敢犯。

本　朝

陈名蟠：福宁人。康熙中，知汶川县。邑当蹂躏之后，名蟠绥辑有方，民获免于流播。有中山斜圃，地隶汶川，而徭冒威州，年久逋赋。名蟠按籍得三百户，立请随田征派，乃定。

人　物

本　朝

林承恩：保县诸生。父疾笃，承恩啮指血缮疏，吁天求以身代，未几，承恩卒，父疾果愈。

流　寓

三国汉

廖立：武陵人。诸葛亮废立为民，徙之汶山郡，立躬率妻子耕殖[①]自守。及亮卒，立垂泣，曰：吾终为左衽矣。遂终于徙所。

明

王元正：盩厔人。嘉靖时，以议礼谪戍茂州卫。构别业于城南，讲学二十余年，一时多所成就。

① 殖：乾隆《茂州志》作“织”。

列　女

明

朱政妻陈氏：灌县人。成化十一年，政守镇戎堡，值羌番犯边，战死。陈抱尸恸哭，既殓，遂投崖死。

本　朝

罗铭鼎母段氏：云南人。铭鼎知茂州，段氏随养。值贼赵荣贵陷城，铭鼎死之。段曰：吾儿能为国死难，吾复何恨？投大石缸死，州人镌其事于石缸以表之。

保县郭氏：嫠居，依于如所，仆欲胁其污之，峻拒不获，坠楼而死。

叶定国妻宋氏：茂州人。少寡，苦节，养姑抚子，于康熙年间旌表。又同州有罗宽妻蒋氏、唐景群妻蒋氏、耿韬明妻胡氏、晏焕妻坤氏、梁延栻妻韩氏、刘国正妻李氏、何璜妻坤氏、蒋梯妻王氏，并以节孝于乾隆元年以来先后旌表。

王四琏妻焦氏：保县人。嫠居四十余年，事舅姑尽礼，抚遗孤成立。于康熙年间旌表。又同县罗成章妻牟氏、郭世荣妻冯氏、袁建侯妻张氏、巫文杰妻唐氏，俱以夫亡守节，于乾隆年间先后旌表。

土　产

金：《唐书·地理志》：茂州贡麸金。

丹砂：《唐书·地理志》：茂州贡。

麝香：《元和志》：茂州贡。《寰宇记》：茂州产麝香、麝脐。

药：《唐书·地理志》：茂州贡羌活、当归。《元和志》：茂州贡生升麻、生马、牙硝。《寰宇记》：茂州产五味子。

麻布：《元和志》：茂州贡。

狐尾：《唐书·地理志》：茂州贡。

十酪蜜：《寰宇记》：茂州产。

芋：《华阳国志》：汶山郡出，大如蹲鸱。

五角牛：《寰宇记》：茂州土产。又旄牛，无角，一曰童牛，肉重千斤。

松潘厅

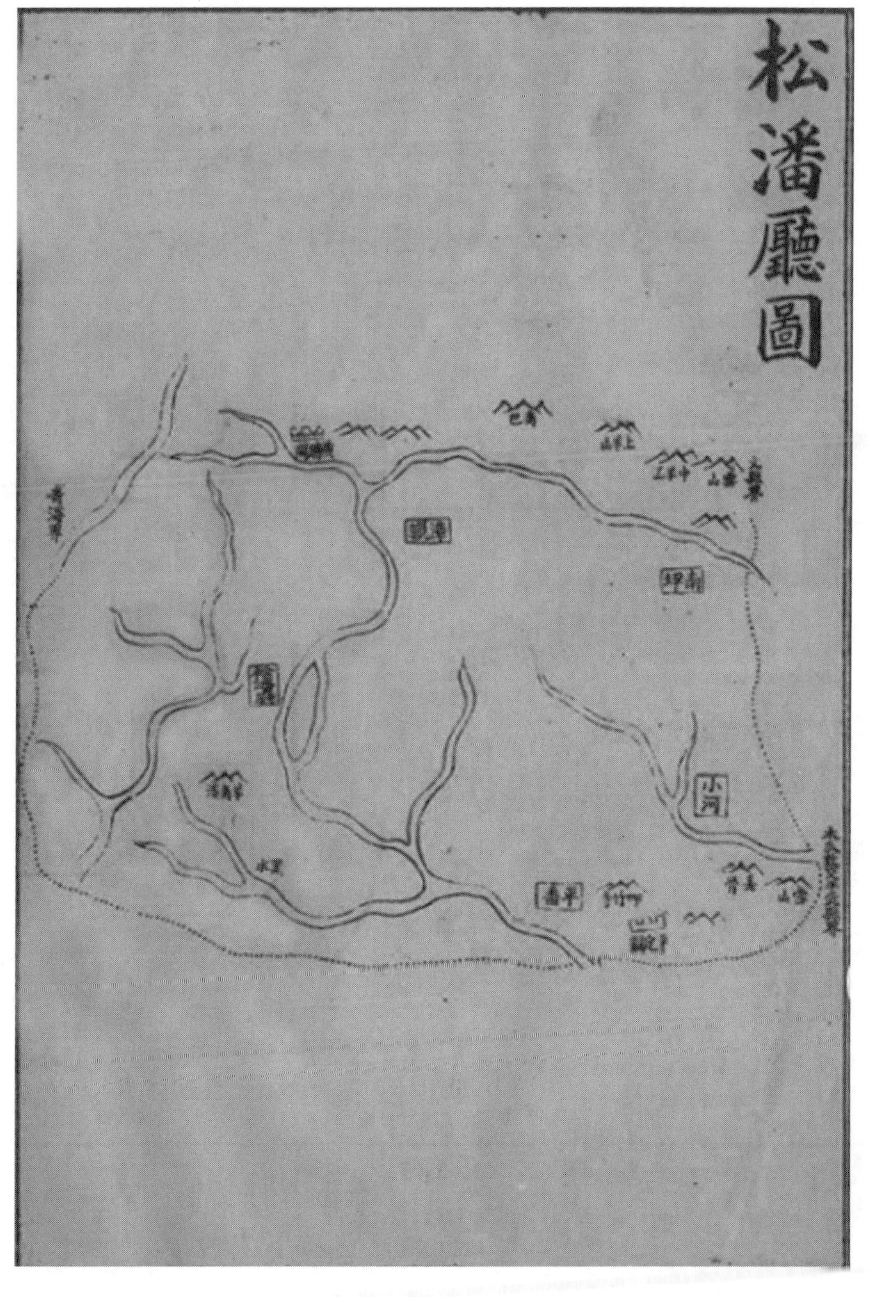

松潘

	两汉	三国汉	晋	宋齐	魏	周	隋
松潘厅	**湔氏道**：属蜀郡。		**升迁县**：改置，属汶山郡。	省。	吐谷军①地。	**扶州龙涸郡**：天和初置。	开皇三年废郡，七年废州。
						嘉城县：天和初置，州郡治。	**嘉城县**：属同昌郡。
		平康县：蜀汉置，属汶山郡。	**平康县**。	省。		**平康县**：复置。	**平康县**：属汶山郡。
			兴乐县：置属汶山郡。	省。			
							交川县：开皇初置，属汶山郡。
						江源县：置属汶山郡。	**江源县**。
	蚕陵县：属蜀郡。	**蚕陵县**。	**蚕陵县**：属汶山郡，后废。			**翼针郡**：周置。	废。
						翼针县：周置，郡治。	**翼针县**：属汶山郡。
						龙求县：周置，兼置清江郡。	**翼水县**：开皇初废郡改县曰清江，十八年义改名，属汶山郡。

① 军：当为“浑”。

厅表

唐	宋	元	明
松州交川郡：武德初置州，贞观二年置都督府，属陇右道，永徽后属剑南道。天宝初改交川郡，乾元初复曰松州，广德初没于吐蕃。	吐蕃地。	属吐蕃等处宣慰司。	**松潘卫**：洪武十二年置松州及潘州卫，寻以潘州卫并入为松潘卫。二十年，改松潘等处军民指挥使司，隶四川都司。嘉靖四十二年，复改松潘卫。
嘉诚县：州治，广德后废。			
平康县：初废，寻复置，属翼州。			
	潘州：崇宁三年置，又分上中下三川①。	**潘州**：属吐蕃等处宣慰司。	初设潘州卫，后省。
寻废。垂拱元年复置，属当州。天宝初，属交川郡。后废。			
交川县：后废。			
废。			
羁縻轨州：贞观三年置，后又开置崌、奉、岩、远四州，又置伻、嵯、麟、可等三十二州，属松州都督府。			
羁縻阔州：贞观五年置，又置诸州，后入吐蕃。			
翼州临翼郡：武德元年置，咸亨二年移治悉州，上元二年复旧置，属剑南道。			**叠溪千户所**：洪武十一年置叠溪右千户所，属茂州卫。后改叠溪千户所，隶四川都司。
卫山县：天宝元年更名，州治后与郡俱没吐蕃。			
翼水县：属翼州，后废。			

① 川：当为“州”。

续

	两汉	三国汉	晋	宋齐	魏	周	隋
松潘厅							
						周置覃州，及覃州、荣乡二郡。	开皇初废郡，四年废州。
						通轨县：置州郡治。	**通轨县**：属汶山郡。
						广平县：置，兼置广平、左封二郡。	**左封县**：开皇初废郡改县名，属汶山郡。

表

唐	宋	元	明
峨和县：天宝中置，属翼州，后废。			
当州江源郡：贞观二十一年置州，属剑南道。	**羁縻当州**：属茂州。	废。	
通轨县：州治。	废。		
利和县：显庆初置，属当州，后废。			
悉州归诚郡：显庆元年置，治悉唐。咸亨元年徙治左封，属剑南道，后没吐蕃。			
左封县：初属会州，又属翼州，后为州治。又垂拱二年，析置归诚县，后俱废。			
静州静川郡：仪凤元年置，曰南和州。天授二年更名“北”，属龙[1]右，后割属剑南道。			
悉唐县：州治，又有静居、清道二县，后俱废。 **柘州蓬山郡**：仪凤初置，属剑南道，治柘县，又领乔珠县，后俱废。 **恭州恭化郡**：开元二十四年置，属剑南道，治和集县，又领博恭、烈山二县，后俱没吐蕃。			

① 龙：当为“陇”。

松潘厅

在四川省龙安府西少北三百里。东西距二百七十七里，南北距二百二十里。东至小河营八十七里，西至生番界一百九十里，南至叠溪营界一百九十里，北至漳腊营界三十里；东南至平蕃营七十六里，西南至杂谷土司界二百里，东北至南坪营界三百里，西北至黄胜关草地界八十里。

建置沿革

《禹贡》梁州之域。周氐羌地。汉置湔氐道，属蜀郡，后汉因之。晋改置升迁县，属汶山郡，后废。后魏为吐谷浑地。后周天和元年，始置扶州总官府及龙涸郡嘉诚县。隋开皇初，府废，三年郡废，七年州废，以县属同昌郡。唐武德元年，复于嘉诚县置松州。贞观二年，置都督府，督羁縻二十五州，后多至一百有四州，皆生羌部落，属陇右道。永徽改属剑南道，天宝初改交川郡，乾元初复曰松州，广德初陷于吐蕃。宋仍为吐蕃地。元属吐蕃等处宣慰司。明洪武十二年，置松州、潘州二卫，寻并为松潘卫。二十年，改松潘等处军民指挥使司，隶四川行都司，嘉靖四十二年，复改松潘卫。本朝因之，属龙安府。雍正九年，改设抚民厅，直隶四川省。

形　势

东南雪岭，西北洮河，雨雪多寒，山川险峻。（《松潘志》）

风　俗

刻木契以成交易，炙羊膊以断吉凶，番多汉少。（《松潘志》）

城　池

松潘厅城：周九里有奇，门五，东南面平，西北枕山，大江贯其中；城南有外城，周二里，门三。明洪武十七年石筑。

学　校

松潘厅学：在厅城东西，明景泰三年建，本朝康熙中重修，入学额数六名。

户　口

三千零九户，人丁一万零二十四。

田　赋

地粮二百石三斗一合二勺，额征屯租钱一百二十四两七钱八分八厘；下地二十八顷六十五亩，额征丁条银三十一两五钱一分五厘。

山　川

崇山：在厅城内西北隅。城垣跨其上，盘旋而上，十有九折，通红土坂、黑水等寨。

金蓬山：在厅东五里。

雪栏山：在厅东三十里。山势蟠延，积雪不消，俗呼宝鼎山，亦名雪岭，上有关。

风洞山：在厅东五十里。高险，盘旋数里，始达其巅，东北有洞，深不可测，多恶风，每午辄作，作则灰沙蔽天，人马俱辟易，寒气袭人，每触之即死，否则喘息旬日而后止。

雪山：在厅东八十里。《隋书·地理志》：嘉诚县有雪山。李吉甫《元和郡县志》：春夏常有积雪，故名。乐史《太平寰宇记》：山在交川县西南百里，出朴硝，其色如银，外有蚕岸，路险，人罕得到。

红花山：在厅南十五里。岷江所迳，下有屯田，名红花屯。

牛心山：在厅东南五十里。峰峦圆秀，若牛心然。又东四十里为火焰山，山无草木，色如赭。

岷山：在厅西北，一作汶山。《书·禹贡》：岷山导江。《河图·括地象》：岷山之精，上为井络；帝以会昌，神以建福。《史记·封禅书》：自华以西名山曰渎山，蜀之汶山也。《汉书·地理志》：湔氐道，《禹贡》岷山在西徼外，江水所出。《蜀志》：秦宓曰，蜀有汶阜之山，江出其腹。常璩《华阳国志》：岷山一名沃焦山，其跗曰羊膊，江水所出。《隋书·地理志》：汶山郡左封县，有汶山。沈存中《括地志》：岷山在溢乐县南，连绵至蜀几二千里，皆名岷山。《太平寰宇记》：羊膊山在平康县。欧阳忞《舆地广记》：岷山在归山县西北，俗名铁豹。张敬夫《西岳碑记》：在茂州列鹅村。其跗曰羊膊。《书经地理今释》：岷山跨雍梁二州，自陕西巩昌府岷州卫以西，大山重谷，谽谺起伏，西南走蛮菁中，直抵四川成都府之西境。凡茂州之雪岭，灌县之青城，皆其支脉。而导江之处，则在今松潘卫北，西番界之浪架岭。《汉志》所云“湔氐道西徼外”是也。按：明杨慎《丹铅录》云：蜀山之大者曰岷山，其川曰岷江。岷，《说文》作“愍”，省作“岷”，汉人隶书作“汶”。据《史记》引《禹贡》，“岷嶓既艺”及“岷山之阳”，“岷山导江”，皆作“汶”，盖古字通用也。今诸卷中“岷”“汶”二字多互见，谨识于此。

云峰山：在厅南叠溪营东六里，高峰凌云。

犛牛山：在厅南叠溪营东三十里。明正统中，官军追番贼，遇伏于犛牛山，败绩，即此。《明统志》作在所东五里，误。

七顷山：在叠溪营西。《元和郡县志》：卫山县有七顷山，一名落石山。此路山岩峻阻，平地惟有七顷，因名。后周于山下置翼州。

大雪山：在叠溪营西。《元和郡县志》：大雪山，一名蓬婆山，在柘县西北一百里。

排栅山：在叠溪营南五里。《明统志》：洪武十一年，大军至此屯驻，立栅为营，故名。《旧志》：在叠溪营南十五里。

蚕陵山：在叠溪营北。《旧唐书·地理志》：卫山县有蚕陵山。《旧志》：在营北五里。

石镜山：在叠溪营东南。郦道元《水经注》：蚕陵南下六十里至石镜。《隋书·地理志》：翼针县有石镜山。《元和郡县志》：在翼水县东南九里，山侧有石，圆径二尺，明澈如镜，因名石镜。

小分水岭：在厅北九十里，其山平坦，有龙潭。又大分水岭，在卫西北二百三十里。按《舆程记》：有大分水岭，在卫西北二百二十里。有二派，一东南流为江，一西南流为大渡河，或曰即古羊膊岭也。

甘松岭：在厅西南。《隋书·地理志》：通轨县有甘松山。《唐书》：开元十九年，吐蕃请交马于赤岭，互市于甘松山。宰相裴光庭曰：甘松，中国之阻，宜不许赤岭市。《元和志》：岭在嘉县西南十五里。《太平寰宇记》：按，《山海经》云：甘松岭亦谓之松叶岭，江水发源于此，土人谓之松子岭。《明统志》：在司界西北三百里。《卫志》：今入西夷。按，《元和志》岭本近卫，在西南境，《明统志》谓去司三百里，《卫志》遂谓入夷界，误。

柏岭：在叠溪营北。《元和郡县志》：在柘县八十里，岭北三十里至白崖驿，与吐蕃地接界。

大江：自徼外流入，南迳厅城，又南迳叠溪营西，又南入茂州界，一名汶江，亦曰岷江，俗名潘州河。《书·禹贡》：岷山导江。荀卿曰：江出岷山，其源可以滥觞。《汉书·地理志》：岷山在西徼外，江水所出，东南至江都入海，過郡七，行三千六百六十里。《水经注》引《益州记》曰：大江泉源，即今所闻，始发羊膊岭下，缘崖散漫，小大百数，殆未滥觞。东南下余百里，至白马岭而历天彭阙，自此已上至微弱，所谓发源滥觞者也。自白马岭回行二十余里至龙涸，又八十里至蚕陵县，又南下六十里至石镜，又六十余里而至北部，始百许步。杜佑《通典》，甘松岭，江水所发源。《元和郡县志》：翼州西枕大江，又大江水经翼水县西二百步。《太平寰宇记·江源记》云：羊膊山下有二神湫，乃大江始发之所。范成大《吴船录》：江源自西戎中来，由岷山涧壑中出，而合于都江。今世所云，止自中国言耳。《明统志》：潘州河，在松潘司城西北六十里。又溪①江，在叠溪所城西三里，经所西南，与黑水合流入茂州。《旧志》：潘州河源出西夷哈吗鼻浪架岭，分二派：一派西南合流，出灶沟；一派东南流，历东寨至尖橐，合滴漏

① 溪：嘉庆《重修一统志》作“汶”。

水。水出滴漏山岭，亦分二派：一派西南为出灶沟，入西番界；一派东流迳鹅落村，至尖橐与浪架水合流，入黄胜关下，又四十里至虹桥关北，合漳腊河，其河源出生番弓杠。其山岭水亦分二派，一派东流入上羊峒生番界，一派西南流至漳腊境，又南流四十里经漳腊城西南合波漓泉，又十里至虹桥关北与潘州河合流，又曲流二十八里至松潘城东入城，出城西而南折，又东南流一百八十里合众山溪水，过平番营入叠溪营界，是为岷江。又南五十里合黑水，经营城西，又东南曲流四十里，入茂州界。按舆图：今江源在黄胜关外西北，有东南二派；在东者，出冈出山，东南曲流百里许；在西者，出那哥多母精山，东南流二百余里合流，又百里许入黄胜关。冈出即《旧志》所名滴漏那哥，即浪架也。二山之北，又各有一派。出冈出山者，名多拉昆多都仑；出那哥山者，名多母打秃昆都仑。皆西北流数百里合流，汇众山溪水入黄河，即《旧志》之出灶沟。《元史·河源附录》所名奇尔玛尔楚二水也，奇尔玛尔楚，旧作乞儿马出，今俱改正。

涪江：在厅东，东南流入龙安府平武县界。《旧志》：源出卫北小分水岭，东南流入小河所北二里，又东南至龙安，其水浅隘，又名小河。一说，兴隆泉在卫东南六十里，源出雪栏山风洞岭黄龙寺后，历红岩、三舍堡，聚众山溪水成河，东南流一百四十里，经小河营南门外，又东流三十里入平武界，是为涪江之源。

黑水：在叠溪营西北。《旧志》：源出黑水生番界，东流至营城北五里入江。按《舆图》：黑水源出番界九里古拉岭，名楚那哥河，其南有一水东北流合焉。又东南流数百里，至叠溪营南长宁堡西入江。《旧志》谓在营北五里入江，可知误矣。

翼水：在叠溪营南。东南流入茂州界入江，亦曰黑水。《元和郡县志》：翼水，出翼水县，南下。《明统志》：在叠溪所城南五十里。有二源：一出松潘卫地，一出黑水。合流，如张二翼，故名。

济众泉：在厅西门。蟠绕崇山，上下陡坎，约及十里。汲水甚艰，故引深山之水由西门沟以入岷江，居人利之。

波漓泉：在厅东北四十五里。平地涌出一百八窦，冬温夏凉，绕漳腊城入江。

玉津泉：在叠溪营城南。砌以铁瓦石甋，缘城接引，直抵城下，居民取汲甚利。

七里溪：在叠溪营西七里。源出松坪寨，流入又江。饮马沟在营城东①，源出云峰山顶，悬崖而下，入岷江也。

天涌池：在叠溪营前。明正，沟水潴其中，以便居民②。

古　迹

古湔氐道：在厅西北。秦置。晋改升迁县。宋省。《水经注》：江水东迳氐道县北，县本秦始皇置，后为升迁县。

嘉诚废县：今厅治，即古龙涸地，亦曰龙鹤、龙鹄。《华阳国志》：蜀时以汶山险要，自汶江、龙鹤皆置屯守。《魏书》：太和九年，仇池镇将穆亮帅骑次于龙鹄，击走吐

① 流入又江。饮马沟在营城东：嘉庆《重修一统志》作“流入岷江。又饮马沟在营城东”。

② 明正，沟水潴其中，以便居民：嘉庆《重修一统志》作“明正统间开凿，以便民取汲”。

谷浑，立梁弥承为宕昌王而还。《益州记》：自龙涸八十里至蚕陵县。《周书·武帝纪》：天和元年，吐谷浑龙涸王莫昌，率部落内附，以其地为扶州。《隋志》：嘉诚县，周置，并龙涸郡及扶州总管府。开皇初府废，三年郡废，七年州废。《元和郡县志》：松州南至冀州一百八十里，古西羌地。后魏，邓至王象舒治者，白水羌也。世为羌豪，因地名自号为邓至王，其后子孙舒彭者遣使内附，拜益州刺史、甘松县开国子。后魏末，平邓至，饶有其地。后周保定五年，于此置龙涸防。天和元年，改置扶州，领龙涸郡。开皇三年，废龙涸郡，置嘉诚县，与抚州同理。大业三年，改扶州为同昌郡，隋末陷城[1]。武德元年，改置松州。其龙涸故城，俗名防浑城，在翼州卫山县北八十一里。城之北境，旧是吐谷浑所居，故曰防浑。《通典》：松州东南到通化郡三百里，西北到吐蕃界五十里。《唐书·地理志》：松州，广德元年没吐蕃。其后松、当、悉、静、柘、恭、保、真、乾、维、冀等为行州，以部落首领为刺史。《明统志》：嘉诚废县，在松潘司城内。按：《隋志》同昌郡，西魏逐吐谷浑置邓州，开皇七年改曰扶州。《旧唐书》：同昌县，西魏逐吐谷浑于此，置邓州及邓宁郡，盖以平定邓至羌为名。隋初改置扶州，是隋之同昌郡，魏之邓州也。周扶州，于隋唐为嘉诚县，而《元和志》谓隋改周扶州为同昌郡，误。

平康废县：在厅西南。三国汉置，属汶山郡。晋因之。宋省。后周复置。隋仍属汶川郡。唐属松州。宋省。《蜀志》：延熙十年，汶山平康夷反，姜维讨平之。《元和郡县志》：平康县，西至当州六十里。显庆中，因古平康城置，在平康水西，属翼州，寻废。垂拱元年复置，属当州。《唐书·地理志》：平康本隶当州。垂拱元年，析交川及通轨、翼针置。天宝元年，隶松州。

兴乐废县：在厅西北。晋置，属汶山郡。按《宋书·州郡志》“南晋寿郡兴乐县”下引晋《太康地记》云：元年更名，本曰白马，属汶山，盖因白马岭为名。《华阳国志》：元康八年，汶山兴乐县、黄石等与广柔平康羌有仇，遂叛，是也。宋时侨置，非故地矣。

交川废县：在厅南。《隋书·地理志》：汶山郡交川县，开皇初置，有关官。《元和郡县志》：北至松州三十四里。本周天和中置，属龙涸郡。《旧唐书·地理志》：后周置龙涸郡，隋废为交川县。《太平寰宇记》：以其地通胡越，道路东西相交，故名。《卫志》：在卫南五里，即今红花屯。

江源废县：在厅西。周置，属汶山郡。隋因之，唐废。按《元和郡县志》：江源镇在交川县西北三十里，盖即故县名。

废轨州：在厅西北境，本党项羌地。《唐书·西域传》：党项，汉西羌别种，魏晋后微甚。周灭宕昌、邓至而党项始强。其地古析支也，东距松州，西叶护，南春桑、迷桑等羌，北吐谷浑。山谷崎岖，大抵三千里，姓别为部。贞观三年，其酋细封步赖举部降，以其地为轨州。其后诸酋长悉内属，以其地为崌、奉、岩、远四州。后，拓跋赤辞亦内属，以其地为懿、嵯、麟、可三十二州，以松州为都督府。后内徙，地属吐蕃。

废阔州：在厅西北境，相近又有废诺州，俱唐贞观五年置，以处党项等降羌，属松

[1] 城：嘉庆《重修一统志》作“贼”。

州都督府。十五年，吐蕃破党项、白兰诸羌，屯松州西境，寻进攻松州，败州兵。阔州方合诸州共叛归吐蕃，寻复内属，后仍入吐蕃。

废潘州：在厅北四百八十余里。《旧志》：相传汉武逐羌，渡河湟，居塞外，筑此城，置护羌校尉。唐广德初，松州以北皆陷吐蕃。宋崇宁三年秦凤招纳司言：阶州生番纳土，得邦、潘、叠三州。潘州盖属吐蕃首领潘罗支，故名。又分潘州为上、中、下三州。元属吐蕃宣慰司。明初，并设松州、潘州二卫，后并为松潘卫。今阿尖寨即上潘州，班班簇即下潘州，旧漳腊堡设于二州之间，即中潘州也。去卫二百五十余里。

蚕陵废县：在叠溪营西。汉置，属蜀郡。晋分属汶山郡，东晋后废。《元和郡县志》：汉元鼎中开。梁太清中，萧纪于旧县置铁州，寻废。《旧唐书·地理志》：蚕陵故城在卫山县西。《明统志》：在叠溪所城北三里，周改为冀针。

废翼州：在叠溪营西。《隋书·地理志》：汶山郡翼针县，后周置，及翼针郡。开皇初，郡废。《元和郡县志》：翼州北至松州一百八十里，西至悉州三百二十里，治翼针县，周武帝置，本汉蚕陵县地。周天和元年，讨蚕陵羌于七顷山下，置翼州，以翼计水为名。隋大业二年，省州，改置利山镇。唐武德元年复置，其城西枕大江，南面临溪。《旧唐书·地理志》：翼州，隋汶山郡之翼针县。武德元年，分置翼州。六年，自左封移州治于翼针。咸亨三年，徙就悉州城内。上元二年，移迁旧治。天宝初，改为临翼郡。乾元初，复为翼州，治卫山县，本隋翼针县治七顷城。贞观十七年，移治七里溪。天宝元年，改为卫山。《太平寰宇记》：翼州南至茂州一百二十里，西南至悉州一百五十里。《明统志》：翼州城在叠溪所城南，卫山废县在所西五里。按，隋唐《志》皆作翼针，《元和志》作翼计，《旧唐志》《太平寰宇记》作翼斜，今从隋唐《志》。

翼水废县：在厅南叠溪营南。《隋书·地理志》：汶山郡翼水县，后周置龙求，又置清江郡。开皇初郡废，改县曰清江。十八年又改名焉。《元和郡县志》：县北至翼州六十里，本汉蚕陵县地。

峨和废县：在厅南叠溪营北。《元和郡县志》：县南至翼州六十里，本汉蚕陵县地。天宝十一年置，以县有峨和山为名。《明统志》：在叠溪所北六十里永镇桥。

废当州：在叠溪营西北。《隋书·地理志》：汶山郡通轨，后周置县及覃州，并覃州、荣乡二郡。开皇初郡废，四年州废。《元和郡县志》：当州东北至松州二百十里，东南至翼州二百七十里，本蚕陵县地。贞观三年，置通轨县，属松州。二十一年，于县置当州，仍以羌首领为刺史。《旧唐书·地理志》：州初治利州镇。仪凤二年，移治逢臼桥。天宝元年，改江源郡。乾元元年，复为当州。《太平寰宇记》：大历五年，移州入山险要害之地，以备叶蕃。《宋史·地理志》：茂州领，为羁縻当州。

利和废县：在厅南叠溪营西。唐置，属当州。《元和郡县志》：县西南至当州二十里。周天和元年，于此置广平县，寻废。显庆三年，于广平旧城置。又有谷和县，东至州六十里。文明元年，开生羌置。

废悉州：在叠溪营西。《隋书·地理志》：汶山郡左封县，周置，曰广平及广平郡、左封郡。开皇初，郡并废。仁寿初，县改名。又，周置翼州，大业初废。《元和郡县志》：悉州东至翼州二百二十里，西南至静州六十里。显庆元年，分当州置，在悉唐川，因以为名。其首领任刺史。识臼县郭下，与州同置，地名识臼，因以为名，领左封县，东南至州二十里。周天和元年，于此置广平县。开皇十八年，改为左封，又领归诚县，西南至州八里，本生羌地。垂拱二年、从化三年，置县以处之。按新旧《唐书·地理志》：左封本隶会州。武德元年，于左封置翼州。六年，移州治翼针而县废。贞观四年，复置县。二十年，属当州。显庆元年，置悉州于悉唐，以县属之。咸亨元年，移州来治。载初元年，移理东南五十里匪平川。天宝初，改归诚郡。乾元初，复曰悉州。盖显庆初治悉唐，非识臼，与《元和志》不同。

废静州：在叠溪营西南。《元和郡县志》：州东至悉州八十里，东北至当州六十里，西北至柘州三十里，本汉蚕陵县地。天授元年置，其城据山，甚险固，治悉唐县。领静居县，西至州二十四里。又领清道县，并显庆元年与悉州同置。天授元年割属。《旧唐书·地理志》：静州本当州之悉唐县。显庆元年，于县置悉州。咸亨元年，于悉州置翼州都督府，移悉州理左封。仪凤二年，翼州遂治翼治翼针，于悉唐县置南和州。天授二年，改为静州，属陇右道，隶松州都督，后割属剑南，县治在悉唐川也。《太平寰宇记》：州西南至莽州界六十里，西北至柘州三十五里。《宋史》：茂州诸部落，有静州蛮。

废柘州：在厅叠溪营西。《元和志》：仪凤元年置，以山多柘木为名，其城四面险阻，易于固守，治柘县，前上元二年置。又领乔珠县，东至州五十里，与州同置。《旧唐书·地理志》：永徽后置。天宝元年，改蓬山郡。乾元元年，复为柘州。《太平寰宇记》：州南至维州三百里。

废恭州：在叠溪营西南。《元和志》：州西南至维州二百五十里，东北至柘州一百里。开元二十四年，分静州部落于柘州西置，治和集县。旧曰广平县，属静州，天宝元年改名，领博恭县，西至州二十五里。又领烈山县，西至州五十里。《旧唐书·地理志》：天宝元年，改恭化郡。乾元元年，复曰恭州。按：以上诸州，唐广德之后皆陷吐蕃。

白岸城：在叠溪营西。《旧唐书·地理志》：翼州有白岸城。按：唐贞元中，韦皋破吐蕃论莽热兵，进屯白岸，西山诸羌皆降，即此。

鸡栖城：在叠溪营西南。唐贞元十九年，韦皋讨吐蕃，遣将邢玭出黄崖，略鸡栖老翁城。《太平寰宇记》：鸡栖川在悉州东南一百里。按：《元统志》又有鸡栖村，在茂州东北一百七十里。有三路，一通茂州，一通龙州，一通绵州，皆吐蕃险要之地。今在石泉界，非此地也。

石臼故戍：在叠溪营西。《元和郡县志》：在卫山县北六十里，大江之西，峨和县界。

叠溪长官司：在叠溪营北一里。领渴卓等五寨。又，郁即长官司，在营西十五里，领松坪等五寨，皆明永乐四年置。本朝顺治初裁。

关隘

望山关：在厅东七里。又东胜堡，在厅东金蓬山后十里，东路关堡之首也。

雪栏关：在厅东二十二里雪栏山上。

风洞关：在厅东三十七里。

黑松林关：在厅东五十七里。地多松林，因名，一名松林堡。

红崖关：在厅东七十二里，一名红岩堡。又伏羌堡，在厅东九十七里。

三舍关：在厅东一百十七里，一名三舍堡。又镇远堡，在厅东南一百二十七里。小碉堡，在厅东南一百四十二里。松垭堡，在厅东南一百五十七里。三路堡，在厅东南一百六十七里。师家堡，在厅东南一百七十七里。四望堡，在厅东南一百八十七里。又东二十里，即小河营也。又峰崖堡，在小河东南十五里。木瓜堡，在小河东南三十里。叶堂堡，在小河东南四十里。又东四里，接平武县界马营堡。《旧志》：三舍关为自卫至小河适中之地，旧有偏将驻守。所辖上至望山，下至四望，共十三堡。四岩绝壑，一线仅通，羊肠鸟道，峭磴危巇，艰险万状。

西宁关：在厅南二十五里。又红花堡，在厅南五里，南路关堡之首也。又雄溪堡，一名熊桢屯，在厅南十五里。云屯堡，在厅南三十五里。

安化关：在厅南四十五里。又百胜堡，在厅南五十五里。

新镇关：在厅南七十里，亦名新塘关。又净江堡，在厅南八十里，一名龙韬堡。

归化关：在厅南九十里，自厅南至叠溪之永镇堡，此为适中之地。又北定关，在厅南一百五里。

镇江关：在厅南一百二十里，旧名蒲江关。又南六里，即平番营也。

平夷关：在厅南平番营南十里，亦名平夷堡。又金斛堡，在平番南二十里。镇平堡，在平番南三十里。镇番堡，在平番南四十五里。靖夷堡，在平番南五十五里。平定堡，在平番南六十里，设关。又南八里接叠溪界永镇堡边界。松潘至茂州三百里，山嘴险恶。一蛮掷石，百人不能过，其路随河曲折，蛮下山抢掠为易，宜有以制御。

流沙关：在厅南西十里，外通毛儿革生番地。又有静沙堡，在厅北五里。

虹桥关：在厅北二十八里，其地有落虹桥，长二十丈，为饷道必经之地。

黄胜关：在厅北漳腊营西北四十里，关外即西夷地，大江由此流入，今有官兵戍守。

南桥关：在厅南叠溪营南五里。又中桥关，在营南十五里。徹底关，在营南三十里。小关，在营东五里。叠溪桥关，在营西五里。永镇关，在营北四十里。镇平关，在营北六十里。俱明洪武十二年置，是为七关。

叠溪营：在厅南二百三十里。本汉蜀郡蚕陵县，唐置翼州，宋元皆为羌地。明洪武十一年，平西羌改置叠溪右千户所，属茂州卫。二十五年，改叠溪守御军民千户所，直隶四川都司。本朝改为叠溪营，设游击驻防，管辖七族寨、大姓、松坪诸番夷，属松潘镇。城周七里有奇，门三。明景泰初筑。

平番营：在厅南一百二十六里，地名黄沙坝。其地宽平，可容千骑，为四十八寨番夷出入之地。明万历十四年，建城堡，周一里有奇。今有都司驻防，管辖丢骨寨、呷竹寺、云昌寺等三土千户。

小河营：在厅东一百九十里，东南去龙安府一百八十里，地名涪阳。明宣德四年，调都成前卫后所于此，改名小河守御千户所。筑城，周二里。本朝曰小河营，设守备驻防。

漳腊营：在厅北四十里。明初置于下潘州，后徙而南。嘉靖二十年，丁此药城堡置官军。本朝改为漳腊营，设游击。旧管远近番寨数十，今辖商巴、寒盼、祈命等十六寨，及新抚之上中下阿坝、上中下郭罗克、上中下阿树，土千百户十寨，余分属松潘中左右三营土千百户十寨。城周一里有奇，雍正七年重修。

南坪营：在厅东北。其地为番夷出没之所，最为险要。本朝雍正七年筑城，周一里半，设守备驻防。管辖羊峒、芝蔴、隆康等各番民，附近又有会龙、隆康二关。雍正七年筑城，各周一百四十丈，皆有官兵戍守。

潘州营：在厅北四百八十余里，即潘州故址。东北通甘肃洮、河二州，有竹利、铁布、鹿哨、甘家等番。西通归德、西宁，有合坝、上下作革、播下等番，及播汉、丹津部落。西南有阿坝、郎惰、郭罗克、毛儿革等夷，杂处其间，为松潘之屏障。本朝雍正八年，设官兵驻防，统辖附近番夷。其南一百八十余里，地名达建寺，距黄胜关一百二十里，为潘州、黄胜适中之地，亦设官兵戍守。

南坪巡司：在厅东北。本朝雍正十年设。

镇卤堡：在厅西北漳腊营北十八里。

马路堡：在厅南叠溪营南又十里，南为小关堡，与实大关相接。

新桥堡：在叠溪营北十里。

太平堡：在叠溪营北三十里。又北，为永镇堡。

津　梁

古松桥：在厅城内。

通远桥：在厅城东。

迎恩桥：在厅城南门外。

松风桥：在厅东一百三十里。

合江桥：在厅东一百七十里。

积雪桥：在厅东七十五里。

归化桥：在厅南一百里。

靖安桥：在厅北十一里。

浦江桥：在厅南一百三十里。

笮桥：在厅南叠溪营北。《元和郡县志》：在卫山县北三十七里。以竹篾为索。架北江水。

永镇桥：在叠溪营北四十里。

寺　观

大悲寺：在松潘城内西南隅，唐建。

赤松观：在厅治内，明建。

名宦

明

寇深：唐县人。正统间，以佥都御史镇守松潘，有威名。将士事之如神，番人款服，边境安谧。叠溪无井，于数里外浚暗窦，引水入城。又添永镇等堡，蜀之门户始固。

罗绮：磁州人。景泰中以刑部左侍郎镇守松潘，贼首卓劳纠他寨阿儿结等频为寇，绮擒斩之。番酋王永与土官高茂林、董敏仇杀，守将不能制，绮捣其巢诛永。又败黑虎、三姐诸番，斩馘三百五十。在镇七年，威名甚震。

何卿：成都卫人。正德末，以左参将协守松潘。嘉靖初，芒部土舍陇政、土妇支禄等叛，卿讨之，斩首二百余级，降其众数百人，擢副总兵，仍镇松潘。陇氏已绝，改芒部为镇雄府，设流官。平政余党及黑虎五寨、乌都鹁鸽诸番，就进都督签事。威茂悉十余寨，连兵劫军粮，且攻茂州及长宣诸堡，卿与副使朱纨，筑茂州外城以困之，旋以计残其众，战屡捷，诸番窘迫，争献首恶，歃血断耳，誓不复叛。卿乃与刻木为约，分处其曹，画疆守，松潘路复通。巡抚潘鉴上其功，进署都督同知，镇如故。久之，以疾致仕。后白草番为乱，起卿再莅松潘，将士咸喜，乃会巡抚张时徹，讨擒渠恶数人，俘斩九百七十有奇，克营寨四十七，毁碉房四千八百，获牛马器械储积各万计，进署都督同知。卿素有威望，为番人所惮。自威茂迄松潘龙安，夹道筑墙数百里，行旅往来，无剽杀患。先后历镇二十四年，军民戴之，若慈母焉。

张伦：河南巩县人，本卫前所副千户。正德十年，亦不刺寇松潘，番人磨让六少等，乘乱为之乡导。伦夜率熟番攻破贼，获磨让六少，亦不刺遁去。

人物

本朝

张伟奇：字素臣，松潘卫人，长于韬略。康熙十一年拔贡生，因母疾不就选。尝陈《抚绥蛮奇之策》于当事，多见施行。以子元佐，封荣禄大夫。

徐维新：松潘卫人。雍正时，千总随大兵驻巴里坤，贼兵夜至，力战死之。赠署守备。

列女

明

谢郁妻吴氏：松潘卫吴伟女，夫为卫镇抚。正统癸亥秋，郁以疾卒。阅三日，吴氏自缢。事闻旌表。

冯政妻徐氏：松潘卫人，夫为卫千户。年二十守节，抚六月子昶成立。都御史表其门。

徐琮妻蔡氏：松潘卫人，琮阵亡。子甫一岁，蔡氏守节，育子启成立，卒年六十。

谢世源妻尧氏：松潘卫人，夫为指挥，阵亡。尧氏拔刀自刎，以救得，不死，守节三十余年。巡抚以事闻旌表。

陈其策妻常氏：松潘卫人，夫为诸生。夫亡守节，教子成立。女适夏之良，良亦早卒。母女同室孀居，有司旌其门曰“双节”。

马既佶妻刘氏：松潘卫人。夫为诸生，早逝。刘守节课子成立，历四十年，年七十卒。

李恩妻白氏，松潘卫人。夫为指挥，战亡。白年二十守节，寿至九十五卒。万历间旌表。

黄尚义妻王氏，松潘卫人。适尚义，甫期年，尚义卒。王与姑同居一室，及三载终丧，自缢死。事闻旌表。

韩钟英妻徐氏：松潘卫指挥之女。崇祯丁丑，钟英授茂州卫千户指挥，死。时徐年二十，割耳自誓，奉翁姑尽孝，育孤子成立，奉旨旌表。又有张勋妻黄氏、徐承业妻路氏、徐仁妻何氏、杨忠妻朱氏、严某妻张氏、吴永捷妻冯氏，俱以苦节，事闻旌表。

本　朝

徐英妻余氏[①]：松潘卫人。夫为附学生员，徐早年守节。于乾隆三十七年旌表。

土　产

青稞：春种秋收，似麦而脣长，日用所食。《明统志》：卫产。

蜡、甘松：《明统志》：俱卫产。

狐尾：《元和郡县志》：松州贡。

① 本条，嘉庆《一统志》作“徐英妻余氏：松潘人。夫亡守节。乾隆年间旌”。

杂谷厅

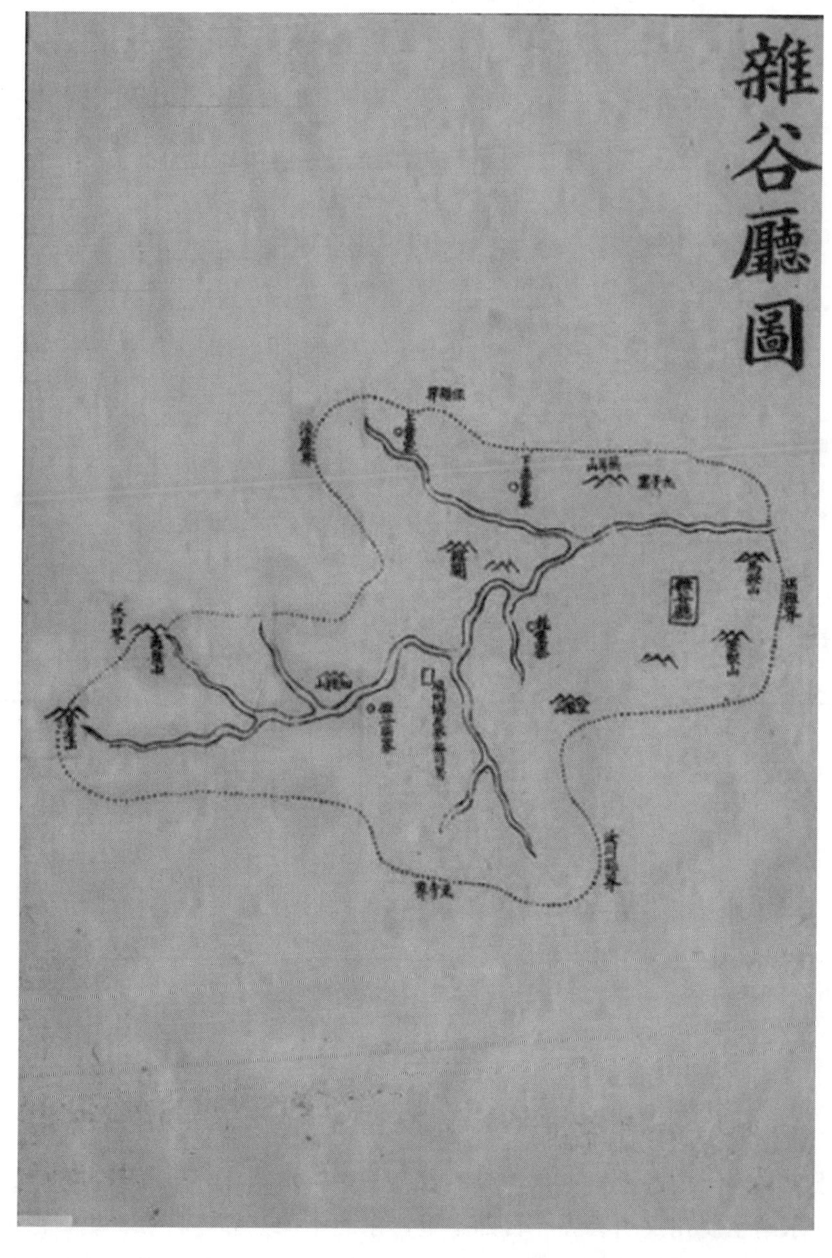

杂谷厅表

杂谷厅表										
两汉	三国	晋	宋齐梁魏	周	隋	唐	五代	宋	元	明
汶山郡地。						**维州维川郡**：武德中置，领薛城、金川、定廉三县。至德后陷入吐蕃，大中初收复。	蜀内徙。	威州保宁县地。	威州地。	洪武中，析威州置保县，仍属州。
					通化县：开皇中置金川县，寻更名，属汶山郡。	**通化县**：属茂州，后废。	**通化县**：移小封县改设。	**小封县**：垂拱二年没于吐蕃，熙宁间改置通化军。		洪武中省。
						小封县：初置金川县，属维州，寻废。咸亨三年改置。				
					开皇中，置定廉戍，属会州。	后废。				
						定廉县：武德七年置，属维州。开元中置奉州。天宝初，曰云山郡，寻徙治天保军，县属之。后陷吐蕃。又，贞观初尝析置盐溪县，后省入。				
						羁縻保州：初置天保军，天宝八年移保州云山郡来治，更郡名。广德初陷吐蕃。乾元初收复，又置，又更名古州。后复。		政和四年，改置祺州县曰春祺。宣和初，废。		

杂谷厅

在四川省治北少西三百八十里。东西距二百六十里，南北距一百七十里。东至茂州保县城七十里，西至梭磨土司古尔沟界一百九十里，南至瓦寺土司界八十里，北至保县界九十里。东南至茂州汶川县界一百四十里，东北至保县界一百二十里，西南至鄂克什土司界二百一十里，西北至梭磨土司界二百二十里。由厅治至京师六千八十里。

分　野[①]

天文井鬼，分野鹑首次之。

建置沿革

《禹贡》梁州之域。汉冉駹国地，武帝开之，属汶山郡。三国汉时，姜维、马忠讨汶山叛羌，此其地也。自晋以后，或降或叛。隋以其地置薛城戍，属会州。唐武德七年，白苟羌邓贤佐内附，乃于姜维故城置维州，领薛城、金川、定廉三县。贞观初，州县俱废。二年，复立为羁縻州。麟德二年，升为正州，寻叛，又降为羁縻州。垂拱二年，又为正州。至德以后陷入吐蕃。大中初，收复之。五代孟蜀有其地，州内徙入。景德初，改曰威州，此为保宁县地。元因之，属成都路。明洪武六年，于州西北境析置保县，此又为保县地。永乐五年，始置杂谷安抚司。本朝康熙十九年，土舍板第儿吉归诚，仍授为安抚司。乾隆十七年，土司苍旺不法伏诛，改土归流。因以保县旧城为厅理所，直隶四川省。

鄂克什安抚司：在厅治西南四百五十里。东接瓦寺土司界，西接小金川界，南接木坪土司界，北接金川界。本朝顺治十五年，喇嘛巴碧太归附，颁给鄂克什贯顶净慈妙智国师印信。乾隆十五年，改为鄂克什安抚司。

从噶克长官司：在厅治西北六百里。东接卓克采土司界，西接绰斯甲布土司界，南接小金川界，北接下郭罗克土司界。本朝乾隆十八年，既诛土司苍旺，授其族弟根濯斯甲为从噶克长官司，颁给印信。

卓克采长官司：在厅治西五百四十里。东接梭磨土司界，西接从噶克土司界，南接小金川界，北接郎驮、鹊个二土司界。本朝乾隆十四年，进剿金川。授三格尔甲为卓克采长官司，颁给印信。

梭磨宣慰司：在厅治西北四百五十里，东接本厅界，西接卓克采土司界，南接小金川界，北接龙安府松潘卫界。本朝康熙六十年，授杂谷土司桑吉朋之子囊索沙甲姜绰为梭磨长官司。乾隆十四年，升为安抚司。四十年，又升为宣慰司，颁给印信。

丹坝长官司：在厅治西七百五十里，东接小金川界，西接绰斯甲布界，南接金川界，北接从噶克土司界，本杂谷土司地。本朝乾隆二十四年，授土舍侧旺为丹坝长官司，颁给印信。

形　势

南界江阳岷山，连岭而西，不知其极。北望陇山，积雪如玉；东望成都，若在井底。一面孤峰，三面临江，是西蜀控吐蕃之要也。《旧唐书・李德裕传》外联蕃部，内

① 分野：底本无，编者据全书体例补。

控蜀都。（祝穆《方舆胜览》）

风俗

地本氐羌，人尤劲悍。性多质直，工习射猎。（《隋书·地理志》）

城池

杂谷厅城：门四，周三里有奇，本旧保县城。本朝乾隆四年石筑。

学校

杂谷厅学：未建。

户口

户五千九百七十四，丁口一万四千三百三十七。

田赋

额征杂粮六百五十石。

山川

笔架山：在厅西四里隔江，一名九子龙窝，或谓之玉山。夜静恒有霞光横山前，东北半壁天皆丹色，照林木如画，至旦方灭。

熊耳山：在厅西三里。

望陇山：在厅南五里。

马鞍山：在厅北二里。

细腰山：在厅西南十五里。

高碉山：在厅东。《方舆胜览》：今威州及保宁县治并据此山，三面悬崖，大江经其南。

朴头山：在厅西南维关外。一线鸟道，下临绝壑，盘旋二十余里，势甚险峻。

姜维山：在厅治西北。李吉甫《元和志》：在薛城县西十里。乐史《寰宇记》：昔姜维屯兵于此。

定廉山：在厅西北。《元和志》：在盐溪县东十里。

花崖山：《方舆胜览》：花崖山，在保宁县。水合大江即此。

风流岭：在厅东南。旧有风流部蛮居其下。《元统志》：威州北至后番对如界大风流五十里，西北至后番界小风流一百里。

的博岭：在厅东南。唐韦皋分兵出西山，逾的博岭，围维州，即此。一作滴博。

箭岭：在厅东一里。有冈陡直如箭，曰箭上里。《唐志》：维州西山南路，有箭土守捉城。盖置于此。

沱江：源出厅界花崖山东南，流经厅北，又东南至今保县北入江。《汉书·地理志》：汶江县，沱江在西南，东入江。郦道元《水经注》：江水经汶江道，汶水出徼外岷山西玉轮坂下而南行，又东经其县而东注于大江。王存《九域志》：保宁县有沱江。《元统志》：沱水自废悉州流经威州界，至汶州合大江。按，《舆图》：水有二源：在北者曰孟董沟，在南者曰杂谷河。并流百余里，至厅城西北会为一。经城北折而南，东会赤水桃溪，至今保县西北合于大江。

大溪：在厅治城西。源发梭磨土司东界大雪山，西南流经直固山，会直固水南流；过玛喏、别思蒲二寨，会日尔拉山水；至楸坻东北，流经二道桥，会商角山、别蚌山二水；历朴头、杂谷脑、维关、木堆，又会土孟董沟水；过厅治，复东北定廉山之里古城，至今保县城下，注于岷江。

定廉水：在厅西北定廉山之阳。《寰宇记》：定廉山，定廉水出其阳。

古迹

保县旧城：即今厅治。本唐薛城县地。宋为保宁县。明洪武六年，置保县，属威州。本朝雍正五年，省威州入保县，移县治故威州城，此城遂废。乾隆十七年始置厅，乃即旧城为厅治。

维州故城：在厅西十里。唐置，领金川、定廉等县。贞元时，吐蕃赞普欲图蜀川，累攻维州不下。乃以妇人嫁维州门者，二十年中生二子。及蕃兵攻城，二子内应，城遂陷。吐蕃得之，号无忧城。累寇西川，韦皋在蜀二十年，收复不遂。至大中时，杜悰镇蜀，维州首领内附，方复领西川。《寰宇记》：维州旧界东至茂州二百二十里，理薛城县。伪蜀永平二年，改为保宁县。《元统志》：姜维故城，在高碉山上；维州故城，在姜维城东十里，垒石为之。又有子城在高碉山下，东西六十五步，南北一百二十步。唐大中三年，刺史高宰筑。按：维州，五代孟蜀，徙治中州城。宋时先建在河西霸州境内，后迁至凤坪坡底。明宣德中，又迁河东，即汶川县为州治。其故城屡经迁徙，几莫知所在。考《边略》云：由保宁县堡过汉索桥至古维州城，在董卜韩胡宣慰司与杂谷安抚司交界。三面临江，殊陡险。又《旧志》云：杂谷安抚司西十里有故城，相传即无忧城。盖此真唐维州故址也。

薛城废县：在厅西，维州故城西南二百步。隋开皇中置薛城戍，属会州。唐武德七年，置维州，县同置，因隋薛城戍为名。宋初废。

通化废县：在厅东，今名通化里。隋置。唐属茂州，后废。五代时移小封县于此，仍改曰通化，属威州。明初省。《元和志》：县东北至茂州一百五十里，本汉广柔县地。周武帝于此置石门镇。隋开皇六年，以近白苟生羌，于金川镇置金川县。十八年，改为通化县。累石为城，内实外险。东北二面并累石，南面西面临岸，去地百余丈。

小封废县：在厅西。唐初置金川县，属维州，寻废。咸亨二年，改置小封县，后徙废。《寰宇记》：县在维州西三十里通番、通鹤军。垂拱二年，为吐蕃所没。今置在威茂军西，改名通化。按：《宋史·地理志》威州有通化军，熙宣间所建，在保、霸二州之境。政和三年，董舜咨纳土，因旧名重筑军城。宣和三年省，隶威州。又《元统志》谓：小封废城，在威州南六十里，盖误指宋时改置之通化县为唐故县也。

定廉废县：在厅西北。开皇四年，置定廉戍，属会州。唐武德七年，改为县，属维州。开元二十八年置奉州治焉。天宝初，曰云山郡。八年，徙治天保军，改保州，而定廉仍属之。《寰宇记》：定廉县东至维州风流镇四十五里。又《唐书·地理志》：贞观二年，析薛城置盐溪县。永徽元年间，又省入于定廉。

废保州：在厅西北。《唐书·地理志》：保州天保郡，本奉州云山郡。开元二十八年，以维州之定廉置。天宝八年，徙治天保军，更郡名。广德元年，没吐蕃。乾元元年，嗣城归王董嘉俊以郡来归，更州名。后又更名古州，寻复为保州，领县四：定廉、归顺、云山、安居。《寰宇记》：天保军在定廉县西一百三十五里。《宋史·地理志》：维州领春祺城，本羁縻保州。政和四年，建为祺州，县曰春祺。宣和三年，废为城，隶茂州。

乾溪城：在厅东二十里。《唐书·地理志》：维州有乾溪、白望、暗桶、赤鼓溪、石梯、达节、鸦口、质台、骆驼九守捉城，西山南路，有通耳、爪平、乾溪、侏儒、箭上、谷口六守捉城。今为乾溪堡。

龙溪城：在厅西北十里。唐贞元初，韦皋城龙溪，筑西山堡，以待降羌。今为龙溪番寨，与卜南、木上诸寨相接，与北部番族黑苦、三姐通。

筹边楼：在厅治西城上。相传唐西川节度使李德裕曾于此筹边，楼因以名。本朝雍正年间重修。

关 隘

维关：在厅治西南五十里。形势险要，接壤生番。

镇安关：在厅西北五十里，关外即生番界。《旧志》：保县北熟番二路，一路为水田等寨，一路为近县玉山等十二寨。正北野番有梁黄等五十余寨，直连松州黑水番。

杂谷脑五寨：在厅西北。苍旺诛灭后，既分其地为梭磨、卓克采、从噶克三土司。又以其地近于杂谷厅者为杂谷脑寨，又有上下孟董、九子、乾堡等寨，杂谷脑共五寨皆厅所经。

名 宦

唐

王重华：维州刺史。深究韬略，从击匈奴，著劳盟府。

李德裕：赵郡人。太和四年，为剑南西川节度使。外扬国威，内辑边备。悉怛谋等帅城兵，并州印甲仗，塞途相继，空垒来归。盖未尝用兵攻，而异族无不威化。

杜　悰：杜陵人。大中初，出镇西川，收复维州，不因兵刃。

土 产

麝香：《元和志》：维州贡。

细鳞鱼：大溪所出。

阿尔古厅

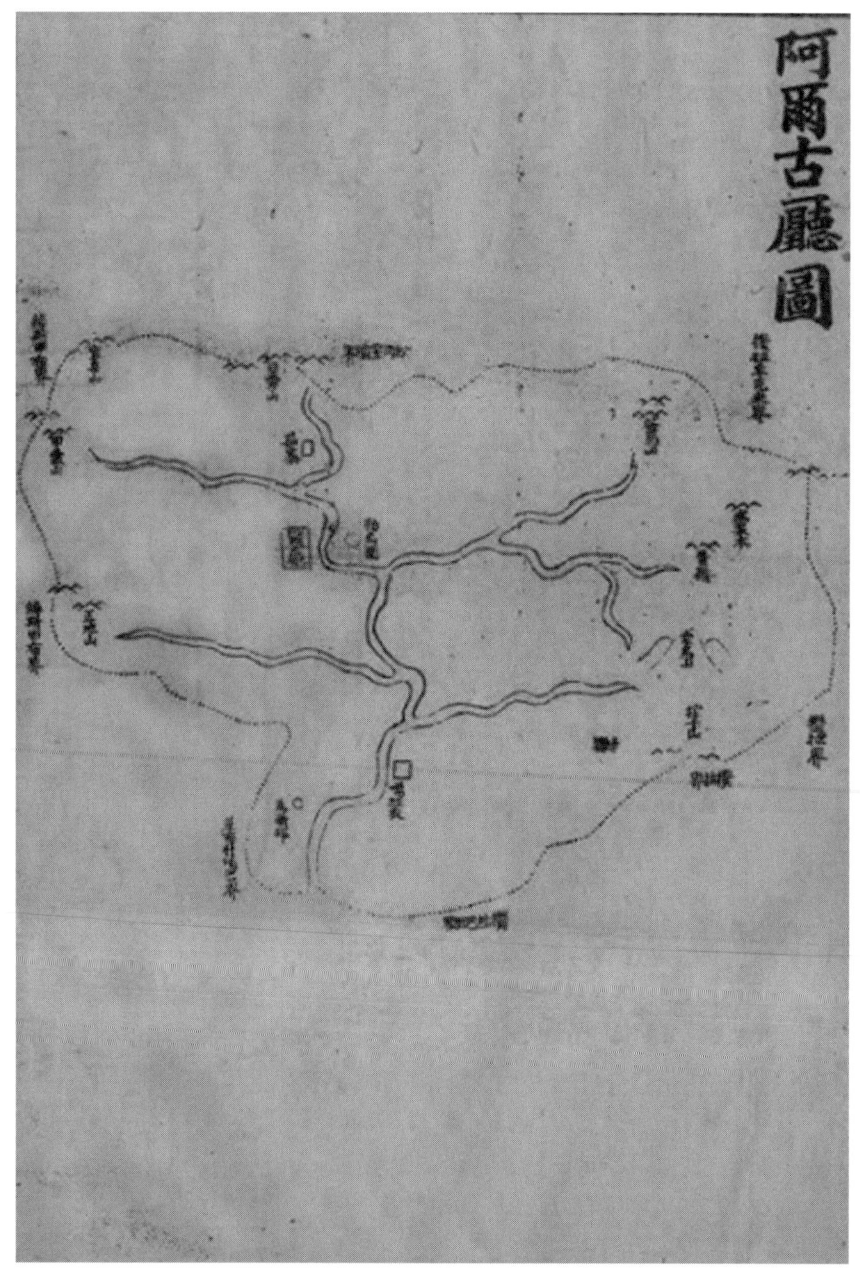

阿尔古表

	秦	两汉	三国	晋	南北朝	隋	唐	五代	宋	元	明
阿尔古厅		西南蛮地。					吐蕃地。				始封金川寺。演化禅师世有其地。

阿尔古厅

金川土司地，在四川省治西一千二百一十里，东西距二百六十里，南北距三百里，东至小金川土司界一百一十里，西至绰斯甲布土司界一百五十里，南至布拉克藏土司界二百一十里，北至丹坝土司界九十里；东南至小金土司界一百八十里，东北至卓克采土司界一百八十里，西南至革布什咱土司界一百五十里，西北至绰斯甲布土司界一百八十里。由厅治至京师五千七百里。

分　野

天文井鬼，分野鹑首之次。

建置沿革

《禹贡》梁州之域，本氐羌部落。明代有哈伊拉木者（“哈伊拉木”旧作“哈衣麻衣”，今改正），得封演化禅师，世有其地。本朝康熙六十一年，土舍莎罗奔向化归诚。雍正元年，授为安抚司。八年，颁给印信号纸。乾隆七年，其子郎卡承袭，自称金川。凌轹种类，侵轶边徼。后奉诏声讨，势穷力蹙。于十四年春，乞降请命，赦而弗诛。迨其子索诺木，性尤凶暴，侵杀革布什咱各土司，于是命将行师，扫其巢穴。四十一年春，索诺兄弟四人及其母阿仓、姑阿青均献俘授首。乃于其地设阿尔古厅，直隶四川省。

形　势

金川巢穴有二：一在勒乌围，一在噶拉衣，俗称崖括耳，相距约一百二十里。泸河自西北来，从噶克土司境流入，穿径其中。沿河崇山峭耸，鸟道纡回，碉楼石卡，交峙其间。自噶拉衣至喀尔萨尔约四十余里，中有功噶尔、拉木果木、昔岭、色尔力诸山，俱崱屴巑岏，峰如刀槊，三时飞雪，迄夏不销，云雾晦暝，气候恶劣。至昔岭向西尽处，即噶拉衣巢穴。碉高寨厚，环以平房，背负崇山，左右皆系石崖，前临大河，近巢穴十余里，道尤险仄。其自勒乌围至丹坝，约五十余里，中有穆尔、津冈、革什、戎冈、日旁诸山。近巢数里，皆土崖夹石，临河陡立，其巢穴坚固宽厚，与噶拉衣等，亦环以民居。中有美卧沟，直逼小金川之底本达布朗郭宗，为番众出没之所。

风俗

大都种青稞、荞麦，孳畜牛羊。砌屋建碉，不加藩栅。食则糌粑，饮则乳酪、山茶。富者衣氆氇绫绮，余皆毛毯羊皮。供养番僧，不知医药。慎重誓盟，刻木为信。灼羊膊、扯索卦以卜凶，葬则或水或火，惟喇嘛之言是听。婚姻论财，以牛羊马匹为聘。男女相悦，则携手共唱番歌，饮酒为乐，名曰跳锅庄。其性嗜利好斗，轻生易死。履绝壁险崖，若康庄然，凡重物俱背负而不知肩挑。女子耳带大环，男亦垂铒。自十二岁以上，皆腰插短刀。习枪矛弩箭，不善弓矢。重山叠嶂，雾重风高。山岚瘴气，多寒少暑。春夏雨雪，经旬累月，罕有晴时。每雨则霹雳大作，电光中皆有声。至八九月间，始晴霁。隆冬积雪丈余，上谷弥漫，坚冰，道路不通。（《金川图说》）

城池

阿尔古厅城：未建。

户口

安插屯练五十六户，男妇一百九十四名；番民六百七十九户，男妇三千八百五十六名。

田赋

新开地六万九千一百六十八亩零，尚未升科，无额征银数。

山川

索乌山：在厅东一百五十里。本朝乾隆四十一年，平定金川，大功告成。奉旨与甲索山、金川河一并致祭，列春秋祀典。

甲索山：在厅西一百五十里。峰峦层叠，险峭异常。

足古山：在厅北九十里，与丹坝土司接界。

噶功山：在厅东南二百四十里，与小金川牛厂接界，峰峦盘亘，四时雨雪。

当噶山：在厅东南二百十里，横岭二十余里，尝有云雾蒙之。

日旁山：在厅西北七十里。

宜喜山：在厅西北一里，与绰斯甲布土司接界。

昔岭：在厅东一百九十里。

金川河：源发松潘卫西北髦牛徼外，北由绰斯甲布、从噶克、丹坝各土司境，南流入金川土司境，遇厅治而西，至噶拉衣，收功噶山水，历马尔邦、巴底巴旺，西南经章谷，收小金孟拜山水，又西南流入明正土司境，经打箭炉，收各小溪水，南流过泸定桥，入清溪县界。乾隆四十一年，秩于祀典，春秋致祭。

关 隘

喀尔撒尔：在厅南，又西有朗拉，并有碉卡，现设塘汛。

噶拉依：在厅对河稍东，为金川巢穴，形势险要。现设粮务，分防于此。

独松：在厅西，又北有甲咱，现俱设塘汛。

勒乌围：在厅对河稍西，亦系金川巢寨。四十年平定，有御制平定金川勒铭勒乌围之碑，现设重兵驻防如此。

马邦：在厅界河西，现设粮务。

绥靖营：在厅境，乾隆四十一年设，四十五年赐今名。

崇化营：在噶拉依地。

庆宁营：在厅西茹寨地。以上二营，建设与绥靖营同。

津 梁

噶拉依渡、腊角渡、广法寺渡、独松渡、勒乌围渡、茹寨渡。以上诸渡，各以地得名，有渡船。卡卡角桥、沈角沟桥、马奈山根头道桥、二道桥，以上皆以索为之，长四十丈至五十丈不等。叨鸟桥、双碉桥、登荅桥，以上皆木桥，长一丈至三丈不等。

祠 宇

广法寺：在厅西噶喇依，本旧雍市喇嘛寺。本朝乾隆四十一年，铲灭金川重修，赐名并御书“正教恒宣”匾额。

土 产

犛牛、松鸡、苦菜、贝母。

美诺厅

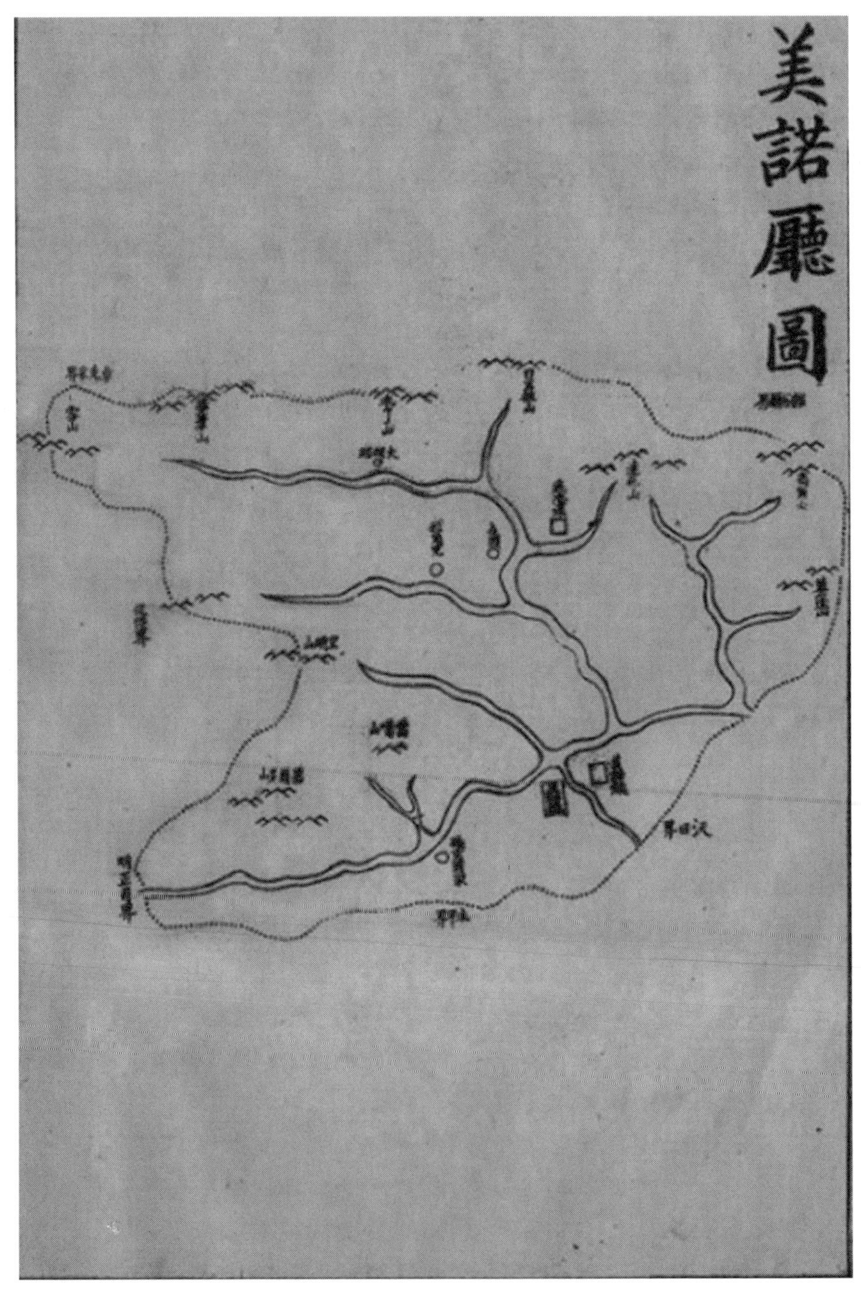

美诺表

	秦	两汉	三国	晋	南北朝	隋	唐	五代	宋	元	明
美诺厅		西南蛮地。					吐蕃地。				始封金川寺。演化禅师世有其地。

美诺厅

本小金川土司，在四川省治西八百六十里。东西距一百七十五里，南北距五百七十里，东至鄂克什土司界三十五里，西至旧金川土司界一百四十里，南至木坪土司界一百八十里；北至梭磨土司界三百九十里，东南至瓦寺土司界二百一十里，东北至杂谷厅界三百里，西南至明正土司界二百一十里，西北至卓克采土司界四百二十里。由厅治至京师五千七百里。

分　野

天文井鬼，分野鹑首之次。

建置沿革

《禹贡》梁州之域。在汉为西南诸蛮。唐时吐蕃有其地。在明代曰金川寺，演化禅师传至卜儿吉细。于本朝顺治七年归诚，授职。与金川同姓，番人称金川云“促浸”，称小金川云“攒拉”。促浸者，大河滨之谓；攒拉者，小河滨之谓。盖谓同一种人，一居于大河滨，一居小河滨也。乾隆十三年，土舍良尔吉以阴附金川，侵迫土司泽旺。经略傅恒往剿，伏诛。迨泽旺老子僧格桑，狡诈不法，屡围鄂克什且侵明正土司。三十九年，王师讨平之。有御制平定金川勒铭美诺之碑。四十一年，于其地设厅镇抚，直隶四川省。

城　池

美诺厅城：未建。

户　口

安插屯练一百一十三户，男妇二百八十名；又辖番民九百四十八户，人丁四千四百二十三。

田　赋

新开地四万八千四百九十二亩零，尚未升科。现无额征银两。

山　川

墨尔多山：在厅西一百六十里。本朝乾隆四十一年平定大小金川，大功告成，奉旨致祭，列入春秋祀典。旧有喇嘛寺在山上。

巴朗山：在厅东二百一十里，与瓦寺土司接界。

别蚌山：在厅东二百四十里，与杂谷厅接界。

控卡山：在厅西一百四十里，与促浸交界。

商角山：在厅东北三百九十里。

日尔山：在厅北三百九十里，与梭磨土司接界。

孟拜山：在厅西北四百二十里，一名梦笔山。与卓克采土司接界。

小金川河：源出厅界西北孟拜山，东南流过大板昭，至撒拉收日尔山水；南流马儿当底木达，至木波收索乌山诸水；复南流至猛固寨，收巴朗山诸水；西南流至厅北，收功噶山水；复西南流，收南北两山诸小溪水；至明正土司境边谷地方，注于大渡河。大渡河者，即金川河下游也。

关　隘

明郭桥：在厅东三十里，与鄂克什土司接界，现设塘汛。

资哩寨：在厅东九十里，现设塘汛。

木耳寨：在厅东一百二十里，口势奇峭，现设塘汛。

日隆寨：在厅东一百五十里，现设塘汛。

松林口：在厅东一百八十里，地接大邑坪，为美诺咽喉，现设塘汛。

泽而脚寨：在厅北三十里，现设塘汛。

崇德：在厅北六十里，现设塘汛。

小牛厂：在厅北七十八里。又十五里，又大□厂，现设塘汛。

大板昭：在厅西，现设粮务。

底木达：在厅西，现设粮务。

章谷：在厅西，现设粮务。

懋功营：在厅境。本朝乾隆四十一年设，四十五年赐今名。

抚边营：在底木达地建设，与懋功营通。

津　梁

章谷屯渡、定金渡、太平渡桥，在厅西南，有渡船。

邦科桥、翁谷尔垄桥、田楚桥，以上三桥皆以索为之，各长二十余丈。

猛围头道桥、三道桥、匀藏桥、康达桥，以上皆木桥，匀藏桥长十二丈，余皆长五丈余。

祠　宇

胜因寺：在厅治南山坡上。本朝乾隆四十一年奏建，名美笃喇嘛寺。四十五年，赐今名。

土　产

髦牛，松鸡，苦菜，贝母。

（清）嘉庆敕撰

（嘉庆）重修一统志（茂松杂懋）

《四部丛刊续编》影清写本

提 要

摘录自（嘉庆）《重修一统志》，分茂州、松潘厅、杂谷厅、懋功厅。较（乾隆）《大清一统志》所载行政建置有较大变化，乾隆四十四年（1779）裁阿尔古厅并入美诺，乾隆四十八年改美诺厅为懋功屯务厅。

所摘一州三厅体例及分目与（乾隆）《大清一统志》基本一致，仅对新置懋功厅有较大改动。

一州三厅志，对研究清初到嘉庆时期该地的建置沿革、地理、历史、风土等方面具有重要的文献价值，是研究今阿坝州辖区内所属各县建置沿革变迁的主要史料，具有重要的史料价值。

（嘉庆）《重修一统志》（茂松杂懋），是今阿坝州现存修订最早的一部地方总志。

目　录

茂州直隶州

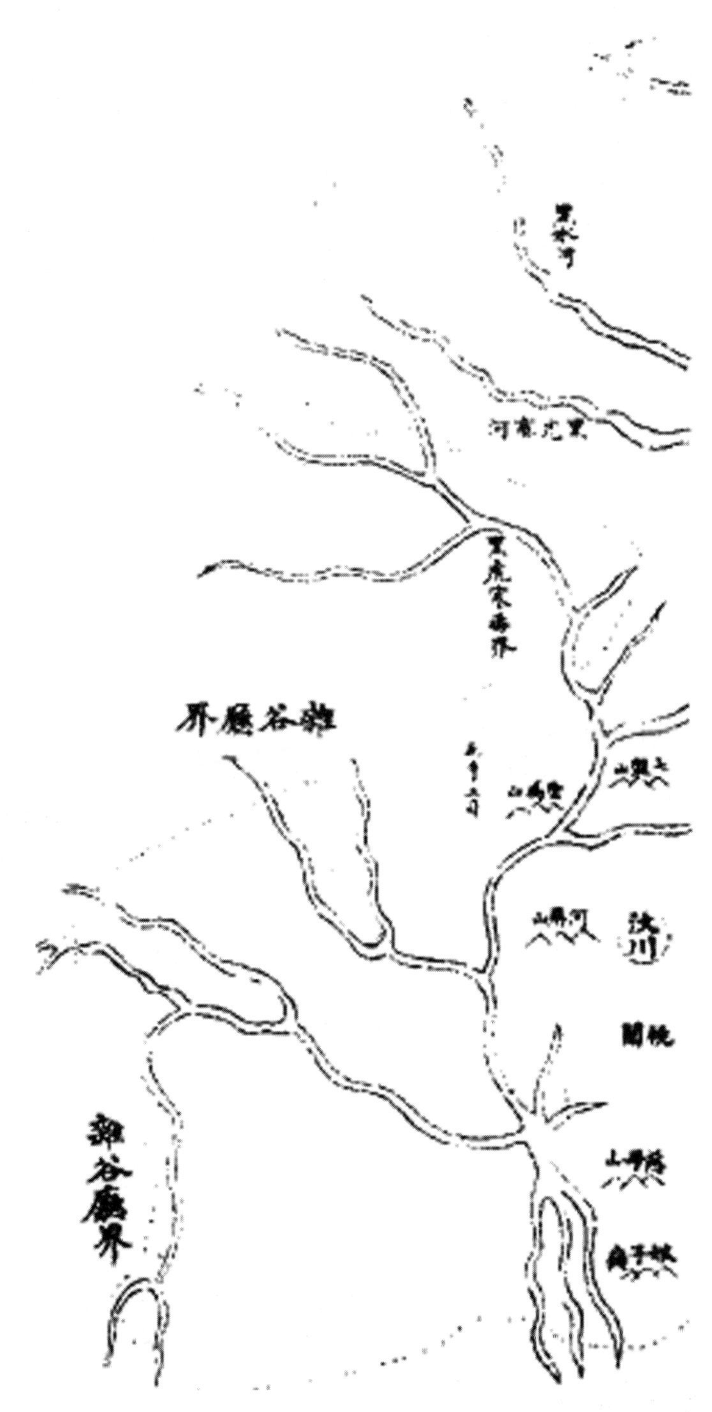

茂州

	秦	两汉	三国	晋	南北朝	隋
茂州直隶州		元鼎六年置汶山郡，地节三年省，蜀郡为北部都尉。	**汶山郡**：蜀汉复置。	徙治汶山县。	**汶川北部郡**：梁置绳州北部郡，周改州名。	**汶山郡**：开皇初郡废，改蜀州，寻改会州，大业初复改州为郡。
汶川县		**汶江县**：初为郡治，寻属蜀郡。	**汶江县**：郡治。	**广阳县**：改名，属汶山郡，东晋后省。	**广阳县**：梁复置为州郡治。	**汶山县**：仁寿元年改名，郡治。
				汶山县：移来治，东晋徙。	**汶山县**：周复置。	开皇初罢。
		绵虒县：置，属蜀郡，后汉改绵虒道。	**绵虒道**：属汶山郡。	**汶山县**：改名郡治，东晋废。	**汶川县**：周复置，改名。	**汶川县**：属会州，大业初属汶山郡。
		广柔县：置，属蜀郡	**广柔县**。	**广柔县**：属汶山郡，后省。		

表

唐	五代	宋	元	明
茂州：武德元年复置会州，寻改南会州。贞观八年又改。天宝元年改遵化郡。乾元元年复改，属剑南道。	**茂州**：属蜀。	**茂州通化郡**：属成都府路。	**茂州**：至元中改吐蕃宣慰司。	**茂州**：属成都府。
汶山县：州治。	**汶山县**。	**汶山县**。	**汶山县**。	洪武初省入。
羁縻真州：乾元初置，领真符、昭德、昭远、鸡川四县。 **羁縻乾州**：大历三年置，领招武、宁远二县，属茂州郡督府。 **羁縻涂州**：武德元年置，领端源、婆览二县。贞观元年省，二年复置，领端源、临涂、悉怜三县，属茂州都督府。 **羁縻炎州**：贞观五年置西封州，八年改名，领大封、慕仙、义川三县，属茂州都督府。 **羁縻彻州**：贞观五年置，领文彻、俄耳、文进三县，属茂州都督府。 **羁縻向州**：贞观五年置，领具左、向贰二县，属茂州都督府。 **羁縻冉州**：贞观五年置西冉州，九年去西字，领冉山、磨山、玉溪、金水四县，属茂州都督府。 **羁縻穹州**：贞观八年改置，领小川、彻当、壁川、当博、恭耳五县，属茂州都督府。		政和六年改置建安军，八年废。		
羁縻笮州：贞观八年改置，领遂都、亭观、比思三县，属茂州都督府。				
	维州：属徙。 **保宁县**：前属改置州治。	**威州**：景德初更名，属成都府路。 **保宁县**：政和四年改置亨州，改安信县曰嘉会。宣和初废，	**威州**：属成都路，至元中省入州。	**威州**：属成都府，宣德中移治。
		熙宁九年置威戎军，政和三年更名延宁，宣和三年废。		
汶川县：属茂州。	**汶川县**。	**汶川县**：初属威戎军，属茂州。	**汶川县**：至元十九年省，后复。	**汶川县**：宣德中移治，属茂州。

茂 州

在四川省治北少西四百一十里，东西距一百八十里，南北距四百三十里。东至龙安府石泉县界一百里，西至黑虎寨番界八十里，南至成都府灌县界二百七十里，北至松潘厅界一百六十里。东南至石泉县界一百里，西南至杂谷厅界一百六十里，东北至石泉县界一百里，西北临大江。本州境，东西距一百七十里，南北距一百五十里。东至石泉县界九十里，西至黑虎寨番界八十里，南至汶川县界七十里，北至叠溪营八十里。东南至绵州安县界一百二十里，西南至汶川县界七十里，东北至石泉县及叠溪营界一百里，西北至叠溪营界九十里，自州治至京师四千九百里。

分 野

天文井鬼，分野鹑首之次。

建置沿革

《禹贡》梁州之域，汉初为冉駹国地。（按：《史记·大宛传》：天子发间使出駹，出冉。是冉、駹本二种也。）武帝元鼎六年，以其地置汶山郡。（见《汉书·武帝纪》。《华阳国志》作元封四年置，误。）治汶江县。宣帝地节三年省，属蜀郡，为北部都尉。后汉因之。建安中，先主定蜀，复以北部为汶山郡。（《华阳国志》作安帝延光三年复立，《后汉·西南夷传》又作灵帝时，今据《蜀志·陈震传》为正。）晋时徙郡治汶山县，改汶江为广阳属之。东晋后废。萧齐复置北部都尉。梁普通三年，置绳州北部郡，仍置广阳县为治。（按：《隋志》：汶山县旧曰广阳，梁改为北部都尉。今考《齐志》有北部都尉，而无广阳县。盖北部置于齐，州郡县皆置于梁时也。）周保定四年，改绳州曰汶州。隋开皇初，郡废，改汶州曰蜀州，寻又改会州，置总管府。仁寿元年，改县曰汶山。大业初，府罢，复改州为汶山郡。唐武德元年，复曰会州。三年置总管府。四年改曰南会州。七年改置都督府。（督南会、翼、维及羁縻涂、炎、彻、向、冉、穹、笮等十州。永徽后，又增领三十二州，皆生羌部落。）贞观八年，始改曰茂州。天宝元年，改通化郡。乾元元年，复曰茂州，属剑南道。五代属蜀。宋亦曰茂州通化郡（领羁縻十州），属成都府路。元属吐蕃宣慰司。明洪武初，以州治汶山县省入，属成都府。本朝初因之。雍正六年，升直隶州，属四川省，以成都府属之汶川县来隶，省威州为保县属之。嘉庆六年，裁保县。以其地并入杂谷厅。领县一，土司九。

汶川县：在州西南一百二十里，东西距一百六十里，南北距一百七十里。东至本州界一百四十里，西至瓦寺土司界二十里，南至成都府灌县界一百二十里，北至本州界五十里，东南至灌县界一百里，西南至瓦寺司界三十里，东北至本州界五十里，西北至杂谷厅界十里。汉置绵虒县，属蜀郡。后汉曰绵虒道。晋移汶山郡来治，改县曰汶山。东晋后郡徙县废。周复置汶山县，仍于县置汶山郡。隋开皇初郡废，属会州。大业初属汶山郡。唐属茂州。宋熙宁九年，于县置威戎军。政和六年，改名延安。宣和三年，废军为寨，县仍属茂州。元至元十九年，废县设巡检司，后复置。明宣德中移治此，仍属茂州。本朝初属成都府。雍正五年复属茂州。

瓦寺宣慰司：在汶川县西北二十里。东至保子关番界四十里，西至鄂克什土司界五百里，南至穆坪土司界六百里，北至杂谷厅界一百二十里。其先于明时世袭安抚司。本朝顺治九年归附，仍授原职。所辖番民一千二百户。康熙五十九年征西藏，土司桑朗温恺随征有功，加宣慰司卫。乾隆二年，加指挥使职衔。后征杂谷土司苍旺并金川等处，土司桑朗雍中随征。赏戴花翎，更名索诺木荣宗。嘉庆元年，随征达州教匪，升宣慰司，换给印信。

静州长官司：在州东二里。东至陇木土司界三十里，西至岳希土司界十里，南至牟北土司界六十里，北至竹木坎土司界五十里。宋时蛮董姓者据其地，号静州蛮。明洪武七年，置长官司世袭。本朝康熙五年，首领董应诏归附，仍授原职，所辖十寨番民。长官董氏世袭。

岳希长官司：在州西五里。东至州界镇西桥，西至章圭寨二十里，南至牟托土司界二十里，北至竹木坎土司界五十里。明洪武七年，置长官司。本朝康熙五年首领坤道龄归附，仍授原职，所辖黑族七番民一千十户。长官坤氏世袭。

陇木长官司：在州东北四十里。东至龙安府石泉县界三十里，西至静州土司界三十里，南至州界马桑湾二十里，北至松潘厅叠溪营界三十里。明洪武七年，置长官司。本朝康熙五年，首领何延禧归附，仍授原职，所辖番民百十七户。长官何氏世袭。

水草坪巡检司：在州北三十里，东至长坪堡十里，西至镇戎堡四十里，南至魏磨关四十里，北至沙坝土司界十五里。本朝顺治九年归附，领给印信，辖番民一百二十户，土司苏氏世袭。

牟托巡检土司：在州西南四十里。东至州界三十里，西至生番界十五里，南至保子关二十里，北至岳希土司界二十五里。本朝顺治九年归附，颁给印信，辖番民五十四户。土司温氏世袭。

竹木坎副巡检土司：在州西北五十里。东至生番界十五里，西至黑龙寨三十里，南至长平堡三十里，北至水草坪土司界五里。本朝顺治九年归附，颁给印信，辖番民一百户。土司孙氏世袭。

沙坝安抚司：在州北三十里。东至实大关土司界四十里，西至岳希土司界五十里，南至竹木坎土司界三十里，北至水草坪土司界二十里。其先于明时世袭安抚司。本朝顺治九年归附，颁给印信，所辖番民三百二十四户。土司苏氏世袭。

实大关副长官司：在州西三十里。东至州属小牛村五里，西至大河界二里，南至萧堡塘十里，北至大定堡十里，其先于明时授职。本朝康熙十年归附，颁给印信，所辖番民七十一户。长官官氏世袭。

形　势

控制吐蕃，捍蔽内郡（《图经序》）。逼近羌戎，环带山险，成都肩背之地（《旧图经》）。威茂两州，实灌口之障蔽，其势特与沿边诸州不同。保寨参错于中，州城孤立于外，而属部藩周分环据，二三百里之间，官路惟留一线（宋胡元质奏议）。

风俗

其山有六夷、七羌、九氐，各有部落。土气多寒，盛夏冰犹不释（《后汉书·冉夷传》）。好弓马，以勇悍相高，《诗》《书》之训阙如，自古及今，并无两税（《寰宇记》）。俗耐饥寒（《图经》）。叠石为巢以居，如浮图。高二三丈者，谓之笼鸡；十余丈者，谓之碉。亦有板屋土屋者（同上）。

城池

茂州城：有内外二城，内城周三里七分，门四，明洪武初筑。外城周五里，门二，成化中建。本朝康熙六年修，五十六年重修。

汶川县城：周不及一里，门二，明正德七年建。本朝乾隆二十九年修。

学校

茂州学：在州治南。明宣德八年建，本朝顺治十六年重建。康熙六年修。乾隆十年、四十年重修。入学额六名。旧额八名，乾隆六十年减二名。

汶川县学：在县治南。明嘉靖二年建，本朝乾隆六十年修，嘉庆五年重修。入学额数六名。旧额八名，乾隆六十年减二名。

石纽书院：在汶川县治南学宫右边。本朝乾隆二十八年建。

户口

原额户四千七十一，今滋生男妇共三十九万六千九百九十九名口[①]。计五万八千九百三户。

田赋

田地三十五顷一十九亩九分有奇，额征地丁正杂并催银七百一十五两三钱二分四厘，又各寨番民杂粮折征米九十石五斗九合一勺二抄三撮。

---

① 男妇共三十九万六千九百九十九名口：此统计当有误。（道光）《茂州志》载：共男妇十一万一千四百十六丁口。

山 川

五味山：在州东十八里。《寰宇记》：山出五味子，因名。

马蹄山：在州东三十里。

岷山：在州东南二十里。《益州记》：岷山去成都五百里。《元和志》：汶山县有汶山，即岷山也。南去青城石山百里，天色晴明，望见成都。山岭停雪，常深百丈。夏月融泮，江川为之洪溢，即陇山之南首也。《旧志》：山有九峰，四时积雪不消，一名雪山，俗呼九岭[①]山。按，此非古岷山也。《汉志》：岷山在湔氐道徼外。在今松潘卫北生番界。又《山海经注》：岷山在广阳县西。张栻《西岳碑》云：在茂州列鹅村，其跗曰羊膊。《舆地广记》：在汶山县西北，俗谓之铁豹岭。此又在州西番界，今无可考。

巨人山：在州南三十里。《寰宇记》：山头有石如人，面南，明皇幸蜀时，以石人背立，敕令鞭之一百。下有九池，俗传是九龙池。祝穆《方舆胜览》：山有黑龙湫，四山环绕百二十里。《旧志》：与雪山相连，前有龙洞，有水喷出，山后有径，可达天池、大坝、彭县三郎庙等处。

龙泉山：在州南。《隋志》：汶山郡北川县，有龙泉山。《寰宇记》：在汶山县南四十八里，山下有湫，号青池，一曰龙池，时或水旱，民祷必应。放牧马于其侧，多生骏驹。

鸡宗山：在州南四十里。《方舆胜览》：宋熙宁九年，杨文绪猖獗，声援俱绝，至书木牌投于江以告急，朝廷遣王中立[②]将兵旁出鸡宗山讨平之，置关及镇羌寨于此。

茂湿山：在州北十里。《旧唐志》：茂州，以郡界茂湿山为名。《明统志》：树木茂密，常有岚气，因名。

鹰门山：在州北二十里。《寰宇记》：山多鹰楼，故名。按，《隋志》：北川县有雁门山，即鹰门山之讹也。

陇东山：在州东北十八里。按，《宋史》：州北有陇东道，通绵州。即此。

玉垒山：在汶川县东。《汉书·地理志》：绵虒县玉垒山，湔水所出。郭璞《江赋》：玉垒作东别之标。《元和志》：山在汶川县东北四里。《寰宇记》：在汶川县北三里，又有玉垒坂。

慈母山：在汶川县南六十里。《元统志》：山中有池曰滋茂池，亦曰慈母池。《名胜志》：慈母山在青城山东。滋茂龙池在汶之尤溪，万山耸立，中有方池，周四十里。

河屏山：在汶川县西二里，山腰有人坪。

涂禹山：在汶川县西北二十里。峰峦秀丽。今为瓦寺安抚司住牧之处。

七盘山：在汶川县北三十里。《寰宇记》：在汶川县北九里，有七盘坡路。唐大历中，吐蕃入寇，官军追败之七盘，即此名。

相公岭：在州东北茂湿山北三里。《方舆胜览》：相公岭，州之主山。《旧志》：宋王

① 岭：当为“顶”。
② 立：当为“正”。

中立驻师于此，因名。

娘子岭：在汶川县南一百里，高峻逶迤，为县门户。

龙洞：在汶川县南一百三十里。两山石壁高悬，疑若无路。至冬则水不入江，皆注洞中，不知归于何处。

木瓜坪：在汶川县东一里。又马念坪，在县西北五里，接瓦寺土司界。

大邑坪：在汶川县南。悬崖临江，地势险阻，为金川要路。现设塘汛。又兴文坪，在县南七十里。

湿阪：在汶川县南。《元和志》：岭上树木森沉，常有水滴，未尝暂燥，故曰湿阪。按《元统志》作“湿冻岭”。

大江：自松潘镇叠溪营流入，南流经州城西，又西南经废保县、汶川二县之西，又南入成都府灌县界。《水经注》：江水自龙涸蚕陵南下至石境，又六十余里而至北部，始百步许。又西百二十余里至汶山故郡，乃广二百余步。又西南百八十里，至湿阪，江稍大矣。《元和志》：汶江北自翼州南流，经汶山县西二里。《旧志》：岷江自叠溪营入茂州境。南流五十里，合黑水。又东南三十里至州城西，又折而西南六十里过汶川县地，十余里入威州界。西流一里州城北，合花水。又西南十里，仍过汶川县界。又三十里至县城西，又南曲流一百三十里入灌县界。其在威州界者，亦名湔水，每斤较沱水轻二两。

神溪河：在州东，又东入龙安府石泉县界，即古石密溪也。《元和志》：石密溪在汶山东十九里。《旧志》：今名马蹄溪。源出州东马蹄山，东入石泉县界。又有都流溪，源出都流口寨，合马蹄溪。按《舆图》作神溪，下流即石泉河。详见“石泉县”。

白水河：在州南，源出龙泉山，西流入江，居民引以灌溉，甚利。

黑水河：在州西北六十里，源出生番界。东南流经叠溪营西界，至长平堡西入大江，即古翼水也。

黑虎寨河：在州西北，源出黑虎寨。东流至长平堡南入江。《旧志》谓之北松溪。

草坡河：在汶川县南，源出瓦寺土司界，有二派，南曰龙潭沟，北曰沙派沟。东南流会为一，入大江。

桃川：在汶川县南四十里，山溪也。有桃千余树，故名。

南龙溪：在州南。《方舆胜览》：茂州有龙溪水，引入城内，至光孝寺。以两池潴之，居民常汲饮。《州治》[①]：源出巨人山龙湫，今改流城外，西入江。

三溪：在州北五里。《明统志》：五福泉在州治。《图经》云：自三溪口引水入城，至州治，贮以两井，号五福泉，民汲饮。《州志》：源出茂湿山，南流入城，民取汲之，西入江。

磨刀溪：在汶川县北二十里，西流入江。

洞口瀑泉：在保县西南五里，其源极远，自半空直下，喷流数千尺，居民资以灌溉。

温凉泉：在汶川县西南一里。山下涌出，冬温夏凉。

新井：在州城中。州旧无井，仰汲于江。遇蛮警，辄断汲路。明正德中，巡抚马昊

① 治：乾隆《一统志》作“志”。

凿地数十丈，方得泉，号曰新井。

古迹

汶江故城：在州北。汉置县，为蜀郡北部都尉治。晋改置广阳县。隋改汶山。唐宋皆为茂州治。明初，始省入州。《元和志》：汶山县，本汉汶江县地。汶江城在县北三里。宋白续《通典》：晋置广阳县于汶江县西北五十里，周移置于石镜山南六十里，即今治也。

广柔故城：在汶川县西北。汉置县，属蜀郡。后汉因之。晋初属汶山郡，后废。《括地志》：在汶川县西七十二里。

废乾州：在州西。《唐书·地理志》：大历三年，开西山置，领县二：招武、宁远。又《旧唐书·地理志》：茂州羁縻州有涂州。武德元年，临涂羌归附置，领端源、婆览二县。贞观二年，州县俱省。五年又置，领端源、临涂、悉怜三县。又炎州，贞观五年，生羌归附，置西封州。八年，改炎州，领县三：大封、慕仙、义川。又彻州，贞观五年，西羌首领董嗣真归化置，领县三：文彻、俄耳、文进。又向州，贞观五年，生羌归化置，领县二：具左、向贰。又冉州，本徼外敛才羌地。贞观五年，置西冉州。九年去西字，领县四：冉山、磨山、玉溪、金水。又穹州，贞观五年，生羌归附，置西博州。八年改穹州，领县五：小川、征当、壁川、当博、恭耳。又笮州，贞观七年，白苟羌降附，置西恭州，八年改笮州，领县三：遂都、亭劝、比思。右七州，皆属茂州都督。永徽后，又析为三十一州，今不录。《宋史·地理志》：茂州领羁縻当、真、时、涂、远、飞、乾、可、向、居十州。《旧志》：今皆在番界。

废真州：在州西北。《元和志》：真州在合江镇西一百四十二里。东至翼州界四十里，南至茂州通化县一百里，西至维州界一百里，北至悉州界四十里。其地本名真符。天宝三年，节度使章仇兼琼，以其地险阻，又当西山要路，奏置真符营，控押一川。五年，节度使郭虚己仍奏，置昭德郡。乾元元年，改为真州。管县四：真符县、郭下，又昭德、昭达、鸡川三县，并在州侧近，以熟首领为其令长，居无常所。《旧唐书·地理志》：真州治真符县。天宝五载，分鸡川、昭德二县置。又鸡川县，先天元年，割翼州翼水县置，属翼州。天宝五载，改属真州。昭德县，《旧志》：县旧属悉州。天宝元年，改属翼州，仍改名昭德。五年，改属真州。《宋史·地理志》：茂州领寿宁寨，本羁縻真州。政和六年，建寿宁军在大皂江外，距茂州五十里。八年废为寨。宣和三年，废寨为堡。《旧志》：废真州在叠溪所西南百里，有栖鸡川。《明史志》：谓汶山西北有栖鸡老翁城。唐时吐蕃所筑，当即此也。

安戎城：在州西番界。唐仪凤二年，益州长史李孝逸筑，以绝吐蕃通蛮之道。永隆元年，为吐蕃所陷。开元二十八年，节度使章仇兼琼克而守之。至德初，改曰平戎城。杜佑《通典》：恭州西南道平戎城百十里。

舍堂城：在州北二里。明嘉靖三十一年，兵备胡鳌筑。与州城犄角，今废。又罗城，在州北三里。嘉靖中，副使朱纨筑，以捍小姓五寨诸蛮，号为金城，又名万里城。

合江城：在州北。《唐书·地理志》：翼州有合江谷，筑三谷三守捉城。《元统志》：

合江镇在茂州北八十里。《旧志》：合水在叠溪所南五十里。为汶江水，北自松潘界来；为黑水，西自生番界来；合流于此。如张两翼，谓之翼水，故州以为名。或谓之合水，亦谓之合江。唐置守捉城于此，今置穆肃堡。

威戎军城：在汶川县北。《唐书·地理志》：茂州有威戎军。《宋史·地理志》：延宁寨，本威戎军，熙宁间所建。政和六年，汤延俊纳土重筑军城，改名延安。宣和三年，废为寨，隶茂州。四年，又废寨，入汶川县。

石纽村：在汶川县西北。谯周《蜀本纪》：禹本汶山郡广柔县人，生于石纽。《华阳国志》：番人营其地，方百里，不敢居牧。有过，逃其野中，不敢追，云畏禹神。《括地志》：石纽山在汶川县西。《元和志》：广柔故县有石纽村，禹所生处，今其地名刳儿坪。《寰宇记》：石纽村在汶山县西一百四十里。按石纽村，又见石泉县。

列岫堂：在州治。《明统志》：因九顶列于南，屏风盘台列于西，巨人橐驼列于东，故名。又有雪峰、妙算、遥雪三堂，皆在州治。

练光亭：在州城内。《舆地纪胜》：王咨记云，大江自徼外东绕郡城西北，极目可百里许，每日出未下，朝霭横空，夜色敛昏，素月流天，一望水光，杳霭无际，江流其间，若万丈长虹夭矫其上而吞吐之也。旧有亭曰观澜，据城之隅，不兴景会，因取少陵《赋岷江图》有“山虹饮练光”之句，以“练光”题其颜。

关隘

积水关：在州东七十里，明置巡司，今裁。

桃坪关：在州东。西去土门堡二十里，亦名桃坪堡，旧属陇木长官司戍守。

鸡宗关：在州南四十二里。宋熙宁九年置，明置巡司，久革。又州界有敷文关，宋宣和三年废为堡。

七星关：在州南四十五里。唐乾符二年，高骈镇西川，复戍望星关，即此。关前山有小孔七，大孔一，穿山而成。如七星伴月然，故名。关南栈道临江倚崖，古称绝险。明嘉靖十九年，副使张问之凿崖开修，旁有偏桥。

雁门关：在州南七十里。明正统十年，黑苦[①]等羌倡乱，巡抚寇深置关，临江而据险，为州南门户。旁有偏桥，关外以溪为限，溪南即汶川县界。

魏磨关：在州北二十里，明置巡司，今裁。

实大关：在州北八十里。东南去穆肃堡十里。明洪武初，平蛮将军丁玉设，关外即叠溪营界。

桃关：在汶川县南三十里。《水经注》：都安县有桃关。《元和志》云：远通西域，公私经过，惟此一路。关北当风穴，其一二里中，昼夜风起，飞沙扬石。

彻底关：在汶川县南五十里，为松茂第一要隘。

茶关：在汶川县南一百四十五里，一名蚕崖关。又寒水关，在县西，明置巡司，今裁。

① 苦：误，当为“虎”。

土门堡：在州东七十里。明正德中，州将何卿破叛蛮于此。《旧志》：州东十里有土地岭堡，又东有镇远关子、神溪、土门等堡，达于桃关，其七关堡，为州东险要处。

坝底堡：在州东土门堡东四十里。与石泉县接界，亦曰坝底城。

镇戎堡：在州北十里。又椒园堡，在州北二十五里。

长安堡：在州北，去椒园堡十二里。明成化十五年置，初在山阪，水道艰险。嘉靖十五年，改筑于旧堡之南。

韩胡堡：在州北四十里，去长安堡十四里，亦曰临江堡。

松溪堡：在州北五十里，去韩胡堡十四里。

长平[①]堡：在州北六十里。明初置安抚司，设同知于此，辖凿溪、章贡等寨，后废。改置长平堡。今为松潘、叠溪要路。

穆肃堡：在州北，去长平堡十三里。

汶堡：在汶川县西三里。石城周三十八丈，门二。西北通土司番寨。

马原堡：在汶川县西五里，为番夷出入之所。

雁门堡：在汶川县北五十里，石城周四十丈。

寒水驿：在汶川县南门外。旧置于县西北四十里苏村寨。明隆庆中，移于江东。上至茂州安远驿七十二里，下至灌县永康驿一百六十里。又太平驿，在县东南八十里。

津　梁

镇西桥：在州西门外。为羌人出入要路。

铃绳桥：在汶川县西一里。跨大江，长四十八丈，间八尺，绳围一尺五寸，左右各四栏以翼之。桥两柱，高六丈，东西建层楼。楼下有立柱转柱，立柱以紧绳，转柱以绞绳。

陵　墓

唐

张道古墓：在汶川县东玉垒山下。

明

懿简王墓：在汶川县灵溪山。天顺四年，简王第五子友塘封汶川。成化间薨，谥懿简，葬此。

① 平：乾隆《大清一统志》作“宁”。

祠 庙

大禹神母祠：在汶川县南十里石纽山。

武侯祠：在汶川县北三十里七盘山。

江渎庙：在州东二里。

寺 观

胜因院：在汶川县。宋熙宁间修，文同有记。

名 宦

三国汉

何祗：郫县人。为汶山太守，民夷信服。迁广汉后，夷反叛，云：传前何府君，乃能安我耳。时难屈祗，拨祗族人为汶山守，复安。

晋

萧承之：兰陵人。少有大志，才力过人。义熙中，蜀贼谯纵初平，迁汶山郡太守，善于抚绥。

唐

陈大慈：佚其籍。长安二年，赞普率众万余人寇悉州。都督陈大慈与贼凡四战，皆破之，斩首十余级。于是吐蕃遣使论弥萨等入朝请和。

宋

赵瞻：盩厔人。知威州，瞻以威茂杂群獠，险而难守，不若舍之而建郡于汶川，条著甚详，为《西山别录》。后熙宁中，朝廷经理西南，就瞻取其书考焉。

赵全时：简县人。神宗时，知威州，治行异等。

史季俭：佚其籍。威州祺城主簿。成都之陷，子良震与婿杨城夫，争相为死，各特赠两官，与二子下州文学。

明

刘坚：佚其籍。永乐时，知茂州。奏立学校，秉公有守，均徭平讼，流民复业。岁旱祈雨立应。秩满，州民吁留之。

陈敏：陕西华亭人。宣德时，知茂州。州僻处边徼，与松潘、叠溪诸番邻，岁被其患。自敏莅任，内抚民庶，外驭羌戎，恩威互施，始获安业。及遭丧去官，诸长官司及番民百八十人乞留，报可。正统中，九载报最，军民复请留，进成都府同知，视茂州事。都司徐甫，言敏在职公勤，群番信服。命进敏右参议，仍视州事。景泰初，秩满九载，进右参政，仍视州事。敏莅任二十余年，威信大行，军民胥悦。以监司秩莅州，前此未有也。

汪浩：佚其籍。茂州判官。英宗时，佐贰中最知名。

孙汉：江阴人。嘉靖中，知茂州时五寨蛮乱，守业有方，蛮不敢犯。

本朝

罗铭鼎：云南人。顺治初，知茂州。流贼赵荣贵陷城，死之。其母段氏方随养，曰：吾儿能为国死难，吾复何憾。投大石缸死。州人镌其事于石缸以表之。

陈名蟠：福宁人。康熙中，知汶川县。邑当蹂躏之后，名蟠绥辑有方，民获免于流播。有中山斜圃，地隶汶川，而徭冒威州，年久逋赋。名蟠按籍得三百户，立请随田征派，乃定。

谢应龙：会稽人。乾隆十一年，官汶川县典史。时金酋不靖，应龙奉徽驻沃日土司地，侦金川兵事。金酋率兵围沃日，且诱降。应龙恸哭，谕番众以大义，乃协力坚守，贼谋不得逞。总兵任某率兵入逾昔岭。饷道绝。应龙冒险出奇，以刍来往，军乃得济，后以才干升。

人物

明

高仲选：汶川人。官大足教谕。崇祯末，献贼攻汶川，携子女投江死。本朝乾隆四十一年，予入昭忠祠。

本朝

吴世美：汶川人，官威茂协千总。乾隆十三年，随征金川。攻作固山，力战阵亡，恤荫如例。

高泽衍：汶川人，官川北镇标千总。乾隆十三年，随征金川阵亡。恤荫如例。

安皆：汶川人，土千总加守备衔。乾隆三十七年，随征金川阵亡。恤荫加等。

阿斯嘛：汶川人，土把总加千总衔。乾隆三十七年，随征金川阵亡。恤荫加等。

安甲：汶川人，土兵加把总衔。乾隆三十七年，随征金川阵亡。恤荫加等。

嘎山布：汶川人，土把总加都司衔。乾隆三十七年，随征金川阵亡。恤荫加等。

董璠：茂州人，官松潘镇右营千总。乾隆三十七年，随征金川阵亡。恤荫如例。

顾大佺：茂州人，官叠溪营外委。乾隆三十七年，随征金川阵亡。赏恤如例。

罗武：茂州人，官潍州协外委。乾隆三十八年，随征金川阵亡，恤荫如例。

张国臣：茂州人，茂州营外委。乾隆三十九年，随征金川阵亡，恤荫如例。

朱相国：茂州人，官叠溪营外委。乾隆四十年，随征金川阵亡，恤荫如例。

韩世贵：茂州人，官重庆镇标守备。乾隆四十年，随征金川阵亡，恤荫如例。

王崑：茂州人，官外委。嘉庆元年，随剿邪匪阵亡，恤荫如例。

杨虎：茂州人，成都籍。乾隆四十六年，随剿甘肃逆回，以功累官甘州守备。嘉庆二年，攻杀匪于紫阳五作云，以火克之，擢游击。五年，追贼至终南山之华阳，入老林，遇伏，力战死。赐祭葬，恤荫如例。

阿思太：汶川人，土外委。嘉庆元年，随剿黔楚苗匪阵亡。恤荫如例。

章滚：汶川人，土千总。嘉庆元年，随征黔楚苗匪阵亡。恤荫如例。

王相：汶川人，土把总。嘉庆元年，随征黔楚苗匪阵亡。恤荫如例。

金保：汶川人，土外委。嘉庆元年，随征黔楚苗匪阵亡。恤荫如例。

纳他尔：汶川人，土外委。嘉庆元年，随征黔楚苗匪阵亡。恤荫如例。

贾格尔：汶川人，土外委。嘉庆元年，随征黔楚苗匪阵亡。恤荫如例。

阿皆：汶川人，土外委。嘉庆元年，随征黔楚苗匪阵亡。恤荫如例。

流寓

三国汉

廖立：武陵人。诸葛亮废立为民，徙之汶山郡，立躬率妻子耕殖①自守。及亮卒，立垂泣，曰：吾终为左衽矣。遂终于徙所。

明

王元正：盩厔人。嘉靖时，以议礼谪戍茂州卫。构别业于城南，讲学二十余年，一时多所成就。

列女

明

吕仲廉母吕氏、妻王氏：茂州人。吕氏父秀文无子，以女赘婿，生子仲廉，遂承吕嗣。婿早卒，吕抚子成立，娶媳王氏。仲廉又卒，姑媳相依，事姑以孝。天顺八年旌表。

文节妻邓氏：茂州人。节赴秋试，姑李氏病剧，邓封股以进，姑食之甚甘。越数日，复思之。子嘉谟告于邓，亦封股以进，祖母李病愈。抚按嘉其双孝，疏闻旌表。

李端妻夏氏：茂州人。盗入室索其夫，夏请当刃，盗并杀之。同州李烈娥、李节娥，皆拒强污自缢。

李友谅妻陈氏：茂州人。夫殁守节。同州苟友谅女苟氏、谷岳妻王氏、韦伯珣妻傅

---

① 殖：乾隆《茂州志》作“织”。

氏、谭继妻胡氏、张纲妻安氏、尚孜妻史氏，均夫殁守节。又陈氏年二十，夫死无子，氏立嗣守节。

承燋妻李氏：汶川人。夫殁守节，抚子事舅姑，历六十五载，卒封恭人。

本朝

叶定国妻宋氏：茂州人。夫亡守节，养姑抚子，康熙中旌。

刘廷彦妻赵氏：茂州人。幼刲股愈母疾。适廷彦三载，廷彦病甚，氏复刲股以进。及卒，矢志守节，教子成立，历八十载终。

林承恩妻叶氏：茂州人。承恩性极孝，父寝疾，祈以身代。及瘳，承恩病卒，叶欲殉，翁姑泣止之。守节终身，恪尽妇职。

王璘妻刘氏：茂州人。适王二载，生子甫六月，夫亡。氏哀号，截指誓志。后姑病，刲股以进。守节终身。同州节妇乐安妻冯氏、冯士奇妻冯氏、刘图琛妻李氏，均夫亡抚子成立。

梁廷栻妻韩氏：茂州人。夫亡守节。同州节妇刘图正妻李氏、何瑛妻坤氏、袁廷珍妻冉氏、罗宽妻蒋氏、唐景皋妻蒋氏、耿韬明妻胡氏、晏焕妻坤氏、蒋悌妻王氏，均乾隆年间旌。

周真妻刘氏：汶川人。姑杨氏久病不起，氏刲股以进，立愈。同县节妇高淳妻牟氏，事舅姑以孝闻。

罗大绅女：汶川人。年十五，守正捐躯。乾隆五十七年旌。

桑朗雍中妻李氏：桑朗雍中为瓦寺土司，既卒，子尚幼。氏抚之成立，袭职。乾隆年间旌。

耿觐光妻杨氏：茂州人。夫亡守节。嘉庆年间旌。

贾士瑗妻董氏：汶川人。夫亡守节。同县节妇董芳业妻荆氏，均嘉庆年间旌。

土产

金：《唐书·地理志》：茂州贡麸金。

丹砂：《唐书·地理志》：茂州贡。

麝香：《元和志》：茂州贡。《寰宇记》：茂州产麝香、麝脐。

药：《唐书·地理志》：茂州贡羌活、当归。《元和志》：茂州贡升麻、生马、牙硝。《寰宇记》：茂州产五味子。

麻布：《元和志》：茂州贡。

狐尾：《唐书·地理志》：茂州贡。

干酪蜜：《寰宇记》：茂州产。

芋：《华阳国志》：汶山郡出，大如蹲鸱。

五角牛：《寰宇记》：茂州土产。又旄牛，无角，一曰童牛，肉重千斤。

松潘直隶厅

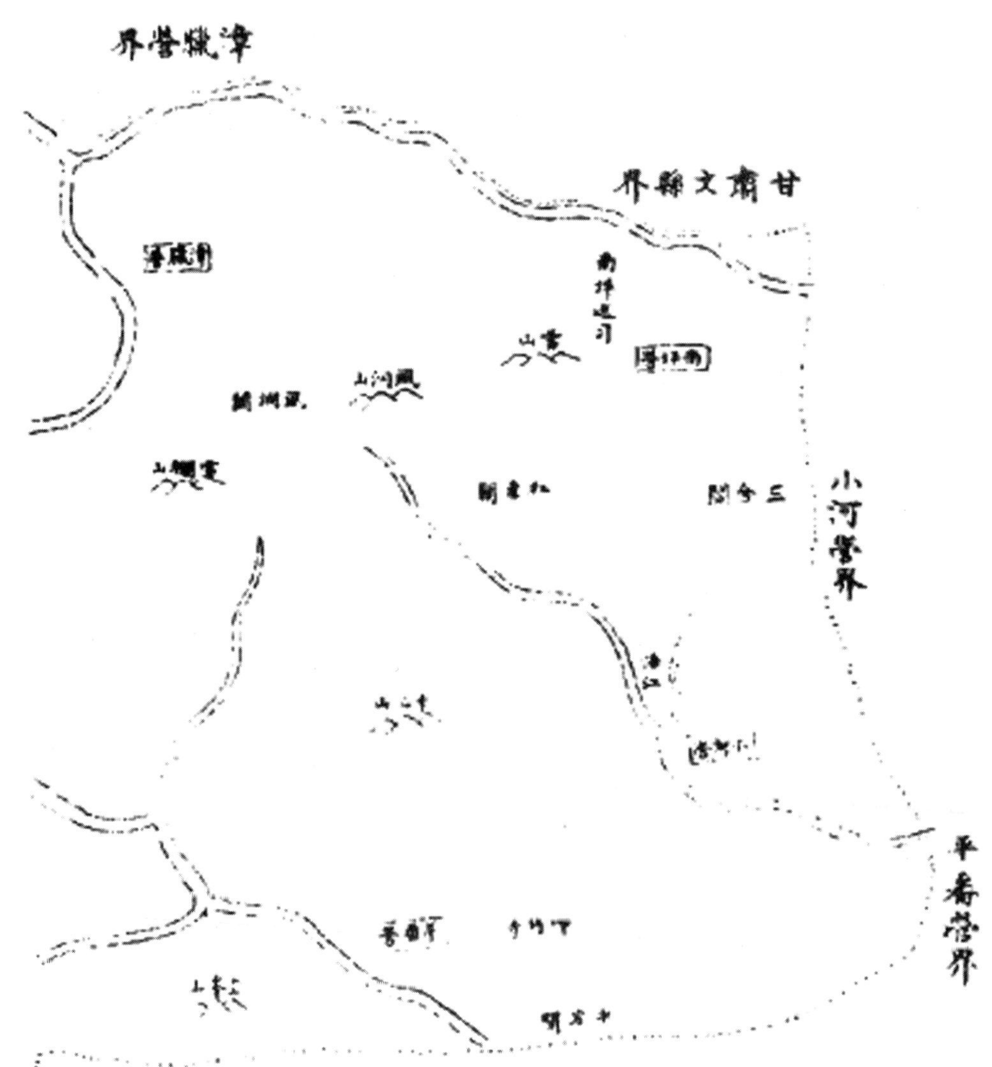

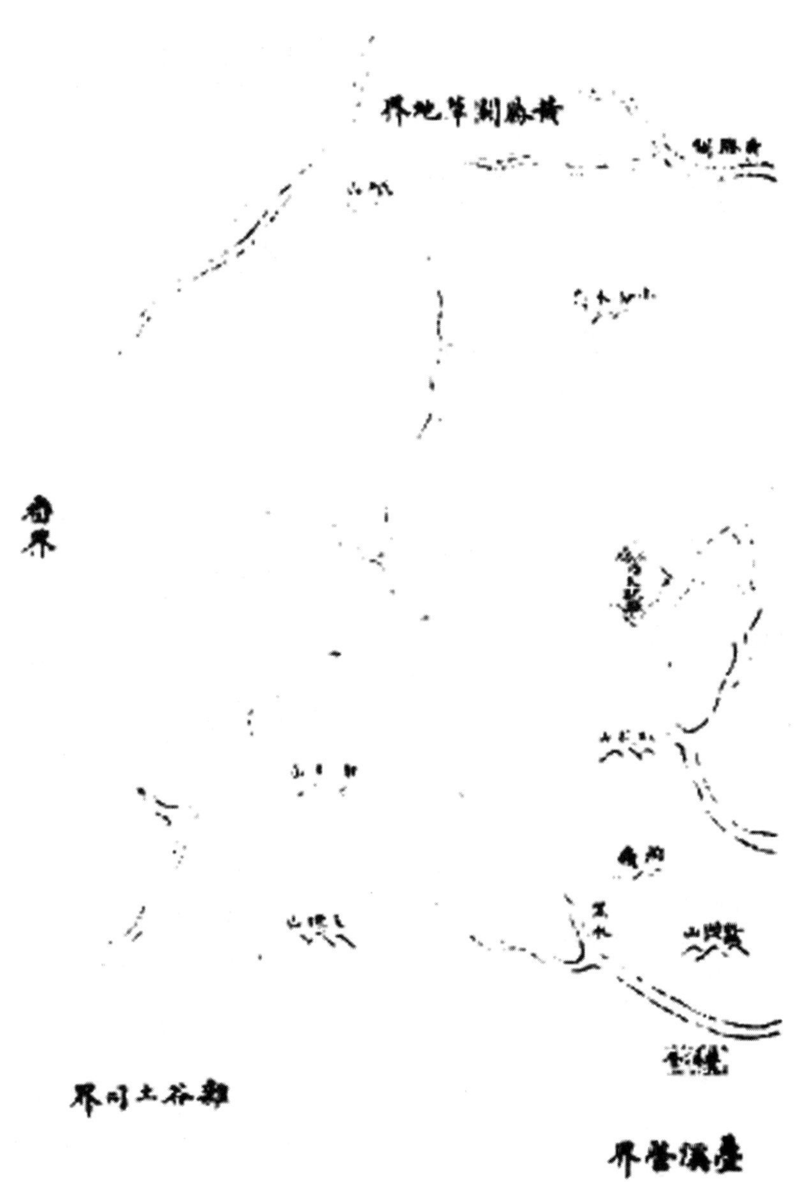
番
界
界司土谷雜
界營溪疊

松潘直隶厅表

	秦	两汉	三国	晋	南北朝	隋
松潘直隶厅					**扶州龙涸郡**：周天和元年置。	开皇三年废郡，七年废州。
	湔氐道。	**湔氐道**：属蜀郡。	**湔氐道**。	**升迁县**：改置，属汶山郡。	宋省。	
					嘉诚县：周置，州郡治。	**嘉诚县**：属同昌郡。
			平康县：蜀汉置，属汶山郡。	**平康县**。	**平康县**：宋省，后复置。	**平康县**：仍属汶山郡。
				兴乐县：置属汶山郡。	宋省	
						交川县：开皇初置，属汶山郡。
					江源县：周置属汶山郡	**江源县**。
		蚕陵县：置，属蜀郡。	**蚕陵县**。	**蚕陵县**：分属汶山郡，东晋省。	**翼针郡**：周置，兼置翼州。	开皇初废，大业初州废。
					翼针县：郡治。	**翼针县**：属汶山郡。
					龙求县：周置，兼置清江郡。	**翼水县**：开皇初郡废，改名清江，十八年又改属汶山郡。
					覃州：周置，兼置覃川、荣乡二郡。	开皇初郡废，四年州废。
					通轨县：州郡治。	**通轨县**：属汶川郡。

隶厅表

松潘直隶厅表				
唐	五代	宋	元	明
松州：武德元年置。天宝初改，交川郡。乾元初，复改，属剑南道。广德初，入吐蕃。		吐蕃地。	属吐蕃等处宣慰司。	洪武十一年置松州、潘州二卫，寻并为松潘卫。二十年，设松潘等处军民指挥使司，隶四川都司。嘉靖四十二年，复改松潘卫。
嘉诚县：州治，广德初入吐蕃。				
平康县：属松州。				
		潘州：崇宁三年置，又分上中下三州。	**潘州**：属吐蕃等处宣慰司。	初设潘州卫，后废。
交川县：后省。				
省。				
羁縻轨州：贞观三年置，属松州都督府，后入吐蕃。羁縻阔州，贞观五年置，属松州都督府，后入吐蕃。				
翼州：武德元年复置，咸亨三年徙治，上元二年复移旧治，天宝初改临翼郡，乾元初复改，属剑南道，后入吐蕃。				
卫山县：州治，天宝元年改名，后入吐蕃。				
翼水县：属翼州，后省。				
峨和县：大宝十一年置，属翼州，后。省				
当州：贞观二十一年置，天宝元年改江源郡，乾元元年复改。	**当州**。	**羁縻当州**：属茂州。		
通轨县：州治。	**通轨县**。	省。		

续

松潘直隶厅表						
	秦	两汉	三国	晋	南北朝	隋
松潘直隶厅						
					广平县：周置，兼置广平、左封二郡。	**左封县**：开皇初郡废，仁寿初改名，属汶山郡。

表

松潘直隶厅表				
唐	五代	宋	元	明
利和县：显庆二年置，属当州。广德后入吐蕃。				
悉州：显庆元年分置，治悉。唐咸亨元年移东治，天宝初改归诚郡，乾元初复改，广德后入吐蕃。				
左封县：初属会州，后为翼州治。贞观二十一年属当州，广德后入吐蕃。				
静州：仪凤二年置南和州，天授二年改名，属陇右道，后属剑南道，广德后入吐蕃。 **悉唐县**：州治。 **柘州**：永徽初置，天宝元年改蓬山郡，乾元元年复改，广德后入吐蕃。 **恭州**：开元二十四年置，天宝元年改恭化郡，乾元元年复改，广德后入吐蕃。				

松潘直隶厅

在四川省治北九百五十里。东西距二百七十七里，南北距二百二十里。东至小河营八十七里，西至生番界一百九十里，南至叠溪营界一百九十里，北至漳腊营界三十里。东南至平番营界七十六里，西南至杂谷土司界二百里，东北至南坪营界三百里，西北至黄胜关草地界八十里。自厅治至京师六千十里。

分　野

天文井鬼，分野鹑首之次。

建置沿革

《禹贡》梁州之域。周氐羌地。秦置湔氐道。汉属蜀郡，后汉因之。晋改置升迁县，属汶山郡。宋废。后魏为吐谷浑地。周天和元年，置扶州总管府，及龙涸郡嘉诚县。隋开皇初，府废，三年郡废，七年州废，以县属同昌郡。唐武德元年，复于嘉诚县置松州。贞观二年，置都督府，督羁縻二十五州，后多至一百又四州，皆生羌部落，属陇右道。永徽后，改属剑南道。天宝初，改交川郡，乾元初，复曰松州。广德初陷于吐蕃。宋仍为吐蕃地，元属吐蕃等处宣慰司。明洪武十一年，置松州、潘州二卫，寻并为松潘卫。二十年改松潘等处军民指挥使司，隶四川都司。嘉靖四十二年，复改松潘卫。本朝因之，属龙安府。雍正九年，改设抚民同知。乾隆二十五年，改为松潘直隶厅，属四川省。

形　势

东南雪岭，西北洮河，雨雪多寒，山川险峻（《松潘志》）。

风　俗

刻木契以成交易，炙羊膊以断吉凶，番多汉少（《松潘志》）。

城　池

松潘厅城：周九里七分，门五，东南面平，西北枕山，大江贯其中；城南有外城，周二里，门三。明洪武十七年建，本朝乾隆三十六年修。

学 校

松潘厅学：在厅治东，明景泰三年建，本朝康熙中修，入学额数六名。

户 口

原额人丁一万二十四，今滋生男妇共七万九千二百五十八名口，计一万六千八十三户。

田 赋

地粮二百石三斗一合二勺，额征屯租银一百二十四两七钱八分八厘；下地六十一顷十八亩有奇，额征地丁正杂银六十七两三钱六厘八毫；又番民杂粮青稞及估种折征银一百一十七两五钱四分一厘，米一百八十四石九斗五合。

山 川

崇山：在厅城内西北隅。城垣跨其上，盘旋而上，十有九折，通红土坡、黑水等寨。

金蓬山：在厅东五里。

雪栏山：在厅东三十里。山势蟠延，积雪不消，俗呼宝鼎山，亦名雪岭，上有栏。

风洞山：在厅东五十里。高险，盘旋数里，始达其巅，东北有洞，深不可测，多恶风，每午辄作，作则灰沙蔽天，人马俱辟易，寒气袭人，触之即死，否则喘息旬日而后止。

雪山：在厅东八十里。《隋志》：嘉诚县有雪山。《元和郡县志》：春夏常有积雪，故名。《寰宇记》：山在交川县西南百里，出朴硝，其色如银，外有蚕崖，路险，人罕得到。

牛心山：在厅东南五十里。峰峦圆秀，若牛心然。又东四十里为大焰山，山无草木，色如赭。

石镜山：在厅东南。《水经注》：蚕陵南下六十里至石镜。《隋志》：翼针县有石镜山。《元和郡县志》：在翼水县东南九里，山侧有石，圆径二尺，明徹如镜，因名石镜。

排栅山：在厅南五里[①]。《明统志》：洪武十一年，大军至此屯驻，立栅为营，故名。《旧志》：在叠溪营南十五里。

云峰山：在厅南叠溪营东六里。高耸凌云。

红花山：在厅南十五里。岷江所迳，下有屯田，名红花屯。

① 在厅南五里：乾隆《大清一统志》作“在叠溪营南五里”。

犛牛山：在厅南叠溪营东三十里。明正统中，官军追番贼，遇伏于犛牛山，败绩，即此。《明统志》作在所东五里，误。

七顷山：在厅南叠溪营西。《元和志》：卫山县有七顷山，一名落石山。此路山岩峻阻，平地惟有七顷，因名。后周于山下置翼州。

大雪山：在厅南叠溪西。《元和志》：大雪山，一名蓬婆山，在柘县西北一百里。

蚕陵山：在厅南叠溪营北。《旧唐志》：卫山县有蚕陵山。《旧志》：在营北五里。

岷山：在厅西北，一作汶山。《书・禹贡》：岷山导江。《河图・括地象》：岷山之精，上为井络；帝以会昌，神以建福。《史记・封禅书》：自华以西名山曰渎山，蜀之汶山也。《汉书・地理志》：湔氐道，《禹贡》岷山在西徼外，江水所出。《蜀志》秦宓曰：蜀有汶阜之山，江出其腹。《华阳国志》：岷山一名沃焦山，其跗曰羊膊，江水所出。《隋志》：汶山郡左封县，有汶山。《括地志》：岷山在溢乐县南，连绵至蜀几二千里，皆名岷山。《太平寰宇记》：羊膊山在平康县。《舆地广记》：岷山在汶山县西北，俗名铁豹岭。张敬夫《西岳碑记》：在茂州列鹅村，其跗曰羊膊。《书经地理今释》：岷山跨雍梁二州，自陕西巩昌府岷州卫以西，大山重谷，谽谺起伏，西南走蛮箐中，直抵四川成都府之西境。凡茂州之雪岭，灌县之青城，皆其支脉。而导江之处，则在今松潘卫北，西番界之浪架岭。《汉志》所云在“湔氐道西徼外”是也。按，明杨慎《丹铅录》云：蜀山之大者曰岷山，其川曰岷江，“岷”字《说文》作“愍”，省作“岷”，汉人隶书作“汶”。据《史记》引《禹贡》“岷嶓既艺”及“岷山之阳”“岷山导江”，皆作“汶”，盖古字通用也。今诸卷中“岷”“汶”二字多互见，谨识于此。

柏岭：在厅南叠溪营北。《元和郡县志》：在柘县北八十里，岭北三十里至白崖驿，与吐蕃接界。

甘松岭：在厅西南。《隋志》：通轨县有甘松山。《唐书》：开元十九年，吐蕃请交马于赤岭，互市于甘松山。宰相裴光庭曰：甘松，中国之阻，不如许赤岭。《元和志》：岭在嘉诚县之西南十五里。《寰宇记》：按，《山海经》云：甘松岭亦谓之松叶岭，江水发源于此，土人谓之松子岭。《明统志》：在司城西北三百里。《卫志》：今入西夷。按，《元和志》：岭本近在卫西南境，《明统志》谓去司三百里，《卫志》遂谓入夷界，误。

小分水岭：在厅北九十里，其山平坦，有龙潭。又，大分水岭，在卫西北二百三十里。按《舆程记》：有大分水岭，在卫西北二百二十里。有二派，一东南流为江，一西南流为大渡河，或曰即古羊膊岭也。

大江：自徼外流入，南迳厅城，又南迳叠溪营西，又南入茂州界，一名汶江，亦曰岷江，俗名潘州河。《书・禹贡》：岷山导江。荀卿曰：江出岷山，其源可以滥觞。《汉书・地理志》：岷山在西徼外，江水所出，东南至江都入海，过郡七，行三千六百六十里。《水经注》引《益州记》曰：大江泉源，即今所闻，始发羊膊岭下，缘崖散漫，小大百数，殆未滥觞。东南下百余里，至白马岭而历天彭阙，自此以上至微弱，所谓发源滥觞者也。自白马岭回行二十余里至龙涸，又八十里至蚕陵县，又南下六十里至石镜，又六十余里而至北部，始百许步。杜佑《通典》：甘松岭，江水所发源。《元和志》：翼州西枕大江。又，大江水经翼水县西二百步。《寰宇记・江源记》云：羊膊山下有二神湫，乃大江始发之所。范成大《吴船录》：江源自西戎中来，由岷江涧壑中出，而合于都江。今世所云，止自中国言耳。《明统志》：潘州河在松潘司城西北六十里。又，汶江，在叠溪所城西三里，经所西南，与黑水合流，入茂州。《旧志》：潘州河源出西夷哈吗鼻浪架岭，分二派：一派西南合流，出灶沟；一派东南流，历东寨至尖橐，合滴漏水。水出滴漏山岭，亦分二派：一派西南为出灶沟，入西番界；一派东流迳鹅落村，至尖橐与浪架水合流，入黄胜关下，又四十里至虹桥关北，合漳腊河，其河源出生番弓杠，其山巅水亦分二派，一派东流入上羊峒生番界，一派西南流至漳腊境，又南流四十里径漳腊城西南合波漓泉，又十里至虹桥关北与潘州河合流，又曲流二十八里至松潘城东入城，出城西而南折，又东南流一百八十里合众山溪水，过平番营入叠溪营界，是为岷江。又南五十里合黑水，经营城西，又东南曲流四十里，入茂州界。按，《舆图》：今江源在黄胜关外西北，有东南二派：在东者，出冈出山，东南曲流百里许；在西者，出那哥多母精山，东南流二百余里合流，又百里许入黄胜关。"冈出"即《旧志》所名"滴漏那哥"，即浪架也。二山之北，又各有一派。出冈出山者，名多拉昆多都仑；出那哥山者，名多母打秃昆都仑。皆西北流数百里合流，汇众山溪水入黄河，即《旧志》之出灶沟。《元史・河源附录》所名奇尔玛尔楚二水也，"奇尔玛尔楚"，旧作"乞儿马出"，今俱改正。

涪江：在厅东，东南流入龙安府平武县界。《旧志》：源出卫北小分水岭，东南流入小河所北二里，又东南至龙安，其水浅隘，又名小河。一说，兴隆泉在卫东南六十里，源出雪栏山风洞岭黄龙寺后，历红岩、三舍堡，聚众山溪水成河，东南流一百四十里，经小河营南门外，又东流三十里入平武界，是为涪江之源。

翼水：在厅南叠溪营南。东南流入茂州界入江，亦曰黑水。《元和郡县志》：翼水出翼水县南下。《明统志》：在叠溪所城南五十里，有二源：一出松潘卫地，一出黑水，合流如张两翼，故名。

黑水：在厅南叠溪营西北。《旧志》：源出黑水生番界，东流至营城北五里入江。按，《舆图》：黑水源出番界九里古拉岭，名楚那哥河，其南有一水东北流合焉。又东南流数百里，至叠溪营南长宁堡西入江。《旧志》谓在营北五里入江，误。

七里溪：在厅南叠溪营西七里，源出松坪寨，流入岷江。又饮马沟在营城东，源出雪峰山顶，悬崖而下，入岷江。

天涌池：在厅南叠溪营南。明正统间开凿，以便民取汲。

玉津泉：在厅南叠溪营城南。砌以铁瓦石甗，缘坡接引，直抵城下，居民取汲甚利。

济众泉：在厅西门。蟠绕崇山，上下陡坎，约及十里，汲水甚艰，故引深山之水，由西门沟以入岷江，居人利之。

波漓泉：在厅东北四十五里。平地涌出一百八窦，冬温夏凉，绕漳腊城入江。

古 迹

古湔氐道：在厅西北。秦置。晋改升迁县。宋省。《水经注》：江水东迳氐道县北，县本秦始皇置，后为升迁县。

废静州：在厅南叠溪营西南。《元和志》：州东至悉州八十里，东北至当州六十里，西北至柘州三十里，汉蚕陵县地。天授元年置，其城据山甚险固，治悉唐县。领静居县，西至州二十四里。又领清道县，并显庆元年与悉州同置。天授元年，割属。《旧唐书·地理志》：静州本当州之悉唐县。显庆元年，于县置悉州。咸亨元年，于悉州置翼州都督府，移悉州理左封。仪凤二年，翼州遂治翼针，于悉唐县置南和州。天授二年，改为静州，属陇右道，隶松州都督府，后割属剑南，县治在悉唐川也。《寰宇记》：州西南至恭州界六十里，西北至柘州三十五里。《宋史》：茂州诸部落，有静州蛮。

废恭州：在厅南叠溪营西南。《元和志》：州西南至维州二百五十里，东北至柘州一百里。开元二十四年，分静州部落于柘州西置，治和集县。旧曰广平县，属静州，天宝元年改名。领博恭县，西至州二十五里。又领烈山县，西至州五十里。《旧唐书·地理志》：天宝元年，改恭化郡。乾元元年，复曰恭州。按：以上诸州，唐广德后，皆陷吐蕃。

废翼州：在厅南叠溪营西。《隋书·地理志》：汶山郡翼针县，后周置，及翼针郡，开皇初郡废。《元和志》：翼州北至松州一百八十里，西至悉州二百二十里，治翼针县，周武帝置，本汉蚕陵县地。周天和元年，讨蚕陵羌于七顷山下，置翼州，以翼计水为名。隋大业二年，省州，改置利山镇。唐武德元年复置，其城西枕大江，南面临溪。《旧唐书·地理志》：翼州，隋汶山郡之翼针县。武德元年，分置翼州。六年自左封移州治于翼针。咸亨三年，徙就悉州城内。上元二年，移迁旧治。天宝初，改为临翼郡。乾元初，复为翼州，治卫山县，本隋翼针县治七顷城。贞观十七年，移治七里溪。天宝元年，改为卫山。《寰宇记》：翼州南至茂州一百二十里，西南至悉州一百五十里。《明统志》：翼州城在叠溪所城南，卫山废县在所西五里。按，隋唐《志》皆作翼针，《元和志》作翼计，《旧唐志》《寰宇记》作翼斜，今从隋唐《志》。

废悉州：在厅南叠溪营西。《隋书·地理志》：汶山郡左封县，周置，曰广平及广平郡、左封郡。开皇初，郡并废。仁寿初，县改名。又，周置翼州，大业初废。《元和志》：悉州东至翼州二百二十里，西南至静州六十里。显庆元年，分当州置，在悉唐川，因以为名。其首领任刺史，识臼县郭下，与州同置。地名识臼，因以为名。领左封县，东南至州二十里。周天和元年，于此置广平县。开皇十八年，改为左封，又领归诚县，西南至州八里，本生羌地。垂拱二年、从化三年，置县以处之。按新、旧《唐书·地理志》，左封本隶会州。武德元年，于左封置翼州。六年，移州治翼针而县废。贞观四年，复置县。二十一年，属当州。显庆元年，置悉州于悉唐，以县属之。咸亨元年，移州来治。载初元年，移理东南五十里匪平川。天宝初，改归诚郡。乾元初，复曰悉州。盖显庆初治悉唐，非识臼，与《元和志》不同。

废柘州：在厅南叠溪营西。《元和志》，仪凤元年置，以山多柘木为名。其城四面险阻，易于固守。治柘县，前上元二年置。又领乔珠县，东至州五十里，与州同置。《旧唐书·地理志》：永徽后置。天宝元年，改蓬山郡。乾元元年，复为柘州。《寰宇记》：州南至维州三百里。

废当州：在厅南叠溪营西北。《隋书·地理志》：汶山郡通轨，后周置县及覃州，并覃州、荣乡二郡。开皇初郡废，四年州废。《元和志》：当州东北至松州二百十里，东南至翼州二百七十里，汉蚕陵县地。贞观三年，置通轨县，属松州。二十一年，于县置当州，仍以羌首领为刺史。《旧唐书·地理志》：州初治利川镇。仪凤二年，移至逢臼桥。天宝元年，改江源郡。乾元元年，复为当州。《寰宇记》：大历五年，移州入山险要害之地，以备吐蕃。《宋史·地理志》：茂州领羁縻当州。

废轨州：在厅西北，汉党项羌地。《唐书·西域传》，党项，汉西羌别种，魏晋后微甚。周灭宕昌、邓至而党项始强。其地古析支也，东距松州，西叶护，南春桑、迷桑等羌，北吐谷浑。山谷崎岖，大抵三千里，姓别为部。贞观三年，其酋细封步赖举部降，以其地为轨州。其后诸酋长悉内属，以其地为崌、奉、岩、远四州。后拓跋赤辞亦内属，以其地为懿、嵯、麟、可三十二州，以松州为都督府。后内徙，地属吐蕃。

废阔州：在厅西北，相近又有废诺州，俱唐贞观五年置，以处党项等降羌，属松州都督府。十五年，吐蕃破党项、白兰诸羌，屯松州西境，寻进攻松州，败州兵。阔州、诺州遂叛归吐蕃，寻复内属，后仍入吐蕃。

旧潘州：在厅北四百八十余里。《旧志》：相传汉武逐诸羌，渡河湟，居塞外，筑此城，置护羌校尉。唐广德初，松州以北皆陷于吐蕃。宋崇宁三年，秦凤招纳司言：阶州生番纳土，得邦、潘、叠三州。潘州盖属吐蕃首领潘罗支，故名。又分潘州为上中下三州。元属吐蕃宣慰司。明初，并设松州、潘州二卫，后并为松潘卫。今阿尖寨即上潘州，班班簇即下潘州，旧漳腊堡设于此二州之间，即中潘州也。去卫二百五十余里。

嘉诚废县：今厅治，即古龙涸地，亦曰龙鹤、龙鹄。《华阳国志》：蜀时以汶山险要，自汶江、龙鹤皆置屯守。《魏书》：太和九年，仇池镇将穆亮帅骑次于龙鹄，击走吐谷浑，立梁弥承为宕昌王而还。《益州记》：自龙涸八十里至蚕陵县。《周书·武帝纪》：天和元年，吐谷浑龙涸王莫昌，率部落内附，以其地为扶州。《隋志》：嘉诚县，周置，并龙涸郡及扶州总管府。开皇初府废，三年郡废，七年州废。《元和志》：松州南至翼州一百八十里，古西羌地。后魏，邓至王象舒治者，白水羌也。世为羌豪，因地名自号为邓至王。其后子孙舒彭者，遣使内附，拜益州刺史、甘松县开国子。后魏末，平邓至，饶有其地。周保定五年，于此置龙涸防。天和元年，改置扶州，领龙涸郡。开皇三年，废龙涸郡，置嘉诚县，与扶州同理。大业三年，改扶州为同昌郡，隋末陷贼。武德元年，改置松州。其龙涸故城俗名防浑城，在翼州卫山县北八十一里。城之北境，旧是吐谷浑所居，故曰防浑。《通典》：松州东南到通化郡三百里，西北到吐蕃界五十里。《唐书·地理志》：松州，广德元年没吐蕃。其后松、当、悉、静、柘、恭、保、真、乾、维、翼等为行州，以部落首领为刺史。《明统志》：嘉诚废县，在松潘司城内。按，《隋志》同昌郡，西魏逐吐谷浑置邓州，开皇七年改曰扶州。《旧唐志》：同昌县，西魏逐吐谷浑，于此置邓州及邓宁郡。盖以平定邓至羌为名。隋初改置扶州。是隋之同昌郡，魏之邓州也。周之扶州，于隋唐为嘉诚县，而《元和志》谓隋改周扶州为同昌，误矣。

交川废县：在厅南。《隋书·地理志》：汶山郡交川县，开皇初置，有关官。《元和志》：县北至松州三十四里。本周天和中置，属龙涸郡。《旧唐书·地理志》：后周置龙涸郡，隋废为交川县。《寰宇记》：以其地通胡越，道路东西相交，故名。《卫志》：在卫南五里，即今红花屯。

翼水废县：在厅南叠溪营南。《隋书·地理志》：汶山郡翼水县，后周置龙求，又置清江郡。开皇初郡废，改县曰清江。十八年又改名焉。《元和志》：县北至翼州六十里，本汉蚕陵县地。

蚕陵废县：在厅南叠溪营西。汉置，属蜀郡。晋分属汶山郡，东晋后废。《元和志》：汉元鼎中开。梁太清中，萧纪于旧县置铁州，寻废。《旧唐书·地理志》：蚕陵故城在卫山县西。《明统志》：在叠溪所城北三里，周改为翼针。

利和废县：在厅南叠溪营西。唐置，属当州。《元和志》：县西南至当州三十里。周天和元年，于此置广平县，寻废。显庆三年，于广平旧城置。又有谷和县，东至州六十里，文明元年，开生羌置。

峨和废县：在厅南叠溪营北。《元和志》：县南至翼州六十里，本汉蚕陵县地。天宝十一年置，以县有峨和山为名。《明统志》：在叠溪所北六十里永镇桥。

平康废县：在厅西南。三国汉置，属汶山郡。晋因之。宋省，周复置。隋仍属汶山郡。唐属松州，宋省。《蜀志》：延熙十年，汶山平康夷反，姜维讨平之。《元和志》：平康县，西至当州六十里。显庆中，因古平康城置，在平康水西，属翼州，寻废。垂拱元年，复置，属当州。《唐书·地理志》：平康本隶当州。垂拱元年，析交川及通轨、翼针置。天宝元年，隶松州。

江源废县：在厅西。周置，属汶山郡。隋因之。唐废。按《元和志》：江源镇在交川县西北三十里。盖即故县为名。

兴乐废县：在厅西北。晋置，属汶山郡。按，《宋书·州郡志》“南晋寿郡兴乐县”下，引《晋太康地记》云：元年更名，本曰白马，属汶山，盖因白马岭为名。《华阳国志》：元康八年，汶山兴乐县、黄石等与广柔平康羌有仇，遂叛，是也。宋时侨置，非故地矣。

叠溪废司：在厅南叠溪营北一里。领渴卓等五寨，又，郁即长官司，在营西十五里，领松坪等五寨，皆明永乐四年置。本朝顺治初，裁。

白岸城：在厅南叠溪营西。《唐书·地理志》：翼州有白岸城。按，唐贞元中，韦皋破吐蕃论莽热兵，进屯白岸，西山诸羌皆降，即此。

鸡栖城：在厅南叠溪营西南。唐贞元十九年，韦皋讨吐蕃，遣将邢玼出黄崖，略鸡栖老翁城。《寰宇记》：鸡栖川在悉州东南一百里。按，《元统志》又有鸡栖村，在茂州东北一百七十里。有三路，一通茂州，一通龙州，一通绵州，皆吐蕃险要之地。今在石泉界，非此地也。

石臼故戍：在厅南叠溪营西。《元和志》：在卫山县北六十里，大江之西，峨和县界。

关隘

望山关：在厅东七里。又东胜堡，在厅东金蓬山后十里，东路关堡之首也。

雪栏关：在厅东二十二里雪栏山下。

风洞关：在厅东三十七里。

黑松林关：在厅东五十七里，地多松林，因名。一名松林堡。

红崖关：在厅东七十二里，一名红岩堡。又伏羌堡，在厅东九十七里。

三舍关：在厅东一百十七里，一名三舍堡。又镇远堡，在厅东南一百二十七里。小关堡，在厅东南一百四十二里。松垭堡，在厅东南一百五十七里。三路堡，在厅东南一百六十七里。师家堡，在厅东南一百七十七里。四望堡，在厅东南一百八十七里，又东二十里，即小河营也。又峰崖堡，在小河东南十五里。木瓜堡，在小河东南三十里。叶堂堡，在小河东南四十里，又东四里，接平武县界马营堡。《旧志》：三舍关为自卫至小河适中之地，旧有偏将驻守。所辖上至望山，下至四望，共十三堡。四岩绝壑，一线仅通，羊肠鸟道，峭磴危巘，艰险万状。

西平[①]关：在厅南二十五里。又红花堡，在厅南五里，南路关堡之首也。又雄溪堡，一名熊桢屯，在厅南十五里。云屯堡，在厅南三十五里。

安化关：在厅南四十五里。又百胜堡，在厅南五十五里。

新镇关：在厅南七十里，亦名新塘关。又净江堡，在厅南八十里，一名龙韬堡。

归化关：在厅南九十里，自厅南至叠溪之永镇堡，此为适中之地。又北定关，在厅南一百五里。

镇江关：在厅南一百二十里，旧名蒲江关。又南六里，即平番营也。

平夷关：在厅南平番营南十里，亦名平夷堡。又金瓶堡，在平番南二十里。镇平堡，在平番南三十里。镇番堡，在平番南四十五里。靖夷堡，在平番南五十五里。平定堡，在平番南六十五里，设关。又南八里接叠溪界永镇堡边界。松潘至茂州三百里，山沟险恶，一蛮掷石，百人不能过，其路随河曲折，蛮下山抢掠为易，宜有以制御。

南桥关：在厅南叠溪营南五里。又中桥关，在营南十五里。徹底关，在营南三十里。小关，在营东五里。叠溪桥关，在营西五里。永镇关，在营北四十里。镇平关，在营北六十里。俱明洪武十二年置，是为七关。

流沙关：在厅西十里，外通毛儿革生番地。又有净沙堡，在厅北五里。

黄胜关：在厅西北漳腊营西北四十里，关外即西夷地，大江由此流入，今有官兵戍守。

虹桥关：在厅北二十八里，其地有落虹桥，长二十丈，为饷道必经之地。

南坪巡司：在厅东北。本朝雍正十年置。

小河营：在厅东一百九十里，东南去龙安府一百八十里，地名涪阳。明宣德四年，调成都前卫后所于此，改名小河守御千户所，筑城周二里。本朝曰小河营，设守备驻防。

叠溪营：在厅南二百三十里。本汉蜀郡蚕陵县，唐置翼州，宋元皆为羌地。明洪武十一年，平西羌，改置叠溪右千户所，属茂州卫。二十五年，改叠溪守御军民千户所，直隶四川都司。本朝改为叠溪营，设游击驻防，辖土千百户六寨：曰大姓、曰小姓、曰大定沙坝、曰大黑水、曰小黑水、曰松坪，管番民一千五百余户，属松潘镇。城周七里有奇，门三，明景泰初筑。

平番营：在厅南一百二十六里，地名黄沙坝。其地宽平，可容千骑，为四十八寨番

---

① 平：按，据《松潘旧志》，当为“宁”。

夷出入之地。明万历十四年，建城堡，周一里有奇。本朝设都司驻防。嘉庆十二年，改设守备，管辖丢骨寨、呷竹寺、云昌寺等三土千户。

漳腊营：在厅北四十里。明初置于下潘州，后徙而南。嘉靖二十年，于此筑城堡，置官军。本朝改为漳腊营，设游击驻防。嘉庆十五年，改设参将，今辖土千户三：曰寒盼、曰商巴、曰祈命，土目十三：曰羊峒踏藏、曰阿按、曰挖药、曰押顿、曰中岔、曰郎寨、曰竹自、曰藏咱、曰东拜王亚、曰达弄恶坝、曰香咱、曰咨骂、曰八顿，共十六寨。又辖土千百户二十六寨：曰上包坐佘塆、曰下包坐竹当、曰川柘、曰谷尔坝那浪、曰双则红凹、曰上撒路木路恶、曰中撒路杀按杠、曰下撒路竹弄、曰崇路谷误、曰作路生蚋、曰贡按、曰卜顿、曰班佑、曰巴细蛇住坝、曰阿细柘弄、曰上作尔革、曰合坝夺杂、曰辖漫、曰下作革、曰物藏、曰热当、曰磨下、曰甲凹、曰阿革、曰鹊个、曰郎惰及新抚之上中下阿坝、上中下郭罗克、上中下阿树，土千百户十寨，余分属松潘中左右三营土千百户十寨。城周一里有奇，雍正七年重修。

潘州营：在厅北四百八十余里，即潘州故址。东北通甘肃洮、河二州，有竹利、铁布、鹿哨、甘家等番。西通归德、西宁，有合坝、上下作革、播下等番，及播汉、丹津部落。西南有阿坝、郎惰、郭罗克、毛儿革等夷，杂处其间，为松潘之屏障。本朝雍正八年，设官兵驻防，统辖附近番夷、其南一百八十余里，地名达建寺，距黄胜关一百二十里。为潘州、黄胜适中之地，亦设官兵戍守。

南坪营：在厅东北。其地为番夷出没之所，最为险要。本朝雍正七年筑城，周一里半，设守备驻防。乾隆十六年，改设都司。管辖羊峒、芝蔴、隆康等各番民，附近又有会龙、隆康二关。雍正七年筑城，各周一百四十丈，皆有官兵戍守。

马路堡：在厅南叠溪营南，又南为小关堡，与实大关相接。

新桥堡：在厅南叠溪营北十里。

太平堡：在厅南叠溪营北三十里，又北为永镇堡。

镇卤堡：在厅西北漳腊营北十八里。

津　梁

古松桥：在厅城内。

通远桥：在厅城东。

积雪桥：在厅东七十五里。

松风桥：在厅东一百三十里。

合江桥：在厅东一百七十里。

迎恩桥：在厅城南门外。

归化桥：在厅南一百里。

浦江桥：在厅南一百三十里。

笮桥：在厅南叠溪营北。《元和志》：在卫山县北三十七里，以竹篾为索，架北江水。

永镇桥：在厅南叠溪营北四十里。

靖安桥：在厅北十一里。

祠庙

水灵祠：在厅城内。

寺观

大悲寺：在厅城内西南隅，唐建。
赤松观：在厅治内，明建。

名宦

唐

梁建方[①]：贞观二十二年四月，以右武侯将军击松州蛮，下其部落七十二所。

明

寇深：唐县人。正统间，以佥都御史镇守松潘，有威名。将士事之如神，番人钦服，边境安谧。叠溪无井，于数里外浚暗窦，引水入城。又添永镇等堡，蜀之门户始固。

罗绮：磁州人。景泰中以刑部左侍郎镇守松潘，贼首卓劳纠他寨阿儿结等频为寇，绮擒斩之。番酋王永与土官高茂林、董敏仇杀，守将不能制，绮捣其巢诛永。又败黑虎、三姐诸番，斩馘三百五十。在镇七年，威名甚震。

何卿：成都卫人。正德末，以左参将协守松潘。嘉靖初，芒部土舍陇政、土妇支禄等叛，卿讨之，斩首二百余级，降其众数百人，擢副总兵，仍镇松潘。陇氏已绝，改芒部为镇雄府，设流官。平政余党及黑虎五寨、乌都鹁鸽诸番，就进都督佥事。威茂悉十余寨，连兵劫军粮，且攻茂州及长平诸堡，卿与副使朱纨，筑茂州外城以困之，旋以计残其众，战屡捷，诸番窘迫，争献首恶，歃血断耳，誓不复叛。卿乃与刻木为约，分处其曹，画疆守，松潘路复通。巡抚潘鉴上其功，进署都督同知，镇如故。久之，以疾致仕。后白草番为乱，起卿再莅松潘，将士咸喜，乃会巡抚张时彻，讨擒渠恶数人，俘斩九百七十有奇，克营寨四十七，毁碉房四千八百，获牛马器械储积各万计，进署都督同知。卿素有威望，为番人所惮。自威茂迄松潘龙安，夹道筑墙数百里，行旅往来，无剽杀患。先后历镇二十四年，军民戴之，若慈母焉。

张伦：河南巩县人，本卫前所副千户。正德十年，亦不刺寇松潘，番人磨让六少等，乘乱为之乡导。伦夜率熟番攻破贼，获磨让六少，亦不刺遁去。

---

① 方：民国《松潘县志》作“芳”。

本　朝

宋元俊：怀远人。乾隆三十六年，官松潘镇总兵，从征金川，多战功。革布什咱地绵亘二百余里，元俊画进剿之策，分兵平之，抚其众二千余户，外绝金川助逆之势，内绝索诺木冀幸之心。元俊熟知边情，番夷信服。后以乘胜攻格鲁尧古，卒于军。时论惜之。

人　物

明

高照：松潘卫诸生。正德六年，雪栏番僧叛，照同诸指挥逐番，被杀。

丰爵：叠溪千户，习韬略，遇敌果敢，历升游击将军。

本　朝

张伟奇：松潘人，长于韬略。康熙十一年拔贡，因母疾不就选。尝陈抚绥蛮部策于当事，悉用其言。以子元佐贵，诰封一品。

徐维新：松潘人。雍正九年，以千总随大兵驻巴里坤，贼兵夜至，力战死之。

周瑛：松潘人。康熙间，以武举效力，历官漳腊营游击。值西陲用兵，上抚军粮运三策，事皆济。郭罗克贼番，恃险肆掠。瑛率杂谷蛮攻虎头、腊务等十三寨，克之，擒其魁。雍正元年，青海罗卜藏丹津叛，授瑛松潘镇总兵。将军岳钟琪破青海，余孽窜窥西藏。瑛兼程至噶尔藏胡乂，擒新逆番党，边境悉平。师旋，顺道招抚纳克树、余树、霍耳、锁戎等寨，户口一万三千有奇，授提督。五年，至察木多，指授达赖喇嘛地界，蒙召见，旋晋散秩大臣。六年，西藏乱，以瑛熟悉夷情，统川陕云南三省兵进剿。兵至藏，藏众畏服解散，献其罪人，不战而还。年七十二卒。子鸿鼎，赐蓝翎侍卫。

刘应标：松潘人。由行伍出征果罗克、热当十二部落，及西海、棋子山等，以功擢蓝翎侍卫。雍正八年，随征瞻对，分剿擦马所、擦牙所，直捣贼巢，升游击。乾隆六年[①]，历官湖南镇筸镇总兵，卒。为人和雅，爱恤士卒。尤善抚夷，所历苗疆，无不威戴。镇筸人像祠于南华山。

张丕德：松潘人。乾隆间，以把总从征金川攻丹噶阵亡。又把总萧成，外委李德明、方连、冯维秀，把总张澍、何士荣、陈启龙，外委黄凯，把总许之茂，外委张斌，把总徐刚，千总陈明德，把总孟怀玉，千总富成，外委余之连、唐天祥，把总周之德，外委王朝贵、韩登甲、杜之贵、罗腾龙，守备罗国贤，把总杨连通，千总马汉凤，守备刘魁，外委王振国、周络文，俱从征金川阵亡。外委江廷栻，从征缅甸阵亡。又外委路公举，随剿甘肃逆回阵亡。把总柳成锦，从征廓尔喀阵亡。守备官启文，把总陈启林，外委马天辅，从征黔楚逆苗阵亡。恤荫均如例。

① 按文意，刘应标似乎卒于乾隆六年后不久，其实卒于乾隆三十年。具体参见民国《松潘县志》本传。

刘永清：松潘人。由把总从征廓尔喀，有战功，擢千总。乾隆六十年，随剿黔楚逆苗，进攻黄瓜寨，克贼巢，赏花翎。嘉庆元年，攻扑莲峰坳，力战阵亡。恤荫如例。又外委邱世贵、赵耀武，外委吴玉，游击王相龙、马明德，把总马定元、骆维文，都司郭明宗，把总何联升，外委铁忠才，千总袁启，外委陈宽，把总董其福，外委袁龙、张秀，守备母之慕，把总徐德玉，把总陈启珠，外委席福荣、张联城，俱随剿贼匪阵亡。恤荫均如例。

马济：松潘人，官守备。嘉庆二年，剿川楚邪匪，累著功，擢参将。六年，在太平五雷山生擒伪总兵等六十余人，旋追贼至汝溪山，歼毙贼目。七年，在巴东击贼，冒石受伤阵亡。谕赐祭葬，恤荫如例。

徐尚青：松潘人。嘉庆五年，教匪犯境，与邑人张元，俱被执不屈死，同时死难者十余人。嘉庆年间，均入祀昭忠祠。

列　女

明

谢郁妻吴氏：松潘卫吴伟女，夫为卫镇抚。正统癸亥秋，郁以疾卒。阅三日，吴氏自缢。事闻旌表。

冯政妻徐氏：松潘卫人，夫为卫千户。年二十守节，抚六月子昶成立。

徐琮妻蔡氏：松潘卫人。琮阵亡，子甫一岁，蔡氏守节，育子启成立，卒年六十。

谢世源妻尧氏：松潘卫人，夫为指挥，阵亡。尧氏拔刀自刎，以救得不死。守节三十余年。事闻旌表。

陈其策妻常氏：松潘卫人。夫为诸生，夫亡守节，教子成立。女适夏之良，良亦早卒。母女同室孀居，有司旌其门曰“双节”。

马既佶妻刘氏：松潘卫人。夫为诸生，早逝。刘守节课子成立，历四十年，年七十卒。

李恩妻白氏：松潘卫人，夫为指挥，战亡。白年二十守节，寿至九十五卒。万历中旌表。

黄尚义妻王氏：松潘卫人。适尚义，甫期年，尚义卒。王与姑同居一室，及三载终丧，自缢死。事闻旌表。

韩钟英妻徐氏：松潘卫指挥之女。崇祯丁丑，钟英授茂州卫千户指挥，死。时徐年二十，割耳自誓，奉翁姑尽孝，育孤子成立。又张勋妻黄氏、徐承业妻路氏、徐仁妻何氏、杨忠妻朱氏、严某妻张氏、吴永捷妻冯氏，俱以节旌。

本　朝

余英妻徐氏：松潘人。夫亡守节。乾隆年间旌。

郭周翰妻陈氏：福建人，寄籍松潘。翁署陕西三原令，陈随夫往省。夫病，割股以进，不起。氏誓不欲生，仆婢伺察之，不得间。期年，遂扃户自缢于寝室。乾隆年间旌。

马魏氏：松潘人。嘉庆五年，贼匪逼境，不从，死节。同厅龚万氏、张蒲氏、徐许氏、王陈氏，俱不从，死节，均嘉庆年间旌。又赵之正妻方氏，年二十三夫亡，苦节自励，入祠节孝祠。

土　产

青稞：春种秋收，似麦而瘠长，日用所食。《明统志》：卫产。

蜡、甘松：《明统志》：俱卫产。

狐尾：《元和志》：松州贡。

杂谷直隶厅

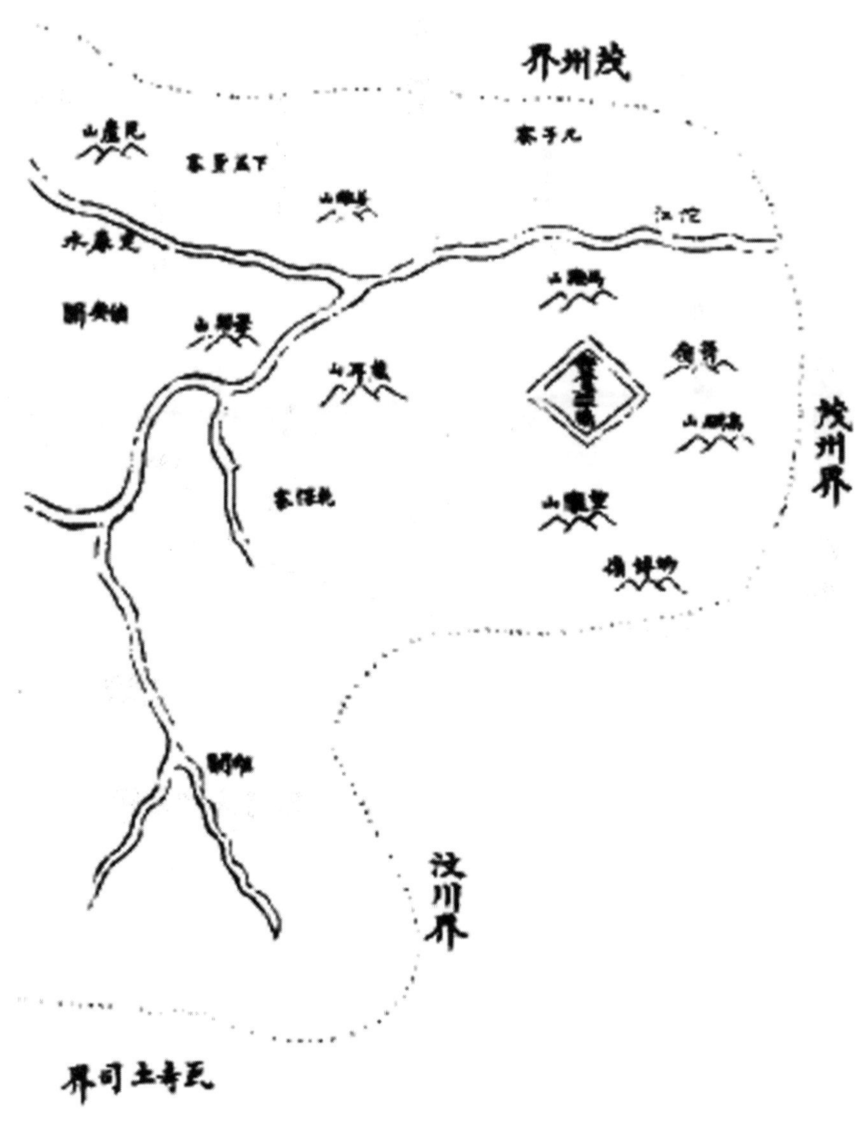

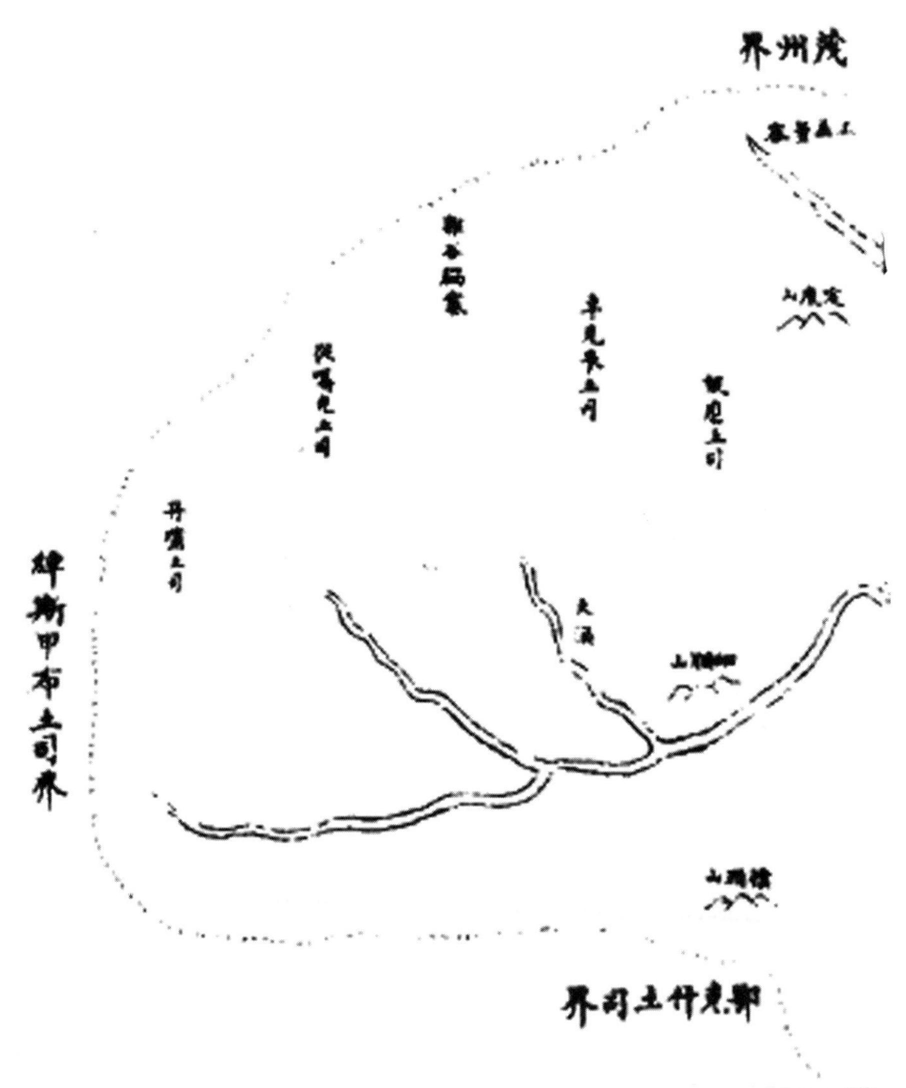
茂州界
绰斯甲布土司界
鄂克什土司界

杂谷直隶厅表

	秦	两汉	三国	晋	南北朝	隋	唐	五代	宋	元	明
杂谷直隶厅		汶山郡地。					**维州**：武德七年置。广德后入吐蕃，太和五年收复。	蜀，内徙。	威州保宁县地。	威州地。	永乐五年，置杂谷安抚司。
						开皇中置薛成戍，属会州。	**薛城县**：武德七年置。	**薛城县**。	保宁县地。		**保县**：洪武六年新置，属威州。
						通化县：开皇六年置金川县，十八年改名。	**通化县**：属茂州，后属。	**通化县**：移小封来治，仍复故名，属威州。	**通化县**。	**通化县**。	省。
							小封县：初置金川县，属维州，寻省。咸亨二年改名，复栽。				
						开皇初置定廉戍，属会州。	**定廉县**：武德七年置，属维州。天宝八年属保州。后入吐蕃。				
							羁縻保州：开元二十八年置广德，复入吐蕃，乾元元年收复。		政和四年改置祺州。宣和三年废。		
		绵虒县地。						**维州**：蜀，移治。	**威州**：景德三年改名，属成都府路。	**威州**：属成都路。	**威州**：属成都府，宣德中徙治。
								保宁县：永平二年改置州治。	**保宁县**。	至元中省入州。	
							羁縻霸州：天宝九年置静戎郡。乾元元年改州，领安信、牙利、保宁、归化四县。	**霸州**。	政和四年，改置亨州。宣和三年废。		

杂谷直隶厅

在四川省治北少西三百八十里。东西距九百六十里，南北距一百七十里。东至茂州界八十里，西至懋功屯绰斯甲布土司界八百八十里，南至茂州瓦寺土司界八十里，北至茂州界九十里。东南至茂州汶川县界一百四十里，东北至茂州界一百二十里，西南至懋功屯鄂克什土司界二百一十里，西北至梭磨土司界二百二十里。自厅治至京师六千八十里。

分　野

天文井鬼，分野鹑首之次。

建置沿革

《禹贡》梁州之域。汉冉駹国地，武帝时开，属汶山郡。三国汉时，姜维、马忠讨汶山叛羌，此其地也。自晋以后，或降或叛。隋以其地置薛城戍，属会州。唐武德七年，白苟羌邓贤佐内附，乃于姜维故城置维州，领薛城、金川、定廉三县。贞观初，州县俱废。二年，复立为羁縻州。麟德二年，升为正州，寻叛，又降为羁縻州。垂拱二年，又为正州。广德以后陷入吐蕃。太和五年，收复。五代孟蜀有其地，州内徙。入宋，景德初改曰威州。元因之，属成都路。明洪武六年，于州西北境析置保县。永乐五年，置杂谷安抚司。本朝康熙十九年，土舍板第儿吉归诚，仍授为安抚司。乾隆十七年，土司苍旺不法伏诛，改土归流，设理番同知，因以保县旧城为厅治所（俗曰老保县）。二十五年，升为直隶厅。嘉庆六年，裁茂州属之保县（俗曰新保县）。入之，属四川省。领土司四。

从噶克长官司：在厅治西北六百里。东至卓克采土司界五十里，西至绰斯甲布土司界一百九十里，南至丹坝土司界一百三十里，北至下郭洛草地界九百三十里。本朝乾隆十八年，既诛土司苍旺，授其族弟根濯斯甲为从噶克长官司，颁给印信。

卓克采长官司：在厅治西五百四十里。东至梭磨土司界六十里，西至从噶克土司界五十里，南至小金川土司界二百一十里，北至郭洛克草地界二百六十里。本朝乾隆十四年，进剿金川，授三格尔甲为卓克采长官司，颁给印信。

梭磨宣慰司：在厅治西北四百五十里。东至本厅界四百五十里，西至卓克采土司界六十里，南至小金川土司界二百一十里，北至茂州叠溪营界三百六十里。本朝康熙六十年，授杂谷土司桑吉明之子囊索沙甲姜绰为梭磨长官司。乾隆十四年，升为安抚司。四十年，又升为宣慰司，换给印信。

丹坝长官司：在厅治西七百五十里。东至卓克采土司界一百三十里，西至懋功屯绰斯甲布土司界三十里，南至小金川土司界三十里，北至从噶克土司界一百三十里。本朝乾隆二十四年，授土舍侧旺为丹坝长官司，颁给印信。

形　势

南界江阳岷山，连岭而西，不知其极。北望陇山，积雪如玉；东望成都，若在井底。一面孤峰，三面临江，是西蜀控吐蕃之要也（《旧唐书·李德裕传》）。外联蕃部，内控蜀都（《方舆胜览》）。

风　俗

地本氐羌，人尤劲悍。性多质直，工习射猎（《隋志》）。

城　池

杂谷厅城：周三里有奇，门四。即旧保县城，本朝乾隆四年建。

学　校

杂谷厅学：在厅治南，即保县学。旧在治西。明洪武中建。本朝雍正元年，迁建今所。嘉庆六年，裁保县并杂谷厅，入学额数六名。

户　口

原额人丁五千九百七十四，今滋生男妇共二十六万一千四百三十七，计五万八百五十六户。

田　赋

杂谷脑、九子等寨并官田收租，共杂粮六百五十三石八斗，折征米四百三十五石四斗三升八合。又保县归并估种二百三十七石八斗九升有奇，额征地丁正杂银九十两三钱二分一厘。各寨番民杂粮折征米二百三十二石一斗九合一勺。

山　川

高碉山：在厅东。《方舆胜览》：今威州及保宁县治并据此山，三面悬崖，大江经其南。

望陇山：在厅南五里。

细腰山：在厅西南五十里。

朴头山：在厅西南维关外。一线鸟道，下临绝壑，盘旋二十余里，势甚险峻。

熊耳山：在厅西三里。

笔架山：在厅西四里隔江，一名九子龙窝，或谓之玉山。夜静恒有霞光横山前，东北半壁天皆丹色，照林木如画，至旦方灭。

姜维山：在厅西北。《元和志》：在薛城县西十里。《寰宇记》：昔姜维屯兵于此。

定廉山：在厅西北。《元和志》：在盐溪县东十里。

花崖山：在厅西北。《方舆胜览》：花崖山，在保宁县。水合大江即此。

马鞍山：在厅北二里。

箭岭：在厅东一里。有冈陡直如箭，曰箭上里。《唐书·地理志》：维州西山南路，有箭上守捉城。盖置于此。

风流岭：在厅东南。旧有风流部蛮居其下。《元统志》：威州北至后番对如界大风流五十里，西北至后番界小风流一百里。

的博岭：在厅东南。唐韦皋分兵出西山，逾的博岭，围维州，即此。一作滴博。

沱江：源出厅界花崖山东南，流经厅北，又东南至废保县北入江。《汉书·地理志》：汶江县，沱江在西南，东入江。《水经注》：江水迳汶江道，汶水出徼外岷山西玉轮阪下而南行，又东经其县而东注于大江。又曰：江水又东别为沱，开明之所凿也。渡江有笮桥。《九域志》：保宁县有沱江。《元统志》：沱水自废悉川流经威州界，至汶川合大江。按，《舆图》：水有二源，在北者曰孟董沟，在南者曰杂谷河。并流百余里，至厅城西北会为一。经城北折而南，东会赤水桃溪，至废保县西北合于大江。

大溪：在厅治城西。源发梭磨土司东界大雪山，西南流经直固山，会直固水南流；过玛诺、别思满二寨，会日尔拉山水；至楸抵东北，流经二道桥，会商角山、别蚌山二水；历朴头、杂谷脑、维关、木堆，又会上孟董沟水；过厅治，复东北经定廉山之里古城，至废保县城下，注于岷江。

定廉水：在厅西北定廉山之阳。《寰宇记》：定廉山，定廉水出其阳。

洞口瀑泉：在厅西南五里。其源极远，直下喷流数千尺，居民资以灌溉。

古迹

汶川故城：在厅南。汉置绵虒县，属蜀郡。晋改曰汶山。梁周时，改置汶川县。《水经注》：湔水出绵道，亦曰绵虒县。即汶山郡治，刘先主之所置也。《元和志》：汶川县北至茂州一百里，本汉绵虒县地。梁于此置汶川县，因县西汶水为名，仍于县置汶川郡。隋开皇三年，罢郡，以县属汶川旧治。明宣德中，威州数罹番害，遂迁州治于汶川县，而移汶川县治于寒水驿北，即今治也。故城在威州城南山腰平处，曰古城坪，基址尚存。

维州故城：在厅西十里。唐置，领金川、定廉等县。上元时，吐蕃赞普欲图蜀川，累攻维州不下。乃以妇人嫁维州门者，二十年中生二子。及蕃兵攻城，二子内应，城遂陷。吐蕃得之，号无忧城。累寇西川，韦皋在蜀二十年，收复不遂。至大中时杜悰镇蜀，维州首领内附，方复隶西川。《寰宇记》：维州旧界东至茂州二百二十里，理薛城县。伪蜀永平二年，改为保宁县。《元统志》：姜维故城，在高碉山上；维州故城，在姜维城东十里，垒石为之。又有子城在高碉山下，东西六十五步，南北一百二十步。唐大中三年，刺史高宰筑。按：维州，五代孟蜀，徙治中州城。宋时先建在河西霸州境内，后迁至凤坪坡底。明宣德中，又迁河东，即汶川县为州治。其故城屡经迁徙，几莫知所在。考《边略》云：由保宁县堡过汉索桥至古维州城，在董卜韩胡宣慰司与杂谷安抚司交界。三面临江，殊陡险。又《旧志》云：杂谷安抚司西十里有故城，相传即无忧城。盖此真唐维州故址也。

威州故城：《旧志》：古冉駹国，汉为绵虒县地。晋属汶山郡。隋开皇初讨叛羌，以其地置薛城戍，属会州。唐武德七年内附，置维州。贞观元年，羌叛州废。二年，复置，并置薛城县为治。天宝元年，改维州郡。乾元元年，复曰维州，属剑南道。广临元年，吐蕃为害，号曰无忧城。太和元年，收复，寻又弃之。大中二年，复内附。五代蜀永平二年，州内徙，改县保宁。宋景德三年，改曰威州。元因之。明宣德中，徙威州治汶川县。本朝雍正五年省威州，入保县，仍移县来治。乾隆十七年，裁县置厅。

保县旧城：即今厅治。唐薛城县地。宋为保宁县地。明洪武六年，置保县，属威州。本朝雍正五年，省威州入保县，移县治故威州城，此城遂废。乾隆十七年置厅，乃即旧地为厅治。

废保州：在厅西北。《唐书・地理志》：保州天保郡，本奉州云山郡，开元二十八年，以维州之定廉置。天宝八年，徙治天保军，更郡名。广德元年，没吐蕃。乾元元年，嗣诚归王董嘉俊以郡来归，更州名。后又更名古州，寻复为保州。领县四：定廉、归顺、云山、安居。《寰宇记》：天保军在定廉县西一百三十五里。《宋史・地理志》：茂州领春祺城，本羁縻保州。政和四年，建为祺州，县曰春祺。宣和三年废为城，隶茂州。

废霸州：在厅西北。《旧唐书・地理志》：天宝九年，招附生羌置静戎郡。乾元元年，改霸州，置安信县，与州同置。《寰宇记》：乾德三年，霸州内附，领安信县。去州二十里牙利县，去州五里保宁县，去州三十里归化县。去州西北百里，并与郡同置。西北有大聋山、小聋山，号苻坚城。《宋史・地理志》：威州领嘉会寨，本羁縻霸州。政和四年，建为亨州，县曰嘉会。宣和三年废州，以县为寨，隶威州。《元统志》：通化县有嘉会乡。《旧志》：威州西北二十里有霸州堡，设仓置戍。

通化废县：在厅东，今名通化里。隋置。唐属茂州，后废。五代时移小封县于此，仍改曰通化，属威州。明初省。《元和志》：县东北至茂州一百五十里，本汉广柔县地。周武帝于此置石门镇。隋开皇六年，以近白苟生羌，于金川镇置金川县。十八年，改为通化县。累石为城，内实外险。东北二面并累石，南面西面临岸，去地百余丈。

薛城废县：在厅西，维州故城西南二百步。隋开皇中置薛城戍，属会州。唐武德七年置维州，并置县，因隋薛成戍为名。宋初废。

定廉废县：在厅西北。隋开皇四年，置定廉戍，属会州。唐武德七年，改为县，属维州。开元二十八年，置奉州治焉。天宝初，曰云山郡。八年，徙治天保军，改保州，而定廉仍属之。《寰宇记》：定廉县东至维州风流镇四十五里。又《唐书・地理志》：贞观二年，析薛城置盐溪县。永徽元年，省入定廉。

小封旧县：在厅西。唐初置金川县，属维州，寻废。咸亨二年，改置小封县，后徙废。《寰宇记》：县在西番通鹤军。垂拱二年，为吐蕃所没。今置在威戎军西，去州一百二十里，改名通化。按《宋史·地理志》：威州有通化军，熙宁间所建，在保、霸二州之境。政和三年，董舜咨纳土，因旧重筑军城。宣和三年省，隶威州。又《元统志》谓：小封废城，在威州南六十里。盖误指宋时改置之通化县为唐故县也。

杂谷废司：在厅西北。明永乐五年置安抚司，本朝乾隆十七年裁。

乾溪城：在厅东二十里。《唐书·地理志》：维州有乾溪、白望、暗桶、赤鼓溪、石梯、达节、鸦口、质台、骆驼九守捉城，西山南路，有通耳、爪平、乾溪、侏儒、箭上、谷口六守捉城。今为乾溪堡。

龙溪城：在厅西北十里。唐贞元初，韦皋城龙溪，筑西山堡，以待降羌。今为龙溪番寨，与卜南、木上诸寨相接，与北部番族黑苦、三姐相通。

笼山城：在厅北。唐置戍于此，今为笼山番寨。

筹边楼：在厅治西城上。相传唐西川节度使李德裕曾于此筹边，楼因以名。本朝雍正年间修。

关隘

维关：在厅治西南五十里。形势险要，接壤生番。

镇远关：在厅西南一百二十里。为厅治瓦寺往来之路。

保子关：在厅西北一里，湔、沱二水之中，为汉羌出入要冲。

镇安关：在厅西北五十里，关外即生番界。《旧志》：保县北熟番二路，一路为水田等寨，一路为近县玉山等十二寨。正北野番有梁黄等五十余寨，直连松州黑水番。

杂谷脑五寨：在厅西北。苍旺灭后，既分其地为梭磨、卓克基、松冈三土司，又以其近于杂谷厅者，为杂谷脑、上下孟董、九子、乾堡五寨，各置屯守备、千总等官，皆管理番民，归杂谷厅辖。

坡底堡：在厅西南七十里。又乾溪堡在厅北五十里。新安堡在厅北旧城东十里。

津梁

绳桥：在厅西北。《元和志》：汶川县有绳桥，在县西北三里，架大江，篾笮四条，以葛藤纬络，布板其上。虽从风摇动，而牢固有余。番人驱牛马去来无惧。今按其桥，以竹为索，阔六尺，长十步。《旧志》：铃绳索桥，跨湔水，永镇索桥，跨沱水，皆在威州城外。乾隆三十六年，进讨小金川，以逾汶川县绳桥，前抵瓦寺，必经硐头草坡之险。因于桃关改建索桥，路近而径稍平，行者便之。

陵墓

宋

谢方叔墓：在厅西十里。

本朝

札克塔尔墓：在厅西。嘉庆十八年，赐祭葬。

祠庙

报功祠：在厅治西。元建，祀蜀姜维、唐李德裕。后改名灵祐，增祀秦李冰。

武侯祠：在厅西十里七盘山。

大禹庙：在厅西四十里通化里。

名宦

唐

王重华：维州刺史。深究韬略，从击匈奴，著劳盟府。

李德裕：赵郡人。太和四年，为剑南西川节度使。外扬国威，内辑边备。悉怛谋等帅城兵，并州印甲仗，塞途相继，空垒来归。盖未尝用兵攻，而异族无不感化。

杜　悰：杜陵人。大中初，出镇西川，收复维州，不因兵刃。

人物

宋

谢方叔：威州人，嘉定进士。官御史，奏疏多直言，迁殿中侍御史。进对言操存本于方寸，治乱系于天下，防微杜渐，实以是心主之。累官至左丞相，兼枢密使，进封惠国公。劝帝以爱身育德。后为御史所劾，罢去。

明

吴　磐：威州岁贡。历河南运副，盐政肃清。归里，止图书数簏，乡人重之。

谢之藩：威州选贡。万历间知安仁县。宽严并济，民邻戴之。祀名宦。

王允德：保县人。多智略。时番夷屡破关堡，允德募乡勇战御之。又每劝和番众，使不争杀，民获安堵。

王　达：保县人。幼业儒，遇番寇，土民畏不敢斗。达卧城门待旦，力战死之。

本　朝

袁国璜：杂谷人，后家成都。少负奇气，习骑射，娴韬略。每读古名将传，辄慷慨击节。乾隆十七年，随征杂谷土司，奋威将军岳钟琪见而奇之，任使辄当意。三十六年，从军金川，积功至守备，累迁副将。五十二年，擢江南狼山镇总兵，随陕甘总督福康安征台湾，解诸罗之围。明年破贼小半天山，追至麻著社，生缚逆首林爽文，又擒庄大田于柴城。五十六年，授重庆镇总兵。廓尔喀反。国璜率土兵赴藏，连夺贼卡，乘胜进攻，至甲尔古拉。逆酋投诚，再得与紫光阁画像。六十年，赴剿黔楚逆苗。嘉庆元年，获贼首石三保，又生擒贼目石代噶，石老大。九月，檄剿达州王三槐等，屡有斩获。十二月，追至横子山，立营未定，逆党蜂至。国璜转战三日，倍增勇气。适总兵何元卿军陷，贼来益众。国璜曰：此吾效节之日也，遂战死。赐祭葬，以提督例议恤。

札克塔尔：杂谷人。大军平金川，随入京师。能通国语，工骑射。乾隆中用为蓝翎侍卫，旋随经略大臣等出师至川，转战秦楚。嘉庆八年，三省底定，以功擢副都统，给恩骑尉世职，晋封三等男。十一年，授护军统领，并武备院卿。卒，赐祭葬如例。

阿咱纳：杂谷人，袭土把总。随征金川，累功擢土都司。乾隆三十九年，攻逊克尔宗阵亡。恤荫加等。土千总坤明、屯守备昆蓬，俱金川阵亡。屯把总福星，四十六年甘肃阵亡。屯守备色丹巴、屯把总库素吉，五十六年廓尔喀阵亡。屯千总雍忠伊沙斯、屯把总阿邦娄太壬占，屯外委桑卡、桑吉撒尔吉、木耳结、阿噶儿姜参、则六耳扣大、我仰生格耳吉、八纳阿甲、六窟阿忠，俱六十年黔楚阵亡。恤荫均如例。

斑第：杂谷人，袭屯外委。嘉庆元年，随剿黔楚苗匪阵亡。屯守备纳平结，屯外委汤奈何、卡唯壬占、琼六沙加明、收豆阿太、生格、撒必沙甲、杨忠泽郎、戎不阿札、江木参、王林保、郎卡阿那，俱黔楚阵亡，恤荫均如例。

列　女

明

马昱妻薛氏：保县人。昱客死，奔丧营葬。复有谋娶者，薛闭户自经。同县张仁妻王氏，夫早丧，坚自守。徐思妻王氏，幼许字，未归而徐故，姑遣媒令别适，氏泣归徐，养姑。王元女王氏，既聘，其夫家旋悔婚，氏投江死。董浮妻童氏，随夫于留都，夫卒。遗二子皆幼，氏年二十。携子扶榇归，孀操严肃，历年九十终。

本　朝

王四连妻焦氏：保县人。嫠居四十余年，事舅姑尽礼，抚遗孤成立。康熙年间旌。

罗成章妻牟氏：保县人。夫亡守节。同县节妇袁经妻李氏、郭世荣妻冯氏、袁建侯妻张氏、王文杰妻唐氏、贾士贵妻吴氏、林承恩妻叶氏、烈妇郭氏，均乾隆年间旌。

土　产

麝香：《元和志》：维州贡。

细鳞鱼：大溪所出。

鱼虎：《寰宇记》：有舌如棘，能食鱼。

鹿：《九州要记》：汶山郡有鹿，又有五角牛及无角旄牛，一曰童牛。

懋功屯务厅

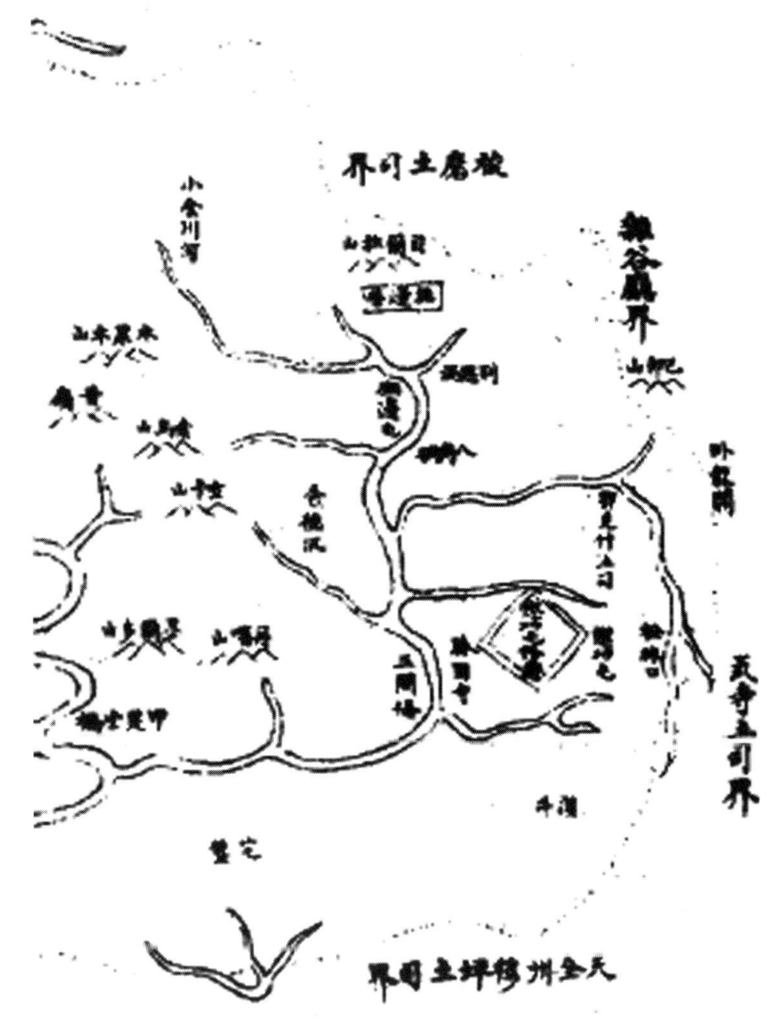

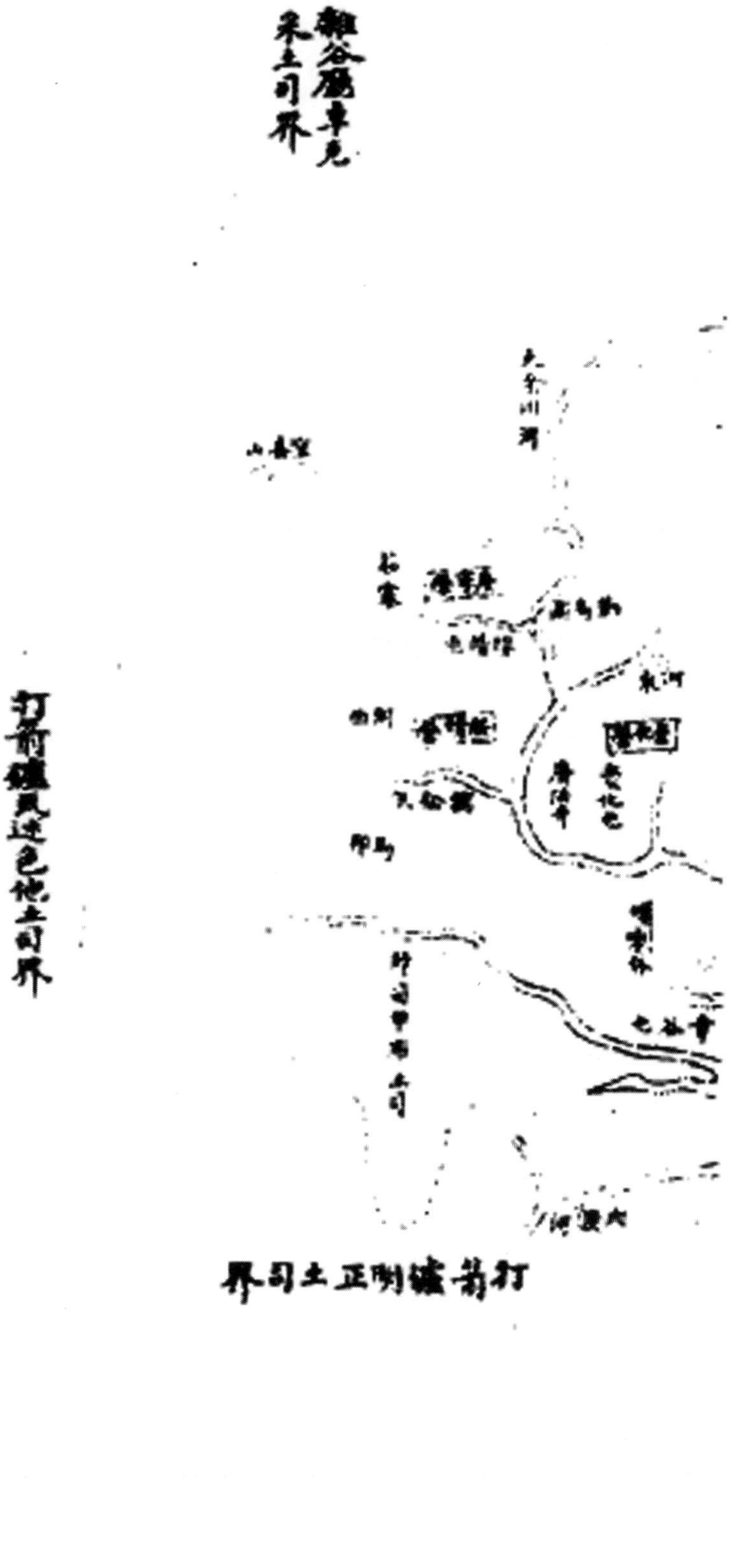

雜谷廳卓克采土司界

山春寶

打箭爐明正土司界

懋功屯务厅表

	秦	两汉	三国	晋	南北朝	隋	唐	五代	宋	元	明
懋功屯务厅		西南蛮地					吐蕃地				金川寺演化禅师世有其地

懋功屯务厅

在四川省治西八百九十里，东西距一千四百五十里，南北距五百七十里。东至茂州瓦寺土司界二百一十五里，西至雅州府打箭炉厅属瓦述色他土司界一千一百九十里，南至雅州天全州属木坪土司界一百八十里，北至杂谷厅属梭磨土司界三百九十里。东南至瓦寺土司界二百二十里，东北至杂谷厅界三百里，西南至打箭炉厅属明正土司界二百一十里，西北至杂谷厅属卓克采土司界四百二十里。自厅治至京师六千六百里。

分　野

天文井鬼分野，鹑首之次。

建置沿革

《禹贡》梁州之域，本氐羌部落。汉为西南诸蛮。唐时吐蕃有其地，明代曰金川。（《新唐书·南蛮传》：雅州西五百余里外，有诺祚、三恭、曜川、金川等十三部落，皆羁縻州也。《寰宇记》：隋开皇六年，以汶江县石门镇地近白狗生羌，于金川镇置金川县。十八年，改为通化县，属汶川郡。唐初属茂州。又案《寰宇记》：武德元年，置维州，领金川县。后州县俱罢。咸亨三年复置，改曰小封。垂拱初，没于吐蕃。据此，则明之金川寺，疑在唐小封县境。）有哈伊拉木者（“哈伊拉木”，旧作“哈衣麻衣”，今改正），封演化禅师，数传后，分为大小金川。（番人称大金川曰“促浸”，小金川曰“攒拉”。促浸者，大河滨之谓；攒拉者，小河滨之谓。盖谓同一种人，一居于大河滨，一居于小河滨也。）小金川卜儿吉细，于本朝顺治七年归诚，授职。大金川土舍莎罗奔，于康熙六十一年归诚。雍正元年，授安抚司。乾隆七年，其子郎卡承袭。凌轹种类，小金川土舍良尔吉阳附之，侵迫土司泽旺。十三年，经略傅恒往剿，良尔吉伏诛，郎卡势威乞降。其子索诺木性尤凶暴，侵杀革布什咱各土司。而泽旺之子僧格桑，转与索诺木党恶，屡围鄂克什，且侵明正土司。于是天威震怒，命将行师，扫其巢穴。三十九年，小金川平，有御制勒铭美诺之碑。四十一年春，索诺木兄弟四人，及其母阿仓、姑阿青，均献俘授首。大金川平，有御制勒铭勒乌围及噶喇依二碑。大金川设阿尔古州，小金川设美诺厅。四十四年，裁阿尔古州（并入美诺）。四十八年，改美诺厅为懋功屯务厅，领屯务五，土司二。

懋功屯：东西距九十五里，南北距二百五十里。东至鄂克什土司界三十五里，西至章谷屯界六十里，南至雅州府属穆坪土司界一百八十里，西南与打箭炉厅属明正土司荒山交界二百二十里，北至抚边屯界三十里，西北至崇化屯界一百三十里。

抚边屯：在懋功屯务厅治北一百三十五里。东西距二百八十里，南北距三百四十里。东至鄂克什土司界一百六十里，西至绥靖屯界一百二十里，南至懋功屯界一百二十里，北至杂谷厅属卓克基土司界二百二十里。

章谷屯：在懋功屯务厅治西一百八十里。东西距三百一十里，南北距二百四十里。东至懋功屯界一百三十里，西至雅州府属明正土司界一百八十里，南至懋功屯界一百五十里，北至崇化屯界九十里。

崇化屯：在懋功屯务厅治西二百五十里。东西距一百五十里，南北距二百四十里。东至懋功屯界一百二十里，西至绥靖屯界三十里，南至章谷屯界一百八十里，北至绥靖屯界六十里。

绥靖屯：在懋功屯务厅治西二百七十里。东西距一百八十里，南北距一百三十里。东至抚边屯界九十五里，西至绰斯甲布土司界九十里，南至崇化屯界六十里，北至杂谷厅属丹坝土司界七十里。

鄂克什安抚司：在懋功屯务厅治东一百里。东西距一百五里，南北距一百四十五里。东至茂州瓦寺土司界一百六十里，西至懋功屯界四十五里，南至雅州府木坪土司界一百一十里，北至抚边屯界三十五里。本朝顺治十五年，喇嘛巴碧太归附，颁给沃日贯顶净慈妙智国师印信。乾隆十五年，改为鄂克什安抚司。

绰斯甲布宣抚司：在懋功屯务厅治西三百九里。东西距九百余里，南北距八百余里。东至杂谷厅属丹坝土司界一百余里，西至雅州府属色尔塔土司界八百余里，南至雅州府属革什咱土司界一百余里，北至松潘厅漳腊营属阿革寨土百户界七百余里。本朝康熙四十年，土酋资立亦归附。乾隆四十一年，颁给宣抚司印信，原隶阜和协。五十一年，改属懋功厅。

形　势

金川巢穴有二，一在勒乌围，一在喇嘛依（俗称刮耳崖），相距约一百二十里。泸河自西北来，从噶克土司境流入，穿径其中。沿河崇山峭耸，鸟道纡回，碉楼石卡，夹峙其间。自噶喇依至喀尔萨尔约四十余里，中有功噶尔、拉木果木、昔岭、色尔力诸山，俱崱屴巑岏，峰如刀槊，三时飞雪，迄夏不销，云雾晦冥，气候恶劣。至昔岭向西尽处，即噶喇依巢穴。碉高寨厚，环以平房，背负崇山，左右皆系石崖，前临大河，近巢穴十余里，道尤险仄。其自勒乌围至丹坝，约五十余里，中有穆尔、津冈、革什、戎冈、日旁诸山，近巢数里，皆土崖夹石，临河陡立，其巢穴坚固宽厚，与噶喇依等，亦环以民居。中有美卧沟，直逼小金川之底木达布朗郭宗，为番众出没之所（《金川图说》）。千山削立，万壑奔流，高树翳天，巉岩积雪。东连维茂，西拒生番；北倚丹坝之雄，南控鱼通之阨。攒拉促浸二川，络贯于中；斑斓日旁两山，翼张于外。幅员仅四百里，而鸟道盘屈，行辄经旬，电霰瞬生，飙风昼鼓。诚要荒之天堑，西北之奥区也（《通志》）。

风 俗

大都种青稞、荞麦，孳畜牛羊，砌屋建碉，不加藩栅。食则糌粑，饮则乳酪、山茶。富者衣氆氇绫绮，余皆毛毯羊皮。供养番僧，不知医药。慎重誓盟，刻木为信。灼羊膊、扯索卦以卜吉凶，葬则或水或火，惟喇嘛之言是听。婚姻论财，以牛羊马匹为聘。男女相悦，则携手共唱番歌，饮酒为乐，名曰跳锅庄。其性嗜利好斗，轻生易死。女子耳带大环，男亦垂铒。自十二岁以上，皆腰插短刀。习枪矛弩箭，不善弓矢。重山叠嶂，雾重风高。山岚瘴气，多寒少暑。春夏雨雪，经旬累月，罕有晴时。每雨则霹雳大作，电光中皆有声。至八九月间，始得晴霁。隆冬积雪丈余，山谷瀰漫，坚冰凝结，道路不通（《金川图说》）。

城 池

懋功屯务厅城：旧无城垣，四山壁立，数水箭流。西南以三关桥为津，西北以石门卡为隘。本朝嘉庆十三年，于石门卡外沿河偏崖，甃石垣五里许。

户 口

安插及分户加垦番屯兵民共七千二百八十二户。

田 赋

垦地一十八万四千二百七十三亩，共纳粮一千二百九十五石一斗三升一合六勺四抄。

山 川

巴郎山：在懋功屯务厅东二百一十五里，其山袤延三百余里，与茂州瓦寺土司接界。

别蚌山：在懋功屯务厅东二百四十里。

汉牛雪山：在懋功屯务厅西南三百八十里，绵亘二百余里，直达明正土司界内。

喇嘛寺山：在懋功屯务厅西南，其山突起，周回四里余，上有喇嘛寺。

日尔多山：在懋功屯务厅北三百九十里，与杂谷厅梭磨土司接界。

空卡雪山：在抚边屯西一百八十里，与崇化屯接界。

孟拜山：在抚边屯北二百二十里，一名梦笔山。

墨尔多山：在章谷屯界东六十里，旧有喇嘛寺。本朝乾隆四十一年，平定大小金川，奉旨致祭，列入春秋祀典。

丹噶山：在章谷屯东一百五十里，与懋功屯接界。

空卡山：在崇化屯东一百二十里。高拔群山，路径陡险。冬春积雪丈余，土人于路旁列木杆，行者望杆而走，其雪至五月始消，为两金川往来极险之山。

木果木山：在崇化屯东北二百五十里。山势峻陡，路险箐密。

索乌山：在绥靖屯东一百五十里。本朝乾隆四十一年，平定金川，大功告成，奉旨与甲索山、金川河并致祭，列入春秋祀典。

功噶山：在绥靖屯东南二百四十里，与小金川牛场接界。峰密盘亘，四时雨雪。

当噶山：在绥靖屯东南二百六十里，横亘二十余里，常有云雾蒙之。

日旁山：在绥靖屯西北七十里。

宜喜山：在绥靖屯西北一百里，与绰斯甲布土司接界。

昔岭：在绥靖屯东一百九十里。

猴子崖：在章谷屯北，东达崇化屯大路，西通打箭炉。

刮耳崖：在崇化屯东十三里。悬崖峭壁，形势险阻。

金川河：源发松潘厅西北髦牛徼外，北由绰斯甲布土司及杂谷厅，从噶克、丹坝各土司境，南流入金川土司境，过绥靖屯而西，至崇化屯收功噶山水；历马尔邦、巴底巴旺，西南流至章谷，会小金川孟拜山水；又西南流入雅州府明正土司境，经打箭炉，收各小溪水，南流过泸定桥，入清溪县界。乾隆四十一年，秩于祀典，春秋致祭。

小金川河：源出孟拜山，东南流过大板昭，至撒拉收日尔拉山水；南流底木达马尔邦，至木渡，收索乌山诸水；复南流至猛固寨，收巴郎山诸水；西南流至懋功屯北，收功噶山水；复西南流，收南北两山诸小溪水；至雅州府明正土司边谷地方，注于大渡河。

小溪河：自崇化屯空卡山发源，东流二百余里，至屯属之石门卡，入小金川河。

古迹

阿尔古州旧治：在屯务厅西。东西距二百六十里，南北距三百里。东至小金川土司界一百二十里，西至绰斯甲布土司界一百五十里，南至小金川土司界二百一十里，北至杂谷厅丹坝土司界九十里。东北至杂谷厅卓克采土司界一百八十里，西南至雅州府革什咱土司界一百五十里。本朝乾隆四十一年，设屯安营，垒石垣为卫，东南西门各一，今为绥靖屯。

美诺厅旧治：在屯务厅西北懋功屯治前。

噶喇依废寨：在屯务厅西二百四十里，崇化屯署南。

底木达废寨：在崇化屯。

万里城：在屯务厅北一百七十里，为抚边屯通崇化屯之间道。连山如城，故名。

茹寨：在屯务厅西，绥靖屯西北。

八稜碉：在屯务厅东北四十里，今名八角碉。

转经堂：在崇化屯广法寺左。

关隘

绥靖营：在懋功屯务厅西。本朝乾隆四十五年，设游击驻防。

崇化营：在懋功屯务厅西噶喇依。本朝乾隆四十五年，设游击驻防。嘉庆二十四年，改设都司。

庆宁营：在懋功屯务厅西北茹寨。本朝乾隆四十五年，设守备驻防。

抚边营：在懋功屯务厅北底木达。本朝乾隆四十五年，设守备驻防。

资哩寨：在懋功屯务厅东九十里，现设塘汛。

木耳寨：在懋功屯务厅东一百二十里，现设塘汛。

泽尔脚寨：在懋功屯务厅北三十里，现设塘汛。

崇德汛：在懋功屯务厅北六十里，现设塘汛。

独松汛：在绥靖屯西。有大松树生金川河中，左右距岸各里许，大约十围，枯而不朽。又北有甲咱，今俱设塘汛。

八角碉六屯：在懋功屯务厅界内，曰八角碉，曰汉牛，曰别思满，曰宅垄，曰河东，曰河西，共六屯。本朝乾隆四十一年，各置屯守备、千总等官，分驻抚边、懋功、章谷、崇化、绥靖等处，归懋功厅辖。

松林口：在懋功屯务厅东一百八十里，地接大邑坪，为美诺咽喉，现设塘汛。

小牛厂：在懋功屯务厅北七十八里，又十五里有大牛厂，并设塘汛。

喀尔撒尔：在绥靖屯南，又西有朗拉，并有碉卡，现设塘汛。

噶喇依：在懋功屯务厅西绥靖屯对河，稍东为金川巢穴，形势险要。本朝乾隆间，平定金川，有御制平定金川勒铭噶喇依之碑。现设粮务分防于此。

勒乌围：在懋功屯务厅西绥靖屯对河，稍西亦系金川巢穴。本朝乾隆间，平定金川，有御制平定金川勒铭勒乌围之碑。现设重兵驻防于此。

马邦：在懋功屯务厅西绥靖屯河西。

津梁

明郭宗桥：在懋功屯务厅东三十里。

三关桥：在懋功屯务厅西南五里许。

美利桥：在懋功屯务厅北。

登达桥：在抚边屯。

叨鸟桥：在抚边屯北十五里。

双碉桥：在抚边屯北二十里。

甲楚索桥：在章谷屯东五里。

得胜索桥：在章谷屯东六十里。

康达桥：在章谷屯南二十里。

西河桥：在章谷屯西十里。

勺藏桥：在章谷屯北二十里。

沈角沟索桥：在崇化屯。又有马奈山根头道桥、二道桥，皆以索为之。

翁古尔垄渡：在章谷屯东七十里。

定金渡：在章谷屯东八十里。

太平渡：在章谷屯东一百二十里。

噶喇依渡：在崇化屯。

腊角沟渡：在崇化屯南十五里。

马尔邦渡：在崇化屯南四十里。

广法寺渡：在崇化屯西十里。

卡拉渡：在绥靖屯南六十里。

独松渡：在绥靖屯西七十里。

勒乌围渡：在绥靖屯北五里。

茹寨渡：在绥靖屯东北二十里。

祠　庙

慰忠祠：在懋功屯务厅东，本朝嘉庆十二年建。

昭忠祠：在懋功屯务厅北，本朝嘉庆十三年建。

寺　观

胜因寺：在懋功屯务厅治南山坡上。本朝乾隆四十一年建，名美笃喇嘛寺。四十五年，赐今名。

广法寺：在懋功屯务厅西噶喇依，旧为雍市喇嘛寺。本朝乾隆四十一年修，赐名并御书“正教恒宣”扁额。

名　宦

本　朝

赵文哲：上海人，官主事。乾隆三十六年，从军金川。三十八年，木果木之变死之。赐祭葬，赠光禄寺少卿。

王日杏：无锡举人，官主事。三十六年，从西军入川，与赵文哲同在幕府，军溃，死之。赐祭葬，赠光禄寺少卿。

特音布：满洲镶蓝旗人，官刑部主事。性沉毅，读书熟史。乾隆三十六年，钦差督饷乘传来川，后制府留驻登春督粮，次年西师溃，随诸军退，中途遇害。恤荫云骑尉。

王如玉：灵石人，由贡生捐道员。乾隆三十七年，从军金川。西师溃，如玉秣马砺剑，移营不数里，贼蜂拥遮道。如玉挥剑迎，击伤数人，中枪而殒。赐祭葬，赠太仆寺少卿。

钟邦任：舒城人。乾隆三十七年，权龙安府，赴金川营八角粮站。木果木军溃登春，桥断路梗，降番四煽，遂遇害。赐祭葬，赠道衔。

吴　璜：会稽进士。乾隆三十七年，以州牧署重庆通判，委解金川军饷之登春，制府留佐军务。西军溃，撤站宵行，遂被害。

彭元玮：南昌举人。乾隆三十七年，以知州赴登春营佐理军务，木果木之变，投崖死。事闻，议恤，赠道衔。

张世永：渭南举人。乾隆三十七年，以知县委赴西路登春办事及戒严。同守木城，激劝兵役，日夜不交睫，随军殁于站。事闻，议恤，赠道衔。

孙维龙：宛平进士。乾隆三十七年，以知县从军金川转饷登春。木果木军溃，维龙以登春单弱，劝移兵围守不果，欲自尽以见志，以仆见而救之。维龙怒曰：若忍我污贼刃耶？亟挥去之。怀其所著《春雨山庄诗集》，绝吭死。事闻，议恤，赠道衔。

吴　景：浦城人。乾隆中，由州同推升越嶲通判。因公被议，发军营效力。有一剑，卷则曲，舒则直，常以示人，曰：杀贼恃此。西军溃，自山梁出，遇贼，挥剑斫杀数人，被戕。事闻，议恤，赠复原官。

名宦

本　朝

杨满泰：懋功屯人，鄂克什司土守备。乾隆十三年，从征金川阵亡。恤荫如例。

色　朗：懋功屯外委。乾隆五十六年，从征廓尔喀阵亡，恤荫如例。

壬占尔吉：懋功屯外委。乾隆六十年，随剿黔楚逆苗阵亡。又屯外委可凯，行营把总那尔甲，屯外委绒尔甲、肯蚌、郎木尔吉、桑结、八格、只木耳甲、生根尔吉、斯达尔吉、阿忠、阿甲、可纳郎、甲洛，屯都司俄结、札各左屯把总泽朗、赤直朗卡朋、夺日他，阿库，俱黔楚阵亡。恤荫均如例。

尼　玛：懋功屯外委。嘉庆元年，从征黔楚逆阵亡。又屯外委生根、色木色囊、姜安木楚，格角雍忠明，屯把总革宗多吉，土都司温布，土把总舍拉，俱黔楚阵亡。又屯千总甲木参，屯外委雍忠大、郎卡结，行营守备思达太，俱随剿教匪阵亡。恤荫均如例。

土　产

牦牛、松鸡、苦菜、贝母。

川西边事辑览

谢培筠 编

民国二十四年二月印行

提　要

《川西边事辑览》（简称《辑览》），谢培筠编，民国二十四年（1935）刊刻。谢培筠，字竹勋，四川南充人，早年留学日本。1927 年任松理懋茂汶屯殖督办公署总务长，代督办职权。谢氏历时十年，辑成该书。

《辑览》有邓锡侯"序"、谢培筠"引言"，正文分"理番迤西林业纪""松理茂懋产金区域调查纪""松理茂懋汶药材调查纪""理懋茂汶四县抚绥崇三屯屯土之现状""松潘草地分类纪""经营草地概论""视察松潘草地日记""屯区交通纪"等八编。

《川西边事辑览》以林业、金矿、药材、土地、草场等经济开发为重点，对研究该地的经济概况、风土民情及川边治理，有重要文献价值。特别是"视察松潘草地日记"一篇，作者以四川省特派员身份处理川甘边区政教纠纷案，以日记形式详尽记载处理此次事件的经过，有重要的史料价值。该书是阿坝藏族羌族自治州现存最早的一部关于经济研究、开发的专门志。

目 录

川西边事辑览序

谢君竹勋与余交最久，盛年东渡扶桑绩学工科。归蜀后，从事讲学陶铸颇闳。民国十三年，余膺四川省长，擢长实业厅，多所建。自时余有意经边，为之萃农工人材，创松理懋茂汶拓殖研究会。翌年，根其结果组织屯督署于茂县。本坐言省起行，毅然辞职入山，代为纲纪其事。其初督征[①]扣苏顽夷，其次巡视懋抚绥崇，再次招致茂属黑水悍夷输诚。迄二十二年，更进而解决川番与甘番拉布浪寺政教纠纷。是役也，白日鞍马，昏夜帐棚，跋山涉水，饮雪餐风者垂二百日，综计前后经营都凡七稔。去岁，陈所编之各项调查笔记，名曰《川西边事辑览》，将以付梓，请序。披览之余，不禁喟然而叹，曰：今之学者恒好逸而恶劳，崇华而黜实，故出而问世者强牛，纯盗虚声以奔竞仕途，即有能忍劳履实者，又多浅尝辄止，畏难而退。如竹勋之不避艰险，出入冰天雪窖之中，坚苦卓绝，慔慔[②]不舍者有几人哉！余性耿介，极不善标人。而独倾心推腹者，非视此书为洽见之奇编、不刊之硕记，盖深信其为苦行录也。苟吾国舐笔握铅之士而尽如此，安见其不富且强欤！读之者，当不止代捉麈之谭资，扪心之论而已。因为之书其端。

中华民国二十四年乙亥孟春营山邓锡侯书于成都絜[③]庐

① 征：原作“微”，据《勘误表》改。

② 慔慔：原作“模模”，据《勘误表》改。

③ 絜：原作“挈”，据《勘误表》改。

川西边事辑览引言

窃维松、理、懋、茂、汶五县，抚、绥、崇三屯，固国家原有有建制之区域也。然其僻在川省之西，交通梗阻，文化落后，汉夷杂处，却有特加整理之必要。而幅员辽阔，物产富饶，又确有经营之价值。忆民十六年夏间，邓军长晋公召余而言，曰："中国社会纷而不理，厥苦兵多，亦由实业不甚发达。余戍军松懋各县，拟于治军之暇，从事开发川西北边地，以解决裁兵移民暨举办实业各问题，子盍为我筹之?"于是乃约集农、工、商、矿及熟悉边情各项人材，成立四川松理懋茂汶拓殖研究会，相与讨论。经月，复由会派专家数员前往各县屯实地考察，据其所得，以研究实施方案。于是，乃有松理懋茂汶屯殖督办署之组织，综理军、民、财三政，以期顺利进行。四川省政府赞成其事，特照会晋公兼任督办，且将呈请中枢备案。因不克躬往督率，复命余以总务处长名义，代行督办职权。时余方任四川实业厅长，以省府当局及晋公军长委托之重，又念此为经边大计，百年伟业，非专任其事，难以计日程功。乃决然自动辞去厅职，入山组署。初则订定规章，详慎部署，为军民财三大政之整顿；继以发展事业必须深入夷地，而理番迤西扣苏夷酋抗命，于是有偕同二十八军警卫团长刘君耀奎荡平扣苏；更进而肃清梭磨各支夷头之役；其后以懋、抚、绥、崇方面习俗锢蔽，各屯土亦罔议政府经边之意趣。乃由余率相当部队，视察懋抚绥崇各县屯，以为之开导。绥靖屯绰斯里土司纳旺勒尔乌，其时愿将俄热金矿具结交出，听候政府开采。越明年，即民十九，乃有奉命再赴绥屯开采金矿之举，究因官兵不能耐劳，夷人惑于迷信，兵变夷变相继发生，又兼种种障碍迭出，事遂中止。民二十暨二十一年之间[①]，理番属黑水夷苏永清、苏永和诸酋反抗屯殖，藐视政令。晋公军长命龙旅长渭清、刘团长耀奎率兵讨伐，各夷力蹙乞降。余二十一年夏，又到理番之杂谷脑招致苏永清诸夷入省输诚。逮民二十二年，松潘属番阿坝各部土官与甘肃属拉卜楞寺有政教之纠纷，余复奉命出黄胜关，到黄河上游与甘省专员会商解决方案。计余先后在松懋边地从事屯殖，于役蛮荒，凡六载有余。其间整理交通、改善教育、提倡垦殖，一事无成，实所疚心，而其度越雪岭、徒涉巨川、宿帐幕、食膻酪，则备历人生未受之苦。其间关于屯殖之规章计划，概存署中，以备当局之采纳。而夷地之纪行，以及林矿、药材、交通之考察，属于特殊之纪载，种类至多。友人见之，怂恿付梓，意在引起国人注视边地之兴。曾不忍重违其意，爰命名曰《川西边事辑览》，都为一书，以灾铅椠，聊备当道之采择，供社会之参考，倘得为经边之助，

① 间：原作"问"，据《勘误表》改。

是则余之所大愿也。惟各地幅员既广，情况亦綦复[1]杂，以余学识浅陋，调查或有不周，谬误之点在所不免，尚冀当世贤达有以教而正之，则更幸也。再余往岁出关，曾约有四川陆地测量局局员孙君伟松实地测图，又约有大中华相馆馆员前往摄影，所有屯区地图及各种相片，容再版时加入，以飨阅者。

中华民国二十四年一月，四川南充竹勋谢培筠识

① 复：原作“復”，当为“複”，据《勘误表》改。今简化为“复”。

第一编　理番迤西林业纪

理番县之西，自杂谷屯以至来苏沟，森林极为茂密。出来苏沟折而西南，如猛古虹桥一带，森林尤多，郁郁葱葱，苍翠可爱，皆属原始森林，其种类则属杉树。民国四年，灌人姚宝珊氏组织森茂公司，于杂谷屯属之梭罗沟从事砍伐，为内地人入山伐木之权舆。及民十八扣苏夷乱平定后，十九年成都方面留意边事，而且热心实业之人士，组织松茂荣、利森两木厂于大沟各处伐木。数年以来，运到成都出售之木材，其价格已在五十万元以上。今松茂荣仍继续进行，利森则改组为泰和木厂，增加资本以图扩充。据调查结果，此沟森林照现在两厂工作状况推算，虽百年亦难伐尽。其采伐方法，距地数寸许留台木，可以更生新木，即所谓萌芽更新法，加以杉树每年结子，落于地面，可以生长树秧。而屯督署方面，亦积极提倡造林，如此年年砍伐，复生生不已。社会既不感木材之缺乏，又可以调和气候、涵养水源，诚属无上之利益也。兹将松茂荣、泰和两木厂之山场概况及其工作程序列后，用供有志林业者之参考。

松茂荣伐之地段在来苏之大沟、新桥沟一带，距杂谷脑约一百里，座棚在大沟山即长河坝，山场为官寨沟、通司沟、格喜寨等处，面积约十方里。

泰和伐木地段在来苏之二道坪一带，距杂谷脑六十里以上，座棚在二道坪，山厂在二道坪蛇卡及庄房之简车、礌山上，面积约十二方里。

两厂指定范围内，所有杉树各约三十万株，恒砍大者留小者，行抽伐方法。每株可截为三四筒，每筒长约一丈二尺乃至一丈六尺，直径约二尺乃至四尺，如此之筒料，即成都所谓墩子。松茂荣预计一年出货十八万立方尺，泰和预计一年出货十五万立方尺。

由座棚到山场，都在十里以上，皆属陡绝狭隘之山径，危险状况，难以言喻。其间荆棘丛生，杂以毒草，尖角石、鹅卵石满堆道上，且多旱蚂蝗、小草蛇、蠓蚊（拦路蚊）之属。工人无论矣，从属职员，均不能用舆马，并须缠毪子裹腿，着满窝草履，方能登山。

作工次序，先修红路，即放木材下山之路。次则于春季夏初，次第施砍工、剔工、锯工。凡直接可循红路放下者，即行放下，谓之冲红。如距路较远，则用人工拉之，谓之曰出毛林。木材沿红路而下，以较短之时间，坠千百丈之危崖，其声震动山岳，闻者慑骇。时有伤害工人之事实发生。迨木材坠落山麓，即由工人为有规则之堆积，以待秋间放漂。

放漂大致在处暑节后为之，过早则水大，难于收漂；过迟则水小，不能漂流。每漂约需漂师三四百人，漂师有班长、么靠、散工之别，皆视其技术优劣以分高下。漂师所用工具为杠子、椓竿、筏子、绳子，各种杠子用以抄动木筒，椓子所以椓木使之移动，竿用竹竿，端钳铁椓。筏子以竹为之，每张容筏工俗称太公二人，游弋河中，以便推动木筒，或作牵缆之用。缆子用竹篾编成，长约七八十丈，直径约三寸。过滩口或巨石壅塞之处，木筒恒于其间堆积，不能流行，俗呼之曰起诺子。斯时则用竹筏推动，或以麻绳系缆，由筏引麻绳渡河，即可引缆达于河之对岸。更以缆系于两河岸，工人以手抓缆，渐至河之中心，挑动木筒堆积，则木筒依次移动。如何使木筒易于移动，纯视管事之技艺如何而定。有去一诺子，耽延至五六日乃至半月之久，且有工人坠河之事。

放漂经过路线，需水程四百余里，循杂谷脑河达威州，与岷江合流，漂至灌属之紫坪铺，始行收漂。由放漂起至收漂止，大致需五个月余。待将漂至紫坪铺时，先于河身找马乂，上铺单底即板子，以便工作。俟木筒漂至，即收集之，堆于河岸，随时找成木筏，运往成都销售。

至于人员组织，只就山场而言，有山场经理、管理粮食司事等职，工作则有青山管事，工资以月计。青山砍伐多系包工，每一单货（三立方尺为一单货）工资四钏，由棚长承包，计工给价。所有粮食、猪膘、清油、草鞋、粉条等项，由厂方垫购，作价发各棚头备用。漂师则山厂算给工资，其中班长每日每人工资约三钏，幺靠约二千六百文，散工约二钏，而幺靠则五日一犒劳，散工则十日一犒劳云。

综而论之，提倡林业为利至溥，然就其工作状况而言，亦极为冒险之事业也。

第二编　松理茂懋产金区域调查纪

松理茂懋各县屯向为产金地，以兹将考查所得者分列于后。

（一）松潘

漳腊：漳腊在松潘县之北，稍偏东北，距城约四十里，在岷江之左岸，对面之对河寺，即金厂所在地。采金多沿小沟而上，近已掘至三岔河一带，其西北坡际延长约七八里，南北宽约里许。自民国四年，张达三氏开采以来，迄于现在，产金额在十万两以上。惜自来纯用土法，随便挖淘，坑硐俨如蜂巢。因采选法之不良，金量因而损失者，不知凡几。是宜参用新法，逐渐改良，获利当必益厚。

赤密：赤密在漳腊上游约十里地方，系祈命土官辖地，为岷江河流。由东北折而西南之处，从河流变迁状况推察，必先由东北而西南。至赤密之北转而南，河谷忽然开阔，河水潴为湖形，宽处可及十里，而长约倍之。河水挟上游岩石，石英之沙砾、金粒、赤铁矿等，至河谷开阔弯曲之处，水流曲而缓，比重较大之物，下沉堆积，轻者仍从水流而下，沉积之物为金粒、赤铁矿，及岩石之较重者。历时既久，堆积自多，故赤密地方，富有金矿。

黄胜关：喀米寺及距黄胜关约二十里之喀龙岗各地，亦产金。

晓晴沟：晓晴沟距松属之镇江关约二十里，盛产金。惟其地低于河流，易为水淹，必须研究排水法，方可施工。

松坪沟：松坪沟在岷江右岸，叠溪城对面，亦产金。

毛儿盖：毛儿盖喇嘛寺附近地方，富有金矿，其矿床不亚于漳腊。

（二）理番

刷金寺，距马塘三十五里，产沙金。

砍竹沟，距马塘六十里，产沙金。

王家寨，距马塘三十里，产沙金。

烧坡，距马塘四十里，产沙金。

萝儿寨，距马塘四十里，产沙金。

以上各地均系梭磨河流域，经人开采获效。

夹石口及关口，距杂谷脑三十五里，产沙金。

百丈房及磨子沟，在杂谷脑附近，产沙金，矿脉丰富。

红水沟，距理番县城三十七里，产沙金，有人开采获效。

木卡寨，在长河坝对面，产沙金，有人开采获效，经居民阻止。

以上杂谷脑河流域。

三齐寨、儿不抓，在理属三齐寨地方，产岩金，有人发现，尚未开采。

色耳古，位于黑水河[1]下游，其地两岸均产沙金。延长约五十里，宽约一里。虽属理番管辖，然距茂县较近，仅一百九十五里，为产金最著名之地。

围鼓，位于色耳古之上游，亦产沙金。

白窝，为松冈土司辖境，现由蒙蒙头人管辖，系梭磨河流域，产沙金。

古耳沟，距卓克基土司官寨约十里，产沙金。

（三）茂县

畩子坪及平头村，在茂县城河西，产沙金。

沟口寨、吴家沟，产沙金。

（四）懋功

蚂蝗沟，在斑烂山之西，距松林口约十里，盛产岩金，俗呼为马牙金。清时安岳人张子扬偷采，获利颇厚，因其有违法行动，经官府查觉置之于法，并将矿硐封闭。

日隆关，距懋功约一百四十里，其后山产沙金。

陈文笙沟、门子沟、城门硐、窝底沟、董家沟、虫虫台子、潘安沟、小中纳寨，以上各地原系汉牛屯管辖，今改为团，属汉牛河流域，产沙金，有人开采获效。

（五）抚边

昭牛木坡、登春沟、夹坝沟，属别思满屯辖境，均产沙金。近有人在夹坝沟开采，已见效。

（六）绥靖

双柏树、丹扎木、勒乌围、噶耳丹斯，均产沙金。其双柏树、丹扎木两地，裕华公司时代，曾经开采获效。

以上系大金川流域。

二凯：二凯河至绰斯甲土司辖境，与大金川合流。产金区域约延长九十里，宽二三

① 黑水河：原作“黑河”，据《勘误表》改。

里不等。著名地方为烧日娃、枯鱼别、两家寨、青杠坡、三家寨、牛耳通、马耳通、王家寨、柏树林、冈宗、渔坝、大草坪、龙里、窝古、当名，民三年至五年先后经绰凯公司、裕华公司开采，获利颇厚，继因夷变停止。迄民国十九年，余以屯殖督办署总务处长代行督办名义，在绥靖成立绥靖矿厂，派员前往采掘，先后经夷乱兵变，事遂中止。

俄热位于二凯河之下游，上自与二凯交界之八家寨起，下至医生山止，延长约一百里，其间产金地方约六十里，宽约一里或二里不等。两岸矿脉均极丰富，为产金著名之地。

观音菩萨及太阳河，系二凯河流域，在俄热之下游，亦盛产沙金。

婴之，川西松茂各属产金之地甚多，如漳腊、赤密、二凯、俄热各地，虽用土法开采，亦可获利。其他各地，如采用新法，决可得相当之利益也。

第三编　松理懋茂汶药材调查纪

川西松理懋茂汶五县、抚绥崇三屯，以邓军长划为屯殖区域，专办屯殖事宜，故近多简称屯区。屯区产物，药材实为大宗，综计直接间接赖此营生活者不下二万人，则其药业之今昔状况如何，大有精密调查及细心研究之价值。兹特就见闻所及，参以鄙见，胪列如次，以供留心药业者参考焉。

一、药材之种类：屯区所产药材在六十种以上一百种以下。植物之属以贝母、羌活、秦艽、甘松、大黄为大宗，而五加皮、赤芍、当归、木香、泡参各药次之，余则为杂药；动物之属以麝香、鹿茸、虫草为大宗，而熊胆、豹骨、野牛脚、山羊血等次之。

二、产药之地带：虫草、贝母率多生于高山草坪，羌活、大黄产生之地段略低，而甘松、秦艽、五加皮等则又较低，其余各药浅山森林间亦多有之。当归、厚朴则由人工栽培。至于鹿麞之属，山泽森林之间，均易繁殖。

三、产药之区域：药材到处皆是。兹姑就其产量较多者列表如次：

屯区产药地方、种类及产量表

县别	地别　药品别	鹿茸	麝香	虫草	贝母	羌活	甘松	秦艽	大黄	木香	五加皮	当归	自然铜	厚朴	备考
松潘县	镇江关								⊕						东西两山之大黄多系人工栽种
	黄胜关				⊕										
	虹桥关										⊕				
	热雾关														
	包座						⊕	○	⊕						
	毛尔盖				⊕		○								
	阿坝	⊕	⊕		⊕			⦶							
	俄落	⊕	⊕	○	○										
	南坪											⊕			

续表

县别	地别＼药品别	鹿茸	麝香	虫草	贝母	羌活	甘松	秦艽	大黄	木香	五加皮	当归	自然铜	厚朴	备考
理番县	孟董沟			⊕	⊕	⊕				⊕	⊕				
	维关			⊕											
	梭罗沟			○	○	○				○					
	瓦不梁子			⊕	⊕	⊕									
	九甲棚			○	⊕	⊕				○					
	黄土梁			○	⊕	○				○					
	猛古				⊕										
	虹桥			○	⊕	○				○					
	大沟			⊕	⊕	○				○					
	渺罗			○	⊕	○				○					
	十八卦			○	⊕	⊕			○	⊕					
	横梁子				⊕	⊕									
	大牛厂			⊕	⊕	⊕			○	⊕					
	矮卡子				⊕	⊕									
	大罗沟				⊕	⊕									
	大马厂			⊕	○	○			○	○					
	奶子牛厂				⊕	⊕									
	王家寨				⊕	⊕				⊕					
	马塘					⊕									
	马河坝							⊕							
	濩口				⊕		⊕								
茂县	马厂			⊕											
懋			○	⊕	○				○	○					
抚			○			○									
绥		○	○	○					○						
崇						○									
汶川	草坡					○							⊕		
												⊕		○	当归多系人工栽种
⊕此为药材量多量足之符号；○此图为较少之符号。															

四、产药之价值：区屯每年产药若干，所值几何，向无精密之统计。兹就松理懋各税局收额推算，每年由松潘输出之药材约值银六十五万元，由理番输出之药材约值银六十四万元，由懋功输出之药材约值银二十万元，共计值银一百四十九万元。而由甘肃或

二道黄河，以及由丹巴输出者，尚不在此数。

五、挖药之状况：懋抚绥崇四县屯挖药夫，多为本地汉夷人民。当挖药期间，即将家务摒当妥善，扃户入山，事竣乃返。松潘挖药夫以番族为多，间有外来之汉人。茂县产药较少，只由本地贫民从事采挖。至于理番方面各屯属地，多由屯民自挖。卓克基、松岗、党坝三土[①]，亦由夷人自挖。杂谷脑以西，来苏九沟、梭磨五沟以及黑水各沟，除夷民自动挖药外，其挖夫多由川北之安岳、乐至、遂宁各县而来，人数恒以千计。其来也，大都在废历二月至三月之间，先挖虫草，次挖贝母，再次则挖羌活、大黄、木香、甘松、秦艽、赤芍、五加皮之属。但虫草、贝母为价值昂贵且产生成团之药品，川北药夫之来，多以虫草、贝母为目的，迨此二者挖毕，即相率离山者，实居多数。彼辈入山一次，怠惰而技艺粗糙者，有二三十元乃至五六十元之收入；勤奋而工作娴熟者，有七八十元乃至百元以上之收入。

药材产生于高山，欲上山采药，其道路险峻，难以言状。是故挖药必先修路，高山向无居人，为图药夫之栖止，则宜搭棚。又其饮食日用之所需，以药夫一人之力量，何能自行购备？是又非有人先为之准备一切不可。且药夫人数众多，如无相当之领袖为之提挈，则攘夺争执之事，又必层见叠出，而药山状况不堪问矣。所以在习惯上，有所谓棚老板，即棚长之说。为之经纪一切，名曰看棚。大凡充任棚长之人，自有相当之挖药经验及资本。棚长每于头年九、十月，向山主租得山厂，即纵火烧山，使药材易于繁荣。一到次年二月，即次第从事修路、搭棚、运柴，并购备玉麦面、米、清油、盐巴、猪膘、叶烟、草履各物，转运入山，以供药夫之需要，计物给值。仍山药夫缴纳若干药材于棚长以为报酬，而棚长招致若干药夫，各药夫隶于何棚长，事前亦有一定商洽。至于各地居民，就自己所有山厂，或习惯上各个人历来挖药之山厂，前往挖药，各自准备需要物品，则属不待言之事也。

贝母为贵重药品。以故，棚长、药夫对于采挖贝母，必须郑重将事。到相当时期，则先团棚所请，团棚者、各棚长召集药夫，商议本年挖药事宜之谓，或由棚长备筵招待药夫，或每人发给猪膘半斤、条粉二两、米二合、叶烟二支、酒四两，盖不一定。经过此种会集，方能开挖，谓之曰“开正锄”。

迨民十八来苏战役以后，十九年，政府即成立理番药厂，经理其五屯及来苏沟一带挖药事宜，以资整理厘定药棚管理规则，俾各棚长、药夫共同遵守。自斯厂成立之后，药山秩序比之以前良好多矣。至其抽收棚药，概以贝母为准则，每人每年只征一次。厂方先招棚长，再由各棚长招致药夫，而棚药纯由棚长汇缴，计分上中下三等。上等缴纳干贝母三十一两，中等缴纳干贝母二十七两，下等缴纳干贝母二十两，棚长及十龄以下之幼童免征。并由棚药之中，上中两等提十一两，下等提八两，分给棚长，以资津贴。上等药夫俗称大挖手，中等俗称二挖手，下等俗称红脚杆，不满十龄之幼童则谓之猪耳朵云。

六、药材之贩卖：各地产出之药，各个人运往灌县销售者实居少数。大都由药商前赴适宜地方，如松潘、茂县、理番杂谷脑、懋功、抚边两河口各处备价采购，转运到灌

① 三土：原作“三十一”，据《勘误表》改。

县发售。药秤因地方及种类而异，例如贝母，松潘以十九两二钱作一斤，懋功、杂谷脑以二十两作一斤，抚边两河口以二十二两作一斤。木香、羌活、大黄，杂谷脑以天秤一百五十斤作一百斤。及其到灌交易，则贝母以十八两五钱作一斤，羌活一百四十三斤作一百斤，大黄、木香以一百二十五斤作一百斤，其余杂药多以七折计算，虫草全以十六两为一斤。运费及价格视行情而有高下，不能一定。各药商将药运灌，则存于素来交易之药店，以之发卖于水客或其他各地之药商、药店。例取行费，为价银百分之三分二厘，其三分为药店所得，二厘为商会经费。而水客买药，例只九四给银，即价银一百两只给九十四两。至灌县药店，近有贞胜、万昌、祥丰、信诚永、同茂、裕川、琼林、惇厚祥、祥顺、大昌、鸿源、万和、义和、万集、青元、永顺、德润祥、永昌、泽中、怀庆、荣吉祥、西来等二十余家。

七、整理之管见：药材虽产生于高山，然亦须地味温和，方易发育，并须研究除去病虫害。以前由棚长，自向山主租佃山厂，数年恒不易人。故棚长于事前斟酌烧山，每年产药之量，自然不少。现在理番药厂成立，厂长年有更易，棚长自不固定，无人负责烧山。是宜确定厂长，因而确定棚长，以便于准备烧山事务。

产药地带多在蛮荒，夷人以抢劫为荣，殆其天性。则药棚夫常被夷人掠夺，自属寻常之事。又自民国六年，黑水内讧以后，梭磨、来苏一带道路不通，药材难于输出。各地汉夷人民，以无利可求，亦自怠于挖药。是宜酌派部队为药棚药夫之保障，以尽地利。

产药山厂，夷人多视为神山，禁人开采。如上中下三瀼口、瓦钵梁子、绰斯甲各地，锢蔽尤甚。是宜急速提倡文化，破除迷信，以免货弃于地。

中国医药，倡自神农。当时如岐伯、雷公于医药，实多所发明。一读《内经》“素问”“灵枢”各编，可以知其大几。而其《本草》一书，尤为研究药学之圭臬。后人考究药性，如金元明诸大家，曾有所阐发。然皆不能离《本草》立言，此中国人守旧太甚之弊。今者中外互市，西药流入日多，西医日渐发达，施治亦各有效。于是尚西医者，不免鄙弃中医；崇中医者，不免非薄西医。实则西医能治病，以相传四千余年之中医又何尝不可治病？不过西医用药，系经精制而后，或单服或混和而服之。中药则并其渣滓精华合为一铛，虽间施炮制而工作究疏。厥为中医用药之缺点。屯区产药既如是之多，是宜特设机关，延聘中西医学大家、药学专家、农学专家以及化学专家，共聚一堂，就所产药品从医学、药学、农学、化学各方面，切实考察。凡一种药品，其生长适于何地，宜于何时，栽培之方法如何，主治之效用安在，化学之成分维何，一一悉心研究，务期取其精华，去其渣滓，著为论说，公布于世，供人采择。如此沟通，中西同归一致，必足以发皇中药之本能，吾知活人必多，于世界人道大有裨益，固不独药材产量逐年有加而已。

第四编　理懋茂汶四县抚绥崇三屯屯土之现状

松潘县所属番夷，另详于分类纪，不赘列。

（一）理番之屯土

理番所辖为六里、五屯、四土、三番、九枯、十寨。

六里，即甘溪、通化、古城、下庄、铁邑、桑坪，在威州、理城之间，所谓一线官道是也。三番，为新番、旧番、三齐番，统称之曰后番，在孟董沟之西北，清时已内附，于其鸦多寨设番务委员以治之。民国初元，委员废，现由县府直辖。

九枯，在沱江，即杂谷脑河下游，威州迤西之高山，有前三枯、后三枯、中三枯之分。经明清两朝先后雕剿，早已投诚。

十寨，在理城之西，沱江之右岸。即蒲溪十寨，亦早投诚。其人民恒着黑毪子背心，长与面衫齐。力役之征，多由彼辈任之，均由县府直辖。凡番枯寨人，多通汉语，然亦各有一种语言与黑水话相近。至于屯土情形较为复杂，特分述如次。

杂谷屯：在理城之西六十里，为苍旺土司故地，守备官寨在沱江右岸格山老寨。原辖三大沟，即胆战木沟、打泗沟、梭罗沟，共计二十八寨。额设屯守备二员：其一守备高承谦，及其子高良、高翔，相继死后，无人承袭。民十八年，余以屯督署总务处长名义，代表邓军长兼督办视察屯区，到杂谷脑时，见该屯乏人主持，乃呈报二十八军部及屯督署，权命乾堡屯守备桑福田兼领守备职务，并设杂谷屯屯务办公处，令其千把总、外委每月轮流，以二人当值视事，至今犹未变更。其一守备为包德惠，病故无嗣，而包女原为高良妇，现大归于包，赘九子屯杨守备继盛之弟继祖，顶包氏门户。屯兵原为七百五十名，前清乾隆年间，奉命随征金川，带地出营之三十二名在内。但以频年死亡，现在不过有屯兵三百余名，其守备以下之千总三员、把总五员、外委十员，则与乾堡屯、九子屯、上下孟董两屯无异也。

乾堡屯：在理番之西，守备官寨在乾堡，距治城四十里，共管二十寨。额设守备二员：一为桑福田，号绍卿，兼任屯殖督办署屯务队长，其人明白纯谨。民十八、民二十两年，政府征伐扣苏、黑水之役，均出兵助战，颇资得力。其一守备为苟宗华。屯兵为六百五十名，缺额尚少，带地出营之四十二名亦在其内。千把、外委名额同杂谷屯，经政府提倡，现设有小学校一所。

上孟董屯：在城之西北，共管八寨。额设守备苍鸿恩，官寨在日不寨，据治城七十里。增设守备王运昌，官寨在老鸦寨。屯兵为五百三十名，其带地出营者与九子屯、上下孟董两屯，共为九十八名。

下孟董屯：在理城之西北，共管十四寨。额设守备沙润源，官寨在子达寨，距治城十八里。增设守备杨庆云，官寨在甲米寨。屯兵为五百七十名。

九子屯：在理城之东。额设守备杨继盛，驻二瓦寨，距治城十二里。增设守备王贵顺，驻水塘寨。共管十寨，屯兵为五百名。

以上五屯计官一百员，兵额三千名。

梭磨土司：旧地梭磨，原系宣慰司，其梭磨官寨在理番西北四百五十里。东西距约四百八十里，南北距约五百八十里。当时幅员既广，势力亦雄，其土司由班马汪札传至思良刚王平，于清宣统二年病故，乏嗣无人。承袭大头人达尔王珍，足智多谋，僭窃土司权柄，尚能统驭全土。及王珍殁，各头人互争雄长，打冤家，起内讧，几二十年既演成纷争之局。于是，民十八、民二十两年，政府有征伐扣苏、黑水之役。经过详情，当别为文以纪其实。兹先叙其现状，约如下所列：

甲、梭磨五沟。即二古鲁一沟、格巴秋一沟、色尔迷一沟、砍竹沟一沟、烧坡五家寨共一沟。民国十八年秋，扣苏沟大头人夹壁司高让父子，阻止二十八军警卫团第一营李亚特营全部通过是沟，进驻懋功。平时亦多苛虐、抢劫行为，官军遂派队挞伐。其时梭磨头人思达斯甲扶助司逆抵抗官军，及至大军进逼，势有难支，思达斯甲乃率少数难民逃往卓克基，寻为乱民所杀。余以屯督署总务处长名义，与二十八军警卫团团长刘耀奎，奉邓军长命，于夹壁将梭磨、扣苏各沟改土归流，当委捻尔耳为梭磨团总，思丹增为团正，管理是沟人民。现捻尔耳在省病殁，寨事由喇嘛仁珍主持，仍受政府节制。百姓约一百余户。

乙、来苏上四沟。扣苏自改土归流后，即更名来苏沟。其四沟，即尽头寨、二道寨共一沟，十八卦、大郎场共一沟，党槓、渺罗共一沟，八卦碉、后坡及沙勿共一沟，由团总八耳珍管辖。及八耳珍遇害，寨事由安朋及喜喜头人主持，仍受政府节制。百姓约二百余户。

丙、来苏下五沟。即大小夹壁共一沟，纳山、纳滋、纳窝、二姑溪共一沟，大小秋底、沙坝、转经楼、麻尔迷共一沟，大小沟、木城沟、鼓耳沟共一沟，由团总汪都、团正黑耳甲管辖。汪、黑殁后，现由生根耳甲主持寨事，任受政府节制。百姓约二百余户。

以上梭磨五沟、来苏九沟，自民国十八年输诚以后，其信仰政府之诚，久而弥笃。

丁、龙坝五沟、二水两沟半。为麻子头人次子苏永和，即夺尔鸡和让所管辖。原来，苏永和与其兄苏永清，即格诺格让及任贞南木耳，于民十八年来苏之役有扶助夹壁司逆高让之举。厥后，司高让自伏冥诛，其二子色期真补与格生南木耳甲，因兵败逃往黑水，苏氏复为之收容。平时亦多劫夺烧杀行为，中间虽或表示输诚，却一面暗中备战。邓军长乃于民二十年，命龚旅长、刘团长率队进讨，直捣其麻窝巢穴。彼辈势蹙力穷，请求息兵。民二十一年，邓军长乃派余及张秘书长，驰赴杂谷脑，设法招抚。未几，苏酋等入省输诚，始相安无事。逮苏永清回寨，即病殁。

按：苏夷等部落，大都在黑水河，即芦花河流域。因其部位关系，或称曰上黑水、上芦花，或称曰下黑水、下芦花。如新房子、沙板沟等地为上芦花，龙坝、麻窝等地为下芦花。石硐楼、瓦钵、于樑子，因其属沙板沟头人，亦包括在上芦花之内。近年，任真南木耳甲，自树一职，号曰中芦花，百姓共约五百余户。

戊、麻窝五沟。头人原为苏永清。及永清殁，亦为苏永和头人所管辖，已向政府认罪输诚。百姓约四百余户。

己、杂窝六沟、木苏六沟。为任真南木耳甲所管辖，已向政府认罪输诚。百姓约四百余户。

庚、沙板沟。头人号曰白脑壳。头人原为沙板沟头人之管家，沙板沟头人思登为王珍之孙，于民国十九年亡，故白脑壳即起而代头人。二十年战役，彼亦附和之，所属为沙板沟一沟，杀是多六沟，石硐楼五沟，瓦钵樑子三沟及热那、夹脚、若泥、红岩、四美、玉石碑、云林寺、得食、窝二、古鲁、竹格、兜马、河坝、踏花各沟，而下瀼[1]口各部落，亦其所属，已向政府输诚。

按：石硐楼[2]、瓦钵樑子以及下瀼口、麦昆、木各有夷酋，不过白脑壳以势力关系，俨然认为一己之属地，百姓共约一千五百户。

辛、阳山七沟。为跛子、跛多两沟，大小獭皮一沟，鹅热、鹅口两沟，日都一沟，郭若一沟，系头人撮斯甲所管辖。撮于民十八年，到夹壁见余及刘团长，向政府输诚。近年以来，时往来于成都、茂县两地，未尝回寨，百姓共约四百户。

卓克基长官司：卓克基一曰卓克采，官寨在理番治西[3]五百四十里。东西距约二百里，南北距约五百七十里。土司色朗泽朗即索观瀛，瓦寺前土司索怀仁之子，明白大义，颇知服从政府。计管卓克基十寨、四大坝十寨、擦布十寨，此外尚有草地帐房六寨，曰绒热斯甲、峨擦热，即侧耳、玛擦、弄锡佐、纳木诺，百姓共三千余户。

松冈长官司：松冈一曰从噶克，在理番治西六百里。东西距约二百四十里，南北距约一千零五十里。土司思高让能沟，即高承让，与前杂谷屯守备高承谦为兄弟行，痴迷无知。民国二十二年高殁，现未觅人承袭。计管三十六沟，即麦戎六沟、葛荣白窝八沟、木脚沟六沟、夹木脚九沟、草地葛笃母一沟、夹尔滋一沟、黄雅一沟、墨耳甲一沟、木阑一沟、兹路沚康一沟、葛尔桑一沟，百姓约二千户，尚知服从政府。

党坝长官司：党坝一曰丹坝，官寨在理番治西南七百五十里。东西约距一百六十里，南北距约一百六十里。土司女性，曰思丹增，六耳惹即泽朗海，一作择戎纳。所管共五沟，即而楼让两沟、噶伦一沟、杀是喀朗一沟、夹磨一沟，百姓约四百余户，尚知服从政府。

（二）茂县之土司

静州长官司：董承恩，住牧静州，在茂城东北二里许，管寨十二，每年向茂县县政府纳粮，所有静州山、茶山村、核桃沟、上关子、中寨等处，原归其管辖。

---

① 瀼：原作“沟”，据《勘误表》改。

② 石硐楼：原作“石瀼硐楼”，据《勘误表》改。

③ 治西：原作“治”，据《勘误表》改。

岳希长官司：坤寿昌，住牧岳希，在茂城之西三里，管寨五，每年向茂县县政府纳粮，所有水西、干沟、敦坪、头村、波西村、壳壳村等处，原归其管辖。

陇木长官司：何九皋，其先人杨翱，于明嘉靖间，随总兵何卿征白草番有功，改何姓。原管之赤土坡十二寨，已编户入县，现管罗打鼓、河东各寨，仍向政府纳粮。

长宁安抚司：土妇苏余氏，住沙坝，原管地段，东至长宁堡十里，南至水草坪二十里，西至龙坪十里，北至石大关三十里，辛圭各寨亦归其管辖，现编户入县，每年向县政府纳粮。

水草坪巡检土司：苏朝选，住水草坪，管三寨，每年向县政府纳粮。

竹木坎副巡检司：孙有权，住竹木坎，其地东至擦耳岩十里，南至长宁堡二十里，西至黑虎寨三十里，北至水草坪五里，管寨四，每年向县政府纳粮。

牟托巡检土司：土妇温李氏，住牟托，管寨三，每年向县政府纳粮。

实大关副长官司：官正岐，住实大关，管寨二，每年向县政府纳粮。

大定沙坝土千户：苏百川，住大定沙坝，于清乾隆年间即已归州。

松坪土百户：于清道光六年，由川督戴三锡奏准归州，其土职仍准世袭，今之大小和尚寨、百蜡寨、刁孤寨、峨独寨、水磨寨、火鸡寨，纯亦寨、麦什寨、木梳寨、牙骨寨等，为其旧管之寨落。

大姓土百户：于清道光六年归州，其土职仍准世袭，今之石灰寨、葫芦寨、高黄寨、脊鱼寨、白泥寨、牛尾巴寨、磨刀湾等，为其旧管寨落。

小姓土百户：于清道光六年归州，仍留土职世袭，今之梭多寨、木十寨、勒谷寨、龙池、折立寨、小寨子、鱼耳寨、三叉寨等，为其旧管寨落。

小姓黑水土百户：于清道光六年归州，仍留土职世袭，今之水木寨、格必寨、色哪寨，为其旧管部落。

按：茂属土司，或由土司上纳粮差，或人民编户入县，均留土职，准其世袭。以前优遇土属，可谓曲尽其道，而各土原管寨落无多，生产有限，彼辈不知奋发，寖即式微。在国家虽有准其承袭之例，实际究无可以承袭之人，名存实亡，可为一叹。茂属土司现况如上。即其他屯土人口，日见减少，土地日就荒芜，亦都为事实。总理遗教有曰：扶助弱小民族，使之自决自治，此当事者之责也。至于茂属之白泥、鹅儿、连环、巴猪等寨，黑虎七族、三齐各番，或于明末投诚，或于清初归顺，早已跻于编氓，惟其习俗固陋，文化未开，亦宜注意及之。

（三）汶川之土司

汶川县只一宣慰土司，即瓦寺宣慰使司。旧称桑朗氏，乌斯藏加渴人。于明代中叶贡土物，至涂禹山，或曰铜陵山住牧。又有人谓，明代有西藏高僧至涂禹山，土人群相赠瓦为寺，故曰瓦寺。桑朗氏历有功于明清两朝。至清乾隆五十五年，奉旨改桑朗为索诺木。其“疆域”东至保子关与西沟一带接壤，南至韩风岭二百里与灌县水磨沟、大白石交界，西交巴朗山沃日土司界五百里，北至沙沟与理属杂谷屯接壤二百五十里。共管二十八寨，即铜陵山一寨、四山三寨、草坡十一寨、白土坎二寨、跟达桥三寨、卧龙关三寨、三江口五寨，官寨所在之铜陵山，距汶城二十里。土司原为索代赓，号季皋，人极机警，兼任屯殖督办署屯殖军第一队队长。民国二十年，随军征伐黑水夷人，于维鼓地方殉难。当由二十八军部及屯殖督办署委任其子索观沄代理屯殖军队长，现经改委观沄为屯殖军第二营营长。厚给饷糈，勤加训练，以索氏笃世忠贞，效命屯殖，其人民接近汉土，性质纯良，政府特为优遇之也。

（四）懋功之屯土

鄂克什宣慰司：一曰沃日土司，官寨距懋功县城五十里。辖境内计有番民十六寨，汉团二十三团，汉民约千户，番民约七百户，故其土司原兼任懋功第一区区长。原土司为杨春辅，屡次违抗政府，扰害地方，尤以民国十七年团土冲突，烧杀县城及新桥沟、石灰窑沟、龙沙沟各处为甚。民十八冬间，余以屯督署总务处长名义，代表邓军长兼督办视察到懋，本拟用兵征伐。嗣经该土深明大义之头人老民环请息兵，该老土司杨全忠亦愿认罪输诚。余乃呈报邓军长，准其具结归诚，免去杨春辅土职，以杨全忠暂代土司。及民二十，杨全忠物故，各头人拟以全忠之女秀贞，即春辅之妇袭职。未几，秀贞死。又欲以春辅袭，政府当然未准。现系懋功县政府委汉人喻鸿珠、该土头人杨长富为正区长，蔡茂森、党泰诚为副区长，治理该土事务云。

汗牛屯：系清乾隆四十一年平定金川后设置，其地在懋功之南。原设屯守备一员、千总一员、把总二员、外委三员，屯兵七十二名，居民约四百户。原代办守备雍鹤龄，平日肆行不法。余代表邓兼督办，视察到懋，亦不来城，表示输诚。民国十九年，懋功县长刘琼，以该守备如此骄横，控案亦多，遂率团队并分管驻军前往讨伐，雍氏不支，向宅垄逃窜。屯内人民纷纷向刘氏归降，请编户入县，当经刘氏报请二十八军部及屯殖督办署，改屯为团，于其地设第二公安分局以治之。

宅垄屯：亦清[①]平定金川后所设置，在懋功之西南。原设屯守备一员、千总一员、把总二员、外委十员，屯兵七十二名，居民约三百户。守备为雍鹤龄，其在太平桥以南者则属丹巴管辖也。

（五）抚边属两屯

别思满屯：清平定金川后所设置，原设屯守备一员、千总一员、把总二员、外委四员，屯兵五十八名，居民约四百户。守备占仕忠，号丹墀。民国十一年，毕业于成都讲武堂，人极明白，常以奉公守法，保境息民为职志。现管十一寨，即别思满沟五寨，登春沟六寨。

八角碉屯：清平定金川后所设置，原设屯守备一员、千总一员、把总二员、外委四员，屯兵七十八名，居民约二百户。守备为穆缉光，所管为八角附近十八寨。

---

① 清：原写作“请”，据《勘误表》改。

（六）绥靖属屯土

绰斯甲布宣抚土司：在绥靖之西北，官寨周琐距绥靖屯治九十里。东至热六台镶，与理番属之松冈、党坝交界，计程一百余里；南至恶里，与西康原阜和所辖之塞尔达交界，计程八百余里；西至果落克瞻对交界，计程一千余里；北至热尔谷，计程七百余里。土司纳旺仍新，即纳旺勒耳乌，于前清光绪年间承袭。计管二十六寨，此外尚有草地帐房不少，共约有人民万户。

河东屯：绥靖原有两屯，即在大金川之东者曰河东屯，在其西者曰河西屯。河东屯原设守备一员、千总二员、把总二员、屯外委七员，屯兵八十八名。现管十七寨，居民约二百七十四户。守备胥珍泉，号茂廷，人极纯谨，颇知服从政府。

河西屯：原设守备一员、千总三员、把总六员、外委九员，屯兵一百三十二名。现管二十二寨，居民约二百八十四户。守备阿贞良，号寿轩，人极练达，颇知服从政府。

崇化屯无屯土，其在大金川河东之番民，由河东屯指挥调遣；在大金川之西者，由河西屯指挥调遣焉。

第五编　松潘草地分类纪

（一）松潘之“疆域”及沿革

草地疆域沿革别无历史可考，欲明了其中经过，惟有就松潘之疆域沿革以说明之。松潘位于成都之西北，汉夷杂居，为川省边防之重镇。距成都七百六十里，以万国子午线为标准，约当东经一零二度五十五分，北纬三十二度四十二分。据《松潘县志》所载，全县面积约十八万方里，汉地城镇乡关约占三分之一，关内外生熟番部落约占三分之二。东西距约一千二百里，南北距约五百四十里。东至木瓜墩与平武叶塘连界，距城二百一十里；西至黄胜关口外五十二部落，与甘肃属番鞑子连界，距城约一千里；南至平定关与茂县永镇连界，距城一百九十里；北至口外包座铁布与甘肃临潭县属杨土司属地连界，距城约三百五十里；东北至南坪柴门关与甘肃文县哈南寨连界，距城四百二十里；东南至北草与北川县连界，距城二百六十里；北至口外上十二部落二道黄河物藏、乔柯与甘肃属番拉不朗寺连界，距城约八百里；西南至口外三果洛与西康德格及咱溪喀连界，距城约二千里。为《禹贡》梁州西北境。商周为氐羌地。秦分蜀郡。汉置湔氐道，属蜀郡。后汉因之，更置平康县。晋改升仙县，属汶山郡。后周置扶州总管府，龙涸郡嘉城县即今县治也。唐武德间于嘉城县置松州，此松潘之名所由始。及广德初，陷于吐蕃。宋仍为吐蕃地。元始内附，属吐蕃等处宣慰司，寻叛。明洪武十一年，御史大夫平羌将军丁玉讨平之，置松州、潘州二卫，寻并为松潘卫，其后亦有因革。清初，置总兵镇守其地。雍正间，移龙安同知驻之。乾隆二十七年，改置松潘厅，称曰松潘直隶理民抚夷府，与松潘镇同城而治，更置漳腊营参将，隶于总兵，专管关外五十二部落。民国二年，改厅为县。西番称松潘曰绒清，至昔之潘州，据志乘所载，参以前人纪录，在今之包座川柘寨。以宋崇宁间取邦、潘、叠三州，初属吐蕃首领潘罗支，故名。此松潘疆域沿革之大略也。

（二）松潘部落之状况

松潘所属番人，在有清一代，分为七十二部落。各部土官或为土千户，或为土百户，或为土目，授职有差。管辖寨落原有定数。朝觐贡赋以及颁给土饷，亦有定章。并设文武专官[①]，为之镇慑。以是汉夷绥和，边境乂安。政变以还，国家多故，川省亦尚有战争，无暇问及边务。加以松镇既撤，汉军亦废，仅一松潘县府，实有鞭长莫及之感。遂致各寨番目，互争雄长，或以强侵弱，或以小兼大，疆域视实力为区分，人民亦罔知有政府。部落之数，自与十余年以前考察所得者，大有不同。甚或喇嘛寺院，藉教横行，侵略番寨，剥削人民，亦时有所闻。倘再不从事清厘，设法抚绥，吾恐番情将不可究诘，而边陲亦因之多事，殊非国家之福也，更何经营之足言耶？兹以昔之七十二部落为标准，而叙列其变更之情形，于松属番人之现状，自易一目了然也。

拈佑、热雾、牟尼。三部落，旧属松潘镇中营管辖，距县城西南数十百里不等。拈佑户口约九十户，热雾户口约二百八十户，牟尼户口约一百二十六户。拈佑、热雾各寨之中，以牟尼土官较有势力。

峨眉、七布、麦杂、毛革。四部落，旧属松潘镇中营管辖，距县城西[②]南二三百里不等。峨眉户口约五百二十六户，七布户口约一百四十五户，麦杂户口约五百八十三户，毛革户口约四百六十八户。峨眉、七布、麦杂三部落，即今乌木树土官、鄂朗雄慈巴土官、双喜茨木林土官、宜玛三猼猡子所辖之地，而毛革土官曰仁清，通常称之曰毛而盖云。

阿思、和叶、下尼巴。三部落，旧属松潘镇左营管辖，距县城东[③]北百数十里不等。阿思户口约一百三十户，三舍、羊峒、和叶户口约一百二十户，下尼巴户口约一百三十户。此三十寨之中，以阿思、尼巴较有势力。

寒盼、商巴、祈命。三部落，旧属松潘镇漳腊营管辖，距县城北四十余里。寒盼户口约一百六十户，商巴户口约一百二十户，祈命户口约一百七十户。漳腊金厂即在祈命所辖之水桶寨、黑斯寨、东洴寨各地。东洴巴朗土官，近来亦直接对外。今人通称[④]之上三寨，即寒盼、商巴、祈命三寨，下三寨即牟尼、大寨、尼巴三寨，而大寨又即阿思峒大寨也。

丢骨、云昌、小姓六关、呷竹。四部落，旧属松潘镇平番营管辖，距县城东南二三百里不等。丢骨户口约一百八十户，云昌户口约二百八十户，呷竹计管三十二寨，内十八寨实由小姓六关沟管辖，其余十四寨改土归流，居民共约四百户。

隆康、芝麻、中田、匆谷、边山。五部落，旧属松潘镇南坪营管辖，距县城东北三四百里不等。隆康户口约一百二十四户，芝麻户口约八十三户，中田户口约七十户，匆谷户口约二百户，边山户口约一百八十户。以上五部落，可谓直接由南坪分县管辖。黑角浪一部落亦属南坪营管辖，雍正年间归诚。逮于咸丰同治间，汉民迁往者众，习俗相移，早经改土归流。

羊峒踏藏寨、阿按、挖药、押顿、中岔、朗寨、竹自、藏咱、东拜王亚、达弄恶坝、香咱、咨马、八顿。八部落，后山五部落，共十三部落，旧属松潘镇漳腊营管辖（按以下各部落均旧属漳腊营管辖，即不赘列），距县城北行偏东二百余里不等。与县属南坪，

① 官：原作“管”，据《勘误表》改。

② 城西：原作“西城”，据《勘误表》改。

③ 县城东：原作“县东”，据《勘误表》改。

④ 通称：原作“通商”，据《勘误表》改。

甘省武都、文县连界。羊峒户口约一百七十户，阿按户口约一百六十户，挖药户口约三十户，押顿户口约一百一十户，中岔户口约一百一十六户，郎寨户口约一百二十户，竹自户口约九十户，藏咱户口约一百一十户，东拜王亚户口约一百一十五户，达弄恶坝户口约一百一十户，香咱户口约五百四十户，咨马户口约三百二十四户，八顿户口约二百八十四户。以上十三部落，近年以来，均知安静住牧，虽与甘肃省壤相接，尚无与别部勾结情事。

上包座、下包座、川柘、谷尔坝、双则红凹。五部落，距县城西北行约三百里，与甘省临潭县属杨土司属地连界。上包座户口约二百七十户，下包座户口约一百九十户，川柘户口约三百二十户，谷尔坝户口约二百七十户，双则红凹户口约三百一十户。以上五部落，其谷尔坝、双则红凹等寨，既与甘属杨土司接壤，我方亦未尝过问，杨土司不无觊觎之心。且川柘为潘州故址，形势重要。由松漳至包座之达成寺，又为川甘商务要道之一，现时应特别注意。

上撒路、中撒路、下撒路、崇路、作路、上勒凹、下勒凹。为铁布撒路七部落，距县城西北四百余里，与甘属杨土司连界。上撒路户口约八十户，中撒路户口约一百户，下撒路户口约一百八十户，崇路户口约四百三十户，作路户口约一百户，上勒凹户口约一百二十户，下勒凹户口约一百五十户。以上七部落，称为口外铁布七寨。多与甘属杨土司接壤，川省未尝过问，杨土宣言各部应归其管辖，宜加之意焉。

班佑、巴细、阿细、上作革、合坝、辖米、下作革、物藏、热当、磨下、甲凹、阿革。十二部落，距县城西北远近不等，大约七八百里。西北与甘肃桑杂各番地连界，西南与卓克基连界（按班佑、作革上十二部落，迩来状况与前略异，寨名亦且不同，兹记之如次）。

班佑大土官纳清，上作革独马土官旦柯，唐个土官万清，辖米土官阿义克，谟鲁土官华贡甲，上中下那洼土官泽花，阿细基寨落帐房二部土官俄洼，洪洼土官旦遮确甲，作克采土官笃泽，物藏土官赫诺，热当土官阿登，阿革东、热拉寨落帐房二部土官劳那、特阿降杂、特阿藏凹、特阿崇热、喇嘛格尔低，并有土官泽登、蒋旺索朗、格朗降初。住民约共三千二百户，而以特阿一部人口比较稠密，约占作革[①]各部落户口三分之二。

乔柯、郎惰。二部落，距县城西北约八百里。按，乔柯，今通称为三乔柯，内分四部：即阿西齐哈玛土官阿俊，住民约五百户；下乔柯住民约三百户；勒尔马土官阿采住黄河南北岸，住民约一百户；阿万住民约二百户。至于郎惰，户口约一百五十户，与乔柯、卓克基、下阿坝接壤。

上、中、下三阿坝。三部落，距县城西南约八百里，一部份与甘肃黄河沿各番地及卓克基连界。上阿坝独昔寨土官蒋旺扎西，锡恩寨禄歌，曾达寨土官学德，甲桑寨土官哇克采，上四凹寨土官安布贡确甲、木耳纇、霍耳纇，中四凹寨土官泽朗甲、拍尔歌、贡确甲，下四凹寨土官卜尔哇，墨穹寨土官噶尔藏，唐哇寨土官茶托，纳西寨土官泽不休、禄世顾、汪世甲，上撮头寨土官恒措，下撮头寨土官物顿，唐迈寨土官噶尔让，饶哇寨土官噶祥，茶不浪寨土官春林甲俊，阿梗寨土官索望。以上统称之曰上阿坝六寨，

---

① 占作革：原作“古革”，据《勘误表》改。

住民共六百余户。

又，安豆下呷地寨土官董周，上呷地寨土官泽巴，矫派皆寨土官旦真甲，文把寨土官哇诺，克凹寨土官赞登，乔弄寨土官杨干，泽皆寨土官热柯，禄清寨土官殁后，无人承继。泽贡巴即泽寺院管民十户。以上统称为上阿坝安豆八寨，住户共约六百户。

中阿坝墨颡大土官杨俊扎西，兼屯督署第一路游击司令，直辖十二寨，约一千五百户。此外，黑耳玛四寨，约一百五十户；买诺、热诺、纳格藏三部，各约一百三四十户；阿西黑洼，约六百户；阿布色凹，约八十户。亦受墨颡大土官节制，即曾与其拴头之说。

下阿坝、安羌六寨，约八百户，受果洛康撒大官康万庆节制。麦士昆四寨土官得格尔甲，虽知有政府，恒趋向不定，时向甘省拉不朗寺拴头，又时言曾投黑水白脑壳头人，其寨落帐房共约三百户。

按，阿坝果洛各部，统称之为下十二部落。

上中下三果洛，即郭罗克三部落，距县城西南约千余里，以上一部与甘肃黄河沿各番及西康夷地连界。

上果洛。阿俊贡玛娃，系小帐房洪姆土[①]妇（俗称女王子）属之。有一部份于黄河南北岸，迁徙不定，人民共约二千户。

中果洛。阿俊康干，人民约二千余户。俄朗木，康干所属，现系拉不朗寺人为其部长官。

下果洛。阿俊康撒大土官康万庆，人极英俊练达，服从四川政府，斜克穹藏昆为其所属，人民共约二千余户。三黑帐房，昔木受其节制，今有向青海方面缴纳草头税者。

又，旺清夺巴、木花颡，共约二千户；斑马木八土官及旺达，共约一千五百户；木衣颡、吉隆、得朗、旺汝、剧尔朗、上中下三达克托，共约一千六百户；绒哇、罗思满、游耳打、色耳打、周基雪、花捏耳旺土官杠花颡、独耳旺土官霍耳秋、甲尔低、吉口绒各部落，多在黄河沿住牧，在昔皆为四川所管辖。近十年来，政府未尝过问，各部土官踞地自雄，已不知有政府。其界在四川、甘肃、青海、西康之间，“边境”混淆，事所恒有，亟望吾川当局，知会关系各省，遴派专员，从事清理，确定“疆界”，庶番人知有宗主，而各省邻谊，亦因之辑睦矣。

上中下三阿坝及小阿树四部落，距县城西南约八百余里。一部与黄河沿并甘肃鞑子各番连界，共约一千二百[②]户。前清咸同年间，被甘番拉不朗侵占殆尽。及光绪十七年，川甘两省，奉朝命派员查办，勒令拉不朗退还侵地，撤回管喇嘛及假土官，始各相安无事。近年以来，其部落状况若何，各部土官为谁，无从考察，或递变为黄河沿各部落，亦未可知，此边地之所以亟待清厘也。

三安曲及三瀼口。以上所述即关外五十二部落之概况。但草地之间，尚有安曲三部落，即上安曲独玛、中安曲龙子玛、下安曲噶孙玛，界在阿坝、瀼口之间，在昔厅属理番，共约六百余户。各部亦有土官，其大权全操于安曲茶里寺大喇嘛额耳洼之手，夜郎

① 土：原作“阿”，据《勘误表》改。

② 二百，原作“百二”，据《勘误表》改。

自大，罔识政府，宜注意及之。

又，瀼口界在黑水、梭磨、安曲之间，旧属理番管辖，户口共约五百户。上瀼口土官扎姜切额，中瀼口由盘他活佛管理，下瀼口无土官，则与黑水头人夺耳吉即白脑壳头人拴头，均知安静住牧。特附记之，以供留心边事者之参考。

（三）草地之形状

草地山势平衍，迤逦蜿绕，不似理茂汶一带山势之崔巍岌□、巨石硌砑；河流则迂曲滦洄，清波荡漾，亦不似岷江、沱江各水之巨浪洪涛，汹涌澎湃。山之大者曰羊膊岭，为岷山主峰，高出海面可一万五千六百余尺。分支东迤为大巴山脉，南迤为邛崃山脉。次曰噶冻山。噶赖山、哲补山为毛革阿坝各山之高峰，皆为东昆仑北岭支脉。河之大者曰岷江，发源于羊膊岭，经松茂诸县，受众流，至灌县离堆分流，以溉城属之田。经江白以下，合诸大水出夔巫，又合数大江以入海。曰棱磨河，源出瀼口，经梭磨、卓克基、松冈党坝，与大金川合流。曰阿坝河，发源上阿坝西北百余里地方，经卓克基与大金川合流。曰多拉坤都仑河，源出羊膊岭水北[①]，流入黄河。曰都尔大度坤都仑河，源出大分水岭北，经唐个寺受噶溪河之水，北流入黄河。曰德特坤都仑河，源出大分水岭，经辖米、物藏各番地，受墨竹溪河之水，北流入黄河。三坤都仑，即三横河之意。草地地质，大概为花岗岩、片岩、片麻岩所组成，平谷之间则多沙地，挟杂砂磋。盖地本花岗石岩，以烈寒酷热，缩张过甚，致为微细之砂粒。至其气候，以纬度较高，太阳斜射，故气温较低。又以地势较高，温度自降，阴风时起，冬极冱寒。且天候极易变化，虽当晴天烈日，每每冰雹骤至，风雪交加。要之草地多是山峦起伏，原隰相间，每越一横亘之浅山，必有一较大之平原，宽广数十百里不等，地理学家谓：四围群峰耸峙，中央低平若盆者，谓之溢地。若草地殆可谓为西藏高原之尾闾，而有无数溢地生成其间。地势既平，耕种之地亦少，河流多未疏浚，兼乏沟渠，以是水无所归。春夏之间任从草之自然生长，秋冬凋零，就地腐朽，积年即久，几成腐殖土，沼气臭味，时扑鼻际。且水于地面渐次浸淫，受夏季比较烈日之作用，自然形成龟裂。水潴其罅隙之间，草积于泥梁之上，既显凹凸，遂成沮洳，马行其上，地面亦为之动摇，此草地平原之状况。至于山峰之间，则倾斜既缓，坡际亦复延长，绝少树木。只浅草平铺杂以药材，如大黄、秦艽、贝母、甘松之属，土人资之，以事牧畜。毳幕毡房，星罗棋布，马牛羊千百成群，莘莘蒸蒸，自动觅食，颇有生动气象。但地广人稀，无论为山谷、为平原，既未耕垦，亦无牧畜，听其一片荒芜，所在皆是，重可惜也。

（四）草地之物产

草地物产因部分而异，兹就关外各部落，叙之如次。

羊峝八寨、后山五寨，产麦子、玉麦、青稞、洋芋、胡豆、豌豆、各种药材、人寿

① 水北：原作“北水”，据《勘误表》改。

果、麝香、鹿茸、狐皮、熊类，荒地甚多，兼营牧畜。

包座五部落、铁布七部落，产麦子、青稞、豆类、人寿果、各种药材、鹿茸、麝香、狐皮、沙狐皮、野羊，荒地甚多，兼营牧畜。

三阿坝，产麦子、青稞、少数菜蔬、各种药材、洋芋、人寿果、鹿茸、麝香、狐皮、沙狐皮、野羊、土狗、雪猪，土地未尽耕垦，多半轮流耕种，仍多荒地，以供牧畜之用。

那惰、安曲，产麦子、青稞、各种药材、人寿果、鹿茸、麝香、狐皮、山羊，荒地甚多，兼营牧畜。

作革十二部落、三乔柯、三果洛，气候高寒，霜雪较多，只产各种药材及鹿茸、麝香、猞猁皮、狐皮、沙狐皮、马骡子皮、兔儿皮、牲皮（貉）、土狗、雪猪，不产稞麦，人民只事牧畜，所需粮秣由阿坝供给。

头道黄河、二道黄河一带，如木花颡、旺清、夺巴、达克托以及斑马、木博、衣颡各地物产状况与作革、乔柯、果洛略同。

草地绝少矿物，只中阿坝产煤铁，质既不良，土官亦禁人采掘。

（五）草地之畜产

夷人畜产，大概以马牛羊为主，亦其财产之一部分。在半耕半牧地方，其居室附近之山坡平原，或耕作之隙地，即为饲养牲畜之场所。抑或有特别之牛厂、马厂，如松属关内熟番各地是也。然在完全牧畜地方，则常为幕天生活，逐水草以营牧畜，待一地之草殆尽，即携其帐棚，驱其牲畜，别求水草便利之处，以栖止焉。如草地之三果洛、作革、乔柯各部落是也。各个人所有畜产之数，虽以贫富而异，恒有数十头乃至数百头数千头，但不如蒙古、青海之王公番族，牲畜之数动以万计。牛之种类：一曰黄牛，形状大小与内地所产者同，性驯可耕可驮，惟力较旄牛、犏牛稍逊。二曰犏牛，牝旄牛与牡黄牛交媾而生，其性驯，其力大，多以之驮负，行冰天雪地中，不畏寒冷。牡犏牛亦可耕，牝犏牛尤宜取乳。三曰旄牛，为其同种交媾而生，毛黑深厚，尾腹毛特多。壮旄牛性不驯，宜于食用或耕驮，腹毛可以捻线织毪，尾毛可以织绳索。牝旄牛性驯，只宜保种取乳，间或用于耕驮。马之种类，与各地所产者无殊，以阿坝马为最肥壮，果洛、作革各地次之。羊分绵羊、山羊二种。绵羊一曰跳羊，毛多环丝，色黑白不一，长角。绵羊肉毛均属精良，盘角绵羊稍逊。杀其小者，剥取其皮，曰羔皮，即皮裘材料。其大者每年春季剪毛一次，即运往外间求售之羊毛。通常食用，亦即此种绵羊。山羊一曰石羊，或曰驹驩子，羊身小，毛顺长，有黑黄白各色，角直短，项下有须，其用途不及绵羊，饲者较少。骡驴虽为驮乘之用，但产量不如马之多。黑水、来苏多畜骡，理属蒲溪十寨以及草地僧侣贫民多畜驴于草地，而乘骡者人即目之为阔绰。犬可守夜，亦可作猎用，人多畜之。且草地之犬，大于常犬，性猛善啮，尤为番人所珍爱。犬被人击毙，例索命价。此外家畜，如豕、猫、鸡、鸭，蛮家不过偶一畜之而已。

（六）草地之交通

草地交通，以松城为起点言之，大概可分为南首、北首两路。所谓南首，系指至阿坝各部落而言；北首，则指作革、乔柯而言。兹列其道路里程如次：

（1）松潘……七十里……黄胜关……十五里……两河口……二十里……相噶……五十里……浪架岭……六十里……马骑子……四十里……上包座……二里……下包座

此为由松潘至包座，更进与甘省临潭洮县皋兰通商之路。

（2）包座……（达成寺）……四十里……巴细……二十里……阿西绒……一百里……降杂则洼……一百里……若尔盖……墨窝……一百里……桑杂……八十里……物藏……七十里……哈溪卡（格尔低）……三十里……热当坝……五十里……热拉……六十里……阿细……六十里……班佑（万依）……六十里……球戚郎洼……二十里……独玛（上作革）……六十里……那洼……四十里……辖米……八十里……唐昆……三十里……索格藏……三十里……麦昆……二十里……齐哈玛

此为由包座绕道至作革十二部落，以至于黄河齐哈玛各部落之道路。索格藏地方有河，北流入黄河，川甘贸易于桑杂地方，开辟商场，两省均便。

（3）松潘……七十里……黄胜关……六十里……噶赖山……六十里……严朵坝……六十里……班佑……六十里……阿细……六十里……热拉……五十里……热当坝……四十里……纳摩寺

此为由松潘经噶赖山以至上十二部落之路，由此可达黄河沿各部落，则不待言之事也。

（4）齐哈玛……一百五十里……头道黄河……四百三十里……夏河县（拉不朗寺）……四百五十里……皋兰

此为由齐哈玛至兰州之路。

（5）墨颡（中阿坝）……六十里……蒙摆玛……六十里……扎格山……八十里……唐斡……二十里……白衣寺……七十里……球更卡……六十里……黄河边贡玛颡……一百里……木花颡……一百里……旺清夺巴

此为由墨颡至黄河边各部落之路。

（6）松潘……七十里……黄胜关……七十里……哈清垄……六十里……噶冻山……六十里……色地坝……六十里……二十四马鞍腰……四十五里……阿摩帐坎……三十五里……噶溪河……三十五里……柔格库……六十五里……甲木塘……三十里……热柯……五十里……麦昆……一十里……墨颡

此为由松潘至墨颡之中路，但当春夏之交，噶冻一带泥泞特甚，不便人马行走，行人多绕小道以避之。色地坝平原最广，土壤宜于种植稞麦，惜听其荒弃，殊可惜也。

（7）松潘……七十里……黄胜关……七十里……哈清垄……哲补山……二十里……洞垭沟……八十里……勒格垄……六十里……竹勋坝……六十里……阿依贡康……三十里……饶清河……二十里……扎西塘……六十里……房沟吉沟……二十里……噶溪河……四十里……上清谷……六十里……甲本塘……三十里……纳格

藏……三十里……热柯……五十里……麦昆……一十里……麦颡

此为由松潘绕小道至墨颡之路，又由饶清河上游分路绕道上瀼口各地，可达墨颡。由松潘经毛儿盖，亦可达墨颡。

（8）马塘……四十里……康铺……六十里……下瀼口……六十里……中瀼口……六十里……上瀼口……四十里……安曲……三十里……齐兰……三十里……阿依纳山……四十里……热柯……六十里……墨颡

此为由[①]理番马塘至草地墨颡之路。按，由灌县经威州、杂谷脑、来苏沟、马塘至墨颡，实多五六日途程，由马塘至墨颡方须张幕野宿。故十余年以前，各商多取道马塘，往来于草地与灌县之间。惜自黑水内讧，道路不通，于是走松潘草地者居多。今者政府积极恢复马塘口岸，疏通道路，此后商路或将改道也。

草地河流，虽多迂缓曲折，然饶清。噶溪各河，则河面较广，河流亦深，概无舟楫，行人须乘马徒涉。每当春夏水涨，河水深逾马腹以上，旄牛负物亦难，徒涉时则须待至水势消跌方能渡过，亦交通上之一困难也。

（七）草地之商务

草地商务输出货物，以牛羊毛皮、狐皮、猞猁狲皮、马骡子皮、沙狐皮、兔儿牲皮及鹿茸、麝香药材为大宗，输入货物以白米、油、糖、绸缎、布匹、大茶、铜铁制品、哈达、棚杆、叶烟、磁器以及其他日用品为大宗。草地商，汉番皆有之。川商以成都、灌县、松潘人居多，甘省商以洮州人居多，番商则无一定。茶号之大者为陕帮丰盛和、本立生、义合全，川帮聚盛源、裕国祥、在丰本义三家，大都采买灌县之茶。聚、裕两家大都采买灌县及绵竹擂鼓坪之茶，运至松潘转售。茶分大包、小包，大包重一百二十二斤，小包半之。每一大包完纳茶税一两四钱之后，则任其运销何地，不予限制。每年销额约在三万包以上。草地固系转运川茶，甘省西南与川接壤之番夷，亦非川茶不能生活。近年以来，每有湖茶由汉南运甘销售，然色香味均较川茶为逊，故仍不能畅销。

松番香号，以河南帮杜盛与协盛全两家开设最早，信用夙著。此外亦有小香号数家及零星小贩，专以收买麝香为业。香茶号之外，则为杂货商。近来专营草地商业者，为松潘之协心、久义、泰恒、益兴、公天、兴隆、天兴、德天、兴源各商，运番人需要货物至松潘后，则由关内外生熟番或小贩汉商，分运于草地或甘边番地销售，或由本号自行派人发卖，殆无一定。而番人贸易，多以物易物，属于原始时代。贸易以现金作中间媒介者，实居少数。商人除随时往来外，大抵有一定时间，例如于冬季出门，次年五六月方能返营者。在此期间，所易之物为羊皮、野牲皮、羔儿皮，以故松潘皮庄开盘，恒在夏历五六月，甘肃、宁夏皮商亦于此时间[②]前来贸易，是曰西客。又于五六月出关，于九十冬月乃返者，所易之物大半为鹿茸，以故灌县茸庄开盘，恒在夏历九十冬月。

汉人赴草地经商，以其为寨落关系，无市街商场之可言，恒投止于土官或百姓之

① 为由：原作“由为”，据《勘误表》改。

② 时间：原作“间时”，据《勘误表》改。

家，称为自己之主人；番人对之称之曰自己之汉人。官府忽视边地久矣。政府之权力不及于塞外亦久矣。各商纯恃此主客关系，冒险深入，以博些须之利，虽近如包座、铁布、作革、乔柯，远如旺清、夺巴、达克、托霍尔、秋杠、花颡、周基雪花、三黑帐房，亦有汉商足迹，其具冒险精神，不亚于散在海外之华侨，可敬亦可爱也。在中阿坝，其土官特为汉商置有屋宇，范围于一处，曰甲康头。甲，番语为汉人；康为屋，即汉人居室之意。在其官寨前者，曰下甲康，有汉商三十余户；距官寨十里许，在格尔低喇嘛寺之前者，曰上甲康，有汉商六十余户。因有此种组织，汉番交易称便。中阿坝于松潘与草地之间，自然形成一个重要商场。草地商人称果洛迤西曰俄落头，俄落与阿坝间商务之发动，每在夏历八月乃至十二月之间，亦习惯使然。且由香茸野牲皮之属，皆于秋前取得，于此时运至阿坝，适好易其收获之粮食以归故也。

草地甲坝，即夷匪极多。商人经商必需联帮结队而行，以防意外之劫掠。一帮曰锅弄，即一锅为食之意。货物大半用旄牛、犏牛驮运，一锅弄有牛马二三十匹，乃至五六十匹不等，由数人乘马负枪，尾随牛后，以经理之。以无驿站旅邸，必须自搬帐棚，以作夜间止宿之所。帐棚以布或牛毛毪子为之，形式不一，多为人字棚形。白昼由旄牛骡马负之以行，及行相当里程，觅得薪柴水草便利之处，即下帐棚，以三石顶一锅，熬茶为饮。薪多生柴，不易燃烧，则以整个干羊皮续铁筒作皮火筒，吹之其声霍霍，其光熊熊，水固易沸，食亦易熟。然非极熟练者，不能胜任。至于牛马于拆卸货物以后，任其自行觅食，傍晚乃系于帐棚之周围，其动作极有程序。且商人于下帐棚之后，盘脚坐地，打皮火筒，熬老茶，捏糌粑，其悠然自得之情趣，似非局外人所能喻者焉。

（八）西番之种族

草地番人，通称为西番，并称在关外者为生番，在关内者为熟番。究属何种，无明确考证。按：西羌之本，出自三苗，其先为伯夷甫，炎帝之裔，帝母育于姜水而以姜为姓，故西羌亦姓姜。其国始近南岳，滨于赐支。赐支者，析支也。《唐书》：吐谷浑羌，在益州西北，去青海二十五里，古析支之地，汉西羌之别种也。魏晋以降，西羌微弱，周灭宕昌邓至之后，党项始强。南杂春桑迷桑等羌，北通吐谷浑。其种每姓别自为部落，其中拓跋氏为强族之一。有拓跋赤词者，与浑主同抗官军，后相率内附，列其地为懿、嵯、麟、可等州，以松州为都督府，羁縻存抚之。自是从河首积石以东，并为中国之境。后吐蕃强盛，拓跋氏渐为所逼，遂请内徙，总移部落于庆州，因置静、边等州以处之。又考宋神宗熙宁间，王韶纳沿边蕃部，岷、宕、叠、弄等州，皆补蕃官。元时仍属吐蕃宣慰司。明清以后，多概称为番或曰蛮，而不明叙其种族。据此以论，草地番人，初为羌族，后属蕃种，不外西羌吐蕃之遗裔。今别于其他屯土之夷人而号曰西番，或不过便于区别。但草地各部落，番人性质纯良者，殆属多见，若概以生番目之，未免过甚其词也。

（九）西番之语言文字

草地西番语言与黑水、扣苏各不相同，而与藏语相近，文字亦用藏文。自左至右横行，削竹为笔蘸墨书之。一般人民识字者少，只寺院活佛喇嘛及高尚之土官习用之。印刷物只有经典，亦鲜普通纪事书籍，然自语言文字观之，草地西番殆与今之西藏同属吐蕃后裔，益可证也。

（十）西番之宗教

西番极崇拜佛教，而佛教之中，尤为崇拜属于密宗之喇嘛教。喇嘛教原属红教，或曰红帽教，倡自奔布，系信那拉卜巴克什之教。尚有一派曰宁玛教，其后有宗喀巴者，别创教义，竭力阐扬揭橥，其名曰黄教，或曰黄帽教，即番人所谓吉路巴教。禁婚娶，禁饮酒，提高僧侣之道德纪律，使之趋向俭朴与严肃之进程。积日即久，信仰者众，于是红教寖衰。黄教始祖宗喀巴，发祥于青海，时为西历一三五八年，适当明朝之初。西宁县县城西南约四十里之塔尔寺，相传为埋宗喀巴氏胞衣之地，有大小两金瓦寺，构造宏壮，瓦溜以金，与日光相辉映，光华射目。有足印石，谓系宗喀巴氏当年供佛念经，足所常履之石。宗喀巴氏金像，今犹供奉于寺中。

黄教、红教不同之点，黄教大致约而精，红教大致博而粗。红教尚邪术，习诅咒，以术治病，甚或研究吞刀吐火，呼风唤雨。黄教则禁诅咒，辟邪术，其中约分三派：（1）请经说法，（2）个人钻究经典，（3）研究经典为人治疗疾病，判断吉凶。然均系供奉释迦牟尼佛。

番人佞佛，极喜建筑寺院。无论何寨何沟，必有寺院一所乃至数所。私人虽以帐幕为住室，寺院之规模，则备极壮丽。由数寨数沟共建者，曰公共寺院；为一寨一沟所专有者，曰私有寺院。寺院之大者，分正门、前殿、正殿，数楹为平屋，楼房不等，小者不过正殿一椽。僧寮多建于寺院周围，正殿中供释迦牟尼佛，旁供诸佛罗汉，龛前正中或稍偏之处设活佛大喇嘛座，以次设喇嘛和尚座，备念经之用。殿之大者，足容千余人，小者亦容一百余人。法鼓金铙分段陈列，绣佛画像，满悬壁间。其他如酥油灯、净水瓶之属，亦复不少。屋顶每置溜金铜壔银瓶，谓曰宝顶，或置溜金铜鹿铜马，或竖幡竿取对称式，光华与日月相炫耀，经幡随风而招展，似在表示佛法森严。中阿坝之格尔低寺，中间龛门高及丈许，横五尺余，纯用錾花银板嵌成，可谓不惜工本。富裕之土官，其寨多有经堂，陈设与寺院正殿相仿佛，亦是输财佞佛之表现。

所谓经转子者，为木制，或皮制，圆壔，大小不一，中空，两端有轴，直立于上下，两轴杆间足以旋转自如，内置经文。番人谓使之旋转一次，无异讽诵其中经文一遍。寺院围墙内外以及寺院官寨回廊，莫不有之。晨夕特别用手旋转，或因事经过其间，就便旋转。男妇老幼僧俗，习以为常，轴声轧轧，时达耳鼓。河渠流水地方，特建小屋，中置大经转子，利用水力旋转者，曰经转子，亦曰转经楼，到处皆是。又有小经转子，不问僧俗，随时执之手中旋转者亦有之，其顺转者属黄教，逆转者则属红教也。

寺院之间，必有佛塔，曰舍利塔，大小不一，恒下方上圆而顶尖，或筑土为之，或砌石为之，或以木造，不一定。又有嘛哩堆，形类佛塔，多立于通衢山巅，或佛院附近，台上多置刻经石版，亦如中土到处立有“泰山石敢当”“南无阿弥陀佛”石碑之意。嘛哩旗系以布帛或纸，印刷经文，插于寺顶屋角、山卡或大道地方，意谓风吹经文，无异代人诵经。又或甚于嘛哩堆插嘛哩旗，复插木制大矢，谓足射除木祥，亦于西番地方所仅见。

又有经包者，为银制或铜制，盒多溜金，形或圆或方，恒嵌珊瑚玛瑙小珠，錾细致花纹，中置佛经，挂于胸际，谓足辟邪。至于念珠，或挂于胸前，或置之腕间，在中等社会以上之人恒有之。

达赖、班禅为转生活佛，人多知之。余如西宁塔尔寺之宝贝佛、拉加寺之香茶佛、拉不朗寺之嘉木样佛，亦为著名之转生佛。转生佛者，通常称之为活佛。

相传，在十四世纪宗喀巴死，继之者为根登珠巴，逮根登珠巴死，越二年，其灵魂复转生于一婴孩体中，寻即以其婴孩为嗣。于是此转生新制度，遂传遍于西藏、蒙古、西番等地，迄于现在。凡活佛逝世，仍谓必转生于某地。以故，活佛死后，寺中之管事喇嘛人等，则打卦以求活佛转生所在地，急往访察。待周岁后，携带活佛生前用品、经卷，陈列一处，杂以普通之经卷、器物，果其幼孩一一认识不差，则确认为其寺之转生佛，商其父母迎之以归，仍尊奉为活佛。父母愿往，亦迎之入寺，否则厚其奉养，以示优遇。但不必转生再世，只其佛学湛深，道行高尚，亦有尊称之为活佛者。

番俗，凡家中有二男子，必以一子为僧，以一子留存禋祀；如三子四子，即以二子为僧；总之恒以其所有男子之半数为僧。或于本地寺院学习经典，或送往西藏留学[①]，视个人之环境而异。普通僧徒曰和尚，经典比较深纯者曰喇嘛。至主持寺事之大喇嘛，或各项执事喇嘛，非曾往西藏留学，或经典高深者，不能胜任。各级喇嘛、和尚，每日必念经礼佛。其坐静也，则一人移住于幽静处所，不与外人交接，期间自数月以至一年，其苦修佛法，有如此者。

番人上下，均必礼佛。有等身朝拜者，有普通磕头者，有磕长头者。磕头次数，每日由数十次乃至数百次；磕长头亦然；甚有绕寺院随行随磕长头者，有随行随磕长头以朝藏西及其他名山者。行路乘马，口必念佛。每饭必念佛，然后进食，口中念念有词者，不外唵嘛呢叭咪吽。

活佛、喇嘛，为社会各级人所敬重，有如中土旧习士农工商，士恒居首。凡卜休咎、定吉凶，营造、婚姻以及其他人事，均以活佛、喇嘛之一言为定。遇有疾病，多以财帛布施于寺，或请活佛、喇嘛念经禳解。遇寺院念经熬茶、布施财帛，争先恐后。当见寺院法会期间，红男缘女联翩入寺祈福，司阍僧人因人众之拥挤，辄加鞭挞。而以盘盂盛大宝财物以进者，以手蒙面，觳觫奔兢，惟恐不能攒入。可笑亦复可怜。死时，甚至罄其所有，寄赠于寺中而不惜，以故寺院之富，为一般人所不能及。活佛、喇嘛之唾液、便溺，有人和泥以食，谓足疗疾。向活佛顶礼膜拜者，以得其手指抚摩或一鞭挞为

① 留学：民国间，凡往外地求学，均谓之留学，其地域不拘于国内、国外。今者“留学”一词，专指赴国外求学。时代变迁，词义亦发生变化。特注明于此，以免读者误解。

荣幸。然活佛、喇嘛好者固多，坏者亦复不少，以其人之敬之也，每每故神其说，挑动社会之是非。番人既愚，益以方外人之播弄，则更入于盲昧之途，而不可理喻。狡黠者流，甚且藉教横行，剥削人民，霸踞寨落，庞然自大，蔑视官府，其害犹不知伊于胡底。虽曰保护宗教，以及信教自由，国有明令，窃以为尚须斟酌损益于其间，庶不为共和国家民族进步之障碍。

（十一）西番之饮食

西番食物，以糌粑为主用，青稞磨成粉末，炒熟曰糌粑面。和酥油、老茶，捏面食之。或佐以甜奶子（即新鲜牛乳），酸奶子（用一种酵母制成，其味酸），奶渣（取酥油所余之渣）牛羊肉，而酥油为由新鲜牛乳取得之品，麦面常以制饽饽，或如汉人制成截面。其在羊峒、八寨各部落，产生玉麦地方，则以玉麦制饼，或煮成搅团食之。酒分烤酒、咂酒二种，烤酒与汉人之酿酒无异，惟味较淡。咂酒系盛麦粒于瓮内，加曲，待有相当时日，以管吸饮之。但草地人不如理懋各地夷人之嗜饮。

草地人宴客，准备食品，极为丰富。大都张幕设席，视宾客之多寡，定饮食之份数。如西餐风，食品一份，约糌粑面一大盘，酥油一大盘，点心一大盘，仁寿果饭一大盘，面炸干饼一大盘，奶渣一大盘，煮熟牛羊[①]肉一大盘。手抓羊肉，羊尾则呈于尊长之前，以表敬意。余如奶茶酸奶，亦用大壶大桶盛置，以备来宾食用焉。

（十二）西番之服饰

西番男子，大都不蓄发，或只于顶蓄一束，如清制钱之大，曰金钱发。冠分皮冠、毡帽，衣服概系大领，材料用布帛、毪子、氆氇，缘饰豹皮獭皮，或与衣服相间之织物，束带无纽。无论着皮裘袷衣，恒右袒露臂，或竟全露两臂，下不着裤，足着革履不袜，腰系刀剑、火连石、吊刀、象箸之类。稍富者，恒嵌金银宝石。男子亦喜穿耳，耳环以金银为之，或于耳环之下，犹加坠子，或穿两孔以系之。手指亦带戒指，但不如黑水人之腕带大象牙镯。

西番处女，多半光头。妇人始蓄发，仍带耳环，身着大领衣，足着革履，不裤不袜。附近松城番妇，多喜戴大盘帽，缘饰蜜蜡珠，大小不一。阿坝一带之番妇，喜用小珊瑚珠缀成八字形，戴于头上，或戴网子，于其上系以飘带，其数由一至三。飘带之上，复缀以刺绣或珠玉之属坠于背后，长与衣齐，以为美观。

（十三）西番之居处

西番住室，在牧畜地方，如作革、乔柯、果洛以及黄河沿各部落，只用布幕毳帐，以为栖止，逐水草而居，迁徙无定。在半耕半牧地方，阿坝一带，多架木为屋，周围环

① 熟牛羊：原作“熟牛”，据《勘误表》改。

以土墙，泥封其顶，数家或数十家聚族而居，名曰一寨，不必依岗据险。屋之构造，上层为经堂，中为住室，寝处炊爨，均在于斯，下层为牛马牲畜栏，全由下层之小户出入，窗户较少，黑暗锢闭，空气光线俱不充足，然番人处之宴如也。下纳格藏、阿世基、热拉各部，其土屋较通常番人之屋，尤为湫隘，夏间移住帐棚，冬季则蛰居其中，名曰冬房，亦为其生活便利计也。

（十四）西番之政治

西番土官，沿自前清，民国尚无规定，大约称土千户[①]，曰大土官；土百户以次曰小土官。其次曰寨首、兵头，辅佐土官负治理民事、指挥、军事之责。前清时代，政府对于土官，岁颁土饷，为数虽微，足示羁縻；部落对于政府，岁纳稞麦，折缴军马，亦有定章。改变以还，二者俱废。政府与土司之间，似已无若何关系。至番民对于土官，年纳稞麦、酥油及其他所得品，视土官待人民之厚薄而有轻重之分，殆无一定税率。土官之土地，由人民为之耕种，收获不给值。各寨男妇，且需在官寨轮流上班当差，自备口食。人民互有争执，视情节轻重，就质于寨长或土官。各部土官互有争执，则由居间之土官或寺院喇嘛为之调解，曰“说口嘴”，绝少诉之于官府请求处理。人民格斗毙命，常取牛、马、布、帛、银、茶以偿命价。行劫为盗，乃番人之通性，以能劫取他人财物者，曰为“好汉子”，以猼猓子尤甚。皆缘捕盗致死，失主必须赔偿命价，有此恶例为之护符故也。番人喜带刀剑，互有争论，有一方拟用之，无论理由谁曲谁直，以先抽刀者为负，必取罚金。有事出兵，人民皆应征调，枪弹粮秣皆自备，无或敢抗，缘种族自卫观念素强，违反命令，罚金至重故也。

（十五）西番之风俗

西番风俗惇朴，人民勤俭耐劳。男子以耕种、牧畜、打猎、剜药及经商为职业，女子性质类多恭顺，既执汲水、负薪、炊爨各役，复助男子经理农事及一切家政，且随时手执牛羊毛捻线，以备织毪之需。虽无重男轻女之恶习，但考其工作状况，恒男逸而女劳，似不平等。草地不种罂粟，人民无鸦片烟嗜好，亦不赌博，以故人民体质均属强壮。惜器量狭小，些须之利在所必争；些须之害，在所必避。然尚尊崇信义，与人交易，以不识文字不立契券，以一言为准。例如草地汉商运茶出关，经年始取，其值不稍短差，殆属多见。年来政府之权威不及于边地，番人若不羁之马，其行劫为盗者固多，然土官严禁于上，百姓自治于下，绝不昼行劫而夜为盗，几于盗不拾遗夜不闭户者，亦所在多有。如上中阿坝一带土官杨俊扎西、蒋亚扎西、董周等，既互缔严禁盗匪之公约，对于汉番商人复能尽力保护，向少劫案发生，亦属难能可贵。曰慈洼者，为寺院以资本经商之称号，其行也，以红旗为标识，无论何地甲坝，对之绝不劫掠。又番人偶有内争，普通人民之往来，双方防范极严，惟和尚喇嘛可以通行无阻，皆其崇拜宗教观念

① 土千户：原作“土户”，据《勘误表》改。

至重故也。

番人相见，以哈达为礼。哈达为特制粗疏之布或绫片，如中土人之投刺。见面或脱帽，或握手，或鞠躬，甚或稽首，视等辈与亲疏而异。尊卑之分至严，凡卑者贱者向尊长有所陈述，必匍匐于地。出入尊者之室，亦必匍匐膝行。遇尊者于途，或须过其前，必免冠或解发辫，佝偻急趋，奉物必鞠躬以进之。

番俗席地而坐，无桌无椅，寝无被，覆以毪衫或毡。食无箸，以手于碗捏糌粑食之。食毕，拭舐净尽，几如经洗涤者然。面垢不洗，衣垢不浣，妇女不梳不栉。

婚姻或凭媒妁，或自由结婚，初无一定，而以自由结婚为多。如男女之间密有婚约，以家庭及环境关系不能如愿以偿，恒有相率偕逃之事。惟番人最重门阀，亦讲根子，各与其相匹者为耦。例如：土官必与土官联婚，或与其地位相等之土司、屯守备联婚，则属特别情况。不拘辈伦，不重血统，近亲宗支可成姻娅，叔母嫠嫂亦为夫妇，恬不为怪。斯真蛮夷之风，而亟待改易者。

凡结婚，男女两面情意既洽，则定期举行聘礼，次行婚礼。聘必有当之礼物及聘金，如马牛大宝、服饰之类，娶时亦然。结婚期至，男女两家皆有亲友以礼物为贺，婿至女家亲迎，有年龄相若之男子数人同往，名曰伴郎。结婚之后，同宿三日，新妇即回母家，别择吉日迎之以归。或谓只同宿一夕，待一年后，有所出始能返男家，殆非事实也。

结婚之外，尚有赘婿，即上门之说。在有相当地位者，如土司、土官、屯守备之类，只有女无子，则以其门阀根子为重，多不抚子而招地位相当者为婿，以继其禋祀，并保持其官阶，此例殆属多见。下焉者，则女子嫠妇，恒乐有夫，或男子贪恋女家之财产，往往有上门之举动。此种事实，以汉人向蛮家上门者为多，其职业多为木工、铁工或挖药夫。一入其门，恒操至劳至苦之工作，不能遽然脱离关系，亦足悯。番地，人初死不殡不殓，家人伏尸号泣。最初，延喇嘛僧侣为之诵经，曰念闭路经；继则请僧择期并打卦，以决定葬法。葬分四类：曰天葬，即截为小块，置之树间或高山，听雕啄食。一般人之思想，以天葬为死者生前无罪。隔日往视，如啄食早尽，尤善。曰地葬，即埋诸地下，但行之者鲜。曰水葬，即投诸河。曰火葬，即延僧念经，须念到死者尸体复柔软，置于匣内，舁于燔柴地点，以火焚之。

番人度岁，礼佛祀神，家人聚饮，更换服饰，往来贺年，亦如中土。以无文字纪事，家长趁新年之始，召集家人演说其全土掌故，或家庭过去事实，使妇女尽能知晓，恒有之。无所谓夏节秋节。

番俗有跳神之举，黄教正月十五日行之，红教五月初十日、六月初十日或八月初十日行之，皆僧人拌演。或带面具者，或不带面具者。其宗旨在演阴曹之因果报应，使人知所警觉，改邪向善。跳布札，演藏戏，于办佛会或丰年或土官有喜庆事时行之，仍僧人拌演，多带面具，其宗旨亦在劝人为善。跳歌庄，于新年或有喜庆事时行之，由人民自由结合，不分男女，以一人为首，提马铃或手巾以为众人倡，人数由十数乃至五六十人，互相携手，围为圆形，随唱随跳，手舞足蹈，皆有音节。词曲亦有喜怒哀乐之分，跳毕聚饮，尽欢而散。但草地西番，则不常跳歌庄也。又治哑巴斋，红教四月初十日，黄教六月十五日行之，僧俗皆到。第一日，洗身，只用午餐。第二日，完全绝食。至第三日晨，始用面汤少许。除念经外，三日间，不言不语。其迷信竟有如此之深。至于念春经、念冬经，平时念太平经、善经，等等，惟有力量者能之，贫困者不过许愿、磕长头、插嘛哩旗而已。

第六编　经营草地概论

凡处分一种事宜，各个人意见恒有不同。经营松潘草地，何独不然。兹谨就个人管见所及于经营草地，论列如次，倘得为经边者之助，是则馨香祷祝者也。

（一）经营草地之必要

我国历代经边，莫不先以武力，继以羁縻，只求蛮夷慑服，岁有朝觐，足以夸其疆域之大，藩属之多，即认为已尽经边之能事。今也不然，世界进步，万国競争，各国各不以开辟疆土为急务，以殖民通商为政策，荒土僻岛在所必争，两极冰洋时事探险，纯为图其国家之强盛，种族之繁荣。今我如于目前之草地，听其荒废，未免有背潮流。此就时势而言，急应经营草地者其一。

总理手订《建国方略》《建国大编》，皆以殖边垦荒，开发山林川泽之利，为唯一之教训。以定立国之方针，而扶助弱小民族，使之能自决自治，亦垂为槼诲，昭示来兹。国民政府对于开发西北，复极所注重。今草地为蛮夷之所居，足有开发之价值。如仍以化外目之，而不从事建设，未免有背总理遗教，且违国是，此应积极经营草地者其二。

草地地广十余万里，原隰相间，河流极易疏濬，可种麦稞之地甚多，土人未尽耕垦。其他如牲畜、鹿茸、麝香、野牲皮，药材之属，产量亦复不少。就草地西番现有富力而言，姑以人口三万户为标准，每户之马牛羊三大项牲畜全作生计，每户至少有牛三十头，每头均作值三十元，只牲畜一项已有二千七百万元之多。而农产、鹿茸、野牲皮、药材尚不与焉。倘再竭力经营，其富力之增加，何可以数计。此就草地本身而言，亟应经营草地者其三。

西北利亚，昔固广漠之荒原，经俄人锐意经营，农产发达，已有西北利亚谷仓之称。库页本吉林三姓属岛，自一九一〇年日俄战后，日得其半，积极移民，尽力开发。最初日人不过一万人，至今已达五十万人。我松潘西北之草地，其地面虽不及西北利亚之宽广，而实较大于库页，气候纵曰高寒，亦不如西北利亚、库页之寒冷。外人可买其地以殖民，岂我不能藉草地为民族发展之地盘。又有阿西墨洼民族，原属西康德格附近尼亚垄之部落，因不乐居其地，于数年前率百姓约八百户，移住四川松岗土司辖境；继远道来投中阿坝黑额大土官杨俊扎西，杨纳之，安置于阿姆河及噶溪河流域。墨洼人素重服从，善骑能战，但知循分守法，到其地后聚族而居，勤于牧畜、剜药，间种青稞。其所住区域广袤约五百里，昔本荒凉，今渐繁殖。土官郎诺今夏来见，循循然有中土人士之风，证以外人及本地之事实，草地洵大有可为，此应积极经营草地者其四。

外人之侵略我土地也，大都先之以调查，继之以要挟，以至于割据。及我知其原委，提出抗议，据理力争，多已迟之无及，此例殆属多见。据各土官言，草地尝有西人游历，操番语甚娴熟，调查事项极详尽，但不知其为何国国籍，可以见外人之用心。兼之英所经营之西藏，俄所经营之蒙古，皆以与草地番人相接。近虽保其不无秘密勾结之行为，倘因番族内部细故之争执，一方思假外援以自固，外人遂乘隙而入，其患何可胜言。此就国防及省防而言，并亟应经营草地其五。

我国近年以来生齿日繁，事业亦不发达，内地恒有人满为患之感，兼之工业窳败，国人又日习于奢侈，以致外货充斥，利源外溢，尤日盛一日。譬如草地所出羊毛，每年运出国外，外人以之制成毛织物，如织贡呢、哔叽之类，又以之运销于我国，殆属事实。倘能开发草地，提倡实业，未始非消纳过剩人口，挽回利权之一法，此就移民实边而言，亟应经营草地者其六。

（二）经营之程序

包座、铁布、作革、乔柯、果洛以及黄河上游各部落，与陇、海、康属番连界，各番对于管辖寨落恒有争议，实际管辖之权亦不明了，亟应由四川当局知会甘肃、青海、西康当局特派专员，会同清厘疆界，确定主属。

内部各番管辖寨落亦多纷争，应由四川当局特派专员从事清厘。凡土官阶级所管寨落数目，暂以前清所定者为标准，一律加委，令其管辖寨落，约束百姓。更斟酌情形，委以兼职文职，如区长、村长、寨长，武职如番兵司令、番兵队长之类，引起接受汉官之观念，若辈必欣然乐从。缘设治局之组织，虽已明令公布，而土官百姓思想极旧，若骤语以改土归流，必然惹起反感。近有某省于某夷地设县，及大府所委县长到境，土官人民移帐房以去，纯为事实。故须有此过渡办法，方为周妥。

政府对于土官，恢复土饷制度；番人对于政府，凡产稞麦地方，令其酌缴麦稞；牧畜地方，令其酌缴牛马。年著为例，庶政府与番人之间，方能发生关系。

番地民刑事件，轻者由土官或土官以次之首人处断，报请地方长官查核；重者必须呈报地方长官处断。庶番人渐知国法，不敢任性恣肆。

民国成立，五族平等。待遇番人固不容有种族阶级之观念存乎其间，然畏威而不畏德为其根性，而番地驻兵以风俗及气候关系，又非所宜。应于松潘县城及马塘两地配备相当兵力，以资镇慑。更成立马队若干队，以为游击护商之用。

来往商人应令土官负责保护，或派马队护送。每岁，更派相当人员出关巡视，酌带马队同行，遇有夷案，准其就近处理，分别呈咨备查。

番俗，凡失主捕盗致死，须偿命价，以故劫盗案件层见迭出。应先知会邻省，会同严禁盗匪。如有劫案发生，依照法律从严治罪，并将此项禁令布告周知。庶番人知所儆惧，不敢为匪为盗。

会商甘省开关，包座、达戒寺或桑杂为商场，并疏通各路商道，开导墨颡土官，扩充阿坝商场，以便进而与西北之果洛及黄河沿各地通商。

番俗锢蔽，骤语以学校教育、社会教育，势有难能。纵以汉夷联欢会，各名目异，其推诚接洽，考查现在状况，亦难收效。惟商人经商以主客关系，最易取信。不若组织一商业公司，遴选知识相当、忍苦耐劳之人员经理其事，藉便宣传，其效力敢云胜于特别宣传数倍。英营印度收效于东方印度公司，日本于东三省之南满铁道会社，固有先例存在。及番人有相当觉悟，再进而开办学校，启发事业，改良风俗，当不甚难。

草地道路，亟易平治。宜先修筑黄胜关至包座以至桑杂，或由黄胜关至阿坝至马塘之马路，斟酌情形，行驶汽车，并设置驿站，以利交通。

渡河地方，如饶必清河、噶溪河，应置船或筏。至于邮政电信，俟商务发达，斟酌设置。

开垦应以黄胜关外两河口西北地方，及南首之中瀼口以上为起点，俟有成效，徐图推进，疏通河道，须与开垦工作相辅而行。

收买各地牛只，于松潘开设牛肉罐头工厂。

于草地适当地点，开设牛乳罐头工厂，并逐渐改良牛种。

松潘现在运出羊毛，泥沙羊矢搀杂其间，既碍品质，亦耗运费。宜于松潘设置洗毛工厂，以资改良，并逐渐改良羊种。能以羊毛纺成毛线，利益尤大。

草地产药，贵重药品如虫草、贝母，次要药品如秦艽、大黄、甘松，杂药如羌活、赤芍、苁蓉、五加皮之属，不下五十余种。应开导土人及时采掘，能研究药物之生长土宜，加以人工培植，俾其产量增加，更就各药加以精制，去其渣滓，取其精华，得便于医药之用，尤善。

阿坝产马，身材高大。宜就地改良马种，渐次移饲于内地，以供军马之用。

惟公麋产麝，惟牡鹿产茸，此一定之理。土人不分牝牡，概行射杀，殊属不仁。宜发布禁令，只能捕捉公麋，牡鹿以资繁殖，而重动物之生命。

草地绝少森林，宜劝导土人多植树木，以供燃料及建筑之需，于培植风致防御风沙及水患、旱灾，均属有益。

以上所述，斟酌目前状况皆属简易可行，且行之极易收效。若夫扩大之组织，实施之规章计划，则请俟诸异日焉。

第七编　视察松潘草地日记

中华民国二十二年六月　南充

六月一日　晴

本年四月，奉邓军长命赴松潘黄胜关外，择相当地点，会同甘肃省政府所派专员，解决川番墨颡与甘番拉不郎寺政教纠纷，就便考察草地疆域、物产、风俗等事。于五月上旬率随行人员暨护卫士兵，由成都启行。沿途因事耽延，及五月中旬始达松潘县城。而成都、松潘间，人所习至，余亦数经其地，无须特别之记载。故余之日记起于由松潘出关之日。维中华民国二十二年六月。

墨拉夷案之缘起：按拉不郎寺为甘省属番，仅一黄河之隔，与川番作革、乔柯各部落连界，自来崇信佛教，由寺院管理人员。当有清道光年间，该寺图扩张势力，在于川属上阿坝骨摩坎地方，借地建寺院一所，名曰普慈寺，继改为竹摩寺，派遣大喇嘛管理寺事。未几，侵略川番作革、乔柯、阿坝各部落，至一百二十五寨之多。光绪中，由川甘总督奏请派员查办，勒令拉寺退还侵地，撤回假土官，完案。距今数年前，两番之间纠纷复起，拉方欲据上阿坝六寨、安豆八寨为己有。当地土官人民，以自来受四川管辖，不愿归附拉方。中阿坝墨颡寨土官以唇齿关系，亦不欲拉方得志于上阿坝。于是川属上中阿坝，一致联络，与拉不郎寺对抗。双方陈兵于黄河上游，大有一触即发之势。二十一年，两省政府两次派员会议，订立条款，勒令双方息兵。条约大意：以土地人民管理之权属之于四川，以教权属之于拉不郎寺。所有政教权限，另由两省派员，召集双方当事人暨附近公正番目，于今年开善后会议，再行划分。斯即余此行之任务。

旧例：凡汉员出关，应由关内西番上三寨负担护卫责任，下三寨负担夫马责任，各以三百名为限。余到松，即会商松潘唐声喈县长，护卫夫马仍由关内西番担任，唐县长极赞成。一面由哈副官有德、马通译官登宵从旁开导，余亦正式召集上三寨商巴、寒盼、祈命大小土官，下三寨东拜、巴朗、牟尼、下尼巴各寨土官，大寨大小土官、谷斯副土官及谷学寨老民一当孝，到办公处宣布政府威德，谕以派护卫、夫马之理由，及其数目，各土官均唯唯听命。所有护卫五十名，夫马六十名，约定于本日齐集县城，候命出发。兹事之进行顺利，实声喈县长之赐。而哈、马两君之为力亦多。

出关备用铁锅、帐棚、皮吹火筒，同行员兵需用老羊皮褥毪子裹腿，毡衣革履及干粮食品，本日亦准备完善。

六月二日　晴明

正午，由松城出发，官绅团队咸来欢送。因附城之西番夫役，佥请返家，摒挡一切，耽延时间。仅行二十余里，宿营于松城北关外高屯子上面之沿河坝。是夕，即初试幕天生活。

当潘在松潘时间，中阿坝墨颡大土官杨俊扎西为表示欢迎之诚恳，特派上阿坝六寨首席土官蒋旺扎西、安豆八寨首席土官董周、兵头特尔多前来迎候。此时同行回阿坝，以便沿途照应一切。此外随行人员为副官吕世伦、王文凯、吴仲虎、余次子增琳、通译官马登宵、何秉成，大中华相馆馆员黄忠翰、张世芬，测量局测量员孙伟松及二十八军警卫司令部参谋刘汉升君。

旅行草地，不便用肩舆，亦不能徒步，余与一行官兵均乘马。

六月三日　晴明

由沿河坝拔幕绕道赴漳腊，与漳腊金厂总办田为伦、区长杨兴成、绅士汤绰如、文济和、任羽迪等畅谈一小时。行二十里，经东拜土官官寨，土官已因事赴羊峒。其弟率同老民、番兵于寨前张幕烹茶欢迎，余略事开道即去。又行十余里宿于荥经桥下方之荥经坝。本日所经路随峰转，有耕作地而不多。两山尚有森林，有河自西北来，于船子沟与岷江合流。

六月四日　初晴，间雨雪

因各寨护卫夫马未到齐，即于荥经桥休憩以待。缘西番出关，习惯上由松城出发，当在关内时间，每每故为逗留，必待出关以后方能一往直前。此固其延玩之劣性，然一时难以纠正，故姑听之。午后三时许，冰雹骤至，继复风雪交加，良久乃止。

六月五日　晴

由荥坝启行，十里黄胜关，沟渠之水漫流道上，泥泞特[①]甚。二十里两河口，又二十里格摩垄，下马休息，中间曾乘马涉水。又二十里哈清垄，或曰谷鸡垄，约共行七十里。张幕宿焉。是夕，天雨雪，堆积约五寸。

垄，番语“沟”之意。余权译作垄字，哈清垄，汉人又呼为报马沟。

黄胜关在松城西北七十里地方，垒石为关，并不险要。习惯上以此为熟番与草地番之界限，因著名。有居民十余家，多为汉人，沟内乃番人所居，人称黄胜关。外即为草地，莽莽平原，一望无涯。嗣经详加调查，已知其说之非。今身经其地，见其自黄胜关至哈清垄一带山形与松城北方相仿佛，沿途多细柳荆棘，则又似理番之来苏沟，益说明最初所闻之谬。出关里许有武圣宫，考碑志，为清漳腊营官兵所建，殿宇顷颓，而壮缪相貌庄严，侧有某参将遗像。出关之汉番人，多前往爇香，祈行程之安全。由此渡河，有木桥一，亦朽坠仄狭，骡马须涉水而过。

两河口为由浪架岭方面自东北而来之水与由格摩垄、哈清垄自西南而来之水合流之处。向北直行为达包座及羊峒之路。余系往阿坝，故由此折而西行，渐登缓倾斜之土山。沿途无耕种地，间有森林，观其土质，当可耕垦。

哈清垄南接毛儿盖，北达包座，以至于作革十二部落。黄河北岸之俄朗纳尔得人，时来此行劫汉番商人，经过其间咸有戒心。

---

① 特：原作“待”，据《勘误表》改。

六月六日　阴晴

由哈清垄行，约五十五里哲补山，又行二十五里于洞垭沟口宿焉。本日所经大都山峦[①]起伏，原隰相间，山不甚高，倾斜亦缓，既无居民，且多荒地。道路泥泞渐甚，其实无异马行泥坑中，无所谓路也。

距哈清垄四里许，为分路地方。北行经噶冻杨家畦可达中阿坝墨颡寨，惟闻沿途陷泥荡甚多，易陷马蹄，故余等折向南行以避之，然乘马涉水渡河之处，计经四次。

六月七日　阴晴

由洞垭沟口启行，约行七十里，宿勒格垄。沿途概属荒原，经过地方无从知其小地名，且草地道路未经测量，而马行速为徒步每日行程，虽号称五六十里或七八十里，实则较内地道里之长几倍之。本晨，行约三十里，渐登缓倾斜之土山。至此以后多属高原，乃为真正之草地，汉番人呼之为上台。道路泥泞，较前尤甚。马行地上，地而为之动摇，盖以水潴于地而罅隙作龟裂状，益以腐草堆积，地表疏松，故成如斯状态。午后，风雪交加，温度骤然低降，路复不良，而预定可以张幕宿营之勒格垄犹未到达。值此空中风绞雪，地面滥泥坑，余等行经其间，不免有行路难之感。

旅行草地概系露宿，似乎随处可以张幕，但亦有相当条件之选定：（一）地面比较干燥；（二）水草薪材须极便利。草地森林无多，无论山坡平原，除草而外无他物。有时无薪材可供燃料，则集牛粪以代之。故于宿营地，须选择也。

六月八日　阴晴

由勒格垄启行，循小山峦旋转凡七八度，坡际路线极多，均作阶段状。几如沿大螺旋以行，约五十里进独摩垄，又二十里库孔，十里大将台，约共行八十里。

库孔，番语为皮火筒之意，谓其沟口狭隘。而由斯以进，则平原较宽。库孔，通称曰哭孔。余以其词意俱有未协，易名为竹勋坝，以志游踪。

至大将台。原名斩将台。相传有一汉人为带兵大员，征番于此，获胜，故名。殊不知意适相反，故亦易。以草地亦雁于夏季栖止之所，竹勋坝一带已多雁，翱翔上下，声彻云霄，动人客思。有番人拾雁卵数枚以进，特奖以米升许而去。

经历草地生活已有数日，其状况，晨起盥漱，进餐，即拔幕，乘马启行约行二三十里，则觅地熬茶休憩，以面包或糌粑充饥。又行三四十里或五十里，则觅地张幕，以三石顶一锅，熬茶造饭。牛马则放于平原间，俾其自行觅食，傍晚乃系于帐棚周围，以免逃逸。

幕宿草地，在废历月之上下旬，夜色黑暗，阴云蔽天。飓风倏至，冰雹交加，固无若何情趣之可言，甚且增人烦恼。然当明月在天，清风徐来，云霞掩映，山媚川辉，出帐一望，地开天宽，令人胸襟为之潇洒焉。

六月九日　初晴后阴

晨八时启行，约四十里许。狂风骤至，冰雹突来。呼吸不灵，群马奔逸，几于不能支持。又勉强行十余里，下帐棚于阿依贡康，亦因阿西墨郎诺土官定于其地来见，故宿

① 峦：原作“蛮”，据《勘误表》改。

于斯。午后三时许，郎诺土官率小土官三员、百姓百余骑来，一律以红巾缠头，衣新制红色氇衫，袒其右臂，或荷叉子枪[①]，或执戈予[②]，驰骋马上，精神焕发。及其入幕匍匐以进，执礼甚恭，表示向政府输诚，至为恳切。余亦宣谕周至，大要为：（一）中华民国之组织、五族共和之意义及国民之责任；（二）四川省政府二十八军邓军长怀柔远人，维护边地之至意；（三）余此行之任务；（四）土官应约束百姓，安静住牧，不得为匪为盗。若辈皆能领悟，郎诺土官并进牦牛二匹，甜奶子、酸奶子甚多。当以之分奖汉番随行员兵，屠牛大嚼，皆大欢喜。途次无衡称，各番分牛肉，其法准：番人组数，剖牛肉为若干起，各番拾石交于他之一人，其人以石置各起牛肉之上，嗣乃各自认石取肉，绝无争执。分他物，亦如之。虽属可笑，亦可取也。

阿西墨洼，原为西康德格附近尼亚垄地方之一部落，因不乐居其地，于四年前率百姓八百余户，走四川理番属之松岗，号曰新帐房，继远道来投中阿坝墨颡土官杨俊扎西，杨纳之，安置于阿姆河及噶溪河流域纵横约五百余里。墨洼人素重服从，善骑能战而不轻与人挑衅。到斯地后，聚族而居，勤于牧畜驯麋。以故昔之荒凉之区，今已成繁殖之域。其人之勤俭纯良，而草地之足以有为，可见一斑。

缘自出黄胜关后，以至于阿依贡康中间，绝无人烟。如无墨洼人来兹住牧，恐至今犹属荒废也。

勒格垄及阿依贡康之北有色地坝，宽广五六百里，为草地著名之大平原，土质肥美，惜无人耕种。邻接色地坝之撮顿，并产梨子、花红、白菜、莴苣，其上□之好，可知。

阿依贡康附近，墨洼人之帐房约四十余家。马牛羊即牧放于其帐之四周广场间，千百成群，茁壮以长，莘莘蒸蒸，的是可爱。

如前所述，墨洼男子似有振作精神，但妇女类多蓬头垢面，露胸跣足，令人望而生畏。

阿依贡康，系番僧坐静修道地方之意。有洞在岩际，岩曰红岩，洞宽三丈许，深亦如之，可容百余人以上。余幕即设于其下。

昨今两日，经过地方，贝母甚多，作花作实，俯拾即是。土狗、雪猪亦不少，土狗或直立洞侧，或游行坡际，一闻响音，即群奔入洞，殊难捕获。而马踏其洞，不无折足之虞，当在意焉。

六月十日　阴晴

由阿依贡康行约四十里，乘马打水过饶必清河。饶必清发源于上瀼口，北流入黄河。河面宽约八丈，深过马腹，然忠信涉波涛，殊不足惧。又二十五里抵扎西塘宿焉。

墨洼郎诺土官官帐房在扎西塘上方十里许，其土官、人民感余之优遇，复钦仰政府之恩威，特率马队百余骑，由阿依贡康护送余至扎西塘，以示诚敬。及余设幕休憩后，复令百姓演马术及马上射击，请检阅。当其纵马奔驰，举枪演种种艺术，乃于中途实弹向的发枪，暨复演种种艺术而后已。又有其身时转马侧，时倒骑马腹，或仰身及地，拾

① 枪：原作“抢”，据《勘误表》改。

② 矛：原作“予”，据《勘误表》改。

取物品，技艺娴熟，射击准确，殊堪嘉许，当奖以大茶肆包，彼辈称谢而去。

在饶必清河之南，有所谓仁贞甲么者。番语仁贞，意为女子；甲么，义为汉人；合之即汉妇之意。相传昔有一汉妇，其夫由松潘赴草地经商，经年不返，亦无信息。妇裹粮只身寻之，不良于行，经日即病，至饶必清毙。诸途人以为是妇即为此山之神。自是以后，凡汉商经过其间，虽当晴霁，必骤大雨，俗传为是妇思乡落泪。余偶谓，如余一行经过不雨，立庙良难，当为之竖碑，如番人之麻礼堆，妥其精灵，且表彰其事，使人咸知其义烈。今果晴，将来当践言也。

六月十一日　晴

由扎西塘启行，越独耳玛山，约二十里地方，烹茶小憩。又约行五十里，宿于黄耇节沟。近日所经平原多而且广，纵称越山，亦只循缓倾斜之草坪面走，与理茂属之巉岩峭壁，巨石硊砑，河流湍激，两山夹耸，九曲羊肠，偏在山畔者，正自不同，尚不令人心摇目眩。兼目前之浅草铺茵，间花缀锦，远望则雪堆岭上，一起一伏，恍如巨浪洪涛，此种风景迥非内地所见及。而白翎子鸟，时在道旁，颉颃上下，声韵悠扬，黄羊野兽，突奔而来，见猎心喜，亦别有兴趣。是日，设幕之草坪，接近一小河，河多鱼。随行员兵，群往捕捉，所得甚多，烹而食之，更新鲜有味也。

六月十二日　晴　午后雪

由黄耇节沟拔幕启行，以本日将过噶溪河，既无舟楫，复苦深广，特命随行兵士伐木作筏料，运往河畔备用。及行十五里许，抵噶溪河，亦曰白河。发源于侧耳玛及大藏寺附近，北流入黄河。河宽约十五丈，深及丈余，较饶清之乘马打水尤险。马通译官登宵先渡，水淹马背。嗣有人另觅水口，比之登宵所过者略浅。余乃决心仍乘马徒涉，不用木筏。土官董周、特尔多及马通译[1]之弟等数人，于余渡河之际，先后拥护，以防意外。顷之，安全到达彼岸，诚幸事矣。登岸，烹茶小憩。又约行三十里，宿于常清谷地方。

六月十三日　阴晴　午后雨雹

由上清谷拔幕启行，二十五里小憩。又行十里，马通译官熬茶以待。又行十五里自达尔节格塘，汉人称为跑马塘。又行二十里，宿于甲本塘。至此已合由噶冻杨家咔入墨颡之路。

由扎西塘以至达尔节格塘凡三日，沿途又无居民。至达尔节格塘前五里地方，始有买诺人帐房在焉。户口共约一百四十户。买诺本黄河沿南岸部落，因受邻番压迫，来投墨颡，杨俊扎西令其于此地住牧。闻人云：其土官因事他适，且不知余将取道于斯，故未来迎候。当经过其帐房，当地居民正取羊乳，羊排列成行，若曾经训练者。然□经考察，知其系先引一长绳，而后以次系羊于绳，故如斯整齐。

番人喜畜犬类，高大而猛恶，当即通常所称之獒。有人经过其间，辄任犬狂噬，不为制止，以瞻其人有无制犬本领，对于汉人尤然。余一行人员，经过买诺帐房，居民仍照习惯对待，几为群犬所窘，嗣以手枪佯为轰击，土人复出而驱逐，犬乃逸去。

---

① 译：原作“驿”，据《勘误表》改。

甲本塘，人多呼为鉴波塘。相传，番语“甲”为汉人，“本”义取诸十万。昔有汉员带兵十万到此征讨蛮夷，故名。其右侧坡际，尚有汉兵墓在焉。

六月十四日　晴间雪

由甲本塘启行约三十五里，于南堪玛小憩，在其附近小河捕鱼至多。缘番人谓，鱼为水中之菩萨，向不钓取。今以饵入水，为群鱼得未曾有，故喜来吞饵，易于上钩。又行二十五里，于纳格藏下帐棚，纳格藏亦黄河沿部落，其来投墨颡之情形与买诺人同，所管百姓约一百五六十户。土人所居为土屋，编树枝为篱，泥封其顶，屋高不过丈许，至为湫隘，人民冬季所居，民曰冬房。春夏，则携帐棚，逐水草，以营牧畜。此外尚有爇诺人，其住牧地距纳格藏西北五十里地方，亦只一百余户，仍受墨颡管辖。

六月十五日　阴晴，午后微雪

由纳格藏启行，二三十里许熬茶休息。又行十里许，过墨耳玛人帐房，其土官率夷骑二百余骑于广场中迎迓。及余马经过其行列间，则驰马放枪，欢呼不已，以示欢迎之热烈。又行十五里许，于爇柯之卓根地方张幕止宿。墨耳玛人送来牦牛二匹，酸奶、甜奶各四十余桶。

墨耳玛亦早投墨颡之民族，群土官来见，待遇如墨洼人。各夷骑亦演马术及马上射击，其技艺较墨洼人稍逊。

本日拟布告，说明此行赴草地之任务及原因。命人先持往阿坝张贴，俾汉番商民明了真相。

六月十六日　晴明

晨于幕中早膳即行。上阿坝大土官蒋旺扎西、董周，先回本寨，各派夷骑约二百名到此欢迎。墨耳玛土官亦率夷骑约一百名同行，沿途欢狂，兴高采烈。约行二十里，小憩。又行十里许，入下阿坝麦昆人境界。中阿坝墨颡大土官兼游击司令杨俊扎西，率其子华尔功成、烈饶布敦，迎于道左。中阿坝汉商老民，遮马首、投刺迎迓者，络绎不绝。墨颡所属番民，为数在三千以上，均各乘马排列于大道两旁，武器或负枪弹，或荷戈矛。服装或衣本来夷服，或着古代盔铠，形状不一。而盔铠有为铁制者，有实潼棉者，剽悍而臃肿，为余生平所仅见。方余之将至也，若辈端坐马上，群马无哗，及过其行列间，则驰骋[①]欢呼，争先恐后，万马奔腾，动摇山谷，足见其欢迎之肫挚。旁观之男妇老幼，以及身披袈裟之喇嘛，万头攒视，俨若人海人山。又行十里许，于汉商特设之大帐中休憩，乃赴本帐驻宿。未几，得甘肃省政府特派员龚李两君来书，云：余约于黄河沿齐哈玛地方召集会议，极表赞同，盼余早到。亦云巧矣，自纳格藏至麦昆，中间又无人烟，及到麦昆始有耕作地，绿野平畴，稞苗麦秀，爽人心目。下阿坝及中阿坝人民所住为屋宇，多间以土墙，有楼，泥封其顶，远望之殆如西式楼房。

中阿坝墨颡官寨位于松潘之南，通常称为南首，实际厥在草地之中间。北通作草、乔柯，西达俄落，南至安曲、瀼口，东为通松潘大道，以故汉人经商多以此为目的地。有商场曰甲康，专为汉商所居。在官寨前者曰下甲康，汉商约三十余家；距官寨上方十

① 骋：原作“聘”，据《勘误表》改。

里许，在格尔得寺之前者曰上甲康，汉商约六十余家。

计自松潘首程至中阿坝，历时半月。白日鞍马，昏夜帐棚，跋山涉水，饮雪餐风，人马均觉疲乏。今达墨颡，可以小休，一行官兵均欣欣然有喜色焉。

六月十七日　晴

杨俊扎西设筵招待同行官兵，甫至寨门，杨偕其妇华尔诺先候于门外，夫妇同进哈打，执礼甚恭。入室席地而坐，杨向余有所陈述，其大要：（一）服从政府命令，约束百姓，安静住牧；（二）阿坝与拉不朗寺纠纷之缘起、经过、现在状况及将来解决之希望；（三）对于余表示慰劳及信仰之诚。余剀切开导宣慰之，彼极感佩。顷之，进馔，食品除少数海产干菜及牛羊肉外无他物，殊不可口。缘草地番人不畜豚，虽畜鸡，只供玩弄，不肯烹而食之，故肴馔之种类较少也。

草地番人原为五十二部落，今以时势变迁，已只四十余部落。著名者东北为铁布七寨、羊峒八寨、后山五寨，北为作革、乔柯、郎惰，南为三阿坝、三安曲、三瀼口、绒倘、绒洼，西北为三果洛、木花颡、夺清旺巴、周基称花等部落。中阿坝之杨俊扎西，三果洛之抗申、抗甘、贡玛、颡北，较势力雄厚。

杨俊扎西，本为木花颡人。因中阿坝老土官甲丹蚌死，乏嗣，仅一女，即华尔诺，特以杨为赘婿，继其宗祀，袭其土官。杨现年四十余岁，壮貌魁梧，沉毅果敢，深明大义。彼既知倾心政府，而上阿坝之原有六寨，及原属上阿坝安豆八寨各土官亦深佩杨之为人，与之行动一致，实际无异与之拴头，而服从其命令也。

本日，杨俊扎西欢迎余及随行官兵，移驻官寨，嘉其诚恳，特许之。

得甘肃代表自作革方面转来函二，词意同前。番地无邮政信件，须派单马专送，或交商人附带，今迭接函，皆云愿和平了结墨拉夷案，此心殊快。

六月十八日　阴晴

召杨俊扎西研究应付拉不朗寺方案，以保全四川土地人民、明白划分政教权限为主旨。根据此说，分别致函甘肃代表龚君子瑛、李君育三，及拉不朗寺番目黄子才司令，复约定在齐哈玛会议日期。墨拉夷案，川方之当事人为中阿坝墨颡土官杨俊扎西及上阿坝各土官，甘方之当事人为拉不朗番兵总办黄位中及其子黄正清番兵司令。按，杨俊扎西远居边徼，在前未与内地通，及民十七杨抚权氏任川西汉军统领，驻军松潘，杨始内附，由抚权转呈二十八军邓军长，请委以游击司令之名义。其时余代行屯殖督办职权，邓军长咨以可否委任，余极端赞成之。至拉不朗寺当权者，原为活佛。前活佛死，考查结果，知其活佛转生于西康理化县黄位中家。寺中之执事喇嘛派人往迎活佛，即位中之次子，而位中及其长子正清、三四子等均相率到拉不朗。其次子蒋旺鲜巴，自然为拉寺之活佛，承继其原有嘉木样佛之称号。位中未几亦任其番兵总办。正清，号子才，于民十七复由甘肃省政府委为拉不朗番兵司令。当今年约开会议之初，拉方呈报甘省政府，转请四川限制杨俊扎西以游击司令名义干预会议。余谓：墨拉无权诉讼之当事人，川甘两省特派员实居于裁判地位，如墨方不能以（游）击司令名义出席，则拉方亦应以番目资格与议，不得沿用番兵司令名义。特电邓军长请转电甘省，声明此旨，得覆，许之。

六月十九日　阴晴

上阿坝各土官来见，余开导宣慰，亦如墨洼、墨尔玛、杨俊扎西等。按，中阿坝原有十二寨及墨洼、墨尔玛、买诺、热诺、纳格藏各帐房，全由杨俊扎西一人统率管理之。至于上阿坝六寨，又分为若干小寨，土官有二十四员之多，不及中阿坝之单纯。安豆八寨亦上阿坝之一部落，各有土官，然其甲地寨土官董周，尚能提挈一切，而与杨俊扎西拴头。

六月二十日　阴雨，午后微雪

因有汉商赴果洛，特发抗申、抗甘、贡玛各土令文，令其来见。候宣慰文，由马通译①官登霄口译，一番僧以番文笔记之，呈军部督署说明沿途经过及到墨颡情形，并写家信及致各方函。由杨俊扎西派军马专送。

六月二十一日　阴晴

又发麦昆、旺清、夺巴、木花颡、三俄落八土官各处令文，词意与令抗申、抗甘者同。

六月二十二日　晴

阿坝各番，自墨拉纠纷起后，为防范拉方突然进兵，不敢出外经商，深以为苦。及余到达，各土官于本日来请，可否前往松城贸易。余当允切实保护，并函甘省代表制止俄朗纳尔得人行劫，以为和平之表示。本日，阿坝番人及慈洼，已有十余锅弄，同赴松城。锅弄，即队商。因夷地匪徒出没不常，商人须结帮同行，一锅为食，故一帮日一锅弄。慈洼为寺院以资本派人经商之特别名称，番人信佛，慈洼插红旗，或置红毡于牛马之上，无论何时何地，均无人对之行劫，其迷信观念之可以知之。

六月二十三日　晴

上阿坝滋郎寺大喇嘛藏哇贡安，派番僧二来见，请保护。滋郎寺，即择麦巴寺，为坐静寺院之意。当清光绪十七年间，拉不朗寺意图侵略川番，进兵袭阿坝，曾杀该寺僧人数名，焚毁经卷什物不少。嗣经两省奏请派员查办，勒令拉方赔偿命价、物品结案。今特请保护，亦惩前毖后之意也。

上阿坝墨洼寨土官之②三子格尔藏，率百姓数人来见。格年约十一岁，余抚慰备至，缘其父索朗及其兄，于民十九为拉不朗寺人所刺死，事至惨，不能漠视。而墨洼老土之官见杀，为阿拉启衅之一大原因。但格年既幼，其二兄海善言，曾在甘省某学校肄业，现任国军第九师青海警备司令马子香部副官，未回寨，寨事不可无人主持，爰令其寨首文诺、泽旺二人暂为管理之。

六月二十四日　阴雨

杨俊扎西因余一行员兵平安抵中阿坝墨颡寨，自本日起特延僧十余人讼经，此为念太平经祈福之意。番人最信佛教，凡事必讼经。有疾病不事医药，亦只念经禳解。习俗

① 译：原作“驿”，据《勘误表》改。

② 官之：原作“之官”，据《勘误表》改。

如斯，不足怪也。

六月二十五日　晴

上甲康汉回商全体，于甲康前设幕欢迎余及全体官兵。各商或久居阿坝，或偶往来于松、茂、成、灌之间，大都少闻外间事，皆不能为讳，故于席次，举国家之大势，四川之现状详为演说，俾其了然。且西番对于草地汉商，以主客交易之关系，最为信任，由各商以宣扬政府之声威，说明屯殖之真谛，易于灌输入番人脑筋，此乃强有力之宣传工作。亦不嫌词费之，又一理由也。又，汉人赴草地经商，以政府无相当之保障，时受番人压迫。余于杨俊扎西等之时来谈话，既告以五族共和，汉夷须一律平等。今于汉商复重申此义，以图汉夷之融洽，商务之发达及边境之乂安焉。

六月二十六日　晴

游览格尔低寺，此寺为黄河沿格尔低之支寺。凡两楹，殿宇崇高，金碧辉煌。有僧约五六百人。大喇嘛原在纳摩地方，不常到此，只掌教及管家喇嘛来见，环面立之，僧众颇多。当以虔心念经供佛，僧俗须一律平等各语诫之。番人信佛，因之崇拜喇嘛，而喇嘛恒藉势凌人，对于汉商尤甚，余故为此说。

番人既信佛教，到处皆有寺院奉佛，且家有二子，必以一子为僧，余则类推，以故和尚喇嘛之数极多。寺门之前有两大车轮，上载铜釜，直径约八尺，高约一丈，专供寺僧熬茶之用。闻系由甘肃洮州运来，番人作事之笨，直即此可见一端。

六月二十七日　晴

中阿坝甲地寺大活佛泽伸郎嘚禄周，派管家泽宗顿尖甲来见，以数十年以来未见政府人员，故特谒见，具述钦仰之忱。

本日赴阿坝河边游览，约八里即到达，其间平原宽阔，耕种地甚多，然亦有未[①]耕种者。缘[②]阿坝虽属半耕半牧，以其地广人稀，多半轮流种植。阿坝每年农作物之收入，不仅以供自身之用，且果洛以西之部落，每于秋冬之间运其香、茸、野牲皮、羊毛之属来易粮食，地方之富饶可以想见。阿坝河发源于上阿坝山后，水流较草地其他各河湍急，经下阿坝、梭磨各地，而与大金川合流。

六月二十八日　晴

上阿坝各土官来见，商询赴上阿坝应行准备事项，并请示启行日期。发黄河沿乔柯四部，即勒尔玛、齐哈玛、下乔柯、阿万额四部公文，宣传政府之声威，说明此行之任务。以其接近拉不朗寺属地，并令其调和阿拉意见。按，乔柯，通常称为三乔柯。

六月二十九日　晴

发安曲茶礼寺谕单，令其呈明杀毙药夫案。因民国五年古历正月十六日，该寺曾杀毙汉人挖药夫十五人，案悬未结，故有此问。

拟进住上阿坝及赴黄河南岸开会布告。上甲地土官泽巴矫，因在病中，遣一隆波来

① 有未：原作“未有”，据《勘误表》改。

② 缘：原作“绿”，据《勘误表》改。

见。隆波，即兵头。番人无常备兵，有事，人民皆应征调，由隆波统率。近年以来，以有阿坝纠纷，阿坝人民随时备有糌粑、酥油袋，悬之壁间，大小不一。如出兵日期久，则用大袋；日期近，则用小袋。只待征调令到，其家之妇女立为之备鞍马，男子则取袋上马以行，动作敏活，尚属可取。

又发作革十二部落、降杂喇嘛、色赤格尔低喇嘛等谕单，共二十份。按：作革十二部落，住黄河沿，通称为上十二部落。至降杂部落，为川番之好行劫者。商人马骏自康撒，即抗申回，云：其土官康万庆，定于即日内赶到墨颡来见。

六月三十日　晴

由墨颡，首程经格尔低寺、阿梗寨、纳休俄休寨，约行四十五里抵上阿坝骨摩坎，即下帐房。上阿坝各土官皆来迎候，骨摩寺即在其侧。是日，寺僧正演藏戏，人马杂沓。及余至，均前来探望，红男绿女，和尚喇嘛，环绕帐之四周，肩摩踵接，十分拥挤。所演藏戏，当命人拍照，以志边地风景。

本日，又收甘省龚、李两代表函。

由中阿坝至上阿坝，其间人烟稠密，皆系寨落。平原多已耕种，稞麦青青，杂以野藿苔花，极是雅观。缘其地仍是半耕半牧，其未种麦稞者，一听野菜子之自然生长，倘易以家菜子，种取其实以榨油，岂不甚善。惜番人不知其利，而采购外来一元一斤之清油，翳可叹也。

七月一日　晴

上阿坝各寨土官来见，备述拉不朗寺对于上阿坝土官百姓种种苛虐情形，言次泣下，当尽情安慰之。

七月二日　晴

偕上阿坝各土官，视察骨摩寺之喇嘛公馆时，有中阿坝所派番民设幕看守，当令杨俊扎西立时撤回，另由上阿坝各土官轮番派人守护，以示对于拉不朗寺注重和平。旋骨摩寺喇嘛数人来幕求见，寺僧多上阿坝人，因信拉寺之教已久，对于拉方信仰较深，余当以最公平最诚恳之态度，就土地人民之主权及信教自由之界说，切实开导。各僧似领悟者然。

七月三日　晴

安豆泽寺僧及各土官来见，泽寺为安豆八寨寺院之一，有僧六七十人。杨俊扎西派人报称，康撒大土官暨安羌各部落土官均来墨颡求见。

按，抗申、抗甘、贡玛三部落，以前住牧区域，在今之绒倘、绒洼，本有绒、抗申、抗甘等名称，嗣迁移于果落地方，称曰阿郡抗申、阿郡抗甘、阿郡贡玛。抗申，又作康撒。今之三土官为三弟兄，其有相当实力。当清嘉庆十九年，中郭罗克（果落）贼番在尼牙木错作古地方，将接壤之蒙古玉树番放枪抢劫，并将百番长兵伤毙。朝命四川总督多隆武、松潘总兵福智，先后统率汉夷官兵前往查办，经三月蒇事。自是以后，几一百二十年后，无汉官汉兵到达其间，当地夷人自未得见汉员。今康撒大土官闻风依附，而又以别种关系不顾，到上阿坝，故余决定折回中阿坝接见之。

七月四日　晴

晨起，乘马赴独音寨，约行五里即达。此行系专为考察清光绪年间松潘同知武文源所竖之碑。其碑在独音寨，土官蒋旺扎西官寨门前。其文曰“漳腊参将杨茂林、松潘司马武文源，随带官弁张从礼、邹启程……暨马步兵勇汉番书役人等，会同甘员办理拉不朗寺历年侵占川番寨落，焚杀择参巴寺院经卷、命物各案。驻军三月，公事完竣，爰赘数语，权作雪泥鸿爪之意云尔。光绪二十七年，岁次甲午秋日。山左武文源书并记于上阿坝。通事军功徐治国，择参巴寺掌教藏哇喇嘛，上阿坝土千户冻领文蚌[①]，副土目腊王旦王登”云云。

当余抵寨，土官蒋旺扎西即于寨前张幕备宴招待，肴馔人各一份，为热煮牛羊肉、延寿果饭、奶渣、酸奶、甜奶之属，味虽不佳，却清洁而丰富，亦可取。

正午返帐，即赴中阿坝。

番人食品以牛羊肉、酥油、糌粑为常食，乃其习惯，而余等常需蔬食，故时觅菜蔬以佐食料。阿坝地方亦产菜蔬，如萵苣、白菜、青菜之属，然土官常禁百姓种植，只容寺院之喇嘛偶一试种。各土官喇嘛等，以余喜蔬菜，时亦于寺院中采撷以进，然产量有限，供不应求。一行员兵常见觅灰灰菜、野葱、野蒜以助之，别无香料，仅佐以郫县豆瓣，亦有味也。

七月五日　晴继雨

康撒大土官康万庆，偕兵头汪甲、安羌寨首耶哥什昂洼等十余人来见，表示至切，余亦详晰开导之。按，安羌，为下阿坝部落，系与康撒拴头，即曾投康撒者。

七月六日　晴

由墨颡返上阿坝骨摩坎，墨颡大土官为余等延僧念平安经，本日乃止。闻其耗费不少，但其每年延僧讽经及布施于寺院之费，在五六千金以上、万金以下，信佛竟有如是之笃。

七月七日　晴

自本日至七月十九日，滞在上阿坝幕中。待甘省专员前来会议，无特别事件可纪，特略之。

七月二十日　晴

得甘省代表来书，云：不日可到黄河沿与会。故余率同员兵，由上阿坝前进。上中阿坝各土官派番兵六十名随往，以资护卫。

由骨摩坎拔幕启行十五里，墨穹寨附近居民二十余户，均系寨落。又五里色凹沟，二十里学克塘，张幕宿焉。色凹沟以上，又无人烟。仍浅山平原相间，温度与上阿坝略同。其变化在华氏四十五度至五十五度之间，而早晚较寒。

七月二十一日　晴

行二十里越色拉山，一仆人乘马不慎鞍坠，而马惊逸，余马亦惊诧，几坠岩下。幸

① 蚌：原作“蚱”，据《勘误表》改。

墨颡兵头独罗迅为勒之，得免于祸。又行二十里，瀹茗休息。又五十里，行一大草场间。于洞，让张幕止宿。本日经过地方多产贝母、羌活、秦艽，只无人烟。

七月二十二日　阴晴

行二十余里越黑降山，又二十余里抵黄河南岸齐哈玛扎西塘，经过之山峦、平原多毛虫，蠕蠕而动，几无可以置釜熬茶处所。北流入之小河甚多，乘马打水凡四次，河水之深，不亚于噶溪河，而河面较仄，沿途多秦艽、甘松、大黄。中间有少数帐房，牧放之马、牛、羊不少，旧称黄河九曲。余所张幕之扎西塘，即其第一曲也。

张幕后，闻甘肃代表龚子瑛君已于昨日到达。当派王、何两副官至龚幕，道余已至齐哈玛。旋龚代表偕拉不朗番兵司令部副官李虎臣等，寺院代表露雪巴喇嘛及马通译[①]数人来幕，云黄氏尚无人来，有先决条件，须我方承认黄氏父子，方能赴会。其条件：（一）去年，杨俊扎西不遵约束撤兵，须先惩罚；（二）甫定条约，杨俊扎西即以兵围骨摩寺，亦须惩罚；（三）上阿坝六寨应作为骨摩寺教民，由拉方接收管理之；（四）去年，漏未提出之安豆八寨，应照上阿坝六寨办理。请余转令杨俊扎西答复。余谓此等问题，当在中阿坝时，杨俊扎西曾有所陈述。谓：去年定约之时，杨曾请两省委员接收寺院，而两省委员均不肯负责，不得已始派百姓十余人，于喇嘛公馆之侧张幕看护。且双方订约撤兵，杨即遵令办理。其时兵回本寨，路过寺侧，并未稍事停顿。拉方即指为兵围寺院，殊与事实相反。现在中华民国法律上有信教自由之规定，教民之说，殊无根据。如以教民关系，即应干预政权，则天主福音，外人亦在中国传教，如照拉方所说，我国管理人民之主权，岂不因此而断送于外人之手中？至于安豆八寨，拉方在去年开会之时，漏未提出。今我方允于会议时提出讨论，实属情至义尽，何能先事交割。两省委员各奉省府命令，不辞艰险，同时到达齐哈玛地方，而彼当事人反提出无理要求，藉词不到，未免蔑视两省政府。且彼方所请求，须先决定，而后开会，何须有此会议之召集？辩论良久，龚代表亦认余之各种说法，尚属适当，允从长计议而去。但内部意见，亦须先事探求，故仍以拉方所提条件论，令杨俊扎西分条答复，以期得一归宿点。

七月二十三日　晴

访龚子瑛代表于其幕中，继续讨论昨日所提出各问题，久无结果。子瑛乃言，拉方既有番员二人，即李虎臣、露雪巴二员为代表。阿方亦可派代表二人先行到齐哈玛开预备会，视双方当事人之意见如何，再定以后办法。余极端赞成其说。旋返本帐，令杨派得力代表二人，速行来齐开会。

七月二十四日　晴

龚县长子瑛、李副官虎臣来幕交换意见。

七月二十五日　晴

齐哈玛为一大平原，张幕地方为尼胬河，北流入黄河，与黄河仅数里之隔。地势平衍，风较大而雨较多，气候至易变化，阴晴不定。除齐哈玛寺院有屋宇十余栋外，其余

---

① 译：原作“驿”，据《勘误表》改。

绝无人烟。土官寨距此尚有一日程，以故每当风雨交加，蛰居帐中，不无客况凄凉之感。而狂风卷幕，须数人力揽帐绳，紧持帐竿，方可平安无事，何异实演《淘金记》之折幕一出，诚可笑，亦可怜也。

七月二十六日　阴　夜大雨

乘马赴黄河边游览，此为二道黄河。其北岸为俄朗纳尔得人，隶属于拉不朗寺。然尚有川番与甘番杂居。此段黄河水平而清，河广约八十丈。土人渡河仍无舟楫，多用木箱，如中土打谷之拌桶，用八马浮水曳之以行；或用整羊皮以空气实其中，曰水皮袋，系于身之两边，泅之而过。恐为世界水上交通，绝无仅有之用具。

七月二十七日　阴雨

中阿坝墨颡大土官杨俊扎西派特尔多、独罗为代表，率番兵二十余骑，到齐哈玛商议墨拉夷案进行办法。

七月二十八日　晴

烹羊、屠牛，并以余所带罐头食品，就幕治具，宴龚代表及其随行人员。

七月二十九日　晴

同龚子瑛代表订立协约八条，以为解决墨拉夷案之途径，其大要：（一）土地人民之主权属之四川；（二）信教自由，载在国法。所有上阿坝六寨、安豆八寨人民，仍旧许其信仰拉不朗寺嘉木样佛（拉寺活佛之称号）。但骨摩寺僧不得藉念经、熬茶为名，勒派款项；（三）骨摩寺之所有权属之拉不朗寺；（四）双方当事人对此约如同意，应于八月十五日以前，亲身或派全权代表赴会。否则，于八月十二日以前，呈报两省特派员，由两省特派员分别呈报两省省政府，转报中央解决。在此期间双方不得擅自动兵，如有一方启衅，则由两省特派员协请川甘两省，调集大兵制止之。

七月三十日　晴

协约盖章，与子瑛代表交换存执，并谕杨俊扎西遵照协约办理，如期呈覆。

七月三十一日　晴

与子瑛代表游览齐哈玛寺院。寺仅正殿一椽，周围有僧寮十余家，并有唐洼帐房十余家。唐洼者为贫苦番人，即乞丐之称号。其接近寺院者，因其家之子弟为僧，念经收入较多，随时以之接济其本家之父母兄弟故也。

齐哈玛原属四川辖境，有居民五百余户，但其寺院仍拉不朗借地所建。寺僧每年派每户酥油五斤，著以为例，以无苛虐情事及其他纠葛，故仍听之。

八月十五日　晴

自八月一日至八月十四日，淹留帐中，待墨拉双方当事人回覆，无特别事件可纪，从略。

杨俊扎西对于两省政府特派员所订协约八条完全接受，并谓拉不朗寺之当事人何时到会，伊即亲身到来以示绝对服从政府。此项呈文已于八月十二日送呈余及子瑛代表处。但拉不朗待至本日犹无信息，余固焦灼，子瑛亦甚悬念也。

八月十六日　晴

当协约八条分别发送于墨拉当事人之后，子瑛代表、虎臣副官曾来幕，商请先约附近公正番目到齐，以便开会。余谓拉不朗果否赴会尚无把握，此时何必遽约证人。子瑛、虎臣固以为言，余乃赞同。至是所约各土官喇嘛，已到有十余人，均前来见面，执礼甚恭。

八月十七日　雨

风雨交加，起居困难。而拉不朗仍无信息，殊觉愁闷。因函告子瑛代表，谓拉方之信只能再待三日。否则，认为其毫无诚意，彼此只有依照今番协定报呈省府之一法。

三乔柯部落之一尼耳玛土官阿采[①]来见，黄河南北两岸均有此部帐房，所管百姓约一百四十户。余问：其曾见汉官否？答曰：未也。问：其知有政府否？答曰：政府固当服从，但不知属川或属甘。至于中华民国之组织、五族共和之意义则更茫然，不知所谓。余当详为解说，并举疆域历史之关系，告其应归四川管辖。阿采答曰：我部既系四川属地，人践川土，牲畜食川省水草焉，敢不服四川政府之命令？并谓：余即其命主子，此后当然唯命是听。但其部落狭小、人口无多，常受邻番压迫，特请作主保护。余当许之。

八月十八日　晴

龚代表、李副官偕来幕，出示拉不朗寺复书，云：如不先交上阿坝六寨归其管理，则决不能到会，退还前订协约八条。而征求墨颡代表意见，则谓上阿坝本属四川土地，拉不朗之骨摩寺不过在于川境借地建筑，何能因此便实行管民，遂其藉教侵略之企图，且人民归其管理，彼便借念经、熬茶为名勒派款项。有时滥用兵权，土官任其宰割，人民任其蹂躏，势所必至，其何以堪。彼在前清时代，侵占川番寨落，至一百二十五寨之多。当时，大皇帝命川甘两省派员查办，结果拉不朗理由不充，曾将侵地一一交还。今日何得谓为阿坝各地系其原来所有，反谓川番霸踞拉方寨落。兼之今回会议，系拉不朗寺呈请兰州省府、转商四川邓军长所召集，乃两省大员均已到来，沿途受无限之辛苦。现在驻居帐棚为时已久，饮雪餐风，全是为谋番人之福利，番等唯政府之命是从，前日已有表示。而拉不朗寺竟蔑视政府命令，目无两省专员，抗不赴会，提出无理要求。番等虽然愚懦，实不愿屈服于横暴无理之拉不朗，请两省政府特派员另谋解决办法。然曲在拉方，并请原谅云云。余与子瑛复讨论多时，在阿坝方面确能服从政府命令，余可完全负担。而拉不朗方面倔强若此，子瑛公正明达，已无若何意见。于是双方认为会议无从进行，照番人说法，可谓口嘴中断矣。

目前到齐哈玛之番目，本为充当公证人而来。今闻会议中止，咸来闻讯，并请双方政府人员暂留一二日，商一暂时结束办法。余当许之，并以此意函达子瑛，又嘱各公证人前往陈说，请龚代表不遽启行。本日经过情形，当以专函通知中阿坝墨颡大土官杨俊扎西暨上阿坝各土官，并令其派夫马来接。

① 官阿采：原作"关采"，据《勘误表》改。

八月十九日　晴

龚代表率其随行人员于拂晓时准备启行，其幕与余幕隔三里许。有人见之，询余如何处置。当令吕、王两副官、马通译官等前往挽留。同时，闻各公正番目亦往慰留，均无效。既各公正番目之代表色赤喇嘛及作革大土官等十余人来幕，详述挽留甘肃代表情形，言次甚不直拉方所为，且以不能制裁拉不朗，谓余稍失面子。当以余之权力，只能及于川番，拉不朗应由甘省管束，川员未[①]如之何各语告之，始各了然。色赤为作革十二部落之一，系以寺院管理人民。又番人最讲面子，面子之名词为其时所称道，喇嘛等故有前者之发问。

八月二十日　晴继雨

会议中断势非得已，特具文分报成都、茂县各当局，并请转电甘肃省政府，制止拉方擅自动兵。

八月二十一日　晴

上阿坝各土官以余一行官兵在黄河边幕宿已久，备极辛劳；而拉方一味强横，会议无从进行，纯非曲在我方，信仰观念，因之弥笃，相率偕来慰劳，且表示欢迎回上阿坝再筹以后办法。

安曲茶礼寺大喇嘛额耳洼派常机降木佐喇嘛来见。

八月二十二日　晴

由齐哈玛首程回上阿坝，因夫马及护卫番兵迟到，仅行三十里，于尼帮河沟口宿焉。

八月二十三日　晴，继微雨

晨启行二十余里越黑降山，又行五十余里，于热必清墨多地方之草坪，张幕止宿。

八月二十四日　风，继晴

约行五十里越甲垄山，经石人沟，过锡恩土官官寨，抵骨摩坎，各土官皆来欢迎，请余人住骨摩寺之大喇嘛公馆，以免露宿之苦。甲垄山上下各约十里，由北而南，倾斜较缓，南面比较陡峻，温度如稍低降，即易积雪，可谓为草地比□之高山。石人沟，为余所命名，缘沟南山巅有数巨石耸立，远望之殆如人形故云。

然由黄河边至骨摩坎，归途所经，最初之一日仍循旧路，后二日则折而西南行，沿途仍多平原，野草之多不亚于上中下三阿坝及阿依贡廉一带地方。土人帐房不少，帐之周围马牛羊殆难以数计，审其土质及气候，当可耕垦。因余前游齐哈玛寺院，其寺有洮州木工到此工作，暇时常于寺之隙地，栽种大麦、青稞、白菜、莴苣，均油油然，以秀以长，可以证明。惟番人既习于怠惰，复惑于迷信，不肯种植农作物，任其荒凉而不顾。而药材如秦艽、甘松、大黄、羌活之属，多而且好，亦无人采撷，货弃于地，惜哉。

① 未：原作“末”，据《勘误表》改。

八月二十五日　雨

上阿坝各土官暨中阿坝墨颡大土官杨俊扎西之代表偕来谒见，言次深恨拉不朗寺之藐玩政府，抗不与会，并表示彼辈始终团结，服从四川政府，绝不与拉方妥协，亦不受任何部落之挑拨离间，希望四川当局特别为之保障。余恳切答复之。午后三钟许，轰轰有声，突然地震，约三分钟即止。

九月三日　阴雨

自八月二十六日至九月二日，只与上中阿坝各土官筹商结束墨拉案，及预备返省复命各事，无特别事件可纪，略之。

九月四日　晴

当八月三十一日傍晚，约午后六钟，余之番文书记官杨帑，即上阿坝锡恩寨土官之次子忽来报，称：甲垄山后方确有匪警。一面命人侦查，一面令杨俊扎西及上阿坝各土官，调集夷骑防御。随行之汉兵，亦特别注意，为防堵之工作。寻据探报，确有敌骑约三百骑前来袭击，见我方有备，已将甲垄山、石人沟、锡恩寨官民牧放之牛马，劫掠八十余头以去。锡恩土官闻警，率百姓跟踪[①]追逐，至次晚到黄河边。夷匪已驱所掠牛马之半，北渡黄河，仅追得其半而返。并察悉行劫者，为上阿坝在前逃出之难民，及黄河北岸之俄朗纳尔得人。

上阿坝骨摩坎距中阿坝墨颡官寨约四十里，杨俊扎西接得余之命令，即调兵前来防范。及是日午后八钟许，中阿坝已有夷骑百余到来，如前所述，番人集中兵力，其武器粮马皆先有准备，故动作如期之速。

上中阿坝之川番，以疆域历史之关系，及川政府待遇之优渥，表示服从川省，固甚坚决。然以迷信宗教，如骨摩寺僧以及少数为他方所摇惑者，亦自有人。各土官为团结内部人心，坚政府之信托，允为始终保护计，迭商于余，于适中之色溪卡地方，召集各土官会议，就便剀切宣论，则各寨信仰四川，必因之弥笃。其说不无理由，余特许之。

色溪卡界在上、中阿坝之间，四凹寨在其北，阿梗寨在其西面，临阿坝大河，平原之广，约四十万里。本日，余率少数员兵到达，各土官已来其地迎候，稍憩，与各土官约略谈话。顷之，天忽阴黑，狂风骤至，雹雪交飞，又演折幕之滑稽动作。

草地向少森林，各寺院有低小树木，每筑墙加以护惜。在生长细柳、荆棘地方，土人即以之为燃料。色溪卡四面空阔，并荆棘、细柳而亦无之。土人为炊，向以牛矢作燃料。余欲解决造膳问题，亦不能不如此办理。饭菜别饶风味，此为内地人士未曾尝试者也。

九月五日　阴，午后雨

各土官来幕开会，余首先演说墨拉夷案之缘起、齐哈玛[②]会议之经过及今后政府应付之方针、各土官应持之态度。继由中阿坝土官杨俊扎西、安豆八寨土官董周、上阿坝锡恩寨土官禄歌等先后发言，表示服从四川政府，出于至诚。拉不朗寺排除异己之土

① 踪：原作“纵”，据《勘误表》改。

② 齐哈玛：原作“齐玛”，据《勘误表》改。

官，苛虐人民，绝不愿与之妥协，甘愿出具切结，造具户口清册，缴呈于余，请余转呈当局，以为保证。

前由松潘至阿坝[①]，曾经过买诺地方，其土官因事他往，至是来见。

九月六日　阴

继续会议解决案：（一）具结输诚；（二）调查户口；（三）附和拉方逃出[②]上阿坝难民财产，由各土官查照番规，暂行管理。

九月七日　雨

各土官缴呈切结，由色溪卡折回骨摩坎。

九月八日　雨，阴

自本日至十月五日，其间只解决各番些小事件，或考查其疆域、风土、物产，无须特别纪事，略之。

十月六日　晴

墨拉夷案已暂时告一段落。阿坝各事现已办竣，定于本日由墨颣首程回省覆命。数日前，各土官及川甘汉商已先后分别设筵祖饯。本晨，杨俊扎西复于其官寨，治具招待余及同行人员，并各馈良马方物。番俗讲究欢迎而不注重欢送，谓送行无异检视其人于驻在期间，曾否私窃物品，潜携以行。故余之行也，各土官多未亲到，只杨俊扎西之妇华尔诺率其子华尔功成、烈饶不敦送于寨门之外。

其本人携樽酒送至中下阿坝交界地方，系汉商告以汉俗，乃有此举。此外，上、下甲康各汉商着新制夷装，乘马提榼，以送至中下阿坝交界处者有四十余人。汉人赴草地经商，既须通其语言，复应易服，方畅行无阻，故汉人亦多用夷装。

甲康头汉商于余之到阿坝感想尚好，其原因：（一）各商远适边徼，不甚了解国情，余迭为之尽量说明。（二）汉商因地域及众寡之关系，常受番人欺凌，和尚喇嘛凌人尤甚。余为融合汉夷计，对于汉夷人民，不问僧俗，常告以宜互相亲睦，大家均能领悟，不似从前之隔阂压迫。（三）汉夷间，从前些小纠纷，以平允式为之解决。（四）尽力保护。此外尚有一事，事虽微而极切要，余为汉商办到。缘汉人商场在土官官寨之前，寨门例于黄昏封锁，禁人出入。而居室狭隘且无厕所，汉商之有眷属，间或患病者，颇感不便。汉人妇女如于广场中择地便溺，恒有许多僧俗番人环观讥笑，尤为苦楚。余既严禁此种恶习，复令土官允许汉人建筑厕室。谈此话时，土官夫妇皆在，余委曲责其不近人情，土官唯唯听命，其妇亦笑而促成之。

本日循来时之途径，约行四十余里，张幕于卓根地方。杨俊扎西派其兵头特尔多护送到此乃返。又派二小兵头率夷骑二十余骑，护送到马塘。因余此行路线，决定由草地南首，经安曲、瀼口、马塘、扣苏、杂谷脑、理番县城[③]，以达成都故也。

---

① 阿坝：原作“坝阿”，据《勘误表》改。

② 出：原作“往”，据《勘误表》改。

③ 城：原作“域”，据《勘误表》改。

十月七日　午晴继雨

由卓根之热柯首程约行三十里，折向东行。一路多番人湫隘之土屋。又约三十里，过穷且克塘，入安地曲境界。又行十余里，于阿依纳湾，张幕宿焉。本日经过地方，平原甚多，可耕之地不少。有一处见土人正以牛犁田，番人犁田系并牛而耕，多用犏牛，间或用牦牛，主犁者为妇女，亦习惯然也。

安曲为以寺院管民之部落，分上中下三部。寺曰茶礼寺，其大喇嘛名额耳洼，年八十余，须眉皓白而精神矍铄。本寺在穷且克塘山后东南隅，闻余将到，特于寺前张幕，为黍以待。因预定驻宿地尚远，未及一往。其支寺八尔珍贡巴，高踞于穷且克塘道左山腰，楼阁综错，殆如渝城望南岸之西式屋宇。茶礼寺一带森林甚多，且极茂密，古木参天，为由阿坝以来所仅见之大林区。

当张幕宿阿依之初，天气尚属晴明，及晚犹星月在天，清风徐至。殊夜半忽然大雪纷飞，寒度锐降。顷之，积雪甚厚。余之寝具铺于坡际，不久为雪所浸渍。幕顶以堆雪不少，亦时时滴落，寒气逼人，终夜不暖。及晓起视，无异往年严冬于役于懋功方面之空卡、巴朗、牛头、虹桥诸大山，只见雪山雪海，白茫茫一片银色世界，风景固佳，然情况亦惨也。

十月八日　雪阴

黑水头人夺尔而吉（即白脑壳头人）在茶礼寺养疴，实则伊有胃肠病特来寺，请喇嘛念经禳解。闻余路经其间，冒雪来见。大喇嘛额尔洼，因年老不克来。昨日，余未到寺，伊至所搛心，亦托夺尔吉代表具述信仰之诚，兼进方物。

接见白脑壳头人之后，拔幕启行。经哲柯沟约行六十里，幕宿贡马塘。

本日经过地方为上安曲全段及中安曲之一部，平原极广，为茶礼寺及安曲人之重要住牧地。所见马、牛、羊甚多，闻其牛在二万头、马在二千头、羊在十余万头以上，其富力为何如耶！然其住所不过帐棚一顶，服饰不过羊裘一袭，自表面观之，似极贫苦者然。

十月九日　初晴继雨

晨起约行二十里为下安曲地段，平原仍广。马通译官登霄，黄忠翰、张世芬两君因须返松潘，即由此分路。又约五里，抵噶溪河，此为由松潘来时，于六月十二日所涉噶溪河之上游。以数日前大雨，山顶之雪因晴日而融化，河水较来时尤深。然余乘马涉水，已有经验，殊不之惧。顷之，安全达到彼岸。衣服裹腿为水所浸润，乃于河畔，用皮火筒着火熬茶，兼以燎衣。又约行四十里，入上瀼口境，宿于龙日刮尔喀上首之草坪间。本日经过地方，仍浅山平原相间，似可耕垦，牧放牛马者不少。

十月十日　微雨

晨行约十五里，上瀼口扎特切颡土官迎于道左，欢迎入其官帐房休息。乘马涉饶必清河之上游，顷之到达，稍事宣谕即辞去。其官帐房附近有百姓之帐房数十家，就衣履、帐棚观察，似觉贫苦可怜。然其牧放之马牛羊亦复不少。又约行三十五里，经蚕柘娘阿地方，入中瀼口界。又约二十里，乘马涉瀼口河至勒当降昆，张幕。

十月十一日　阴

由勒当隆昆拔幕[①]行二十五里，徒涉热谷冲河。河面不宽，而水流较急。一路尚多平原，过河后已入下瀼口界。中瀼口土官韩泰活佛因事赴毛而盖，未及来见，仅派人进哈达方物，并派数人送余一行至下瀼口地界即返。沿瀼口河行又约十二里，本应乘马浮水渡河，以水深而流急，乃不经堂隆贡玛、堂隆娃尔玛、堂隆雁玛各地，绕东山路以行。约四十里，于堂雁玛对面之草坪，张幕止宿。在未下帐棚之前一小时，天即雨雪。至驻宿后，更大雪纷飞，寒风彻骨。初住一小牛棚中，以地太湫隘，故仍幕宿。

自热谷冲河以下，山势渐觉逼仄。土人帐房不过在于山边傍河之草场间，半耕半牧，人户约四十余户。道路因系沿山以行，已不似草地之平坦，崎岖陡绝，未敢任马奔驰。但有林木掩蔽，尚不觉其险也。

十月十二日　阴

晨拔幕启行，经甲当坝、甲尼沟、刷金寺，共约六十里，抵康猫喇嘛寺。本日所经地方，属下瀼口管辖。康猫喇嘛寺为三瀼口公共寺院，寺之大喇嘛赞拉活佛，名为下瀼口之主权者，实则曾与黑水白脑壳头人拴头，所有此一部落事务，悉由白脑壳主持之。

将至寺之前三里许地方，有木桥一，高架河上，距河面可十丈，桥板斜而仄，行经其上，不免心惊目眩。康猫寺系依山建筑，年代较远，已呈衰颓景象，周围僧舍无多，且亦倾圮。赞拉活佛因迁移老家帐房，未及见。由其管家喇嘛饶布敦，导余住其大喇嘛公馆。据云：此室已由赞拉活佛布施与西康江卡之松朋呼图克图活佛，待其转世来此，作为供佛地方，例不让人居止。因松朋佛在日曾言：余为人公正和易，又为其挚友，故特别欢[②]迎之。按：松朋佛生于西康，长，就学于西藏，上年奉护国宣化广慧大师班禅额尔德尼之命来川，数往康猫调解黑水之争，开导黑水各支夷头，向政府悔罪输诚。余适奉命专办黑水夷案，与之往还甚密。其佛学湛深，深明大义，极所佩服。迨黑水案解决，返西康，不久圆寂。今道经其间，室迩人远，思之怅然。

本日经过地方，不似草地之宽阔，但亦不如扣苏沟之狭逼。间有土人帐房。至刷金寺，相传产金，就大概观察，此皆或亦不谬。

十月十三日　阴晴

阿坝夫马本定送至马塘，闻马塘已成一片焦土，绝无人烟。故于此命其折回，另雇夫马送至扣苏沟。晨间，夫马交换妥善，即由康猫启行，约五十里抵马塘。将至马塘之三里许地方，地名四大坝，有梭磨河，即瀼口河下游，流经其间。仅架一木条小桥，以济行人，桥仄而动摇特甚，至为危险，牛马过桥因而倒跌，落水者凡数起。

马塘上通草地，下达杂谷脑，东达黑水各沟，西通梭磨、卓克基、松冈、党坝各土，昔为汉番通商之要区，有香号、茶号十余家，普通商六七十家。自民国四年，黑水内讧，马塘即毁于火，后又数经销毁，所存者只乱石颓垣，屡议恢复，迄未实现，吁可慨已。

① 幕：原作“启”，据《勘误表》改。
② 欢：原作“欺”，据《勘误表》改。

十月十四日　阴晴

由马塘启行约十五里上鹧鸪山顶，道途尚平，惟空气稀薄，人马喘息俱甚。下山行约二十里路，随峰梁旋转，曲折陡峻，为松理茂懋各属空卡、虹桥、牛头、巴朗诸大山之冠。以图安全，舍马徒行，困备至极。下山后，于山脚坝烹茶小憩，经烂营盘（清岳襄勤征金川，由党坝进兵，曾于此宿营）、头道寨、二道寨、板板桥、奶子牛厂各地，共约行五十里，于二京岭张幕止宿。

下鹧鸪山后，即沿大牛厂向西流来之水而行，已入扣苏沟境界。沿途一带本有夷人寨落，殊自黑水、扣苏内争，益以政府用兵以后，扣苏逃难之夷匪，抢劫烧杀，民居悉被焚毁，已无寄宿地方，故仍须张幕野宿。

余先后于役扣苏沟（今改为来苏沟）凡数次，对于夷人只有抚绥而无压迫，故夷众闻余之路经其间，奉豌豆、胡豆、野菜之属求见，诉苦者有十余起，道及商旅裹足，不能驮运，难民骚扰，不敢耕作，甚至晚宿林间，室家离散各情形，几于泣血不能成声。余当尽情抚慰，并允婉陈当局，设法挽救，各乃散去。

自下瀼以下至于二京岭一带，仅就道旁所见，森林极多，山后林木尚不知凡几。霜皮溜雨，黛色参天，郁郁葱葱，恐百年亦不能采伐尽净。若拟一整个经营之计划，一面伐木，一面造林，而又疏凿河道，以利运输，即林业一端，已是吾川一大利源，望当局及企业者注意之。

十月十五日　阴晴

由二京岭行约六十里，幕宿渺罗。民十七，余同刘耀奎团长奉命伐扣苏叛夷，当地大头人八尔珍曾效忠政府，屡作前驱。昨年，其人为难民所暗杀，而其官寨距余幕不远，有人指点见之，曷胜怅惘。

十月十六日　晴继雨

由渺罗行五十里抵湫地，宿于团总阿让家。自此而后，已可脱离幕天生活之苦。

十月十七日　阴

因交换夫马，只行二十余里，宿于鼓耳沟寨首阿甲家。有黑耳甲头人者，老成谙练，深明大义。自民十七，余奉命入山从事屯殖之后，即约同大头人八尔珍汪都前来投诚。十八年扣苏之役，二十年黑水之役，无不提挈夷众为政府作先驱，厥功至伟。讵昨年为难民所暗杀，深所悼惜。嘛尔迷为其住居地方，今经过其间，其妇遮马首陈述黑死事之惨，请为抚恤。余当剀切抚慰之。

十月十八日　晴

由鼓耳沟行约六十里，宿关口。中间之新桥沟、石鼓磨各地，有松茂荣及泰和木厂，正于其地从事伐木，所得颇多。惟闻松茂荣前此漂出之木材，因叠溪积水暴发，随水漂流散失殆尽，惜哉。

十月十九日　晴

由关口行约三十里，徒步越扑头山抵杂谷脑，驻扎杂谷屯之柳营。李连整队迎于场外，各机关法团人员亦咸到欢迎。余半年以来，白日鞍马，昏夜帐棚，跋山涉水，饮雪餐风，险阻艰难，殆已常试备至，今得安全到达杂谷脑，酥油、糌粑亦不致时时入口，一行员兵固大家欢欣，余亦引以为慰。但杂谷同人见余一行之服装特殊，面目黛黑，又各相视而笑焉。

扑头梁子由杂谷脑到关口，即由东至西之一方面比较曲屈而陡，行人苦之。去年，余办黑水夷案，驻在杂谷脑，曾与屯督署张雪岩秘书长、理番吴瑞岐县长共同建议，若将扑头对河之手托崖凿通，改由营盘街辟一新路以达关口，则可避免度越扑头之艰险，当周毬之并即兴工开凿，现已达预定工程之半。行旅咸歌坦途，为期当不远也。

按：由杂谷脑至理番，只一日程。而由理番至灌县，又只四五日可达。人所常到，无须特别纪录。故余之日记，截至抵杂谷而搁笔焉。

第八编　屯区交通纪

是编为屯督署前秘书宿师良君所编辑，宿君毕业于四川农业专门学校，学识优长，人亦忍苦耐劳。余特荐请邓军长兼督办委以斯职，先命其调查松、理、茂、汶各县要政，继复偕之视察懋、抚、绥、崇诸县屯。凡所经历，辄笔之于书，于交通一项纪载尤详，而情形多非内地人士所及知。特付铅椠以供参考，并志数语以存其真。谢培筠识。

屯区交通纪目录

概　说

交通与文化生计互为因果，便利则优，梗阻则陋，夫人而知也。松、懋各属僻在川省之西北，连甘肃、青海，西界西康，东南所邻各地亦为多山之区。其间鸟道羊肠、千回百折，长峰巨岭、绵亘巍[1]峨，水不可以行舟，陆不可以并辔。其在汉人居处之一线官道间，尚有桥梁可济，旅店可居，但入一土人住牧之境，则路断人稀，险[2]阻尤甚。故虽有五十余万方里之地积与夫无限宝藏之地利，而文化落伍、百业不兴，推原其故，不可谓非交通梗阻之所致也。兹者，营山邓军长晋公，既已汲汲于之整理，特别组织屯督署从事屯殖。窃以为革故鼎新，恐无急于交通者，则是本编之成，岂徒为旅行者之指南而已哉！

一、邮电

屯区（松懋各属现已划为屯殖区域，故简称屯区，以下仿此。）邮线可分二路言之：一由灌县经汶川、威州、茂县等地以达于松潘，其支路由茂县东至于绵竹，由威州西至于理番之杂谷脑而止；一由灌县直达懋功，再由懋功北接于抚边及两河口西北，经崇化达于绥靖绥抚；以往尚未推广也。至于电报一项，原仅松、灌有之。近已由威州延至杂谷脑，如能再事推广，南入于懋、抚各地，则消息灵通矣。

按：由松潘经弓杠岭至南坪，由杂谷脑经虹桥山以至抚边之两河口，近已添置邮班。茂县、松潘、懋功各地，近已安设无线电台。

二、水道

屯区河流湍急、河身狭隘且多巨石壅阻，不易疏浚。其可以行舟者仅绥靖、崇化间九十里内有之，然只限于皮船。船形如釜，中支条木，外蒙牛皮，驾者持桨而立，乘者蝼屈而坐，至多只能容人四五，随波逐浪旋转而行，飘荡中流，可称奇观。此外，即皮船亦不可得而用也。

屯区桥梁亦多异制，捻竹为绳系于河之两岸者，名曰溜筒，即所谓绳渡是也。有用一绳者，有用二绳者，皆取倾斜之势。渡时用皮带或细绳一端系于大绳之上，一端系于木壳（俗称溜筒）以束人身，然后握带举足飘然而过。此物随处皆有，盖土人之普通设备也。平引多数竹绳，上铺木板，左右置扶手者，名曰索桥，茂汶道中多见之。构造如索桥而以铁索代竹绳者名曰铁索桥，懋功之二关桥是也。懋功、抚边间之猛古、马鞍两桥，近来新造铁索桥，虽耗巨款，亦已成功。于两岸筑石垒，于石垒立大支柱二，曰将军柱，依柱架大梁为数二或三，更于大梁上架无数小梁，顺次延及河心，始于梁上铺板

---

① 巍：原写作“魏”，据《勘误表》改。

② 险：原写作“除”，据《勘误表》改

者，名曰碉桥，仅见于理番沱江之上，盖因河身较狭，即此可渡也。

三、陆道

通常有大小两路之称，大路指由松潘至灌县而言，小路指由懋至灌，或由威州至懋属而言。大路在岷江之东，鸟道纡回，险夷互见；小路时沿江岸，时越高山，路基狭隘，崎岖异常。大小两路之中虽有多数支路，然皆锢蔽幽僻，不能如脉络之相贯也。不宁惟是，即其通行之道里情形，人亦语焉不详。故特列为详表，并将各县交通概况分别说明如左，其有关于军事或掌故者亦附及焉。

四、各县交通概况

甲．松潘

幅员广大，物产丰饶，屯区中最有经营价值者也。北至南坪，南至茂县，东至平武，皆距三百六十里。南坪为松潘之分县，以地势窎远，今仍置县佐以治之。道中弓杠岭横梗其间，故其产物出口多取道甘肃之碧口及平武，而平武为粮食输入松属之途，行人较北道为众。惜由县治至施家堡之一百余里内，或则山高寒冷，常有夷匪为患；或则溪流泛溢，每每断阻行人。如能大加修治，则松货出口可由此运至距松二百余里之水晶堡，改由水道下至江油，循涪江而达重庆。较诸驮运至灌，绕道至渝，其省事何止数倍。南至茂县所属之叠溪计二百四十里，道中市村稠密，运输较便，叠溪以下复为崎岖之路。西出黄腾关以入于草地，草地者，徼外之高原也。北邻甘肃、青海，西界西康，南界理番四土，纵横千里，一望平畴，居民以游牧为生，故盛产牛羊毛皮及野牲皮、药材等物，松潘商务之重心、产物之策源也。惜因河流汛滥，地带荒凉，不便居处，而其逐水草而居之土人，智识锢蔽，性好掠夺。商旅之经于其地者，必须夷装乘马，荷枪结队，随同乡导而行。否则，不为夷匪所害，亦感行旅之苦，整理经营恐尤有急于此者。清代，每届夏季由松镇酌派部队护送茶商出关，藉以威摄犷夷，年着为例，亦善法也。

乙．理番

东至威州七十里与汶川交界；西至芦秆桥一百九十五里，由芦秆桥迤南越虹桥山入懋功凡三百五十里；北越鹧鸪山至马塘凡一百二十五里，马塘者，理番四土及松潘南首之中心也。往昔商务颇盛，后因梭磨内乱，焚毁殆尽。民十八年，幸屯督署荡平扣苏叛夷，始渐恢复旧观。此二路在附近理城之数十里内，尚属平坦，余皆路基狭隘，勉可通行。又由县治北循孟董沟而上，不经鹧鸪高山即可达于马塘西。由梭罗沟迤南而行，不越虹桥巨岭亦可入于懋、抚各地。此后商务发达，二者皆有改道之必要焉。

丙．懋功

东越巴朗、牛头诸山，经汶川县境出于灌县，凡六百五十余里；北由抚边越虹桥山出于理、威各地，亦六百余里。二者起讫之处，路较平顺，惟越山一段地僻人稀、气寒瘴重，每岁春冬两季常死行人，如能避去此种天然障碍，则声气灵通，必可期其繁盛。西至丹巴（旧称章谷屯）一百八十里，由丹巴越大炮山可至西康之炉定、康定等县，南逾夹金山可至天全、芦山等县。东北两线为商货出入之途，西南两线为粮食输入之路，西北越空卡山入于崇化屯凡一百八十里，崇化至绥靖九十里，绥靖以上为卓斯甲土司住牧之境，商旅所罕至者也。

丁．茂县

东由土门地方通于绵竹、安县、北川等处，食用品及边茶输入之要道也。行旅众多，络绎不绝。往岁松茂商品多由土门运至安县，凡二百八十里，改由小炭船运至绵竹又九十里，再由绵竹直达于重庆。嗣因时局影响，不得已改道灌县。此后局势承平，商务发达，吾料其必复原状，诚能如此，则商务重心不在灌县而在此间矣。南至威州九十里，北至叠溪一百二十里，皆沿岷江东岸而行，到叠溪一段，山高路险，每年常有人畜坠岩之事。已由屯殖督办署督绅于山麓另辟坦途，费款约五万元，方告成功，惜于民二十二年八月二十五日叠溪地震，继以积水崩溃，新路复毁，大可惜矣。

戊．汶川

地瘠民贫，产物不丰，有九石一土之称。然以其为屯区之门户也，故于交通上亦甚重视焉。南至灌县，北至威州，皆在岷江东岸，其间险夷互见。现由屯督署派刘耀奎团长督修，已成坦途。此外东有僻径可通于彭县，西北由瓦寺土司住牧境内之草坡（草坡有二，一在其南，一在其北，此处指在北者而言。）可达于理番，皆为商旅所不常经之地。又由索桥或中滩堡可合于懋灌大道，已于“懋功”详之，兹不赘也。

五、道路里程表

按：后表所载地名系以重要与否为取舍标准，其不甚著名者则于备考栏内记之。

甲．由灌县经汶川、威州、茂县等地到达松潘之部

里数	地名	备考
	灌县	由此北溯岷江而至松、威、茂、汶，经汶境而入懋、抚、绥、崇屯区之关键也。其至成都凡百二十里，可行汽车。
8	白沙	河名，发源于彭县之海窝子，至此流入于岷江。河口有索桥，桥名利涉，入山者须过此桥。
5	麻柳湾	汶灌接壤于此，由此至龙洞有猪脑坝、茶关、楠木园等地。楠木园之附近有地名茅亭，产茶甚佳。
11	龙洞	龙溪沟由北入于岷江，沿江而行可合于前途之映秀湾，惟须绕道娘子岭山麓之狮子山、白岩、马家村等处，道阻且长。

续表

里数	地名	备考
6	龙溪镇	在娘子岭之麓，有人百余户，汶川县公安分局在焉。由此经尖尖树、小湾、大湾、乱石窖等地到银台观。
15	银台观	此处为娘子岭之极峰，有道院一所，自此经西瓜脑至映秀湾。
15	映秀湾	由下游数里之中滩堡过索桥，可至灌县所属之水磨沟、漩口一带。此地住户七八十家，有茶号堆栈，出场向右上山为旧道，向左下坡傍河而行为新道，较旧道平坦而且近，惜仍狭隘，故驼运仍循旧道。
10	豆芽坪	此地有人十余户，由此经麻柳湾、沙坝、清水驿等地至东界脑。
10	东界脑	前行数里有一小溪来会，溪之左右各有人数家，地名太平驿。
10	兴文坪	此地有人三十余户，由此五里至婆裟[1]店，道中有小娘子岭、一碗水等地名。
10	银杏坪	此地产础玉，用以琢成器皿，尚属雅观。由此经连山村至沙坪关凡五里，经箩筐湾至澈底关亦长五里。
10	澈底关	道中有小径可通彭县，由此过佛堂坝至桃关路甚崎岖，夏季溪水泛滥，每每断绝交通。
10	桃关	往昔汶川分县设于此处，后经洪水之灾迁于龙溪。前年又不慎于火烬，余[2]仅二三家矣。由此十里至沙坝，又二里至索桥。
12	索桥	草坡河由对岸来会于江，江上有索桥，过桥通草坡及三江口等地。此地有人二十余户，由此至飞沙关，有大邑坪、磨子沟、羊店等小地名。
8	飞沙关	关在小峰之上，有废塔一座。关下逢午刻必起信风，遇晴尤甚，其力可卷河沙而上，高达数丈。关前仅有住户数家，其至汶川须经三店、高店子、河坪等小地名。
10	汶川县	由灌至此共计一百五十里，城内仅正街一道，冷静异常，县署、文庙、教育局、学校在焉。城外始有商店，过索桥通瓦寺土司官寨。
10	白鱼落	至此可望见对岸之瓦寺官寨，此地仅有人数家。由此十里至板板桥，有居民二十余户。又五里至磨刀溪，以达于七盘沟。
19	七盘沟	有居民约二十户，街市整洁。由此前行三里至沙窝子，道旁有溜沙一段，蜿蜒十余丈，系山风卷河沙堆积而成，异观也。由沙窝子经浑水沟、校场坝等地至威州。
11	威州	由汶至此共计四十里，其地为岷沱两江合流之所，东南北三面皆在汶川境内，故有借土管民之说，理番设有县佐在此。由此北溯岷江而上，为入茂松之路；西沿沱江而行，为入理懋之路；其至雁门须经姜氏坝、过街楼等地。姜氏坝，因姜维屯兵得名。
9	雁门关	此地有居民十余户，场外坡际之两侧，岩石[illegible]矮，形如洞府者，即雁门关也。
11	青坡	茂汶交界于此，有居民二十余户，市街逼狭，为骡帮驻足之所。
16	文镇	市街清洁，居民约二十余户，对岸为茂县牟托土司住牧之地。

① 裟：原作“娑”，据《勘误表》改。

② 余：原作“县”，据《勘误表》改。

续表

里数	地名	备考
10	凤毛坪	此地又名羊毛坪，有人十余户，由此五里至独足、龙门，其地有小城一座，仅存废址。
12	白水村	有人十余户，市街逼狭，场后坡际尚有人二十余家，地势既僻，行人所不能望见者也。
8	石鼓	有沟，流入与江，沟上有木桥，市中有人十余户。
15	宗渠	有居民数十家。距茂县里许处，有前清提督夏毓秀公祠，祠后山间名南庄，对岸名水西，风景甚佳。
15	茂县	由威州至此共计九十里，松灌之中心也。城内有居民千余户，入松之路由此。出北门而行约二里许，有地名踏水墩者，骡帮驻足之所，旧称茶关。又二里许名燕耳岩，燕耳岩至石溜沟凡五里。
10	石溜沟	又名十里沟，居民仅二三家，距此八里之遥，有民十八改修之道一段。
10	渭门关	居民约三十余户，由此前行十里至小沙湾，其地原有居民十余户，今只存一家矣。自此以往，路渐崎岖。
20	沟口寨	居民约四十余户，有沟自右来会，沟口居民甚众。
11	搽耳岩	此处有居民十余户，由此过窝窝店至观音岩有一隧道，相传为李道人捐资所凿。道人籍隶崇庆，初为石工，逃俗后乐于为善，有碑记其事。再经浅沟至长宁，又五里至两河口。
15	两河口	理番黑水河由此来会，居民仅一二家，由此至苜宿堡五里，途中有地名烟堆坡，系前代举烽告警之遗迹，又经真武坝至石大关五里。
15	石大关	此地有居民六十余户，后山有高黄三寨，对岸有沙平番寨，由此经鹦哥嘴至大定十里，道中乱石甚多，尤以麂子坪为甚。
17	麂子坪	自此离开河岸，迂回登山，渐入崎岖之境。
5	马脑顶	有居民十余户，房舍颓废，气象萧条，大有目不忍睹之概。由此五里至水沟子，有居民七八户。又五里许至黄草坪，有路可绕过小关子。
15	小关子	地势险峻，松茂间之要隘也。囊岁，江防汉军之战相持甚久，后由黄草坪向右绕入后方始克汉军，然道路险僻，苟非迫不得已，不能出此途也。 由茂到此共计一百二十里，道路崎岖，非三日不能到达。市中有人百余户，对岸为松坪出山之要道，清季常住重兵。
5	叠溪	变后，设警佐一员以资镇慑。按：叠溪以下，经民二十二积水暴发，如沟口寨、文镇、箳篂湾、沙坪关等处多为水所冲没，道路已不如前此之平坦。
13	平羌沟	又名平蛮沟，有人数户。由此下山，前行七里至沙坝，有人五六十户，路渐平坦，但仍不少乱石危岩。又五里胡儿寨，原有居民十余户，今已零落不归矣。
17	普安	有人数十户，由此五里至一碗水，其地有观音庙一所，庙内神龛下有石罅溢水，故名。
10	太平	有居民十余户，其后山名萝布沟，对面有高碉名牛尾巴寨。由此十里至永镇，经茂县界碑至平定关。按：沙湾、普安、太平等地因叠溪地震，已庐舍荡然。

续表

里数	地名	备考
20	平定关	居民约六七十家，半呈颓废之象。自此以往，路多夹道。相传为前代用兵设伏之所，每距二三里之□筑石为垣，高与人齐，长约丈许。今多倒坍，为行路之障碍。
10	靖夷堡	堡垒旧址在今堡外坡上，今已全废。坡下有人四十余家，由此过桥左折五里至莲花岩，仅存废址一片，又五里至靖夷堡。
10	镇夷堡	居民数户，旧堡已废。由此五里至镇平，有人数十家，山势渐形开展，林木亦甚苍郁，不复如前之荒凉矣。
15	金瓶岩	此地云昌、呷竹各寨出山之路，入山可由白草至北川县。
10	平夷堡	对岸为猼猓子族住牧之地，居民多避害迁去。由此五里至格达坝，又名万金坝。又五里至平番营，城内有清季守备署旧址。
15	镇江关	松南之重镇也，有人百余家，由叠溪到此共一百二十里。
13	北定关	清末，松潘番变，焚掠至此，始为军团所阻，其原有城堡，今多颓废，现有居民约三十户。
17	归化	此地有人五六十户，有沟名龙溪，来会于江。由此十里至龙韬堡，又十里始至新塘关。
20	新塘关	关内居民十余家，由此经得胜堡至安顺关。
20	安顺关	雪布河由对岸来会，有桥名福兴，通于彼岸。由此十里至云登堡，遇晴可见松城对山之塔。
20	西宁关	此地有人十余户，由此五里至雄鸡屯，其地纯系农家，无设市者。
20	石河桥	居民约五十家，至此须过桥左行直上，为合松东之歧途。
10	红花屯	此处有一小村落，隔河为下泥巴番寨，河流平缓，两岸亦宽广异常。
10	松潘县	由镇江关至此凡一百二十里，路短且平，一日可到其地，市密人稠，城垣广大。岷江横贯其中，川西之重镇也。东至平武，南至茂县，北至南坪，皆遥三百六十里，西出黄腾关，为入草地之路。

乙. 由灌县至懋功之部

里数	地名	备考
	灌县	由此出西门而行，余详前。
3	二王庙	至此过索桥，沿岷江西岸而行，由索桥至对岸韩家坝二里，韩家坝至关口五里，关口至水西关又五里。
12	水西关	居民约五十家，前行五里处有地名沙金坝。
15	猴子坡	此地有倾斜极缓之小山坡及居民数家。
10	麻溪	其对岸为茅亭，以产茶著名，由此至岩后八里，各有居民数十家。

续表

里数	地名	备考
10	漩口	以上道路甚平，山势开展，以下渐形崎岖。此处为入山之大站，居民众多，由此十五里至垮博店，又十五里至水磨沟。
30	水磨沟	由灌至此共计九十里，市街繁盛，为入山之要站，途中所需物品可在此购买，以次不易得也。前行十里至天生桥，为汶灌接壤之所，又五里至大白石，各仅客店一家。由此至草坪之路有二：一越鹞子山，路短而多山坡；一经三江口，路长而较平顺。
30	三江口	此地为汶川巨市，居民约一百余家，过此即人家稀少。
12	草坪	居民七八家，但无市物者。
10	九龙山	此山倾斜甚缓，中多农家。由此下山至安家坪十里，安家坪至冒水子五里，冒水子至白果坪五里，白果坪至麻柳坪五里，皆沿河岸而行，居民甚少。
25	麻柳坪	至此虽开河岸，迤逦入山四里至三角眼，又四里至蒿子坪，又五里至三星号，皆少人居。
16	童槽	此地旷无人居，道路倾斜甚急。冬季须备钉爪等物，始不致为冰所苦。由此八里至牛头山麓，其地名穿心店，又十里至烧茶坪，各有破店一楹。
18	烧茶坪	当牛头山之半，行人多就此休息熬茶，故名。
15	牛头山顶	此山高出海平面约三千二百米达，冬季树林荫蔽，冰雪甚厚，不良于行，故有“春巴朗，冬牛头”之谚。由此下山十二里至空桐树，又十里至新店子，各有旅店一所。
22	新店子	此地为牛头山顶之麓，由此五里至蒿子坡，又五里至转经楼，又十五里至皮挑河，途次小桥极多，计大小七十余座，山尤逼狭，舆马不能畅行者也。
25	皮挑河	至此出山，沿巴郎河北岸而行五里至脚磨沟，又十里至观音岩，居民渐众，各有数家或十余家不等。
25	卧龙关	居民十余家，瓦寺土司总管林镇江驻此。由此至糍粑街，途中须经头道桥、二道桥、小岩洞、三道桥等地，各有客店一二家，或竟无之。
35	糍粑街	居民只有一家，途次极荒凉之致。前行五里至新店子，又十二里至龙岩。其景象亦复类此，惟自卧龙关以次，始较平顺。
20	烧火坪	由此至邓村须经文庙街、三圣沟、驴驴店等地，各距五六里不等，居民甚少，地尤隐僻。越山可至天全等处，匪人出没其间，行人所宜注意者也。
28	邓村	居民五六家，至此又离开河岸，迤逦上山，三里至菜园子，又十二里至高店子，各有客店一所。
30	相爷坪	清季金川之役，大学士讷清赐死于此，故名。现有庙宇一楹，可蔽风雨。由此山宜在拂晓启行，如在午间，必遇大风，尤以冬季为甚。
30	巴郎山顶	此山高出海平面约四千五百七十余米达，空气稀薄，行步宜缓。
15	万人坟	此地为清季平定金川之役阵亡将士埋骨之所，有屋一楹
25	松林口	此地有人四五家，前行十五里至高店子，北至山麓，又五里至破寨子，各有人二三家。
30	日隆关	至此人烟渐众，路亦平顺。其至双硐凡八里，有人数家。
20	沙坝	由此十里至滴水岩，又五里至木耳岩，又五里至广金坝，途次多沃日农家。

续表

里数	地名	备考
23	达维	此地居民约六七十家，场后有喇嘛寺名乘妙，寺中有喇嘛二百余人。由此十二里至热耳岩，又十里至木了桥，其情况如前，又由此越夹金山，可至天全。
24	将军碑	清金川之役，理番人袁国琏阵亡于此，其兄国璜立碑记其事，故名。仅有客店一家。
10	仰天窝	此地为山坡凹下地，故名。自日隆关以来，山已多土少石，由此五里至木栏卡，有农村一处。
15	沃日官寨	官寨在市场之后，建筑古丽，市中有人数十户，别思沟由此进山。
15	小水沟	此地为一小市镇，土汉分界于此。由此十里至高店子，有村落，无商店。
20	老营屯	此地旧名明角宗，有居民十余家。由此五里至观音岩，傍山临河，形势险峻。又五里至破寨子，合于懋抚路。
15	懋功县	县治，通称新街子。高出海平面二千五百四十米达，位于小金河之南美诺沟之两岸。东至灌县六百五十二里，南至天全属之硗碛一百二十里，西至康定六百里，西北至崇化一百八十里，北至抚边百二十里。

丙．由威州经理番、抚边到达懋功之部

里数	地名	备考
	威州	又名新堡关，为岷沱两江合流之处，两江之上各有索桥一道。两江之中名保子关，河西名桑坪。由此经桑坪至羊角五里，又五里至钱邑，居民约三十户，前行里许至风洞子，地势险峻。
20	下庄	居民十余户。
10	古城	此地为古威州旧址，居民约十余户。前行数里至谢溪沟，相传为谢坊叔先生之故里。坊叔，宋嘉庆中进士，官至淳熙左丞相兼枢密使，《宋史》有传。
51	通化	理东之巨市也，有人百余家，古广柔县遗址。由此五里至甘溪，有人四十余家，市街整洁，惜少商店。又十里至长河坝对岸，为九子屯。又五里至欢喜坡，山势异常逼狭。
25	理番	理番通称保县，在马鞍山之麓，孟董沟由对岸来会于江，南沟水横贯城中，有李文饶筹边楼旧址。由威至此凡七十里，由此七里至破碉房，居民仅一家，路狭而平，余多类此。
20	蒲溪沟	至此路成弧形，弧上有居民数家，蒲溪沟自左流入于江，沟内居民甚众，生产粮食。
10	木堆	居民十余户，由此七里至红水沟，居民多姓何。其后山通杂谷脑，民十七年来，苏夷匪劫掠此间，即由此道而来。
19	塘上	此处有人十余户，乾堡屯在前方数里，对岸山下有桥可通。
10	维关	至此过河上坡，坡上即关寨所在，山势峭削，险峻异常，古来军事之重地也，有人十余户，即唐之维州。
10	杂谷脑	又名兴隆场，理西之巨市也。由理番至此共六十里，路短且平，半日可到。场内有商店二百余家，场后坡上有喇嘛寺，为理番各屯之宗庙。对岸名营盘街，即杂谷屯官寨。丹札木沟由此来会于江，进沟通瓦寺、草坡等地。

续表

里数	地名	备考
10	扑头梁子	山路险狭，僻无人居。由此至关口，须经牛血坪、黄土坡等小地名。
20	关口	灌商姚宝珊建有模范乡村数椽于此。由此过桥经扑头寨至二道桥，改道经杂谷屯格山老寨，再由关口过桥，可不越扑头山。
5	二道桥	梭罗沟由此流入于江，沿沟入山有捷径可通抚边，但未开辟，故少人行。此地有客民三四家，由此过梭罗沟迤北行十里至简阳坪，山势逼狭，林木荫蔽，居民甚少。
20	新店子	此处仅有居民一家，山势渐行开展，由此十里至庄房，为杂谷屯与来苏沟接壤之处。又五里至二道坪，经蛇卡至石鼓磨，过桥折入河北而行。
30	鼓耳沟	道侧坡上有居民数十户，多系烬余，十八年平定来苏之役所焚毁者也。由此五里至大沟口，过桥路极崎岖，以尤①狮子坪一带为甚。
15	狮子坪	紧接望乡台，地势险峻，僻无人居。由此五里至麻耳䟐，始改前观。又五里至转经楼，路尤平坦。再五里经小秋地至大秋地过河。
15	大秋地	至此居民渐众，山势亦甚开展，由此过河五里大石包，三里至小火地，二里至大火地，三里至各半口，途次农家尚多，但无商店。
12	芦秆桥	由杂谷脑至此共计一百三十五里，仅有破屋一间。由此过桥迤南而行五里，至大板昭，为一小村落。
15	猛古	夷民较重，地势开展，过此以往，又复路断人稀矣。
30	虹桥北站	由猛古到此皆在丛林僻径之中，此地原名座棚。民国十八年冬，屯殖督办署谢处长竹筠视察理懋露营于此，时值大雪，备受其苦，事后建此站，以利行旅，并定今名。
20	虹桥山顶	此山高出海平面约四千九百七十米达，比成都高出四千三百七十米达，冬季积雪甚厚，空气尤薄，行人务须缓步，始无晕山之险。
25	虹桥南站	此地原名两岔河，改创沿革详于“北站”。由此至松坪十里，有人一家。又十里至鱼海子，皆在乱石丛林之中。
20	鱼海子	居民仅一家，至此路渐平整。
30	两河口	居民约百余家，为绥、抚及卓、松各土之中枢，抚北之巨市也。由芦秆桥至此凡一百四十里，南至抚边九十里，西经德尔札山至绥靖二百四十里，北越梦笔山至卓克基约一百余里。
20	大寨	此地系清季平定金川之役，派遣杂谷屯兵三十二户驻防之所。由此十里至马耳康，路甚平坦。
25	叨鸟	居民三四家。
15	新店子	道旁坡上有人数家，由此十里至墨龙沟。清季平定金川之役，进兵之地也。
20	天生桥	两岸石岩突出，藉此架桥，故名。对岸有别思满屯庄子一所，前行七里有沟名美诺。
10	抚边屯	屯治在小金川西岸高台地上，居民不上百家，市街亦甚简陋，由两河口至此凡九十里。

① 以尤：按文意，当为“尤以”。

续表

里数	地名	备考
20	木坡	通称穆坡，有人二三十家，对岸有喇嘛寺法圣寺，甚壮丽，即别思满屯家庙。
10	老喇嘛寺	有居民四五家，因焚于火，仅存遗址。
20	八角	有人三四家，抚南之巨市也。对岸山中有寿经喇嘛寺，为八角屯家庙。民国六年，妖僧察都和尚僭号倡乱之地也。
30	破寨子	此地抚属之破寨子，到懋时尚有一地同名。由此五里至凉水井，又十里至羌家湾，居民皆只二三家。
20	猛古桥	此地系沃日河与小金川合流之所，原架小木桥二座，如遇洪水冲毁，须由猛古山绕道二十余里至懋，现改建铁索桥。此去五里为观音岩，又五里为破寨子。
15	懋功县	由威至此共计六百一十六里，居民稠密，市分三街：一名营盘街，在美诺沟之东卯甲梁子之下，有街无市；一名粮台街，在美诺沟之南，县政府及教堂在焉，沟中有上中下三木桥；一名新街，在小金河之南与粮台街隔一河湾，市街整洁，商务繁盛，已详于前，兹不再赘。

丁．由松潘至平武之部

里数	地名	备考
	松潘县	由此出东门而行十五里至水草坝，道旁仅旅店一家，其余农家甚多。
20	雪兰关	此地有人三四家，前行二里至桥，桥上亦有人二三家，山间有雄黄矿一区，由桥上至风洞子八里，越倾斜甚缓之雪山至天花石，其间空气稀薄，常有夷匪为患，宜结伴缓行。
25	三岔子	此地在雪山之麓，有路可至漳腊，前有居民一家，今已迁去。
15	下草湾	涪江发源于此，对岸山中有风景极佳之黄龙寺，由此十里至红崖关，又十里至伏羌，皆只旅店一家。
30	三舍汛	由松至此凡九十里，道路尚属平顺，由此至施家堡即大相径庭，此地有人三四十家。
20	驷马桥	前途有墩上、牌坊沟、干河坝、镇远诸地，道中两山逼辏，路尤崎岖。由此至老塘房，须经小关子、月耳岩诸地。
20	老塘房	自此路更崎岖，尤以辖夷口一带为甚。由此十里至苜蓿厂，各有旅店一家，余无居人。
20	施家堡	至此胸襟为之一阔，其地有人三四十家。由此十里至四望堡，渐见村落。又五里至叠台沟，路渐平顺。叠台沟至小河之间，名龙韬堡。
30	小河营	由松至此共计一百八十里，其地气候煦和，居民众多，松东之巨市也。
20	风崖堡	有居民数十家，道中农村渐众，始见稻田。
10	木瓜墩	松潘、平武交界于此，水晶堡在前方二十里处。
150	平武县	旧龙安府治，由松至此共三百六十里。

戊. 由松潘到南坪之部

里数	地名	备考
330	松潘县	由此出北门，沿岷江西而行，自县城至南坪均系沙平路，道中虽有弓杠岭之高，夷匪为害，但甚宽广。
30	虹桥关	由松潘至此，须经火烧屯、高屯子等地，至此过桥折入河东而行。
10	漳腊	此地在岷江东岸，玻璃泉横贯城中，水甚清澈，对岸以产金著名，纯用土法开采，颇有所获。
20	柏木桥	道中有村落无商店，至此往村落渐少。
15	小西天	至此渐无人居，上山十五里至金线塘，而奓奓沟到达弓杠岭之腹。
30	弓杠岭	此地林木葱茏，夷匪出没不常，故无人居。由此十五里至大石头始有塘房一楹，塘房者前代传达文书之驿站，递步哨也。每距十余里，或二十里为一塘，每塘有兵一二名，今已全废。
30	踏马	此地有黄铁矿甚旺，由此十五里至错盘好，仍无旅舍。
30	箭梗塘	至此，始有人家。
15	戎洞	情况如前。
30	踏藏	由松至此共计二百一十里，道中林木甚多，居民渐众，由此十五里至永和塘，经藏咱寨至分汛塘。
30	分汛塘	由此至沙坝之间为隆康汛及永靖关。
30	沙坝	由此至黑河塘之间为林近塘，至此始见童山，农村渐众。
30	黑河塘	黑河由此会于白河，十五里燕子垭，为一村落。
30	芝麻塘	由此至南坪之间为中田山。
30	南坪	自踏藏至此共一百五十里，路较狭隘且多石砾。由此东行三十里至汤珠河，又四十里至柴门关与甘肃文县交界，又九十里即至文县。

己. 由卢秆桥至马塘之部

里数	名称	备考
	芦秆桥	由此向北直行，余已详前。
15	大夹壁	此地有夷民十余家，由此至渺罗，须经长河坝、麻里、斯多、八卦硐等地，途次农家甚多，半已颓废，盖缘黑水及活佛之变，尚未复元故也。
20	渺罗	原有居民六七十户，今只十余户。由此五里至党槓梁子，亦只十余户，较昔减去大半，均系民十四年黑水内乱时所焚毁者也。
10	十八卦沟口	沟内居民较多，沟口仅磨房一座。至此过桥，折入河之左岸而行。由此十里至大郎坝、二京岭，又五里至红水沟，再三里至二道寨，各有居民数家，途次林木甚多。

续表

里数	名称	备考
20	尽头寨	原有居民十余户，悉被焚毁，现有少数人民居于对岸。由此五里至奶子牛厂，为昔时土司牧牛之所。又五里至板板桥，林木葱茏，行人多就此露宿。又十里至烂树子，三处皆无人居。
30	山脚坝	此处亦无人居，有路可通黑水。至此上山五里至猫儿鼻梁，山势倾斜甚急。
15	鹧鸪山顶	至此路基极狭，空气尤薄，每年夏季常有冰雹风雪之苦，由此至山脚，其地林木甚多，故名松林口。
15	马塘	由卢秆桥至此共计一百三十五里，往昔商店甚多，今已墟废。由此三十里经壳躲沟至康猫喇嘛寺，再上入松潘草地，横入黑水。西南行一百二十里，经王家寨、烧坡、梭磨等地至卓克基，又六十里至松岗。

庚．由懋功经崇化屯至绥靖屯之部

里数	地名	备考
	懋功县	按：由懋功至崇化之路有二：一由新桥塘进山六十里至崇德，由崇德越空卡梁子至卡撒沟凡八十里，沿卡撒沟而下四十里至崇化，此为夏季雪融之路，若在冬季，则须绕道中梁子至崇化。本表所列，即为此途。
15	新桥塘	此地在大金河北岸，有河流入，于大金进沟，为越空卡至崇化之路，由此十五里至科多，路极平坦。
30	村都	沿途农家甚多，惜无商店。
15	僧格宗	此地有人数十家。由此十里至三叉沟，为丹巴、懋功交界之地。由三叉沟进山，经一枝碉至长胜店，其地有人约百余家，皆在山间。僧格宗为清代金川之役大有关系之地，又焚毁军米遗迹，米粒尤隐约可辨。
15	长盛店	由此迤逦上山五里至塔子沟，为金川平定后指定理番上下孟屯及九子屯屯兵各三十名驻防之所。又五里至唐家磨房，上坡十里至尽头寨，地属丹巴。
40	三家寨	又称尽头寨，位于中梁子之腹，有人四五家。
30	中梁子山顶	此山之东，倾斜甚缓，其西较峻，山顶产虫草、贝母等物。
35	黄草坪	由中梁子至此，始有人一家，前行数里，沿会达沟而下。
20	清福寺	此寺有喇嘛数十人。
30	会达沟口	会达沟由此流入于大金川，沟口有人三四户。对岸为马尔邦，有人十余户。循金川河右阴山而上，路险只能徒行，不通于舆马、渡皮船，由马尔邦沿金川河左而上，再由较场坝渡河而东，路极平坦。
20	崇化屯	由懋功至此共计二百二十五里，屯治在大金河之东，有人百余家，多以耕稼为业，与抚边情形大致相同。
10	广法寺	此寺为清季金川平定后敕建之所，西藏派有堪布驻此。由此前行十里至末木札，又十里至牛厂，地势开展，路亦平顺，惜仍罕见农村。
28	渡口	至崇化起，皆沿大金河东而行，至此乘皮船西渡。
2	独松	由此北至绥靖，西至二凯，居民约十六七家。
20	甲咱	居民二十余家。

续表

里数	地名	备考
30	绥靖屯	此地在大金河之西，东至两河口二百四十里，南至崇化九十里，可行皮船。西至二凯矿厂四百九十里，居民众多，为抚、崇两屯之所不及。

辛. 由茂县至绵竹之部

里数	地名	备考
	茂县	由此东行五里为水磨坝，有居民数家。
10	夹山墩	
20	小关子	
20	甘溪	
20	土门	由此南行三十里，与北川县交界。
20	关口	
20	大崖坪	
20	横梁子	
20	彭家包	
20	高川	
20	鹦哥嘴	
10	大石坝	
20	道喜沟	
10	月耳门	此地与雎水关为安县属。
20	雎水关	
10	福星场	即少贵滩，为绵竹所属。
15	塘房	
15	绵竹	

按：茂绵路线，人所习知，无须特别说明。

壬. 附表

按：本篇附载各表，皆系不甚通行，无足重轻之僻径，所经各地多无村落旅舍，故未加以详细说明，所以不欲付之阙如者，便于参考耳。

1. 由南坪至平武之里程表

南坪……30……汤珠河（由此上山经碟子坪、花木桥、两河口至大屋角）……60……大屋角……160……白马路……110……平武（以上共计三百六十里）

2. 由理番至刷金寺之里程表

理番……20……四马溜口……15……子达寨……15……老鸦寨……10……塔司坝……10……卡子寨（上下孟屯交界于此）……10……老尺沟……10……白杨沟……15……平河沟……15……羊马河……10……凉水井……10……青杠坡……10……木香坡……10……美人沟……10……柏树桥（上孟屯与黑水交界于此）……10……张家岩……30……龙口卡子……30……横梁子（由此越鹧鸪山至马塘二十五里）……30……马河坝……40……刷金寺（以上共计三百里）

3. 由两河口至绥靖屯之里程表

两河口……20……大板昭……20……水卡子……15……银厂沟……20……木城（须露宿）……30……得尔扎山卡……10……新店子（此地只屋一间）……30……杨家碉……45……绥靖（以上共计二百四十里）

4. 由绥靖至二凯金厂之里程表

绥靖……20……四大庵……10……可耳马山……10……牛厂……30……俄坡……50……木池……20……尽头寨……50……蒲村喇嘛寺……50……长海子……20……大草坪……20……苍苍喇嘛寺……60……玉簪山……60……转经葫芦……30……必杨都梁子……30……两河口……20……鱼别大桥……4……二凯（以上共计二百八十里）。

5. 由独松至二凯金厂之里程表

独松……5……正底塘……20……八月沟……40……格不便却梁子（此山高于巴郎）……8……三道海子……4……两乂河……5……龙卡……12……阿柯里（又名勒尖）……7……泽朗沟梁子……30……转经葫芦……30……必杨都梁子……5……鱼别……4……二凯（以上共计二百七十八里）

6. 由茂县至色耳古金矿区之里程表

茂县……10……镇夷堡……10……椒园堡……5……窄溪沟……15……刁林沟……10……松溪堡……10……水草坪……20……沙坝……10……龙坪……15……卡渣……10……杜家坪……10……白溪寨……5……杨柳坪……5……二木瓜子……10……地娃……10……长五间……5……皂角树……10……珠丝洞……5……兴隆坪……5……苦地瓜子……5……神树林……10……色耳古（以上共计一百九十五里）①

① 底本无，今据前文体例补。

邓锡侯 辑

四川松理懋茂汶屯区屯政纪要

民国二十五年印

提　要

《四川松理懋茂汶屯区屯政纪要》（以下简称《屯政纪要》），邓锡侯辑，民国二十五年（1936）刊刻。邓锡侯，字晋康，四川营山人。1927年邓锡侯组织理懋茂汶屯殖督办公署并任督办，辖松潘、茂县、汶川、理番（今理县）、懋功（今小金）、靖化（今金川）六县及草地六十五部、二十个土司、十一个屯守备。

《屯政纪要》有邓锡侯序、邓锡侯像、屯务图片，正文分“屯政机关”“屯区状况”“交通”“军事”“夷务”“垦务”“民政”“财政”“教育”“农林牧畜”“矿药”“工商”等十二章，每章分列数节。

《屯政纪要》全面概述了今阿坝州所属松潘、理县、小金、茂县、汶川五县屯殖区域的概况，基本囊括了今阿坝州所辖全部地域，保存了当时重要的文献史料，是民国时期现存最完整的有关今阿坝州地区的区域总志。

目 录

序

《屯政纪要》这个书，是继《四川松理懋茂汶屯区庶政概要》而作的。《概要》梓行在民廿的秋天，其时混沌初开，只略其眉目，没有什么可资参考的。兹篇纪载比较的繁密，民廿以后的区内设施，尽具于是。现虽两经兵燹，所残留的，不过什之三四。究之按册而稽，屯区政象，尽有痕迹可考，这却是不可视为时过境迁的一个废物！

但是屯政对象，在边地和边民。论其地，毗邻西藏，自西康建省，北交青海，南结云南。遂将他的位置形势，变为内地。然蛮山鸟道，消息时通，仍隶藏族如故。至于广荒不治，俨然一大瓯脱，介在川康两省的中间。论其民，言语、性质、习俗、宗教与夫其他一切生活，同于藏而殊于汉，由数千年以至今日，原始情形，未或稍异。然则屯务云者，仅沿袭从前的镇抚形式；政务云者，仅成立单纯的施治形式已耳！而被治的方面，地方怎么经营？人民怎么改进？都说不上。仍是夏自夏、夷自夷的旧模型。汉族的文化，从未丝毫地浸入他的皮毛的。侯尝考之：彼少数民族，能保其初民的生活状态，历各朝统一局势，不被消灭，这实在是由于吾族处闭关时代、墨守怀柔的成训，叛则挞伐、服则羁縻的缘故。迨近世纪，列强交侵，国防见重，应生问题。无如国内又割裂叛歧，无暇顾及边鄙，所以同一版宇，僿野至今。非其别具有什么特种能力，特种价值，足以自存到这个田地，这是很显然的。

今者，世界大战，将届暴发，列强正努力寻求国防问题，怎么解决，就像把全国的智识才力，尽量拿来供给此项解决消费的用途，尚难达到圆满的目的似的。吾国也，正在受了这样的波动，注意及此。东方多事，西眷殷切，不意乃有此项特殊边民，盘踞着这样具严重性的国防位置上面，公然与我汉族，文野悬殊，形成“对立”。内在的矛盾，显露到这个地步。此时何时？可乎不可？

在民族心理学家，谓一种族，能长期独立：非由外部环境与政治制度，尤非其智慧所致，而乃在其品性，品性差异，遂使心理组织不同。属于心理上的固性，变形极缓，必受之以渐，先以教育转移其心理组织，然后由组织变迁，改移其品性，乃能与文明民族，共趋一辙。此种结果，却非突变所能获得的。但在近代政治学家，都不主张迂回的说法。谓一民族的生存与观念，必以种族、地理和历史的统一为根据；应充实其天然疆界，应同化其各种份子，应推广其文化于“劣等种族”。又谓共同社会的意志，应决定其政治地位的理由；多数民族，得利用此种决定，作为同化或镇服少数民族的努力的根据，而办到同化与统一。又谓一群共同生存在一个明白划定的地域内的人种，成立一个国家，其国家为求国内统一的努力，即违反其一部份人民的愿望，亦为正常举动。又谓若以多数民族文化，推展到少数“劣等民族”，使广大领域，泯其畸形，即使不得已而用武力，亦是应该的。故依民族学家意见，不主用逻辑学上的突变；依政治学家意见，非突变不合逻辑。自我看来：世界是演进的，但不变，只是演化，不是进步。主观的话，吾国自来是用夏变夷的，以环境催促的缘故，我不附和阴柔派的缓慢政策。

但是，一个在同一地域驯伏已久的民族，凿饮耕食，与汉无争，因为门户的关系，猝然临以强力，似又未免近于躁急派的恣睢气习。我现在斟酌缓急的情形，综合中外古今的学说，求出一个适当最新的方式。就是用阳刚的手腕，图温和的成绩；举国家的财力、实力，强制其同化与统一。就我羁勒以后，一切出以和平，安定其族类心理和生活；这个就是置庄岳求齐语的成法而新用之。对外，为我自完整我国家内部、历史上、地理上的统一；对内，则实行总理民族平等的遗教，使边民与内地人民，同立于文化水平线上，新建设一个和平光明共由的世界。这样一来，国防无虞，矛盾消化，边民安处，建设可施，其庶几乎为屯政极轨乎！此种意见，早胚胎于设置屯殖督署之初。而不克具体规则进行者，则因戍区财力不足，又未知国家筹边政策若何故耳。兹欲给国防方面以研讨的资料，特于《纪要》篇首，补叙及之。

中华民国二十五年二月日　营山邓锡侯　序于崇庆军次

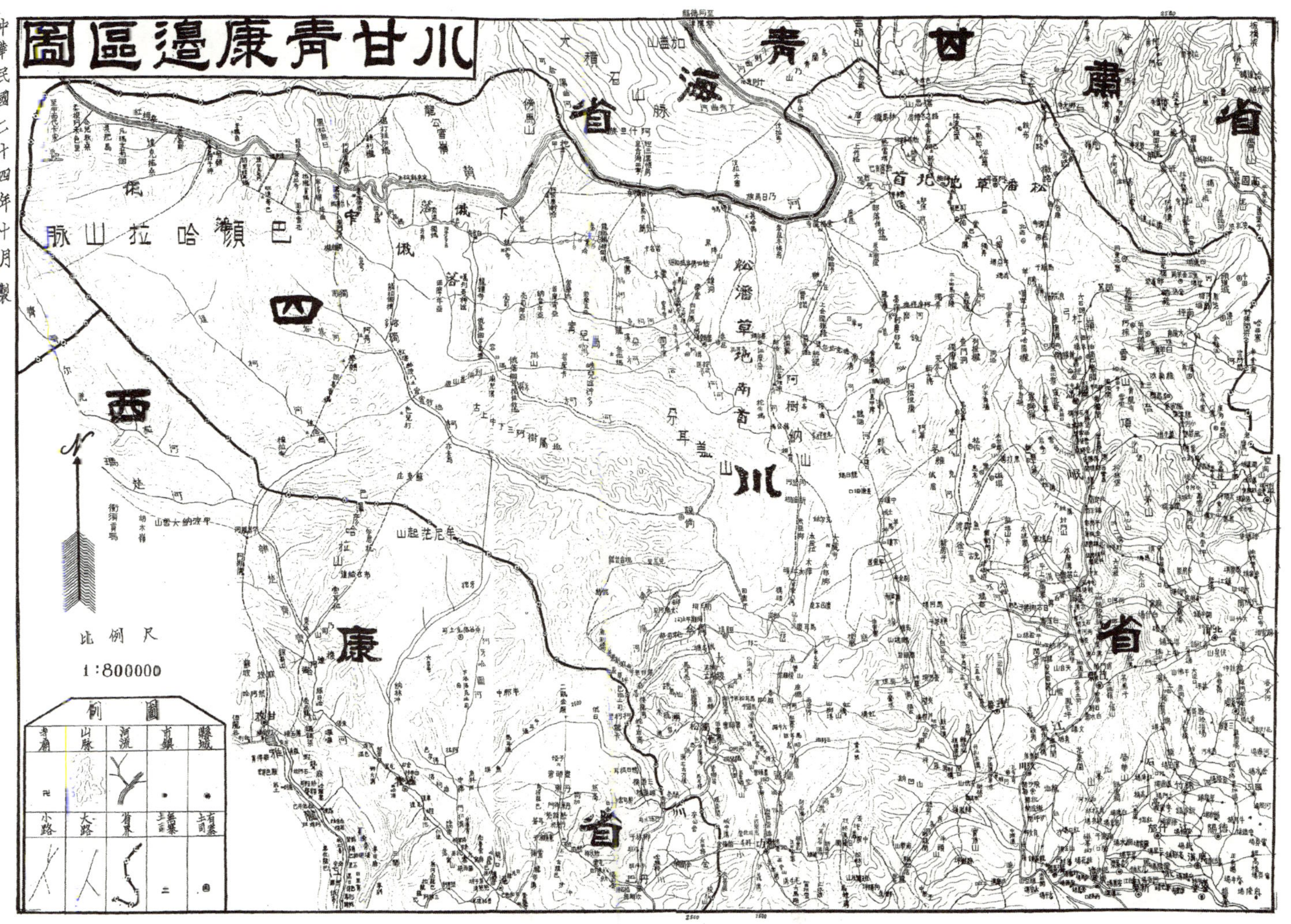

中華民國二十四年十月製

引　言

昔杜君卿有云：置边防，遏戎狄也。又云：光武报臧宫等请，谓务广地者荒，务广德者强。诸将自是不复领兵事，以光武此语为持盈知足，合治国要道。盖因唐时碛西怛逻之战，云南渡泸之役，均丧师无功而云然也。今则不然，边势丕变，迥殊前代。凡前之所以策遏戎者，今属左计。且今之戎狄不足患，患在与戎狄接近者大有国在，方欲诱其入彀，我岂可从而驱之？我之边防，若不推设戎境之外，使尽内属，佐我戍守，势必为近戎狄者利用以制我。藏卫之事，其殷鉴也。然则立国今日，虽欲不勤远略，不谋拓殖，其可得哉！其可得哉！松理懋茂汶，夏属梁州地。茂州、汶山，即冉駹国。周初，羌髳与孟津之会，髳即苗人。秦置属郡，别松茂为湔氐道。汉置汶山郡。唐置松州、茂州。明平定吐番，置松潘、保县。逊清康雍间，收复大小金川，改置抚边、绥靖、崇化三屯。当羌夷强盛时，负嵎凭险，叛乱相寻，甚或络绎内犯，黎庶蒙殃。经历代，柔之以德，威之以兵，乃始帖耳驯伏。攘外之功，史籍昭垂，班班可考。惟有清二百余年，蓬婆筑城，滴博设戍，仅备武力，杜渐防微而已。洎入民国，叛服不常，国家多故，未遑筹及。锡侯来戍西川，侦悉有人视同藏卫，入山调查，窥我藩篱。欲睡卧榻之侧，将贻剥肤之痛。且其地位处青、甘、川、康之间，其夷人多习藏语。藏既窥康，难免不煽兹戎众，为其内应。设不先事经营，俾就羁勒，而通青康一横障，隔绝西番。一旦被人啮及，紧邻四省之边镜，以后皆无宁日。又况该五县，蕴天然之富源，地下五金宝藏，矿旺脉丰，地上巨材珍品，尤难胜数。稍予疏导，即可源源输出。其地位重要，物产充裕，既已如此。加国际方面，因经济侵略，金融日枯。川内又苦人口过剩，粮食缺乏。该五县地面广漠，荒芜不治。倘招承开垦，移扎屯田。不但调剂有无，合于生众食寡之大道。且令边实防固，永断自藏来侵之交通。为国为川，纵有劳费，且弗能已，况所得者尤非少数。遂于民国十六年，定计划松潘、理番、懋功、茂县、汶川五县，抚边、绥靖、崇化三屯，为屯殖区域（以下简称屯区）。设屯殖督办署于茂县，专司其事。加派重兵，分区扼险控勒，镇慑番夷，俾沐汉化。于是查户口以别夷种，设学校以通语言，派巡回讲员以宣布行政旨趣，奖公司会社以领荒，移驻军平民以耕食，改建道路以便利运输，设守要隘以肃清劫夺。又辟农场试验以尽地利，置储蓄汇兑以活金融。迄今纲举目张，成效可睹。特将各项计划，暨其实施之过程，撮叙大要，用备省览。其川青、青康铁道与金矿开发，一切敷设，虽与国防金货有关，非有巨资，万难轻试。然边事日棘，今昔殊科。外力侵入，已接萧墙。昔之闭关遏戎，既不切于现情；即今之化夷为汉，亦岂能救兹眉急？此则不胜杞忧者也。

松理茂五縣三屯概要圖

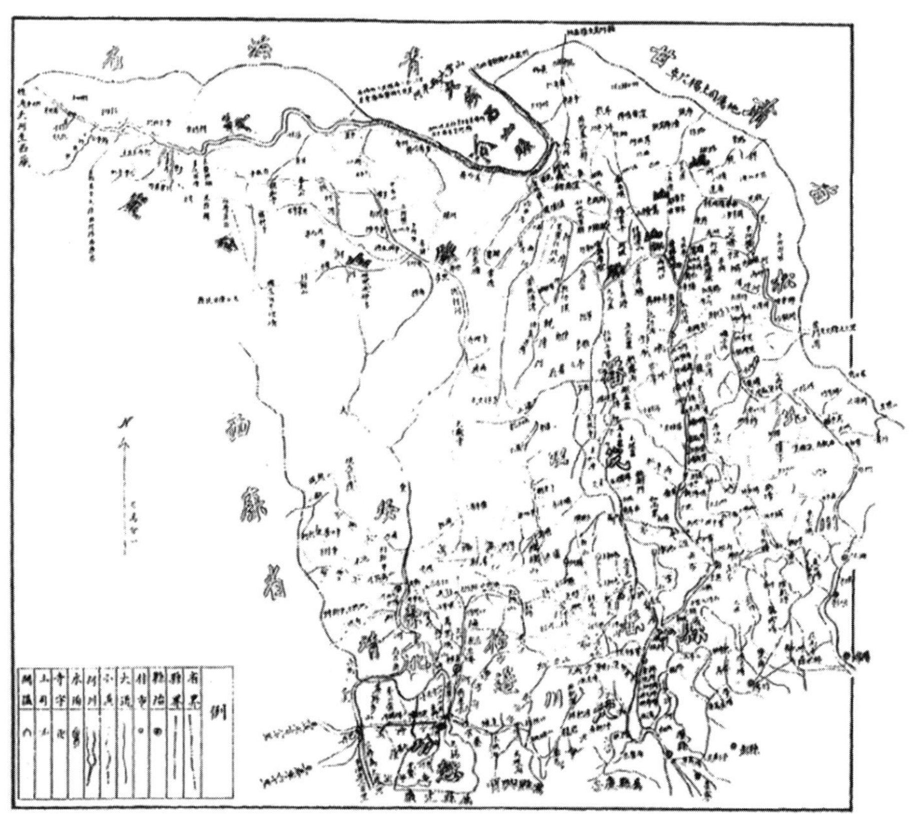

編者肖象

籌邊樓

唐李魏公德裕建作今理番縣城附近

漳臘金廠全景

威州索橋

橋横跨岷江爲威州理番往來必經之路

松理茂汶聯立中學校舍

松理懋茂汶屯殖督辦署大門

茂縣平民學校教職員與學生

跳鍋裝

自此以下皆邊民習俗及生活情況

樵採

騾幫路宿途中

松灌大道之駝運

負運

第一章　屯政机关

松懋地带为川西屏障，正西接青海，西南毗西康。因政教之未周，致进化之濡滞。岷江以西，满布西藏民族，生活信仰，全同西藏。历代欲有事于西藏者，除炉定、西宁两线外，不能以此地为入藏之新捷径。于是以国家数千年之版图，竟历数千年而为西藏藩篱。民国廿余年，尤其十六年以后，全国地区均在三民主义下，日趋于现代化。而松懋区域，独充实保持其太古时代之封建制，且又接近四川腹地。其有碍于国家之设施，以及经边之大略，胡可胜计。而药材、毛草乃至黄金，尤关四川与全国之资源。不予经营，直接影响于一省，间接当使中枢对于青康之力量，失直线与弧线之贯澈[①]。岂仅宝藏不兴，夷患堪虞而已哉。乃于决计从事屯殖之首，先置改造工具，而为屯政机关之设备焉。

第一节　屯务行政机关

唐代吐番入寇，曾分兵一路，取道松懋，以袭秦陇。自后谋国者，均重视此方。清初于松潘置镇，嗣平金川，于懋功置协。其懋功厅所属之懋、抚、绥、崇、章五屯，完全为办理军粮之官，养兵外，他鲜重视。仅于相距数百里，设一厅以理民事而已。自入民国，松潘尚存汉军统领遗制，亦只镇压攘夺，其他悉非所问。因是而使蚩蚩编氓，力藏于身，博大山川，货弃于地。于是注重防务部署，兼顾生产建设。特设一较为完备之提挈机关，名曰：四川松理懋茂汶屯殖督办署。崇其名号，义取威夷，充实组织，贵能并进。全部系统如左表：

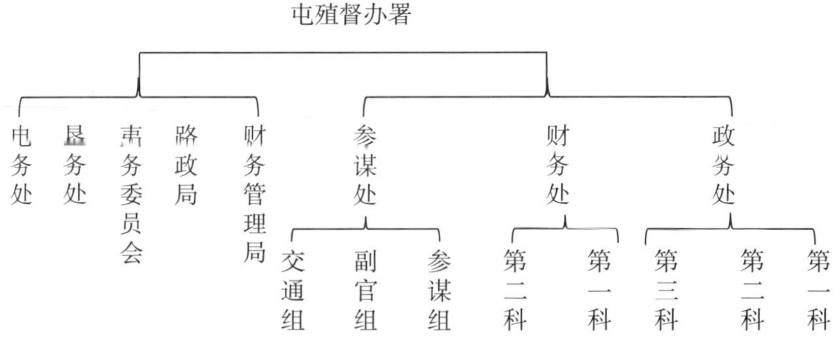

① 澈：即“彻”，以下同。

其《屯殖督办署组织条例》及《修正条例》，并录如左：

四川松理懋茂汶屯殖督办署组织条例

第一条　松潘、理番、懋功、茂县、汶川等县及抚边、绥靖、崇化各屯，为中华民国国民革命军第二十八军屯殖区域。设置四川松理懋茂汶屯殖督办署，办理屯殖事宜。

第二条　四川松理懋茂汶屯殖督办署，设于茂县。

第三条　本区域内，军政、民政、财政事务，由屯殖督办商承本军军长统一整理之，并督率所属职员，及考核任免地方军、民、财、政各官吏。但督办因公不能常川驻茂时，得派员代行，并负其责。

第四条　前条行政人员之任免，仍随时函由各主管官厅加委。

第五条　本区域现驻部队及屯土官兵，悉由国民革命军第二十八军军长拨归屯殖督办直接指挥调遣，于必要时，得商由本军军长增调之。

第六条　本署关于军事指挥事宜，设军事指挥官一员。由国民革命军第二十八军军长拣任，秉承督办，督率军事主管科，办理指挥本区域内驻军及屯土官兵事宜。

第七条　本区域内屯殖事宜，悉依各项现行法令执行，仍函达各主管官署备案。但有特殊情形时，得制定单行条规。

第八条　本署设总务处，置处长一员；秘书处，置秘书长一员。由国民革命军第二十八军军长拣任，秉承督办，指挥职员，办理本署事宜。

第九条　总务处设四科，各设科长一员。秉承处长，办理本科事宜。各科均设科员委员，秉承科长办理本科事务。但属于军事，得设参谋、副官、军法、差遣、录事，仍由主管之科长，秉承军长指挥官及处长，督率办理之。

第十条　总务处设置技术官，秘书处设置秘书官，均秉承总务处长及秘书长分掌文书技术事宜。

第十一条　本署职员，由督办任免。录事由处长选任之。

第十二条　本署各科分掌事务如左：

甲．第一科掌理军政及本区域内部队及屯土官兵，并各县屯团务事宜。

乙．第二科掌理财政及不属于各科事宜。

丙．第三科掌理民政、教育、夷务、交通事宜。

丁．第四科掌理农业、林业、工业、矿业、药厂、牧畜事宜。

第十三条　各科关于技术事务，技术官有襄理之责，得由总务处长指派佐理之。

第十四条　本署设置税务督察一员，秉承总务处长，得随时督察屯区内各税卡之税收，以及本署第二科财政收支报销各事宜。

第十五条　本署经费及职员定额，视事务繁简，由督办商由国民革命军第二十八军军长定之。

第十六条　凡本区域内屯殖事宜及进行程序，暨军民财政整理事项，由督办同各职员随时拟定。其重大事宜，由督办咨商国民革命军第二十八军军长核定后执行之。

第十七条　本署关防，由国民革命军第二十八军军长刊发。

第十八条　本署军事指挥官官章，由国民革命军第二十八军军长刊发。

第十九条　本署办事细则，由督办拟定，咨由国民革命军第二十八军军长核定施行。

第二十条　本条例由国民革命军第二十八军军长制定，自公布之日施行。

第廿一条　本条例有未尽事宜，得由督办增减，咨由国民革命军第二十八军军长修订后施行。

修正四川松理懋茂汶屯殖督办署组织条例

第一条　中华民国陆军第二十八军划戍区松潘、理番、懋功、茂县、汶川五县，抚边、绥靖、崇化三屯，为屯殖区域。设置四川松理懋茂汶屯殖督办署，办理屯殖事宜，由军长兼任督办。

第二条　四川松理懋茂汶屯殖督办署，设于茂县。如因情势需要，得于屯殖区域内，设置行署。

第三条　屯殖区域内，军政、民政、财政事务之处分，及文武官吏之黜陟，统由督办处理。但督办因公不能驻署时，得委任人员，代行职务。

第四条　屯殖督办署任免军、民、财各项人员，仍缄由各主管官厅加委。

第五条　屯殖区域内之驻军及屯团土官兵，统由屯殖督办节制指挥。

第六条　屯殖区域内一切事务，悉据各项现行法令处理，函达各主管官署备案。但得斟酌地方情形，制定单行条例。

第七条　屯殖督办署，设参谋长一员，参谋处长、政务处长、财务处长各一员。参谋长秉承督办，督率各处办理屯区一切事宜。各处处长，秉承督办，商承参谋长，分掌屯区军务、政务、财务事宜。

第八条　屯殖督署办各处，由督办视事繁简，设置员司，承上级之命，办理各处一切事务。

第九条　屯殖督署办经费，暨员司薪额，由督办核定之。

第十条　屯殖区域内一切开发事务之规划举办，由督办署各员司详密设计，呈由督办核定施行。

第十一条　屯殖督办之关防，在国府未颁发以前，暂由督办自刊备用。

第十二条　屯殖署办署办事细则，由督办核定施行。

第十三条　本条例自公布日发生效力。

第十四条　本条例如有未尽事宜，由督办修改之。

第二节　垦务机关

曰垦殖者，提挈之行政机关自属重要。而实体之设施机关，亦未可稍忽。松懋建设之需要，曰耕、曰牧、曰采矿、曰造林、曰制毛制革，皆属常务之急。然限于财力，未能同时并举，与务广而荒，宁择一责效，故首止从事于垦务。但距内地较远之区，土著人稀，事业莫共，移民以从，内地人丁不安蛮荒。清末赵尔丰垦殖道炉甘瞻一带，即徙川北之民，厚其资给，为之筑室，为之娶妇，意能安居，获臻繁荣。殊入民国，取缔一懈，相率旋里，十年经营，尽付东流，往事足鉴，故事不务多，而地亦不务远。止先就茂汶两县，从事垦荒。特于茂汶两县，各设一垦务局，嗣合组为一，名曰茂汶垦务处。条例规程，分录如左：

茂、汶川县垦务局规程

第一条　屯殖督办署，以开发茂、汶川县属林野荒地，及改良农林牧畜事业，期尽地利，特设茂、汶川县垦务局。

第二条　茂、汶川县垦务局，承屯殖督办署及茂、汶川县政府之指挥监督，办理次记各事项。

甲．关于保安林及禁垦地之编定事项。

乙．关于官、公、私各项种荒地之境界划定事项。

丙．关于移民地之选定计划及移民事项。

丁．关于土地之处理及开垦事项。

戊．关于官有林野及农牧地方之管理经营事项。

己．关于农林牧畜之试验改良事项。

第三条　茂、汶川县垦务局，以次记各员组织之。局长一员，技术兼调查委员二员，文牍兼书记一员，庶务一员。

第四条　办事细则由垦务局定之。

第五条　本规程有未尽事宜得呈请修改之。

第三节　财务机关

一事之举，财为命脉。过去兵多饷巨，内地财力，无法经边。虽曾于万分拮据中，先后拨助数十万，然只济于一时，无由资其持久。兼从前五县三屯财务情况，棼如乱丝。或轻重极偏，或动饱私囊。司农兴仰屋之嗟，黎庶患苛敛之苦。款失其用，用辄无款。乃就屯区分设松潘、理汶、懋抚绥崇三财务管理局，划一税率，酌济盈虚。前弊悉除，现状克维。其组织大纲如左：

四川松理懋茂汶屯殖督办署

松潘财务管理局、理汶财务管理局、懋抚绥崇财务管理局组织章程

第一条　本署为整理屯区税收，剔除苛扰起见，特设置松潘、理汶、懋抚绥崇三财务管理局。

第二条　松潘财务管理局设于松潘，理汶财务管理局设于威州，懋抚绥崇财务管理局设于懋功。

第三条　各管理局得酌量运道及货物出入情形，呈请分设税卡。

第四条　各管理局按照另定之估本章程，征进出口税千分之六十五，实行一税制。旧有各县局所收之过道税及其税卡，一概撤废。

第五条　各管理局置局长一员，助理一员，会计一员。其办事员、巡查员、卡员，视事务繁简，呈请酌量设置。

第六条　本章程自公布日施行。

第七条　本章程有未尽事宜，由屯殖督办署随时修改之。

第二章　屯区状况

屯区为屯政之对象。若于其疆域、山川、风土、人口、物产各项，无详密调查，确实统计，则屯政措施，难免隔膜，必也劳而少功。故屯署成立后，即分遣农、林、工、矿、政治、教育各专门人员，赴各县屯实地考查，求明真象。兹就考察所得，撮记其大概于次。

第一节　疆域

屯区位于四川西北部，据岷江上游。东以鹿头山脉，界平武、北川、安县、什邡、彭、灌等境；东北界甘肃之岷县、西固、文县等境；北以岷山山脉散布于黄河南岸之山脉，与甘肃临潭县属杨土司之地连界；西北以岷山山脉，与甘肃属番拉不郎寺及青海连界；西及西南以大雪山山脉，与西康之石渠、炉霍、道孚、甘巴连界；南以青城山脉及邛崃山脉之夹金山脉，与宝兴、崇庆、灌县连界。纵短而横长，南北最长处约一千二百里，东西最广处约一千七百里。（实数未测，此只依里程计。）

第二节　山川

岷江两岸，跬步皆山，层崖耸峙，谷地狭隘，地势至为高峻。由北而南，渐趋低缓。西北高原，俗称草地，广阔达十万方里，山势舒徐，地多沼泽。加以气寒严寒，农垦未兴。莽莽荒原，开辟有待也。大小金川流域，山势仍绵亘高峻。惟山间较多平地，差胜岷江流域。境内诸山，来自昆仑之巴颜哈喇山系。经西康入川，向东一支，绵延于川北及陕、鄂两省边界者，称大巴山脉。余自松潘北境，歧而为二，由此而南，夹峙岷江。在江岸之东者，如弓杠岭、雪山、太白、九峰、娘子岭等高峰，统名鹿头山脉；在江岸之西者，如噶冻山、噶奈山、哲补山、虹桥山、山王顶、巴郎山、牛头山、夹金山等高峰，统名牛头山脉。又屯区诸山，自古随地异名，而统称为岷山。

境内诸水，略可分为二派。以邛崃山脉为分水界，邛崃山脉以东之水入于岷江，以西诸水大都入于大金河。

岷江，一名汶水。其源有二，正源滥觞于羊膊岭下。其一发源于较东之弓杠岭，南流会于漳腊，昔人所认为江源者是也。南流经松潘城东南隅，更南纳松平沟、小姓河、窗河、黑水河，经茂县城西，西南流绕威州城西，则与自鹧鸪山发源东来之理番河会焉。又南经汶城西，直下至楠木园，始折而往南。在汶川以下，则纳草坡河、纳凹河、三江口河诸水，其流始大。川西十四属灌溉之利，咸仰赖焉。

大金河，源出松潘西北之泽郎寺番界山中。南经三阿坝，入理番绰斯甲夷地。东纳梭磨河，西纳绰斯甲河（一名二凯河），南经绥靖、崇化折而西南，至西康之丹巴，自巴郎山虹桥发源而西之小金河来汇。此外羊膊岭以东则有涪江，自松潘雪栏山，东流至水晶堡，以入平武。白龙江，自松北弓杠岭山中，东流纳黑河之水，东南至柴门关入甘肃文县界。羊膊岭北麓，则有祥楚河，北流入甘肃岷县。又有包座河，北入甘肃杨土司属地。又有三横河，一曰多拉都昆仑河，源出羊膊岭之北麓，流向西北以入黄河；二曰都尔大度坤都仑河，源出大分水岭之北，北经唐个寺，纳噶溪河之水，北流入黄河；三曰德特昆都仑河，源出大分水岭。经辖米、物藏各番地，纳墨竹溪河之水，北流以入于黄河。

以上诸水，行万山中。奔流湍急，不利行舟。且水力宏肆，啮击山岩。沿岸路基，倾圮时闻，胥由乎此。

第三节　气候及土质

北部终岁苦寒，三时积雪。自亚洲内陆而来之西北风，鼓吹不息，午后率疾风卷地，飞沙扬尘，故气候干燥而少雨。降雨期自五月至九月即止。

南部较暖，风势渐和，雨量亦较多，降雨期自三月至十月止。雨期外，常见霜、雪、冰、雹。农作概只一季，而高地苦潦，低地患旱。农事丰凶，随地位之高下，适得其反。

境内石炭纪之岩层，所在皆是，花岗岩尤为普遍。平谷之间，概属砂土砾土。高地不无黏土，但属偶见耳。又因破岩碎石，散布殆遍，致石多土寡，世称九石一土，盖以此也。至草地平原，虽多壤土，但沮洳泥泞，腐殖过多，终岁寒湿，非排水改良，难称沃壤。

第四节　人口

一、种族及数量：屯区人种，计有汉、回、羌、番之别。其种族数量及来源、性状、如次表：

屯区民族种类数量表

县别	汉族		番族		共计	
	户数	丁口数	户数	丁口数	户数	丁口数
松潘	5787	33528	16955	44205	22742	77733
理番	2800	11200	10200	58000	13000	69200
茂县					18296	12416
懋功	3020	11000	3100	10000	6120	111000
抚绥崇三屯	4800	20100	7200	30100	12000	50200

续表

县别	汉族		番族		共计	
	户数	丁口数	户数	丁口数	户数	丁口数
汶川	3360	17000	1400	7500	4760	24500
总计					76918	343949

右表所列，回附于汉，羌附于番，以其数少也。

屯区民族来源性状表

种族别	来源	性习	一般之职业	备考
土著汉人	多两湖两广之人，明末清初，随军移住。	多数习于怠隋[①]苟安。	除少数能业农商外，余多失业。	
客籍汉人	多安、遂、潼、乐、简阳、中江、平、青、安、绵之人，大都内地经济落伍者。	性耐劳苦，善居积，至俭朴。	或挖药、烧（火岩）或农耕，储积小本。渐事贸迁，而致中人产者，实繁有徒。	
回族	由甘肃、青海移来。	强悍好胜，宗教观念至深，同族间团结力亦大，与他族不通婚姻。	多业商及屠宰。	
羌族	为屯区土著民族。	习苦耐劳，生活苟简，知识浅陋。	几完全从事于农业。	
熟番	由青藏移来番族之与汉人相习者。	略同羌族。	多数业农牧，在松潘理番边境者，亦间营商业。	
生番	由青藏移来番族之与汉人暌离者。	性慓悍，善射击、骑马。	多狩猎游牧或专事劫夺。	

二、生活状况：羌民散居于松、理、茂、汶一带山地，与汉族接触之机会最多，同化颇深。有语言而无文字，濡染汉族最久者，并语言亦复遗忘。惟祀神均在屋隅，尚可以资识别。宗教以巫为主，无论婚、丧、病、苦，胥惟巫是求。巫击羊皮鼓，唱蛮歌。神曰夷珠，就高山森林中斩牲而祀。近有英教士在汶属上水里等地宣传耶教，指夷珠即耶苏，谓羌民宗教，与之同源，竟能诱起羌族之信仰。其说诈，其心险矣。羌民职业，类多业农，勤于劳作，性情谨愿。惟俗尚饮酒，醉辄滋事，是其所短耳。

番民隶属于各土司，其先来自西藏青海，故语言文字多因之。多业农商，兼事牧畜。其为工者，艺术古拙，别具作风。能学佛而为喇嘛者，则荣耀乡里。与汉族接触少者，俗称生番。犹存犷狸之习，好利好斗，轻生易死。履绝壁危岩，若行平地。虽至亲，往往以细故相仇杀，累世不解。病不服药，延巫或喇嘛祈禳而已。刻木为信，烧羊蹄而占。聚必痛饮。所谓畏威而不怀德，记仇而不记恩。习俗然也。

① 隋：当为“惰”。

番、羌多着自织之厚麻布细毪，恒以獐皮作套裤，生羊皮作背心，或鹰膀，均以革作面。取其出入林箐，不为刺棘所苦也。妇女衣着，较男子为长，边缘亦喜饰以花纹。羌人妇女，亦环其耳而结其发，头部包以青白等布。脚均未缠，特鞋端翘起微尖，略效弓弯耳。番妇衣皆大领，足着革靴，长可至膝，但衣长不着裤。或戴大盘帽，缠以珊瑚勒子，则为重饰矣。

食以芋麦、小麦、青稞、黍、粟、荞麦、洋芋为主。草地一带，则以糌粑、酥油为主要食品。除资产阶级外，罕良稻米。非有大故，不食鲜肉，食品至简。新鲜之菜蔬，以及调味之酱醋，均少用之。高山住民，专以洋芋、荞麦充食，即玉麦亦视为珍品矣。能自烝酒，其味淡而略酸。晏客以酒，多为丰。入城市，辄买酒牛饮。官府犒赏，亦非酒不厌其欲。

房舍至为简陋，四周缭以石垣，上承梁柱而铺以土木，坚筑使牢，故其顶极平，便于收获农产。工作佳者，亦觉整齐而坚固。特臭秽黑暗，亟应改良。外观如西式建筑，施独木梯于外。仅刳长木为级，受脚之处，至形窄小。屋虽高，仍一梯达顶。妇幼鸡犬，皆从此登降，亦从无失足之事。屋有三层、二层两种，三层者上以供奉神祇，中为家人住室，炊爨寝息在焉，下为厩舍。其二层者，人居下层，供神及储粮于上层，厩舍另设屋外。

汉、回两族，多居各县城市及交通便利之地。俗尚似灌、崇、安、绵各县，而俭啬过之，多业农商。近年烟毒流行，习染者众，生计愈益贫苦。回民除婚丧宗教之礼外，大体与汉人相同。

三、分布情形：屯区土著原为羌人。唐宋以还，青藏番族由西、北两方侵逼，使其内窜。而汉族又自东、南两方堵剿，遏其越扰，遂寖微弱。迄今，仅棲息茂、理、汶一带高山中矣。至青藏番人，则散布于草地，及关内各屯、土、部落，户口数量，甲于各族。汉人虽随历代兵威所至，岷江及大金川流域，生聚日蕃，然多住于交通便利之城市。其深入理番之五屯、四土及草地各部落者，以彼等无组织，政府不扶持，辄被番族同化，良可慨也。若夫回民，户口甚少。松潘较多，懋功次之。兹列各县屯土概况表于下，以示番族分布之情况。

甲．松潘屯土概况表

名称	官寨地点	种族	辖寨数	户数	口数	备考
拈佑土百户	阿革寨	西番	7	91	200	原属中营，在县治西南
热雾土百户	热雾	同	17	279	680	同
牟尼土千户	包子寺	同	7	126	310	同上 又以上三土官中，以此较强
峨眉土千户	峨眉喜	猼猓	15	526	1460	同拈佑
七布土千户	徐之河	同	8	145	420	同拈佑
麦杂土千户	蛇湾	同	15	583	1300	同拈佑
毛革土千户	阿按	同	18	468	1200	同拈佑

续表

名称	官寨地点	种族	辖寨数	户数	口数	备考
阿思土千户	峒大	西番	12	139	390	原属左营，在县治东北，此部势力较大
三舍土百户	草峒和药	同	9	120	540	同阿思
下尼巴土百户	下尼巴	同	8	129	340	同阿思
寒盼土千户	寒盼	同	9	161	550	原属漳腊营，在县治北
商巴土千户	商巴	同	11	117	440	同寒盼
祈命土千户	祈命	同	11	172	510	同寒盼，漳腊金厂在其属境
羊峒土司	羊峒踏藏	同	3	169	380	同寒盼
阿案土司	阿案	同	4	158	390	同寒盼
挖药土目	挖药	同	2	31	110	同寒盼
押顿土目	押顿	同	2	110	330	同寒盼
中岔土目	中岔	同	3	116	308	同寒盼
郎寨土目	郎寨	同	3	118	304	同寒盼
竹自土目	竹自	同	3	87	112	同寒盼
藏咱土目	藏咱	同	3	110	330	同寒盼
东拜土目	王亚	同	2	115	320	同寒盼
达弄土目	恶坝	同	2	111	500	同寒盼
香咱土目	香咱	同	7	537	573	同寒盼
咨马土目	咨马	同	2	324	682	同寒盼
八顿土目	八顿	同	2	285	382	同寒盼
上包坐土千户	余湾	同	9	266	332	原属漳腊营，在县治西北。
下包坐土千户	竹当	同	10	187	382	同上包坐
川柘土千户	川柘	同	7	322	554	同上包坐。又川柘为废潘州故址，地形重要
谷尔坝土千户	那浪	同	7	265	524	同上包坐
双则土千户	红凹	同	7	311	632	同上包坐
上撒路土百户	木路恶	同	8	77	240	原属漳腊营。在县治西北
中撒路土百户	杀按杠	同	8	98	280	同上撒路
下撒路土百户	竹弄	同	14	174	480	同上撒路
崇路土百户	谷谟	同	24	423	880	同上撒路
作路土百户	森纳	同	8	101	220	同上撒路
上勒凹土百户	贡按	同	6	118	281	同上撒路

续表

名称	官寨地点	种族	辖寨数	户数	口数	备考
下勒凹土百户	卜顿	同	6	150	300	同上撒路。以上自上撒路起，共称口外铁布七寨。甘肃杨土司颇存觊觎
班佑土千户	班佑	同	1	18	45	旧属漳腊营，在县治西
巴细土百户	色既坝	同	17	274	652	同班佑
阿细土百户	柘弄	同	10	168	352	同班佑
土作革土百户	上作革	同	1	57	210	同班佑
合坝土百户	独杂	同	1	66	210	同班佑
辖漫土百户	辖漫	同	1	124	390	同班佑
下作革土百户	下作革	同	1	113	380	同班佑
物藏土百户	物藏	同	1	41	130	同班佑
热当土百户	热当	同	1	72	250	同班佑
磨下土百户	磨下	同	1	21	78	同班佑
甲凹土百户	甲凹	同	1	54	220	同班佑
阿革土百户	阿革	同	1	60	260	同班佑。以上班佑十二部落，近来情势迁变，详说明一
郎惰土百户	郎惰	同	8	143	690	旧属漳腊营，在县治西北
鹊个土百户	鹊个	同	4	261	410	同郎惰
上阿坝土千户	甲多	同	37	1158	3321	在县治西南，半耕半牧
中阿坝土千户	麦颡	同	46	1794	3720	同上阿坝
下阿坝土千户	阿强	同	39	882	2100	同上阿坝。称口外三阿坝
上俄①罗克土百户	车木塘	同	10	251	151	口外三俄罗克，在县治西南，居民以狩猎游牧为生。上郭罗克。现约二千户。
中俄罗克土百户	插落	同	17	485	1640	同上俄罗。现约二千余户。
下俄罗克土百户	纳卡	同	29	333	1110	同上俄罗。现约二千余户。
上阿树土百户	银达	同	35	257	810	以下三阿枋。在县治西南。曾被甘边拉不郎寺侵扰。以狩猎游牧为生
中阿树土百户	宗个	同	27	488	1020	
下阿树土百户	郎达	同	26	240	870	
小阿树土百户	小阿树	同	1	136	542	
丢骨土千户	丢骨	同	24	184	480	旧属平番营。在县治东南
云昌土千户	云昌	同	29	281	810	同丢骨

① 俄：亦作“郭”。

续表

名称	官寨地点	种族	辖寨数	户数	口数	备考
呷竹寺土千户	呷竹寺	不详	18	100	318	原属平番营。在县治南。原系三十二寨，归流者十四寨。民多汉化
中羊峒土司	隆康	西番	7	124	698	原属南坪营。在县治东北。民多汉化。其土官均已改为守备
下羊峒土司	黑角浪	同				已经改土归流
芝麻寨土司	芝麻寨	不详	5	86	303	同中羊峒
中田寨土司	中田寨	同	4	72	317	同中羊峒
勿谷土司	勿谷	同	8	196	782	同中羊峒
边山寨土司	边山	同	8	182	741	同中羊峒
小姓寨土千户	小姓	同	18			同中羊峒
共计	70	西番 62	632	14597	37364	
	二部	猼猓 4	56	1722	4380	
	落	不详 6	61	636	2461	
		72	749	16955	44205	

附注：右表为屯署甫成立时之调查。据二十二年谢处长培筠之调查，则有次之变迁。

一、班佑、作革等上十二部落，变更为班佑、上作革、唐个、辖米、汉鲁、上中下郎洼、阿细基落帐房、洪洼、作克采、物藏、热当、阿革东、热拉落帐房、特阿三部等十三部落，约三千二百户。而特阿一部，即占二千余户。

二、乔柯一部，现通称为三乔柯。分四部：一为阿西齐哈马，约五百户；二为下乔柯，约三百户；三为勒尔马，住黄河南北岸，约一百户；四为阿万，约二百户。

三、除表列部落之外，尚有三安曲及三瀼口各部在草地间。上安曲毒马，中安曲龙子马，下安曲噶孙马，位阿坝瀼口间。在昔应属理番，约六百余户。虽均有土官，然其权均在安曲茶理寺大喇嘛额耳娃之手，庞然自大，应予裁制者也。三瀼口在梭磨、安曲之间，旧属理番，约五百户。

乙．理番屯土概况表

名称	官寨地	种族	辖寨数	户数	兵额	备考
杂谷屯守备	格山老寨	西番	28	750	350	在理番城治之西六十里，为仓旺土司故地
乾堡屯守备	乾堡	同	20	650	600	在县治西四十里
上孟董屯守备	老鸦寨	同	8	530	530	在县治西北七十里
下孟董屯守备	子达寨	同	14	580	570	在县治西北十八里
九子屯守备	二瓦寨	同	10	500	500	在县治东十二里

续表

名称	官寨地	种族	辖寨数	户数	兵额	备考
梭磨宣慰司	梭磨	同	74	4000		在县治西北四百五十里
卓克基长官司	卓克基	同	36	3200		在县治西北五百四十里
松岗长官司	松岗	同	36	2000		在县治西六百里，一名茸杠
党坝长官司	党坝	同	5	400		在县治西南七百五十里
共计	五屯四土	231	1260	2550		

丙．茂县屯土概况表

名称	官寨地	种族	寨数	户数	口数	备考
静州长官司	静州	羌	5			县治东北二里
岳希长官司	岳希	同	5			县治西三里
陇木长官司	陇木	同	12			县东
长宁安抚司	沙坝	同	不详			县北
水草坪土巡检	水草坪	同	3			县西北
竹木坎副巡检司	竹木坎	同	4			县北
牟托土巡检	牟托	同	3			县西南
实大关副长官司	实大关	同	2			县北
大定沙坝土千户	大定沙坝	西番	不详			在县西北
松平土百户	松平沟	同	11			同上
大姓土百户		同	7			同上
小姓土百户		同	8			同上
小姓黑水土百户		同	3			
共计	13 土	63 寨				

附注：茂属各土司。自有清以来，即相继改土归流，虽仍准土司继续承袭，固已名存实亡。故户口数目，虽于分析记载。

丁．汶川屯土概况表

名称	官寨地	种族	寨数	户数	口数	备考
瓦寺宣慰使司	涂禹山	西番	28			
共计			28			

附注：汶川只一瓦寺土司，原有番族，悉皆汉化。除喇嘛而外，无复藏族宗风。已难分析记其户口数目矣。

戊．懋功屯土概况表

名称	官寨	种族	寨数	户数	口数	备考
鄂克什宣慰司	沃日	西番	39	1700	6850	在县治东五十里
汗牛屯守备	汗牛	同	34	400	1564	在县治西南一百八十里。民国十七年，因守备绝嗣，屯署令县废除，改置公安局
宅垄屯守备	宅垄沟	同	11	300	1129	在县治西南。三分二属丹巴，三分一属懋功
别思沟屯守备	别思沟、登春沟	同	11	400	1582	在县治东北，抚边屯之东南
八角碉屯守备	八角	同	18	200	759	在懋功及县治之东北，抚边之西南
绰斯甲宣抚司	周瑣	同	26	10000	39678	在懋功及绥靖之北方。境内有二凯俄热之产金大矿区。所辖草地，接壤青海
河东屯守备	河东屯	同	17	274	1020	在懋功之北，绥靖之东
河西屯守备	河西屯	同	22	64	1335	在懋功之西北，绥靖之西
共计	二十六屯		133	13558	53928	

附注：按，懋功及三屯地段，崇化屯已有屯无土。所有崇境番夷，在大金河东者，统归河东屯管理。在河西者，统归河西屯管理。

第五节　物产

屯区以高寒故，所有物产，天然生产者多，人工培制者少。兹将各属特产，别为农、林、矿、牧、药材、硝、碱六项，记其大概。

（一）农业：食粮以玉蜀黍、小麦、荞麦为大宗。北部只产青稞、大麦、荞麦。南部仅汶川之中滩堡至茅亭沿江一带，微产稻米。食米完全仰给于灌县、绵竹、平武等地。至农家特产，惟花椒、芋片、茶、梨数者，略有成数。他如茂县之甜杏仁，汶川之胡桃、栗，懋功之白瓜子，均以产量甚少，从略。

花椒：花椒盛产于茂县及懋功一带。汶川、理番两县，羡其利丰，近年亦群起栽植。

芋片：草地外均产之。惟能烘漂得法，成庄出售者，仅限于汶川南部耳。

茶：仅限于汶川南境有产之。分边茶、腹茶两种，边茶由松、理两县转销草地番夷，腹茶则输售内地各县。近以腹茶受商人操纵，边茶为印茶及湖茶侵销，产量浸衰。腹茶年产约五十担，边茶年产约二千担之谱。

汶川之龙溪、茅亭、兴文坪所产之茶，为川茶上品。惜未加推广，产量甚微。

梨：理、茂、绥、懋均产梨。而以懋功及绥靖产者，品质特佳，量亦较多，俗所谓金川梨是也。惜交通不便，只能输出其产量之一部。

（二）林产：屯区山峦重叠，林木种类甚多。就中可供建筑及制备器物者，厥为云杉、麦吊杉、真杉、铁杉及松、柏、檀、桦、槐、椆等，而以杉、桦产量最富。各木厂代运到成灌销售者，为云杉、真杉两种。桦则其以木挖瓢，以其皮制草帽汗缘，而运诸腹地各县。又供涂料用之漆，产额亦巨。言其产地，则真杉及小木漆（人工栽植者），限于汶川南部。其余各种木材及大木漆（野生漆树），遍产于汶、理、茂、懋及三屯全境。惟松潘境内，只产云杉、松、柏、柏杨。且其黄胜关外之草地，仅灌木离离，了无可用之材也。至于竹类，慈竹、斑竹产于汶川南部，其量无多。恒以制作竹器，销于屯区各县。油竹以制笔杆。白夹竹、拐棍竹以捻成竹索，作纸料。汶、理、茂，遍山皆产，灌县堰工所需篓篼，咸仰给之。他若香菌、松菌、黄丝菌、獐子菌、羊肚菌、鸡爪菌则副产于林地者也。

（三）矿产：屯区金、银、铜、铁、锑、铅、硫黄、石炭、雄黄、础玉等矿都有，而产金最富。岷江及大小金川流域产沙金，漳腊出产粒金，蚂蟥沟产崖金。兹列调查所得之各矿产区于次。

产金地区

松潘属：漳腊、赤密、黄胜关、晓晴沟、松平沟、毛儿革、镇江关。

理番属：刷金寺、砍竹沟、王家寨、烧坡、罗兜寨、夹石口、关口、百丈房、磨子沟、红水沟、木卡营、三齐寨、色耳古、围古、白窝、古耳沟。

茂县属：驴子坪、平头村、沟口寨、吴家沟。

懋功属：蚂蟥沟、日隆关、陈文笙沟、汗牛屯。

抚边属：昭牛牧坡、登春沟。

绥靖属：双柏楼、丹扎木、勒乌围、噶耳丹斯、二凯、俄热、观音菩萨。

汶川属：七盘沟、卧龙关、三江口。

银矿区域

懋功属：崇德沟、日隆沟。

铜矿区域

松潘属：塔藏。

理番属：平山。

懋功属：汗牛屯（红铜、鸡血铜）。

汶川属：一碗水。

铁矿区域

茂县属：石础沟。

汶川属：板桥、桃关。

理番属：郄坡。

煤矿区域

茂县属：大石桥、大坝、宗渠、文镇。

汶川属：珠罗坝、雁门。

松潘属：三汛。

锑矿区域

懋功属：日耳寨、班烂山。

汶川属：卧龙关、三江口。

铅矿区域：

理番属：梭罗沟。

茂县属：青坡。

汶川属：桃关沟。

硫磺区域

茂县属：小关堡。

理番属：龙溪沟。

雄黄区域

松潘属：雪栏关、雄黄沟。

玉矿区域

理番属：通化。

汶川属：银杏坪。

（四）畜产：草地番民，以游牧为生，牧畜乃其专业。其余各属，因多荒旷地土，恒农而兼牧。品类以马、牛、羊为主，马兼括骡、驴，牛则兼括黄牛、犏牛、犛牛而言，羊有山羊、绵羊之别。

草地畜产，除用以自给衣食外，每年以其剩余之牛皮、羊皮、羊毛及狩猎所获之野牲皮、毛肉、骨运销内地，年中贸易常达八九十万之巨也。其牛革、皮、毛，输出数量，约如次：牛皮二万张，羊皮三十万张，羊毛二万担。

草地而外，畜产物多以供衣服之用，输出者为数甚微。

此外野产动物，禽类如雉、马鸡、贝母鸡、雪鸡、鹈雕、鹰、鸡利，其肉视为山珍。兽类如豹、野牛、猞猁、金线猴、青猴、狐狸、狼、猪、熊，其革运销省外。

（五）药材：屯区产药在百种以上。羌活、大黄、当归、木香、甘松产量最多，秦艽、五加皮、赤芍、泡参、贝母、厚朴、虫草、鹿茸、麝香、熊胆、豹骨、鹿筋、鹿胎、野牛脚等产量较少。其余品种甚多，统称杂药。除当归、厚朴、黄柏系由人工栽培，大黄则有栽培与天产两种外，均就荒山原野中，寻求挖掘，为农民重要副业。年产总值，当在二百万元左右也。

（六）硝碱：火硝熬自土中，茂理两县均产之。碱自草木灰熬炼而成，茂南及理、汶两地均盛行熬碱，亦为农民重要副业。惟入山砍伐大林焰者，斧斤所至，寸草不留，该地竟成焦土。不但以后材木萌蘖不易，驯至水源亦失于含蓄，酿成十年九旱。酌加取缔，盖急务也。

屯署既明，屯区状况。乃分交通、军事、夷务、垦务、民政、财政、教育、农林、牧畜、矿药、工商十项，衡量人力财力，筹画实施方案，次第进行。以下逐项，记其崖略。

第三章 交通

邮电道路之于国家，正如人身之脉络。其通塞利顿，文野贫富繫焉。屯区各属，僻在西陲。其山斜削，毂辙难通。其水怒驰，舟楫罔济。仄径缠蛇，乃在山腹。仰可落帽，俯不见底。往来行旅，闻声须预为避让，不则窒焉。山多碎石，凸出欹垂。谷风乍扬，石坠沙起。商旅嗟叹相闻，游客望而却步。坐是民智锢蔽，百业不兴。宝藏虽丰，开发无从。俄经营西北利亚，先筑西北利亚铁路；美经营北美，先筑大北铁道。所以屯政第一步，即为交通之整理。

第一节 陆路

屯区各属介于甘、青、康、藏间。其道路之通塞，微独关系屯区荣枯，于开发西北，巩固国防，融和汉番回藏，影响尤巨。则选择路线，不可偏重经济资源，并应顾及军事运输。屯署衡量双方，选定四干线、五支线，次第辟治。

一、干线

甲．灌宗线：由灌县经汶川、威州、茂县、松潘县，历青海之察汉津、贝勒拉察布、拉尼巴尔，以达宗扎萨克，为中山先生《建国方略》所定之路线。纵贯草地全境，上通青海，下接成灌；左顾西康，右挈甘肃。货出入殷繁，商贸往来必经。中间市镇，如灌县、威州、茂县、松潘，又物产集散，经济流通之枢纽也。十九年春，屯署派员勘查。秋间开工，修治松灌一段。除叠溪山麓，凿辟新路，工程浩大，迄二十二年始通外，全线均于二十年冬季竣事。里程如附表。至松宗一段，以应与邻省协力，且须深入夷地，迄未勘筑。

灌县至松潘里程表

灌汶段		汶茂段		茂松段	
起止地点	里数	起止地点	里数	起止地点	里数
灌县至白沙	8 里	汶川至白鱼落	10 里	茂县至石榴沟	10 里
白沙至麻柳湾	5 里	白鱼落至七盘沟	19 里	石榴沟至渭门关	10 里
麻柳湾至龙洞	11 里	七盘沟至威州	11 里	渭门关至沟口寨	20 里
龙洞至龙溪镇	6 里	威州至雁门关	9 里	沟口寨至搽耳岩	15 里

续表

灌汶段		汶茂段		茂松段	
龙溪镇至银台观	15 里	雁门至青坡	11 里	搽耳岩至两河口	15 里
银台观至映秀湾	15 里	青坡至文镇	16 里	两河口至石[①]大关	15 里
映秀湾至豆芽坪	10 里	文镇至凤毛坪	10 里	石大关至麂子坪	15 里
豆芽坪至东界脑	10 里	凤毛坪至白水村	12 里	麂子坪至马脑顶	5 里
东界脑至兴文坪	10 里	白水村至石鼓	8 里	马脑顶至小观子	15 里
兴文坪至银杏坪	10 里	石鼓至宗渠	15 里	小观子至叠溪	5 里
银杏坪至瀓底关	10 里	宗渠至茂县	15 里	叠溪至平羌沟	13 里
瀓底关至桃关	10 里	合计	136 里	平羌沟至普安	17 里
桃关至索桥	12 里			普安至太平	10 里
索桥至飞沙关	8 里			太平至平定关	20 里
飞沙关至汶川县	10 里			平定关至靖夷堡	10 里
合计	150 里			靖夷堡至镇夷堡	10 里
				镇夷堡至金瓶岩	15 里
				金瓶岩至平夷堡	10 里
				平夷堡至镇江关	15 里
				镇江关至北定关	13 里
				北定关至归化	17 里
				归化至新塘关	20 里
				新唐关至安顺关	20 里
				安顺关至西宁关	20 里
				西宁关至石河桥	20 里
				石河桥至红花屯	10 里
				红花屯至松潘县	10 里
				合计	371 里

乙. 灌懋线：由灌县经三江口、牛头山、班烂山、日隆关、达维、沃日至懋功县城，约长六百三十三里，灌懋交通旧道也。以中间班烂山，地势高寒，冬季冰雹积雪，窒碍交通。会议另辟新道，新道有三：一为跟达桥线。由懋功城一百四十里至日隆关，又六十里至长坪沟，向右越班烂山尾悬岩约七十里达山顶，踪青羊足迹，缘流沙而下，约三十里至坐棚，又约五十里至跟达桥，又约七十里至中滩堡，自此三十里至漩口，又六十里至灌县，计长约六百里。二为长坪沟线。由懋功城一百四十里至日隆关，又六十

① 石：亦作“实”。

里至长坪沟坐棚，可通牛马。又约二十里至长坪沟梁子，即山顶。虽陡峻，尚宽阔。由山顶下行约十五里至药棚，中间有乱石窖，小于梭罗沟，大于班烂山。由药棚下行九十里至二道桥，其间乱石横阻。又四十里至杂谷脑，合于威墨线。又三百二十里至灌县，计长约六百八十里。三为梭罗沟线。由懋功城四十五里至沃日，又约二十五里至别思沟界牌，又约六十里至别思满屯官寨，又约五十里至石管家处之两河口，又约六十里至粮台山坐棚。由此沿海子上行约八里达粮台山顶，强半流沙，极为险峻。由山顶下行约二十里至二道岩，沿途怪石嶙峋，即著名之乱石窖。自此下河沟，半是砂岩，约六里至梭罗沟坐棚。更沿河向阳山而行，沟渠密布，皆独木桥。约七十里至梭罗寨，又约四十里至二道桥，又四十里至杂谷脑，又三百二十里至灌县，计长约七百八十里。新道第一最近，但天险难辟；第三最远，建筑亦难；第二线建筑较易，又非甚远。若决辟新路，斯颇适宜。然培筑旧道，劳费较少。烂班山路基宽稳，只需将山峰乱石窖削高填低，于山峰附近塘房、大石包等处，多筑小屋，便避冰雹。于临崖一带，密植望竿，即无晕山之苦。另辟新道，对于春雪、夏水、冬冰之毁损，不年预防，结果殊难预卜。且改道而后，懋之达维、日隆关，汶之邓村、卧龙关、三江口，灌之水磨沟、漩口、麻溪，八市镇必就衰落，变为盗窟兽穴。以是决仍旧道。二十一年冬，分段兴工。修由懋功至日隆关，由水磨沟至牛头山二段。牵于毗河军事，半途停止。此线之里程如次。

灌县至懋功县里程表

起止地点	里数
灌县至二王庙	3 里
二王庙至水西关	12 里
水西关至猴子坡	15 里
猴子坡至麻溪	10 里
麻溪至漩口	10 里
漩口至水磨沟	30 里
水磨沟至三江口	30 里
三江口至草坪	12 里
草坪至九龙山	10 里
九龙山至麻柳坪	25 里
麻柳坪至童槽	16 里
童槽至烧茶坪	18 里
烧茶坪至牛头山顶	15 里
牛头山顶至新店子	22 里
新店子至皮条河	25 里
皮条河至卧龙关	25 里
卧龙关至糍粑街	35 里

续表

起止地点	里数
糍粑街至烧火坪	30 里
烧火坪至邓村	28 里
邓村至相爷坪	30 里
相爷坪至巴郎山顶	30 里
巴郎山顶至万人坟	15 里
万人坟至松林口	25 里
松林口至日隆关	20 里
日隆关至沙坝	20 里
沙坝至达维	23 里
达维至将军碑	24 里
将军碑至仰天窝	10 里
仰天窝至沃日官寨	15 里
沃日官寨至小水沟	15 里
小水沟至老营屯	20 里
老营屯至懋功县	15 里
合计	633 里

丙．威墨线：由威州经理番、杂谷脑、来苏沟、芦秆桥、马塘、瀼口、下阿坝而至墨颡，即中阿坝。斜贯屯区中心，乃镇抚四土五屯军用要道。且较由灌县、松潘至墨颡，短四五日途程。而威州、理番、杂谷脑、马塘、墨颡均繁盛市场，马塘又理番四土及松潘南首之中心也。屯署十八年，讨平扣苏夷乱。十九年，开始平治。以黑水夷纠扣苏罪夷作乱，劫行商，毁马塘，仅完威理一段。二十年，虽修筑理番至芦秆桥一段，其杂谷脑、二道桥间之手爬岩石工，为征黑夷军事及震水灾牵制，二十二年始通。二十三年修筑芦秆桥至马塘，并恢复马塘城市，规模粗具，开市有期。而“赤匪”突破嘉江，屯区旋即沦陷，殊可惜也。此线之里程如次。

威州至墨颡里程表

起止地点	里数
威州至下庄	20 里
下庄至古城	10 里
古城至通化	15 里
通化至理番县	25 里
理番县至蒲溪沟	20 里

续表

起止地点	里数
蒲溪沟至木堆	10 里
木堆至塘上	10 里
塘上至维关	10 里
维关至杂谷脑	10 里
杂谷脑至二道桥	35 里
二道桥至新店子	20 里
新店子至鼓耳沟	30 里
鼓耳沟至狮子坪	15 里
狮子坪至大秋地	15 里
大秋地至芦秆桥	12 里
芦秆桥至大夹壁	15 里
大夹壁至渺罗	20 里
渺罗至十八卦沟口	10 里
十八卦沟口至尽头寨	20 里
尽头寨至山脚坝	30 里
山脚坝至鹧鸪山顶	15 里
鹧鸪山顶至马塘	15 里
马塘至康猫	40 里
康猫至下瀼口	60 里
下瀼口至中瀼口	60 里
中瀼口至上瀼口	60 里
上瀼口至安曲	40 里
安曲至齐蔺	80 里
齐蔺至阿依纳山	30 里
阿依纳山至热柯	40 里
热柯至墨颣	60 里
合计	802 里

丁．松墨线：由松潘经黄胜关、哈洞山、色既坝、噶溪河、甲木塘至墨颣，由松潘横贯草地以至墨颣之[①]大道也，约长五百九十里。此外，绕小道由松潘七十里至黄胜关，七十里至哈清垄，六十里至哲补山，二十里至洞垭沟，八十里至勒格垄，六十里至

① 之：原衍一“之”字，今删。

库孔，三十里至阿依贡康，三十里至绕清河，二十里至扎西塘，六十里至房沟吉湾，二十里至噶溪河，四十里至上清谷，六十里至甲本塘，三十里至纳格藏，三十里至热柯，五十里至麦昆，又十里至墨颡，长七百七十里，较大道长一百八十里。故决采大道，但以关内各夷未尽帖服，度支竭蹶，无力勤远。对比线，迄未着手勘筑。其里程如次。

松潘至墨颡里程表

起止地点	里数
松潘至黄胜关	70 里
黄胜关至哈清垄	70 里
哈清垄至噶冻山	60 里
噶冻山至色既坝	60 里
色既坝至二十四马鞍腰	60 里
二十四马鞍腰至阿摩狼坎	45 里
阿摩狼坎至噶溪河	35 里
噶溪河至柔格库	35 里
柔格库至甲本塘	65 里
甲本塘至热柯	30 里
热柯至麦昆	30 里
麦昆至墨颡	10 里
合计	500 里

二、支线

甲. 懋芦线：由懋功县城经猛古桥、八角、抚边屯、新店子、大寨、两河口，越虹桥山，经猛古至芦秆桥，合于威墨线。此乃懋功通理茂之要道，而两河口为绥、抚两屯及卓、松各土之中枢。民二十年，建猛古铁索桥。民二十一、二十二两年，将懋功至抚边，抚边至两河口道路，修治平坦。其越山一段，气寒瘴重，绝少人烟，尚无筑修良法也。此线之里程如次。

懋功县至芦秆桥里程表

起止地点	里数
懋功县至猛古桥	15 里
猛古桥至破寨子	20 里
破寨子至八角	30 里
八角至老喇嘛寺	20 里
老喇嘛寺至木坡	10 里

续表

起止地点	里数
木坡至抚边屯	20 里
抚边屯至天生桥	10 里
天生桥至新店子	20 里
新店子至叨鸟	15 里
叨鸟至大寨	25 里
大寨至两河口	20 里
两河口至鱼海子	20 里
鱼海子至虹桥南站	20 里
虹桥南站至虹桥山顶	25 里
虹桥山顶至虹桥北站	20 里
虹桥北站至猛古	30 里
猛古至芦秆桥	15 里
合计	345 里

乙．绥懋线：由绥靖屯经独松、崇化屯、黄草坪、三家寨、僧格宗、新桥塘而至懋功，长三百一十五里。民国二十一、二十二两年，平治完竣。其里程如次。

绥靖屯至懋功县里程表

起止地点	里数
绥靖屯至甲咱	30 里
甲咱至渡口	22 里
渡口至广法寺	28 里
广法寺至崇化屯	10 里
崇化屯至曾达沟口	20 里
曾达沟口至清福寺	30 里
清福寺至黄草坪	20 里
黄草坪至中梁子山顶	35 里
中梁子山顶至三家寨	30 里
三家寨至长盛店	40 里
长盛店至僧格宗	15 里
僧格宗至村都	15 里
村都至新桥塘	30 里
新桥塘至懋功县	15 里
合计	340 里

丙．松文线：由松潘经漳腊、弓杠岭、踏藏、沙坝、黑河塘、南坪、柴门关至甘肃文县。长五百二十里。为沟通甘松商务之要路。虽中间弓杠岭地势高寒，夷匪出没，但由松至南，均沙质平路。弓杠岭上，亦甚宽广，颇易修筑。民国二十一年完成松南段，兼于弓杠岭上驻兵护商，渐繁盛矣。南文段，因须邻省合办，迄未修治。其里程如次。

松潘至文县里程表

起止地点	里数
松潘县至虹桥关	30 里
虹桥关至漳脑	10 里
漳脑至柏木桥	20 里
柏木桥至小西天	15 里
小西天至弓杠岭	30 里
弓杠岭至踏马	30 里
踏马至箭梗塘	30 里
箭梗塘至戎洞	15 里
戎洞至踏藏	30 里
踏藏至分汛塘	30 里
分汛塘至沙坝	30 里
沙坝至黑河塘	30 里
黑河塘至芝麻塘	30 里
芝麻塘至南坪	30 里
南坪至珠汤河	30 里
珠汤河至柴门关	40 里
柴门关至文县	90 里
合计	520 里

丁．松平线：由松潘经雪兰关、下草湾、老塘房、小河营、木瓜墩至平武，计长三百六十里。为粮食入松要道。如能修治完竣，则松货可运至水晶堡。改由水道，循涪江而达重庆。较驮运至灌转渝，便捷不啻霄壤。惜三舍汛至施家堡间约六十里，两山对峙，峭壁入云。侧足沿江而行，渡江往返凡十一次。施工极难，未经修凿。其里程如次。

松潘县至平武县里程表

起止地点	里数
松潘县至雪兰关	20 里
雪兰关至三岔子	25 里
三岔子至下草湾	15 里

续表

起止地点	里数
下草湾至三舍汛	30 里
三舍汛至四马桥	20 里
四马桥至老塘房	20 里
老塘房至施家堡	20 里
施家堡至小河营	30 里
小河营至风崖堡	20 里
风崖堡至木瓜墩	10 里
木瓜墩至平武县	150 里
合计	360 里

戊. 茂绵线：由茂县经小关子、土门、横梁子、大石坝、睢水关、塘房至绵竹，长二百九十里。为食品及边茶入茂要道。民十九年督绅平治，越年完成。其里程如次。

茂县至绵竹县里程表

起止地点	里数
茂县至夹山墩	10 里
夹山墩至小关子	20 里
小关子至甘溪	20 里
甘溪至土门	20 里
土门至关口	20 里
关口至大崖坪	20 里
大崖坪至横梁子	20 里
横梁子至彭家包	20 里
彭家包至高川	20 里
高川至鹦哥嘴	20 里
鹦哥嘴至大石坝	10 里
大石坝至道喜沟	20 里
道喜沟至月耳门	10 里
月耳门至睢水关	20 里
睢水关至福星场	10 里
福星场至塘房	15 里
塘房至绵竹县	15 里
合计	290 里

屯区道路，旧有大、小两路之称。小路自前清平大小金川后，未闻修筑。大路亦只督抚阅边，虑应故事，略为补苴。宜乎蜀道之难，斯为其最。而山势陡峻，鸟道纡回。

沙砾易坠，岩石难凿，修筑匪易。气候严寒，夏水冬冰，路基常以冲裂。地质松坚，难于密固，路身恒致倾圮，保护尤艰。屯署衡量情势，规定干支各线。划高填低，期于平；逢弯切角，遇正抽心，蕲其直。宽度至一丈二尺至一丈八尺。以求骡马驮物，并行可通；肩舆负戴，分道而驰；不过具车路之雏形。然山间民众，则视为破天荒矣。其征工办法，系于农隙（农作仅一季，闲日颇多），召集民丁。晓以利害，令其劳作。公给口食，计日而罢。石工则自内地雇往，汉夷均无怨讟。其护路办法，为分段令居民组护路会，由公家酌拨护路基金，存放生息。每岁孟冬，集会培修该段道路，即用此项息金，供酒食之需。屯区道路，以地势、气候、土质特殊，旋修旋坏，舍此固别无保护善策也。

第二节　水道

屯区河流，皆急流恶湍，乱石槎枒，难行舟筏。绥靖、崇化间，可通皮船，不能载物。汶川之映秀湾与灌县之漩口间，行筏无阻，为径其短，初无经济价值也。民二十年纳茂绅议，拟疏濬岷江。嗣以波涛汹涌，巨石壅塞，施工极难。且从疏濬畅通，一遇山洪，仍复旧观，遂罢。仅督饬各县屯，按年修整索桥、溜索。所谓索桥，捻竹为绳，施于两岸。一桥骈列十余绳，绳头系于极坚之石础或木柱，绳上横铺以木版，左右置扶手，人行其上。溜索者，即所谓绳渡。乃夷人古昔渡河之制，用篾索一根或二根，横敷河岸，皆取倾斜之势。渡时用皮带或麻绳，一端系于竹绳，一端系于木壳（俗呼溜筒），以束人身，然后握带举足，飘然而过。人畜什物，均可横渡。民十九年，于茂县青坂添建竹索桥一。民十八年，于懋功通丹巴道上，距懋城里许之旧三观桥，建一铁索桥，长约三十丈。俾丹巴产粮，得以运济小金。二十年，复就懋功通抚边道上，距懋城十五里之猛古、马鞍两旧桥，改建两铁索桥。两桥相距六十余武，各长十余丈。便利由懋功至理、茂、松之交通。铁练均由灌县铸成，人力运往，经时约四年。派由崇庆县商民禀呈县府，一手监造，费款无多（三桥共约一万余元）而成功甚良。此外，曾拟于杂谷脑建铁索桥一。计议已定，犹未兴工。

第三节　邮电

屯区邮线：原仅由灌县经汶川、威州、茂县至松潘，由灌县经三江口，越牛头、班烂达懋功。再北接抚边及两河口西北，经崇化，达绥靖。由茂县通绵竹，由威州至理番之杂谷脑。嗣以道路宽平，商务渐盛，商请西川邮务管理局，添设由松潘至南坪，由杂谷脑经虹桥至抚边两河口之邮班。二十三年冬，曾议发展草地交通，推广由松潘至阿坝，由阿坝至威州邮班。尚未实现。

电报一项：有线电，初仅设松灌一线。民二十一年，敷设由威州至懋功线，只完成威杂一段。二十二年，敷汶川之映秀湾至懋功线，只完成映秀湾至三江口一段。二十三年，敷设茂绵线，只完成茂县至土门一段。倘此三线全部完成，则消息灵通矣。无线电，系民二十三年秋装置，茂县置十五瓦特电机一部，松潘、懋功各置五瓦特电机一部。尚拟于马塘、墨颡，各置一部，议定未及实施。

第四章　军事

屯区民族复杂，夷居高山，汉住城市。夷族占大部分，汉人不过十之一二。而夷性犬羊，攻心有时而术穷。防御偶疏，变乱即起。民国以来，有松潘辛亥之变，热雾寨民二之变，八角屯逆僧若巴民六之变，梭磨民十六之变，黑水民二十之变。戕官拒土，层出不已。又屯区多深山穷谷，盗匪易于出没，商贾被劫之事，更仆难数。凡此均出驻兵过少，轻视启戎。故分区驻兵，以镇慑夷众，肃清盗匪，实为屯政先驱。而编组屯军，实行屯垦，化兵士为土著，教夷民以树艺，则屯殖之根本也。

第一节　分区置戍

屯区纵横千里，道路崎岖。戍军少，不敷调遣；戍军多，饷糈难济。衡量再三，乃以汉军统领所部戍松潘、叠溪、南坪，而威关外部落，以警卫团所部戍茂、理而慑黑水扣苏。一面任汶川属瓦寺土司索代庚、绥靖屯团绅杜铁桥、懋功属土司杨春普、理番属屯守备桑福田等，为屯殖及特遣队长，用安反侧，并藉其力捕盗护商。于是屯区秩序，渐趋安谧。二十年，黑水变乱后，调出警卫汉军两部。另就第一、第四两师、第五混成旅，抽调部队，编屯殖军五营三队。以三营三队分任戍守，以二营分就汶川属龙溪、跟达桥，实行屯垦。

第二节　查禁输入武器

戍边军队，必须坚苦耐劳，融和夷汉。而历来驻军，多奴视边氓，肆行抽剥。且惟利是趋，罔知远大。私运武器，掉换烟金，所在多有。又狡黠商贩，逃罪凶徒，亦常联络贪污，勾结土劣，贩售械弹，以渔厚利。驯至屯区夷酋，有拥快枪数百支数千支者。任其滋长，将不可制。故制定《检查武器输入规则》，通行屯区文武官吏。并于汶属龙溪、三江口，设武器检查所，派员办理，用杜将来隐患。其规则如次。

四川松理懋茂汶屯殖区域检查输入规则

一　本军为查禁枪支弹药及爆烈危险物品，流入夷地起见，特在松、理、懋、茂、汶屯殖区域，各冲要地方，设立武器检查所，由当地驻军及行政长官担任之。

二　凡属武器，欲通过屯区范围者，须由该高级长官担负责任，向本军部声明理由。经军长核准发给特别护照，始准通过。

三　各检查所，如遇有无特别护照之武器，或所有武器与护照上所填数目种类不符者，应将该项武器，立予扣留。一面呈报军部及屯督署，听候核示。如有不服检查者，得将其人枪分别扣留没收，仍呈报军部及屯督署核夺。

四　各检查所，如查获私运枪支子弹接济匪人，确有实证者，除枪弹没收充公外，并须将贩运之人，交当地最高文武长官从严拟处，呈候核办。

五　各检察所，查获没收之枪支子弹，准以一半变价充赏。如稽查不为，或被隐匿漏过，为其他检察所查获时，该检察不力之所员，应由军部或屯督署分别惩处。

六　本规则如有未尽事宜，得以命令修改之。

七　本规则自颁布日施行。

第三节　移兵屯垦

松潘黄胜关外，原隰相间，多属壤沃。番民尚在游牧时代，事种植者少。黄胜关内理、茂、汶、懋、抚、绥、崇各县屯，极少平原，九石一土，居民已习农作。移兵屯垦，目的虽同，方式迥殊。

（一）关内之部：选官、公、民有各荒地林野，适于垦殖者，择要调驻屯军。携备农具、籽种、力畜，由长官督率，分段开垦；刊木伐草，视地择种；反复操作，以成熟土。农闲日期，则于训练军事外，采药狩猎；攀危崖，陟幽谷。险隘识于平素，筋骨锻于无形。洎乎瓜期，授地归农，充预备兵。其赘娶番女，移眷来居者，特予奖励。

（二）关外之部：于黄胜关或瀼口附近，调置屯殖队，酌附骑兵。农牧商兼营，以所牧牛马，转运商货。骑兵保护我商队，觇伺夷情。初营天幕生活，继则踏测高低，筑路掘渠，建立村路。次第增调屯队，扩张农牧范围。洎届瓜期，授地归农，俾成土著。又关外夷人之贫而愿为人役者，恒领富者之牛、马、羊群、锣、锅、帐、幕，为之放牧。仔畜乳毛，主佃各半。由屯垦队购备一切，招募夷棚，作为前锋。或雇畅晓夷情之草地商贾，为之乡导。于相当季节，购置杂货、边茶，赴草地南首、北首，演习贸易。亦渐相近习，免生怨嫉之善法也。

（三）屯垦队之编制：甄选曾受军事教育，而了解屯垦根本意义之军官任队长。体健性朴，娴习工农商贸之士兵充队丁。视荒地广狭，编调若干中队或大队。每中队额四十名，每大队辖三中队，额一百二十名。各中队、大队均选任研习农牧富有经验之指导员一人，阶级隶属，比照军制。对于规划垦殖程序，训练农牧技术，监督劳作实施，由指导员完全负责。至一大队或中队集中之地，则由屯督派员指导区划、道路、沟渠、街市、住宅，创建村路。

（四）屯垦队之饷糈垦费及役期，屯垦队照陆军饷章给饷。其员丁之住宅、天幕、家具、农器、力畜、种籽、服装等费，第一年由农事指导员协同队长妥为预算，呈请屯署核拨。此后每年末，在生产收益内，划出若干缴还。屯垦员丁服役期间，以四年为限，期内不得调换。期满改为预备役，将垦出熟地，按级配给，永归收益。仍照章升科。

（五）屯垦队之训练管理：军训劳作之暇，队长、指导员须挑选队丁，练习金工、木工、土工、竹籐工、石工、窑工、缝纫工、染织工、酿造工各技艺。期新村中日常所需，不感缺乏。一面筹设公共娱乐及教育机关，养其志气；储蓄暨借贷机关，活其金融。考核成绩勤惰，分别奖惩，以资鼓励。

右五项为规划移兵屯垦之大要。扼于经费，二十一年始就汶川、龙溪、跟达桥试办。不及一载，即遇岷江战事，半途辍废。兹录其章程于次。

移兵屯垦章程

第一条　采寓兵于农之意，移兵垦荒，以期发达生产，巩固国防。

第二条　移供屯垦之部队，定名为屯垦队。

第三条　屯垦队归屯殖督办节制。改预备役后，则受驻在地地方长官辖治。

第四条　屯垦队每一大队，队丁额定一百二十名。置大队长一员，农事指导员一员，中队长三员，分队长十员（计入队丁额内），书记一员。大队长、农事指导员支连长薪，中队长支排长薪，分队长支班长薪，队丁照二等兵给饷。（但在关内者，员丁名额，得视荒地广狭，照此额比例伸缩。）

第五条　队长负督率训练员丁之责，农事指导员负规划指导农事之责。但遇关联事项，应协商处办，共同负责。

第六条　队丁以身体强健、无嗜好、未染骄悍狡惰之习气者为合格。

第七条　队长以下各员，甄选性行朴厚，无嗜好及奢望，而耐劳苦生活者充任。

第八条　屯垦队薪饷，照陆军饷章按月照额实支，不折不欠。

第九条　屯垦队所需住宅、农具、饮具，全由公家设备。

第十条　屯垦队农垦生产，除扣还农具、籽种等公给费用外，储作员丁移眷结婚费用，经营农事资本。

第十一条　屯垦队服役期定为四年。届满，队丁每名配给熟地三十亩、林地三十亩，分队长每员配给熟地四十亩、林地四十亩，停止薪饷。至大队长、农事指导员、中队长、书记，则视其勤劳之大小及职责之轻重，以熟地五百亩，林地六百亩，衡定等差配与之。

第十二条　依据（第十二、第十三①）前条，配与员丁之熟地林地，各员丁只有永久耕作收益权，不得变卖抵押。

第十三条　配与屯垦队各员丁之地亩，照章升科。

第十四条　屯垦队员丁停发薪饷后，仍负应征调从战役之义务。平时就农闲认真训练，每年至少须训练两个月。在开垦期内，以降雨及星期日为训练时间。

第十五条　屯垦队每年由主管机关派员检阅一次，俾免训练流于敷衍。

第十六条　本章程自屯殖督办署公布之日施行。

第十七条　本章程自有未尽事宜，由屯殖督办署修正之。

---

① 第十二、第十三：据上下文意，当为“第十、第十一”。

第五章　夷务

扶助弱小民族，乃总理遗教；而五族共和，为民国始基。则善导屯区番、回、羌、氐各族，协固国家疆土，共浴文明惠泽，实处理夷务之圭臬。惟各民族有各民族的特性，文化殊异。忽视其制度习惯，强施理想法令，势必引起反感。以进化社会之文明形式，适用于蒙昧边氓，难免发生疑沮。故研究夷族之特性、习惯、境遇、自来的信仰，及各种社会制度之实况，于不破坏其固有美风，阻碍其和平发达之范围，渐次移入文明制度，以改善若辈之社会生活，即一方谋夷人个人生活之安固，一方使理解高等文化生活之真意，斯治夷之良谟也。

第一节　关内屯土及关外部落之政治暨社会组织

关内屯土与关外部落之政治组织，虽均为封建制度，但前者接近汉族，政府权力易于控制，与后者自为风气、俨然化外者不同。兹分述如下。

一、屯：屯为逊清平定杂谷土司及大小金川后，改土归流及安置降夷、随征兵丁所设，置守备、千把总、外委管辖之，分别授给种地，规定饷额。屯弁均系世袭，屯饷在藩库请领。国家多故，川省内战频仍，屯饷遂名存实废。屯署成立后，亦以财政困难，未予规复。

设屯之地，仅限于理番及懋功两县、扶绥崇三屯，即理番五屯、懋功二屯、抚崇共设二屯。民本受田为兵，对于该守备服劳役、充兵卫而外，并须纳其农产所获之一部份(多寡不等)。年代既久，额兵时有逃亡，乃由守备招佃以耕其地，故兵额逐渐减少，而汉农日形增殖。

二、土：土司随辖地广狭，秩位高低，有宣慰使司、宣抚司、长官司、副长官司、安抚司、巡检司之别。大都土司之次为头人，一称总官，分辖若干寨。寨有寨首，职似村长，役一乡约供奔走。另有管山，承土司命，经收境内砍碱、割漆、挖瓢、狩猎各项山价。又有案牍，为土司笔札，聘任后，须报请该管长官备案。土舍为土司族人，亦役用土兵听差，盖俨然贵族也。

土司辖境内之田地，分官田、兵田二种。官田由土民代耕，土司仅供口食，不给工资。兵田，每土民一户，承领一份，即为兵民。除按年纳租外，并负土署上班(每年二个月)、土舍跟役、总管跟役(任跟役者免土司署上班之役)、官背(为土司自指定地点，背运日用等品，不给工资，口粮亦归自备)、应调从征等劳役。所设兵额，渐就零落之状，与各屯相同。如茂县属之各土司，已完全无一兵民。所有田土，全招佃户耕种。名义虽为土司，实际在政治上已毫无特殊力量，与其人民，仅一主佃关系而已。

土司对于政府，亦按年完纳粮税，然为数极微（例如汶川瓦寺土司辖境占全县之半，而汶川科粮一百四十余两，土司仅负担十六两）。而取诸其民者，除上述力田、服兵、上班诸役而外，尚有麦粮之征。产药之地，则每户年征贝母三四斤。

三、关外诸番：关外诸番有土千户、土百户、土守备，但统称土官。其寨首、兵头等，则辅佐土官，有治理讼案、指挥军事之责。在昔，各土官对于政府，每岁须纳稞麦及军马费，然废辍已久。番民对于土官，须按年纳稞麦、酥油及其他所得品。但数量无一定标准，每视土官之意旨，自为高下。土官田土，例由人民代耕，不给工值。其上班服役，暨奉调充兵之任务，略与关内屯土相同。讼案概由土官审理，从不经官，轻者则由其寨首发落。杀人不抵，常取马、牛、布、帛、茶、银等为命价。至各部落之土官互相争执时，则由其他土官或寺院喇嘛，为之调解，谓之说口嘴。又屯土及关外部落，最重门阀、讲根子，尊卑之分至严。卑者贱者，向尊者有所陈述，必匍匐于地。出入尊者之室，亦必匍匐膝行。婚姻各与其相近者为偶，辈分血统可不顾，而地位身份必相若。斯真蛮夷之风，亟应纠正者也。

第二节　化夷之措施

夷民受封建制度束缚，生活沦于牛马。智慧锢蔽，进化无从，固如前述。然逊清治夷，纯采羁縻政策，对于夷族未尝教以汉族语文。语文不通，自生隔阂。且因夷民笃信喇嘛，遂用以制夷，寖至握其政财实权，庞然自大，蔑视政府。又以夷地僻在边陲，假宰官戍弁事权，藉资控勒。贪悍官兵，遂得肆凌虐。贾夷民之怨毒，实汉夷交恶，绥教困难之所由致也。屯署默察夷情，因时因势，采次记方针，次第施行。

一、训诫汉族官民，善遇夷族。采用西训，以正义平和及充分注意遇夷人。凡凭狡智暴力，巧取横夺；或恃文化较高，轻贱凌侮；均予严禁。并革乌拉恶习、夷案陋规，以资抚字。由是各屯土对于官吏驻军，敬畏爱戴。汉族商农，讲信修睦。

二、改革封建旧制，解放夷民。设土官屯弁，乃以夷制夷；准其世袭，则羁縻之意也；已不适于现代。然汉番畛域未泯，土民盲昧犷悍。骤议改革，易启抗争。且屯土各部，强弱有别，情势殊异。尤须合观事实，通盘筹划，相机进行。屯署对外部落，信使常通。择夷酋晓事者，委授军职，靳融洽情感，渐施衔勒也。对关内各屯土，次第改土归流，编组团甲。求解放土民，俾得苏息也。其施行概况如次。

松潘二十一年、二十二年，两次派员出关抚绥各部，并委任墨颡土官军职，坚其内附。各部落亦历次遣使赴屯署及二十八军部谒见，贡献方物，表示倾心。关内部落，除原有小河营、平番营各土司，早经改土归流外，其余各部，均由县府照团务组织，分别编组团甲，使县府权力，直接入于民间，为他日改土归流之准备。其编组之团甲，如次表。

松潘县政府编委团职之西番各土官姓名一览表

原有区别	旧称	姓名	编定区别	编定职别
毛尔革	土官	苏仁杰	西三区	区团长
云昌	土官	荣德清	南二区	区团长
朴扒	土官	包佐臣	南二区	中队长
阶沿	土官	甘成德	南二区	小队长
大寨	土官	王道生	东一区	区团长
深沟	土官	申堂高	东一区	中队长
毛尔革	千总	毛有清	西三区	中队长
深沟	外委	贾培德	东一区	小队长
毛尔革	把总	郭嘉德	西三区	分队长
毛尔革	外委	文　波	西三区	小队长
毛牛沟	守备	陈仁青	西一区	区团长
寒盼	守备	韩成德	北一区	区团长
祈米寨	守备	齐印吉	北二区	区团长
山巴寨	守备	山登宝	北三区	区团长
寒盼寨	千总	哈克登	北一区	中队长
如粟寨	新任	吴当孝	南一区	中队长
巴脹寨	千总	吴范九	北三区	副区团长兼中队长
兔儿寨	把总	赵物丹	北二区	分队长
椽子沟	把总	齐　达	北三区	分队长
长沟	外委	李德高	北三区	小队长
东北土官	千总	唐　高	北二区	中队长
沿山子	外委	祝　雅	北区寒盼	小队长
元坝子	外委	千　保	南二区	小队长
丁如土官	把总	丁名扬	南二区	分队长
谷斯副土官		旦真博	南一区	副区团长
七寨大土官	守备	尚　渣	南一区	区团长
额拉秀	守备	徐家孝	南三区	区团长

埋番：十七年，废止梭磨土司。将其加苏儿沟与梭磨五沟，一律改土归流。委汪都、黑耳甲、八耳珍等，分任团总。五屯因密迩县治，亦已完全编组团甲。惟梭磨土司所辖之上中下芦花（亦称黑水），卓克基、松岗、党坝三土，尚仍旧制。

茂县：茂县各土司，虽仍继续袭职，但早经归州，政权久已操诸县府矣。

懋功：汗牛屯及宅垅土司，已改编为团，归县府直接治理。

汶川：汶川只一瓦寺土司。故土司索代赓亡后，未准承袭，土职无形撤废，业将全境编组团甲。惟土地制度未经改革，土司政权，尚存一部。

嗣拟将现有土司、守备等名义，一律废除。政财两权，悉集县府。而于屯土酋长，酌授官阶，仍加优礼。关外各部落，及理番之卓克基、党坝、松岗、芦花，懋功之俄日，绥靖之绰斯嘎等，则改畀其酋长、头人以军职，由政府遴员为之佐理。俾渐习汉化，接受内地政教。并饬各土派得力头目驻屯署，备政府咨询，用灵声息，藉消疑沮。“剿赤”军兴，未及实施。

三、创设边民学校，启发蒙昧。欲移易夷族风习，施行内地政教，统一其语言，均为教育是赖。屯署成立，多方调查，详细研讨。决定就松潘，茂县之沙坝，理番之杂谷脑，芦花之围鼓，草地之墨颡，卓克基、党坝、松岗各土之官寨，设置边民学校。由各地屯土、酋长申送子弟就学，校供伙食，教以汉族语文，生产技术，注重道德纪律之修养。并使澈悟人生之真义，期其渐次进化，侪于文明之境域。先后成立松潘、沙坝、杂谷脑三校，来子学弟[①]，尚称踊跃。假以时日，收效必宏。二十二年，复拟划分政教，隆喇嘛之秩赏，以笼络之使为政府喉舌；禁喇嘛干预土官政治，抑制之使无碍声教。并拟于松潘及中阿坝两地，设屯垦学校二所，调土官、头人或其子弟，教以农、工、牧畜实用技术，且研习汉族语文，普通军事。扼于经费，未能实现。兹录茂县沙坝第三边民学校之预算于次。

屯区边民学校二十四年全年支付预算书					
支出经常门					
科目	每月支付预算数		全年支付预算数		备考
第一款：本校经费	170	000	2040	000	
第一项：俸薪	74	000	888	000	
第一目：校长	22	000	260	000	校长一员，月支薪俸如上。
第二目：教员	28	000	336	000	教员二员，月支薪十四元，合支如上。
第三目：教员兼庶务	12	000	144	000	教员兼庶务一员，月支如上。
第四目：文牍兼书记	12	000	144	000	文牍兼书记一员，月支如上。
第二项：教职员伙食	30	000	360	000	校长及教员共五名，月各支伙食六元，合支如上。
第三项：学生伙食津贴	54	000	540	000	学生三十名，每名月支伙食津贴洋一元五角，合支如上数，至寒假存余之款，即移购书籍等费。
第四项：校役工资	14	000	168	000	校役二名，月支工资各五元，伙食各二元，合支如上。
第五：项杂交	7	000	84	000	
第一目：油亮	3	000	36	000	

① 来子学弟：“子”“学”，两字互倒，应为“来学子弟”。

续表

屯区边民学校二十四年全年支付预算书					
支出经常门					
科目	每月支付预算数		全年支付预算数		备考
第二目：笔墨纸张	2	000	24	000	
第三目：茶水	1	000	12	000	
第四目：零星杂支	1	000	12	000	
合计	170	000	2040	000	
说明：一、本书以元为单位。 一、本校经费全年系以十二月计算。所有教职员薪水，均极微薄。故遇寒假期间，仍照常支给薪水，用以津贴教职员来往旅费。 一、本书第三项所列学生伙食津贴费，在寒假结存之款，即移作购备图书等费。					

四、改革土地制度，助土民自立。土属地亩，以耕者均无地权。稍不如意，辄即委弃，以故逃亡甚多，二荒（垦熟复荒者，山间通称二荒）极广。屯署拟将各屯土之土地制度，澈底改革。熟地中之官田，划归土司守备所有，由该各土司守备立契升科。民田划归兵民所有，准各该兵民立契升科，即脱离土司守备管辖。寺庙、桥梁、学校等所有之公田，由该公益团体立契升科。至于荒地，则照处理官荒章程，开放招垦。俾土民解除土司束缚，进营独立生活，议定及未执行。

五、奖励夷汉通婚，期相融和。松、理、懋、茂、汶五属及抚、绥、崇三屯，夷汉通婚，固已不鲜。特只限于关内一带之业农夷民，利汉人劳力，赘之为婿已耳。普通婚嫁，殊不多见。盖土属夷女，若嫁别族，该管守备、土官等索讨身价颇苛。中产以下之汉人，财力弗胜。中产以上之汉人，又不愿娶夷女。此于同化进程，阻滞极大。屯署曾禁索身价，劝导通婚，而听从者寡。因复饬边区官吏与屯土酋长联姻，以为细民倡。汉夷互婚，由公家酌助费用，以为贫民劝。

六、裁制顽梗屯土，使守国法。屯区各屯土，顽梗骁悍者，所在多有。民国以来，玩视法令，侵扰边地，劫杀商民。或同一族内，争雄互竞，弱肉强食之事，层出不穷。若不治之以法，无以维持秩序，绥辑善良。故十七年，理番之扣苏内乱，阻抗官军调解，并击伤县宰。爰令屯署谢总务处长培筠，率警卫团长刘耀奎讨伐，费时半年，始告肃清。懋功汗牛屯守备雍鹤龄，违抗政府，苛虐人民。十九年，命懋功知事刘复率队究治，勒令改屯为团，废除千总名称，将屯民编入团甲。十九年，绥靖屯属绰斯嘎土司，阻抗屯署开发俄热金矿，枪伤丁员。正拟制裁，适有事黑水，案悬未理。至梭磨所辖之黑水，自来恃险顽强，梗阻声教，各头人互争雄长，哄斗不已。并出劫理茂，焚毁马塘。二十年秋，乃派兵申讨，连战皆捷。冬季进至围鼓，值班禅自南京派其呼图克图松朋、参谋长兼蒙藏委员罗桑囊嘉入山调解，军事遂停。二十二年春，黑水夷头苏永和、白脑壳等率领老民入蓉，开呈条件，悔罪输诚。关内屯土，黑水最为强大，黑夷砻服，其余已惟命是从，罔敢携贰矣。

第三节　麦颡与拉不郎寺[①]之政教纠纷

初，前清康熙四十二年，剿抚松属关外五十二部落之后，分设土千百户，管理番寨。于道光初年，有甘肃循化厅所属之拉不郎寺，以黄教喇嘛念经诱惑，聚僧徒于川属上阿坝官军驻防之塞竹卡地方，创修骨摩寺。其时，上阿坝土官独顿文包之祖父，于道光初年殁。其父承袭，尚幼，全赖祖母经理土务。见拉卜楞寺来此借地建庙，乃召集土民，逐之出境。数年，其祖母殁，番僧又威迫利诱其父所属土目，建寺于塞竹卡坝内，煽惑番众。咸丰五六年间，附近塞落归入该寺熬茶后，遂将骨摩寺地方据为己有，并占据甲多、色凹二十四寨。光绪七年，该寺复焚掠占据上中下三阿坝一百余寨，逼投勒凹、扎盖二千余户。至十三年，窝留川省逸匪捧周，劫大帮茶商马炳南等。十七年，又拥兵二千至上阿坝，焚毁择参巴贡巴（即择郎寺），喇嘛番民，死伤甚众，并将辖慢、冷房、草场坝五百余家概行焚毁。先后霸占川境番寨一百二十五寨，并逼番僧土民归降。是时独顿文包，适承袭土官，与其兄纳旺德，一面率众拒守，一面赴松告急。于十八年，得松潘总镇夏毓秀亲赴省垣，面恳总督刘秉璋出奏。是时，川督曾派员陈周礼前往查办，被拉卜楞寺称渠凌逼，任意勒结，未能了息。而甘肃总督杨昌濬，复回护该寺。经刘督直奏，将甘肃之奏驳斥。乃奉上谕，令两省会委查办，迅速覆奏。于光绪二十六年六月，刘督委松潘同知武文源、参将杨茂林，随带兵勇四百余人出关，会甘督杨昌濬所委同知洪翼、副将李临湘，于上阿坝驻兵三月，将上阿坝择参巴寺暨色凹等寨，勒令该寺援照旧例赔偿。九月，移营二道黄河，调集川甘两造土目番僧查讯后，将匪首捧周并拉卜楞寺匪僧黑窝卡、周相错等严办。所有前日拉寺扬言，上阿坝八寨是该寺以八驼银子买的。讯明匪僧，实是白话，当由拉卜楞寺活佛喇嘛出具切结。其结大意谓：所有川属部落，甘愿交出川省管理，原放头目佃户，俱都撤回。该寺以后，再不敢刁唆，亦不再放充官寨头目佃户，侵占寨落，违抗皇命等语。上中阿坝各寨，经武、扬二员，仍命原土官管理，以后亦不得再与拉卜楞寺拴头熬茶，如敢违背，从严处办。由各土官出具切结。两省委员于十二月内分道回省，嗣后相安无事。不料年久玩生，上阿坝土官人民，又渐受拉寺之诱惑，而酿成光绪二十年以前之局势。

考中阿坝墨颡官寨，在阿坝河之北，距松潘正西六百余里。北至黄河，沿齐哈玛一百六十里。黄河以上为甘肃所属，齐哈玛为三乔柯之一部。由此渡黄河，至拉卜楞寺四百余里。又由齐哈玛顺河而上，即上中下三俄落。其中之抗甲、抗甘二部，为拉寺黄氏之女婿。顺河而下，即若儿盖十二部落，现与拉寺亲善。其距中阿坝墨颡官寨以东十余里之墨昆，即属于下阿坝，在前本与拉寺拴头，现受黑水头人管辖。距墨颡以西四十里，即上阿坝。拉卜楞寺所建修之郭门寺，在其界内。其河之对岸，即安堵八寨。距此四百余里，则交卓克基界。此中阿坝对于各方之地理关系也。

番人本来迷信深重，极崇拜活佛喇嘛。故上阿坝官民，渐私与拉卜楞寺拴头煮茶。自反正以还，内地多故，川省政府未暇过问关外边夷之事。适拉寺由黄氏父子当事，以

---

① 拉不郎寺：下文或作“拉不楞寺”“拉不浪寺”。

致该寺与阿坝之关系，日愈恶劣。黄氏本西康理化人，名位中。长子正清，次子正本，三子蒋旺祥巴，即拉寺现在之活佛。当该寺迎接其子为活佛时，黄位中即申明须掌该寺之兵权，方许送其子入寺，而该寺喇嘛等以活佛为重，竟许之。故位中得随其子入拉卜楞寺，而掌理兵权。后缘时会，得甘肃政府委以番兵总办之职，正清为番兵司令，正本任团长。于是黄氏父子如虎添翼，任所欲为，竟将全寺大权归于手中，而拒该寺大管家于外。盖番例，寺中一切由管家喇嘛主持，活佛不过虚有其名。于是管家不服，乃控诉于政府，甘政府派兵讨之。当大兵前来之时，黄氏即挟活佛逃往川属黄河沿若儿盖寨中，匿住年余。后经人调解，以寺内之事，仍归大管家管理。黄氏乃携子回寺，心甚郁郁。爰于民国十九年七月，来郭门寺（骨摩寺之更名）坐镇，冀藉教经营，使上阿坝官民全体附己，任其所为。当位中未来郭门寺时，该寺僧人虽以上阿坝人为多，但不肖者流，早已恃拉卜楞之势，蔑视土官，欺侮人民，任意横行。杀人放火，无所不为。今黄氏既来，更为虎作伥，横行更甚。而黄氏并派不肖僧人，占麦穷四凹之山地而管理之。而该寺僧人，即狐假虎威，日肆横行，欺侮麦穷土官，而欲杀之取其寨落。麦穷土官于危急之下，竟派人将番僧二人刺杀。黄氏见麦穷土官不附己，且杀其番僧，恨之刺骨，必欲杀之以雪忿。爰于二十年腊月，命人入麦穷官岩，杀其长子泽朗，并将麦穷土官及其二女捕入郭门寺，掠夺其寨落。当麦穷土官被劫入郭门寺时，黄氏谓伊曰：尔耳不听我之言，而惟墨颡之言是听；口不忠于拉卜楞，而专言墨颡之好。竟以长桩打入麦穷土官耳口之中而杀毙之，将其女拘禁于拉寺土牢中。而麦穷有三子，次子海善言，曾留学于甘肃省垣，颇通汉番文语，已供职于青海马子香师部；三子格尔藏尚幼，遇难时，得土民格哈负逃至墨颡寨中，得免于难。其麦穷四凹寨中，附和拉方之番民二十余家。自将麦穷土官治死后，乃于民国二十一年四月内，随同郭门寺僧官往投拉卜楞寺。嗣后，黄氏即扬言：上中阿坝土官人民，如有不归顺者，即以麦穷例。于是上阿坝各土官番民，人人自危，乃暗于墨颡土官兼川西第一路游击司令杨俊扎西联合，以御黄氏。而墨颡先本与上阿坝不睦，时起争斗。今见来附，且有唇亡齿寒之势，乃极力联谋以拒黄氏，一面呈控黄氏于屯署。其时墨颡与麦穷等，陈兵于阿潘河南岸，黄氏陈兵于河北，互相防守，日趋严重。屯署于民国二十一年三月，乃命驻松杨统领抚权，派团练局长马润堂、副官蓝文镕、马队大队长李逢春、哈通译等前往调和。殊马局长等驰赴上阿坝郭门寺，面见黄位中时，位中竟妄自高大，并谓现今民国时代，五族共和，谁强谁管，所有川甘西康之番民，本无界限，都应为拉卜楞寺之人民，有何政府。故马氏未能得有结果，仅将麦穷土官之二女保释而归。马氏甫还，而黄位中之凶焰更张，时发恶言，以威挟阿坝官民。且以兵围攻峨秀、唐洼二寨，勒令归降纳款。麦穷人民忿极，乃同墨颡杨氏，陈兵于郭门寺下面之纳休坝内，黄氏即布兵于郭门寺以拒之，得抗甘上官及白衣寺喇嘛前来和解，保拉方之兵不得过黄河来，墨方之人亦不得过黄河去，以后不许郭门寺僧人携带快枪入住寺中。黄氏爰于是年腊月内，逃回拉卜浪寺。而墨颡各寨，既将黄氏逐去，乃派人将郭门寺之公馆看守。且痛墨颡[①]土官之惨丧，家人不保，纯由一二番民勾引奸僧所致。众怒之下，竟将已投寺之番民寨房焚毁之，于是双方互相呈控。查上阿

① 墨颡：据上文意，当为“麦穷”。

坝郭门寺一带，本属川境，而拉方电呈甘省府转电川省屯署，竟谓墨颡越境进攻郭门寺，直认上阿坝为伊所有。且陈兵数千于黄河北岸，墨方亦调兵数千于黄河南岸防之。后由屯署与甘省府文书往还，仍希调解，屯署乃复令杨统领派人前往查办调处。杨于九月内奉命后，即派委员杨伯坚、李逢春、通译官马登霄，驰往中阿坝。适拉卜楞寺代表，即夏河县长李之栋亦到。殊杨氏不加礼貌，而对上峰所派委员，亦复不予重视，致未得良好结果。仅经两省代表，再四商议，定约八条。大意谓：上下阿坝，本为川属。所有一切政权，拉方不能干预。郭门寺属诸拉寺，上阿坝六寨，以教言之，则属教民；以政言之，则属人民。所有僧徒教民，当早归回寺院接收，墨方不得干预其教权。其政教权限暨双方伤亡损失之赔偿问题，候于二十二年，两省政府另派员开善后会议解决之。双方限日将军队撤尽，以后无论何方，先动兵者即呈请处办之。并由墨颡付给拉寺银五百两，以作退兵之费。殊墨颡不承认此款，乃由若儿盖到会之公证番目，代出快枪一枝、羊数十头解和。拉墨双方，即行撤兵。殊墨颡撤兵，路过郭门寺时，见拉寺僧人，竟带快枪数枝入驻郭门寺。认为违约，直领兵围之，派人质问住于寺中之两省代表，经代表等调和了事。而活佛所住之公馆，墨颡即认交与两省代表，但须担保拉寺以后不再动兵。代表等未予负担接收，仍由墨颡派人看守。两省代表于十一月内分途遄返，而所订条约交由李之栋代回拉卜楞寺，由黄正清盖章。殊黄氏深怨李县长，未将安堵八寨注明为教民，深抱不满。乃呈报甘省政府转电川省政府，谓为遗漏。川政府许其在善后会议时提议。至二十二年二月，屯署接甘肃省邵主席电，谓根据去年条约，各派员前往阿坝开会。屯署乃于四月内，派总务处长谢培筠，率同官佐、通译、兵丁等前往。于六月内抵中阿坝，七月二十二日抵黄河沿齐哈玛。适甘省朱主席绍良初派之特派员、代理夏河县长龚子瑛、拉寺副官李虎臣、露喇嘛、马通司等，亦于七月二十日至齐哈玛。至甘省中途添派之委员李之栋，则留拉卜楞寺未至。两省特派员会面之后，当由龚县长交出拉方新开之先决条件一纸，其条件大意谓：尊重去年条约，须先将上阿坝六寨、安堵八寨，交与拉寺接收，其他贾诺、墨诺、墨耳玛等部，候会议解决；墨颡土官杨俊扎西，去年不遵条约撤兵，竟以兵围攻郭门寺，继后并不将兵撤尽，仍占据活佛公馆，违背条约，须先处罚；所有杀死僧人及番兵损失，须杨俊扎西赔偿；二十余家难民，必须收回。各条办到之后，拉寺方派人赴会。若无具体答复，决不到会。而拉寺副官，亦一再声明，如上阿坝六寨、安堵八寨，不先交出；墨方之违约，不先处罚；黄氏决不来会。旋据杨俊扎西报告，称：去年伊遵约撤兵，路过郭门寺时，见僧人违约。带枪入寺。乃派人向住于寺中之两省代表质问理由，一面将兵撤去。活佛公馆，去年亦已交出。因两省委员不接收，不得不派数人看守，以防损失。不料拉卜楞寺竟诬为违约。自拉卜楞寺于上阿坝借地创修郭门寺后，即藉教横行，霸占土地，占管民权。夺我田土，毁我寨房，杀我土官，劫我财产。种种之事，莫不因郭门寺而起。既失传教之义，实行其害人之事。上中阿坝土官人民，誓将该庙收回。且所死者为阿坝人民，损失者仍为阿坝财产，须黄位中赔偿一切。又有上阿坝土官、人民、喇嘛，呈控拉寺黄氏者有数十起之多，大都诉黄氏藉教管民，占地掠财，逐走土官，杀死喇嘛。综计由黄位中囚禁、占霸、掠夺及使难民前来搕索者，共银二十五万两。廿余家难民，本属良民，被黄氏勾引为非后，财产完全携走，而投拉不楞寺。四凹安布土官，控黄位中民国九年杀其父，去岁正月伊又被黄氏禁于土牢中，所有枪支、马匹、金钱，俱被没收。而二十一年四月内，往投拉卜楞寺氏之番民，又控上阿坝土官蒋旺扎西、洞周及六哥三人，违叛拉卜楞寺投墨颡，焚烧其寨房，强占田地。双方互相控诉。后经谢处长会同龚县长一再商议，由双方当事人各派代表二人，先开一预备会，以便讨论。于是拉、墨两方名派代表二人，拉方代表为李虎臣、露喇嘛，墨方代表为铁耳多堕乐。开会争执之后，当由谢、龚两特派员，议定解决大纲八条。仍许其信仰拉寺嘉木样佛，念经熬茶，仍照旧规。有不愿者听之，不能加以强迫，以符法律上信教自由之旨。寺僧不得无故筹款，听人民自由布施。郭门寺属于拉卜楞寺，墨颡不得干预其教权，但僧人不得携带武器驻于寺中。此大纲双方当事人认为允协，即于八月二十五日以前，亲身或派代表来会。双方所约公证番目，于八月二十日到齐。如双方不同意于本大纲，即于八月十八日前以书回复，静候两省特派员呈请政府，转呈国民政府解决之。但双方不能动兵，无论何方动兵者，由两省特派员呈请政府处罚之。此大纲分发去后，于八月十八日，杨俊扎西来信承认。二十一日，有若儿盖十二部落之士官、格儿低寺喇嘛等二十余人来会。至八月二十八日，回转拉寺之露喇嘛，方带同黄正清、李之栋信函各一件返齐哈玛。

黄函大意谓：所订大纲八条，不尊重去年所订条约，复不征询同意，动辄以高压手段，误引法律信教自由之旨，希图取消墨方历来离间侵占之罪名，实消灭郭门寺之政策，置拉寺数日年经营之宗教基础于不顾。似此偏袒墨方，不公不伦之大纲八条，誓不承认，亦不派人赴会。若能破除成见，仍照去年条约，以寻解决途径。先将上阿坝交出为该寺教民，候派人接收后，容可派员赴会。至李函大意谓：若先将上阿交出，或可劝其来会。

是时，拉寺李副官当凭两特派员，一再申明，如川方不将拉寺所开之先决条件办到，不尊重去年条约，以寻解决途径，该寺决不能来会。当经谢处长据理驳斥，于是两省特派员认为拉寺既如此强硬，两省人员在黄河沿岸候一月之久，既不来会，又不先行通知，竟置政府人员于不顾，解决无望，只得散会，候呈请政府解决。旋有到会公证番目二十余人来见谢处长，得悉经过，亦不以黄氏所为为然，当请求两省特派员再住一二日，当众宣布经过，以明真象，而求最后解决之法。殊龚县长于次日返甘之通知已至，谢处长当即嘱公证番目转留龚暂住，以便明日再行开会，并去函相留。殊翌晨龚县长等已整装起行。谢处长乃派吕副官、马通译前往挽留，无效。龚临行时，面告吕、马二人云：拉卜浪寺如此蛮横，不可理喻。以余身为县长，且为政府特派员，而受黄氏如此侮蔑，心实不甘。无论口嘴能否解决，俱未便再住。此次返省，当从实呈覆。所有双方不许动兵，既载在条约。两省人员，当极力担负，以候上峰解决等语。遂起程而去。其时，谢处长见龚既不可留，其为人颇正道，必无他意，口嘴既不能解决，亦于八月二十四日返上阿坝。殊九月十七日，有拉卜难民及番人二百余人，来上阿坝溪中，将锡恩寨土官禄哥等之牛马抢去七十余只。当经上中阿坝土官率集番兵前往追逐，追至黄河边，而难民等已渡河，仅将遗下之牛二十余只赶回。该土匪等托人致意于禄哥，谓此次来赶伊之牛马者，因伊反对拉卜楞寺而忠于四川政府，故特予小惩，若再不知改悔，必尽杀其家属，岂止抢牛马而已哉。土官禄哥以该匪等，于政府人员尚未离境时，胆敢前来抢劫，实属目无法纪，乃呈诉于谢处长。谢处长乃于十七日，召集上中阿坝各土官于四溪卡开会。当经各土官自行与政府出具切结，自愿以后不与拉卜浪寺拴头熬茶念经。无论土官人民，有私向拉卜浪寺拴头熬茶者，甘愿斩首，财产充公。墨颡土官遵令将看守郭门寺活佛公馆内之兵撤尽，交由政府保管，由谢处长封置。殊谢处长返时，其公馆中所封存之溜金佛像器物等，已被该寺喇嘛移运一空矣。斯墨、拉双方之口嘴。自逊清以来之情况，尚待川甘政府详商根本解决者也。

川委员杨伯坚与甘委员李之栋商定条款

国民革命军第二十八军川西汉军边务特派员，为和平解决拉卜浪与墨颡教地争执，订立条件事。窃查拉卜楞与墨颡教地争执，已经多年，延至现时，双方兵力戒备，仅隔一河，大有一触即发、扰乱番余之势。委员等幸于斯时，奉川甘两省当局委派，同履阿坝，亲见形势危急，连日协商订立和平条件八项。俾双方遵守，以期和平解决，而副川甘两省当局敦睦邻谊，藉安边陲之至意。兹将条件列后：

第一条　拉卜楞与墨颡双方兵力，统限于国历十月三十一日以前，一律撤回原防，以表和平。

第二条　上下阿坝地方，依照前清规定省界，确属于四川。故对于人民一切政权，拉卜楞寺不得干与[①]。

第三条　上下阿坝地方，既有拉卜楞寺所属寺院。则寨内居民，以教言之，即属拉卜楞寺教民；以政言之，即属四川人民。所有僧人教民，当早归回寺院接收，墨颡不得干及教权。

第四条　拉卜楞寺与墨颡，所有互相侵占权限，伤害人民，以及毁坏房屋，损失财物牛羊等，经双方退兵和平，川甘两省委员详细调查后，另定地点时日，召集双方当事人，川甘两省委员，开善后会议，秉公处理。仍许双方当事人，共请公证番员，依照番规处理。

第五条　阿坝地方关于政教一切公务，候开善后会议解决规定之。双方当事人，尤须谨慎将事，不得惹起争端。

第六条　拉卜楞与墨颡既经依照条件和息，嗣后不得再兴兵戎。如仍故动用兵力，即责肇事方赔偿军费，并由川甘委员呈请处惩办之。

第七条　本条件经川甘两省委员，双方当事人签名钤章后生效。

第八条　本条件拉卜楞与墨颡各执一份，川甘两省委员各执一份，再向川甘两省当局各呈报一份，以备遵守查考。

甘肃省政府查勘阿坝番案委员：李之栋

国民革命军第二十八军川西汉军边务特派员：杨伯坚　李逢春

拉卜楞番兵总办：黄位中

国民革命军第二十八军川西汉军第一路游击司令墨颡土官：杨俊扎西

川西汉军统领司令部通事：马登胥

中华民国二十一年十月二十一日

① 干与：即干预。

川委员谢培筠与甘委员龚瑾商定条款

一　依照民国二十一年十月二十一日所定第二条，上中下三阿坝地方，依照前清规定省界，确属于四川。故对于人民一切政权，拉卜楞寺不得干预。

二　依照去年条约第三条规定，上阿坝郭门寺之主权，属于拉卜楞寺。上阿坝六寨及补提安堵八寨人民，仍旧许其信仰嘉木样大佛。倘有不愿者听之，不得加以强迫，以符法律上信教自由之旨。关于念经熬茶，仍照旧规办理，听人民自由布施，寺僧无故不得派款。

三　寺僧不得携带武器，拉卜楞不得带兵入驻郭门寺，墨颡亦不得干预教权。

四　关于处理问题及去年条约第四条所定事项，应于大会提议决定办理之。

五　双方当事人，如认以上四条为允协，应于国历八月十五日以前亲身赴会。如实际不能分身，应派全权代表出席，并另书全权代表委托书二份，交由两省特派员存执，以昭信守。至于会议地点，即在齐哈玛，或于郭门寺与墨颡之间，定一适中地点，亦无不可。

六　关于公正番目，如双方认本大纲为可行，双方当事人，应即分头函约，限于国历八月二十日以前，一律到会。

七　双方当事人，如对于本大纲不能同意时，应于国历八月十二日以前，以书面正式通知在齐哈玛之两省特派员。

八　双方当事人，如有第七条之表示，应各守疆界，不得擅自动兵。听候两省特派员呈两省政府，转呈国民政府解决之。倘有不遵，即由两省特派员，呈请省政府严重处办。

四川甘肃省特派员：谢培筠　龚　瑾

中华民国二十二年七月三十日

第六章　垦务

屯区幅员辽阔，地旷人稀。宜于农牧之区，所在皆是。关外草地，尤多平畴沃壤。际此生齿日繁，耕地不敷分配，粮食缺乏，人民常有菜色。移民营垦，使地尽其力，民有所归，洵属急务。矧英俄觊觎新藏，屯区为其后防。移民实边，以固吾圉，亦势有不能自已者乎。惟是须与军事及化夷两项，相辅进行。如兵力未充，狉榛如故。而操切从事，民不易移（说见第二章第六节），且虑引起边民之抗拒。故屯署对于推进垦务之程序，拟定先茂、汶，次松、理，次懋、抚、绥、崇以及草地。实施办法，则先调查公私荒地林野，次招募团体及私人领垦。一面并由公家直接经营，以示提倡，而资则效。其放垦荒地，取无偿制，使贫农易得土地，藉广招徕。其限制承垦面积，竣垦年数，则以防徒领广大荒地，待价渔利也。实施以来，尚著成效。兹撮记其概略于次。

第一节　查荒

屯区荒地主权，多不明晰。于是豪强把持官荒，不事经营。贫农欲事耕垦，苦无土地。又贪狠地主，甘诱客民（山间称简阳、中江、遂宁、安岳、乐至等县入山营农者，曰客民）为之开垦。洎成熟地，多方压迫，使其茹痛奉还。狡诈客民，于初垦之年，穷尽地力，及其瘠薄，去而之他，荒地永不辟治。既垦旋荒，胥由于此。然则欲推广垦务，当自查明荒地种类、权界，分别规定承垦办法。始屯署乃于民国十八年，设置茂县垦务局。十九年，设置汶川垦务局。颁布《调查荒地章程》《调查林野章程》《荒地调查表式》，饬两局就茂、汶境内荒区，按章查勘查。至二十年竣事，查明之荒地面积，达数十万亩。于是撤废两垦务局，另组茂汶垦务处，管理招垦暨官营垦业。记其章程表式，暨鉴别土壤肥瘠之标准，则如次。

一、调查荒地章程

茂县汶川垦务局调查全县荒地章程。

第一条　凡茂、汶川县属官、公、民产，均依本章程之规定，受垦务局之调查。

第二条　凡县境内无主之荒地，均为官荒。

第三条　凡县境内法团、寺宇、神会管有之荒地，如有红契或其他确实证据者，为公荒。

第四条　凡县境内人民管有之荒地，如有红契或其他确实证据者，为私荒。

第五条　凡法团、寺宇、神会及私人管有之荒地，如无红契及其他确实证据者，概由县政府收归官有。

第六条　本章程未施行以前，凡私垦官荒，未经注册升科者，应于六个月以内，自向财务局呈报升科。逾期查出，除垦地入官外，并每亩科以一元至三元之罚金。呈报应升科之亩数不实者，每匿一亩，处以三元之罚金。

第七条　调查员所至地方，得调验人民或法团会社之红契及证据，验讫加盖局发戳记。

第八条　调查员执行职务，地方团甲有保护扶助之责。

第九条　人民违反第七条，团甲违反第八条之规定时，县政府得酌量加以惩罚。

第十条　垦务局员司如有不忠厥职，或有受贿情事发觉，按律加等严办。

第十一条　本章程有未尽事宜，得呈请修改之。

二、调查林野章程

茂汶川县垦务局调查全县林野章程

第一条　凡茂、汶川县属之森林、原野，均依本章程之定规，受垦务局之调查。

第二条　凡县境内无主之林野，概属官有。

第三条　凡县境内法团、寺宇、神会管有之林野，如有红契及确实证据者，为公有林野。

第四条　凡县境内私人管有之林野，如有红契及确实证据者，为私有林野。

第五条　法团、寺宇、神会及私人管有之林野，如无红契及其他确实证据者，得由县政府收归官有。

第六条　法团、寺宇、神会及私人管有之林野，虽契据不明，或全无契据，而在三年前已经着手继续经营者，准其缴纳相当地价，作为私有财产，由财务局、垦务局会给管业证。

第七条　公、私有林野，如对于国家保安上有重大关系者，得酌量给价，收归政府管理。

第八条　本章程未经规定事项，准《调查荒地章程》办理。

第九条　本章程有未尽事项，得呈请修改之。

三、垦地调查表式

区域	
荒地类别	
有无契据及粮税	
面积及四界	
地势	
土壤	
气候	

续表

区域	
水源及交通	
适于何种经营及其方法	
需要劳资概数	
预计收益	
简明图说及备考	

四、鉴别土壤肥瘠之标准

甲．据树木生长之形状：树木大而长者，其土肥沃。树木大而矮者，土壤浅，下为砂砾。树木密生而树干细者，地味瘠薄。

乙．据树木之种类：有榆、槭、桂、山胡桃、菩提树、黄檗等大木，其地最肥。刺楸、朴、槐等混生之土地，次之。椴、赤杨等多生于湿地，其地肥。楢、桦、槲等多生于燥地，其地瘠。

丙．据树木之下草及平野之杂草：草高而茎粗，其地多肥。草矮而茎细，其地多瘠。艾、刘寄奴、荨麻筐等之长大而茂者，地味最肥。多生萩、芝、蕨、鬼百合、桔梗等地，大多瘠薄。又，葭小筐等，多生于湿润不良之土地。

第二节　招垦

屯署于民国二十年十一月，置茂汶垦务处于威州，公布垦荒章程，并设招垦处成都，负指导招徕垦民之责。一面按月拨款数千元，交垦务处选茂、汶荒区，募工开垦，为之倡导。先后就汶川属龙溪沟、赵家坝、一碗水，创办第一、第二模范垦场，雇佣农工，约百人左右。截至二十二年，地震水灾时，垦熟土地，几及千亩，培育厚朴、茶、椒、漆等达数十万株。其私人团体领垦荒区者，有裕生垦殖社、益群社、启新劳资合作社、一心垦殖社、吉六垦殖社、林隐垦殖社、济众垦殖社，承垦荒地计四万数千亩。垦熟土地，达五千余亩。至贫农携其家属入山营垦者，为数无多。盖由贷助农具、籽种计划，扼于经济，未能实行也。

垦荒章程

四川松理懋茂汶屯殖督办署垦荒暂行章程

第一章　总纲

第一条　本章程依照《国有荒地承垦条例》之规定，斟酌屯区特殊情形规定之。

第二条　本章程所称荒地，指未以人工经营者而言。

第三条　松、理、懋、茂、汶五县，抚、绥、崇三屯境内之荒地，均依本章程处理。

第四条　凡荒地，国有者为官荒；私人及团体管有者，为私荒。

第五条　前条之私荒，本章程公布后，一年届满，尚未从事开垦或造林者，他人得承垦之。

第六条　荒区内之矿产，仍遵《矿业条例》办理。

第七条　凡在次记各情况之荒地，无论官私，均禁开垦。

一、在治水及涵养水源有重大关系之流域，其倾斜度达三十五度以上者。

二、在基石脆弱，土质轻松，有崩溃土砂之虞者。

三、在有危害建筑物及水路道路之危险者。

第八条　凡与次记各事项有关系之林野，无论官私，均编为保安林，禁止伐采掘土。

一、防止土砂崩溃。

二、防止水害风害。

三、涵养水源。

四、公共卫生。

五、保存社寺名所之风致。

第九条　承垦荒地，无论其为个人或法人，均认为承垦权者。

第十条　承垦荒地之面积，个人以百亩为限；法人视其劳资之多寡，由本署核定。

第十一条　荒地依土质之肥瘠，分为三等：一等限三年，二等限五年，三等限八年垦峻。

第十二条　第九条之个人或法人，以中华民国国民为限。

第二章　领荒承垦

第十三条　凡承垦者须呈具切结，由本署核准，发给承垦证书。

第十四条　承垦人之粮食、种籽、农具、资本，概归自备。

第十五条　承垦人依规定年限垦竣或造林完竣后。官荒无偿取得其土地所有权，私荒无偿取得其土地耕作权，年纳其土地正产物收量百分之十于本署或业主。

第十六条　承垦人因意外事故，将承垦地转让他人时，须呈经本署核准。

第三章　募工开垦

第十七条　本署期速达民移实边之目的，征募健朴壮丁及农户，从事开垦。

第十八条　前条之壮丁农户，除由本署派员招募外，并咨请二十八军转咨四川省政府通饬各县政府，尽量征送。

第十九条　派员招募之壮丁或农户，由本署按名每百里支给旅费洋五角，各县政府征送者旅费自备。

第二十条　应征募之农民农户，其所需籽种、农具、粮食，概由公家购备，并视其工作之效率及勤惰，每名月给工资一元至三元。

第二十一条　应征募之壮丁及农民所垦之地亩，无论官荒、私荒，均无偿取得其耕作权，年纳其正产物收获量有百分之四十于公家。经开垦成熟后，如系官荒，得照当地时价，向公家缴纳价值，取得该地所有权。如系私荒，由公家于售价内提百分之二十给予原业主。原业主如欲收回自种，除偿清公家开垦耗费外，并须照当时地价，给百分之二十予耕作人。

第四章 兵工开垦

第二十二条 本署期化兵为农，划定荒区，咨请各军部，甄选士兵，调往开垦。

第二十三条 兵工垦熟地亩，如系官荒，无偿取得其土地所有权；如系私荒，原业主欲收回时，应照当地时价，给予兵工。

第二十四条 兵工每名垦熟五十亩后，停止薪饷，缴还武器。

第二十五条 停止薪饷之士兵，对于夷患边防，仍负[①]从战役应征调之义务。

第五章 升科及所有权耕作权

第二十六条 承垦荒地，自领证书之日起算，扣满十一条规定之年限时，募工、兵工将本署核指地亩垦熟时，均按照各该地之税则升科。顶受他人承垦之荒地，接续耕种者升科年限，仍自原承垦人领证书之日起算。

第二十七条 已升科之土地，其应取得所有权者，由本署给予管业证，并分别咨令财政厅暨该县财政局，查照备案。

第二十八条 前条之耕作权，除本章程有规定外，得准用《民法》“永佃权”之规定。

第六章 奖罚

第二十九条 于规定年限内，提前垦竣者，承垦人给予奖章、奖状，或酌缓其升科年限二年至三年，募工、兵工给与其垦地一年生产物十分之二一次。

第三十条 承垦人受领证书后，每年度之初一月内，须报告其成绩于本署。如扣满六个月，尚未从事建屋开渠工程或开垦者，撤销其承垦权；已满竣垦年限，尚未全垦者，除已垦地外，撤销其承垦权。但因天灾地变，及其他不可抗力所致者，均得酌量展期。

第三十一条 本前条之规定而撤销其全部或一部承垦权者，应分别追缴或更换其承垦证书。

第三十二条 本章程施行前，私垦官荒，未呈报升科者，应于六个月补报。逾限查出，除土地入官外，每亩科以一元至三元之罚金。本章程施行后，未经本署核准，私垦官荒者，除将所垦地收回外，每地一亩处以一元至二元之罚金。

第三十三条 违背三十条报告成绩之规定者，处五十元以上百元以下之罚金。

第三十四条 违背第十六条之规定者，除撤销承垦权外，处以二百元以下之罚金。

第三十五条 呈报应升科之亩数不实者，每匿一亩，处以五元之罚金。

---

① 负：当为“服”。

第三十六条　垦区内犯种植罂粟，开设烟馆，娶娼窝赌，容留盗匪，及其他不法情事者，依律严办。

第三十七条　垦民于地方自治范围内，应享之权利及应尽之义务，与土著者同。

第七章　附则

第三十八条　本章程施行后，私荒业主应于六个月内，呈验红契及确实证据。

第三十九条　受第七、第八两条限制之荒地林野，如其受限制之原因，经本署查明确已销灭者，得解除其限制。

第四十条　本章程自公布之日施行，并咨国民革命军第二十八军司令部，转咨四川省政府备案。

第四十一条　本章程将来如应增损，由本署体察情形修改之。

第四十二条　本章程施行后，本署前订之《垦荒规则》，及茂、汶两县垦务局同呈准之《垦荒规则》，一律废止。

第三节　指导垦民

腹地农民，缺垦荒知识，初至荒区，无从措手。屯署爰教以开垦方法，指示注意事项，俾免误谬，致蒙损失。兹摘记其大要于左。

一、开垦方法：可分：（甲）伐木烧却、（乙）刈草烧却、（丙）垦治土壤三端。甲项大都冬季着手，察视树枝状态，测定倾倒方向后，以斧锯顺序砍倒，断其枝干，依次重积，俾无间隙。待翌年干燥，于播种适期前，择晴明日焚之，火熄热消，即行播种。用箒平掩种子，无须中耕，静待成熟。其海拔高一千八百米以上之地，撒芸苔、荞麦、青稞（播种适期，芸苔、青稞为六七月，荞麦为三月）。一千八百米以下向阳之地，则播点玉蜀黍（其播种适期为三月下旬至四月上旬）。若移住略迟，播种期迫，不暇伐尽立木，或须储作薪材，则只伐焚小木，大木仅轮剥其皮，伐去枝条，使之立枯，留供他日取用。乙项行于丛生杂草荆棘之地，大都于春季，刈集全部，待干焚却，或择晴明继续天候，纵火焚烧。其分别播种作物，概与甲项相同。丙项则于甲、乙、丙项之作物收获后，除去杂草，用锹或新垦犂。垦起土壤，或薄垦地表全部，或条垦土地，条播种子。除草时，薄削畦间。至翌年垦治畦间，使成熟土，或点垦土地，点播种子。除草时，垦其周围。至翌年辟垦株间，使成熟土。若在湿地，则割截地面，纵横约一尺，深六七寸。以锄起第一列表土，反转载于第二列，第四列反转载于第三列，第五列反转载于第六列，第八列反转载于第六列，顺次如此。即得幅广二尺之高畔，可以播种。其畦间成幅二尺，深约一尺之沟，足资湃水。至翌年，更平分各畦。反转其半于左右沟中，另作新畦。但在过湿及潴水地方，必设沟洫，无俟赘言也。

二、注意事项：垦荒虽饶利润，惟止自勤勉者能得之。轻薄怠惰之人，目的无定，侥幸万一，必归失败。以远适荒陬，筚路蓝褛而启山林，固非易事。非忍劳苦，排万难，不挠不倦，绝难成功也。然苟具坚强决心，伫待将来乐利，则勇气百倍，自可战胜一切。故营垦者，必具坚强之决心，此其一。芦苇潴泽之上海，能成繁华市场，则知无不可辟之地。屯区荒野，或则倾斜起伏，或多霜雪冰雹，或棲毒蛇猛兽，或任沼泽漶漫，伦以腹地沃壤，辄觉不值经营。讵知凡此均人力所能克制，一经垦治，生产极丰。其椒、茶、漆、药等，尤为贵重特产，利润之厚，迥非内地农作所能比拟。则营垦者，必须信人力可胜自然，不宜望而却步，此其二。垦荒种植，初宜粗放，以某数量之劳力耕种者，决非同数量之劳力所能收获。盖荒地高寒，作物熟期至促，收获稍缓，辄易枯落。而农民稀少，极难佣雇零工，雨量颇多，误期恒致霉捐也。故播种作物，应预计熟期，妥配种类、代木、刈草、垦土工作，尤须衡定进度，俾免偏畸，此其三。屯区地势，自南至西渐高，而荒地多系斜山，自下而上渐寒，作物发芽及成长，各有适温。选择不得其宜，生产难符预期。故垦荒之初，即须测量地高，分别选定适种物类，此其四。屯区道路崎岖，运费昂贵，农产物容重均大，搬移维艰，非加工精制，俾使贩卖，难得善价。屯区冬季积雪期长，夏季霪雨时多，无适当副业，利用劳力，则坐食糜[①]费。屯区劳农，多性惰吸烟。外籍客民，又生活不惯。役人营垦，管理綦难。偶一不慎，遽蒙大害。故营垦必详察环境，努求适应之方，此其五。他如卫生设备，房舍建筑，食粮储备等，指示注意之点尚多，兹不具录。

① 糜：原作“縻”，径改。

第七章 民政

屯区纵横千里，地域辽阔。而施政机关，仅五县三屯，鞭长莫及，政教难周。寫远区段，竟委诸土司土官之手。且汉夷杂居，风俗殊异，文化悬隔，腹地法令，实有凿枘不入之概。故因循敷衍，清净无为固非，而不察风土民情，生活背景，墨守成规，亦难收政通人和之效。以是屯署详查社会情形，酌其缓急，权其轻重。衡定施政方针，以期合乎实际需要。分记其大略于左。

第一节 整顿县府内部

屯区官吏，以土地贫瘠，政务轻简，因习于惰；边氓朴陋，罔知法律，遂流于贪。狃于驭夷，须有威重，辄失之暴；藉词边缺，异常清苦，以饰其鄙。偷惰、贪污、暴厉、鄙吝之风不革，曷由实现廉能政治。屯署规定合府办公，遵照内政部颁县政府办事通则，处理县政，撤废旧司法队。考录土著良民，编组政务警察，规定出差程限及旅费，按期公布因案罚金用途。严禁积压公事，不重时间，贿赂、陋规、应酬、勾结。督令常与民众接谈，随时巡行乡里。旧污既涤，气象一新。

第二节 增设及裁废县政机关

自增进行政效率，便利控制西番言之，松潘之南坪、阿坝，理番之马塘及绥靖、崇化、抚边，均须增设县治。然抚、绥、崇三屯及南坪县佐，虽经人民请求改县，而户口财赋数量，未达设县限度。阿坝亦形格势禁，须开发草地之后。其经增设者，仅马塘县佐（十八年讨平扣苏后设置）、来苏沟公安局（二十二年黑水夷投诚后设置）耳。至裁废者，有威州县佐，以其距理汶俱近，颇嫌骈冗也。改组为公安局者，则有龙溪县佐，以其受理民刑诉讼，习久弊滋。有叠溪警佐，为求合县府组织，齐一视听。而屯员、县佐向皆僭称监督，藉立威望，镇抚汉夷。则以相沿既久，未加变革。

第三节 整饬司法

法治国家，司法权应完全独立。各县屯民刑上诉案件，自应受法院管辖。惟屯区边远，民多苦贫。必按法定程序，则因道阻资绌，将覆盆多冤，申诉莫由。屯署爰暂从权兼理，督饬各县屯照民事诉讼法规、刑事诉讼审限规程，限期讯判，按月列表，呈报考核。规定婚姻继承，经界水份等，凡非以财产价额计算之案件，每案只征讼费一元。财产案件，二百元以下征一元；二百元以上，每五百元递加一元，计算征收。贫无赀力者，准由邻右证明免征。严禁克扣囚粮，法外婪索。施行以来，人民称便。

第四节　推进自卫自治

屯区地域阔而戍兵少。备夷患，严盗警，非军团协力不为功。顾各县屯旧有团甲，只就汉民编组，不特力薄，且显存畛域，难期辑睦团结。又因夙事敷衍，装械残缺，预算无准，款多虚糜，毫无自卫精神。乃饬破除汉夷界限，一体编练。如松潘之漳脑、南坪、小河、平番各营，理番之扣苏五屯，汶川之瓦寺，懋功之沃日、汗牛，抚边之宅垄等，均先后实行。一面督令按照部颁《保卫团法》，澈底改组，专款预算，公开审定，由各县屯财局统收统支。严禁凭藉团势，违法妄为。实行登记全县民有枪支。二十二年，并于茂县设团练干部养成所，由各县屯甄送团务人员，入校肄业，毕业后致力本籍团务之改革。至筹办地方自治，首重调查户口。督促乡、区、镇长，按照部颁章则表式办理，并注重户口变动之统计。其因地势高峻，烟户窎散，难遵规定编制地方，特准呈明情形，酌量变通。若夫厘定自治经费，设所训练自治人才，均有规划。惟因“剿赤”军兴，未及实现。

第五节　积极正俗卫生

屯区恶俗，曰好诉，偶因鸡鹜之争，辄至缠讼不已；曰私斗，所谓打冤家，睚眦之怨，亦循环报复；曰迷信，笃信巫觋喇嘛，倩祈治病，不事医药；曰上门，以女赘壻，及婿财尽力衰，辄逐去另招。他如南坪之停丧不葬，理茂之女服劳作、男溺烟癖，于社会秩序、民族健康，妨害甚大。屯署屯于二十年成立正俗总社，通饬各县屯，设立分社，努力匡正陋俗运动。虽未能全体移易，但改良已属不少。

屯区人民，罔知清洁卫生。大都住屋湫隘芜秽，饮食陈腐肮脏。无论城市乡村，随处便溺，敞放牲畜。每当春夏，秽气薰蒸，瘟疫流行。犹复听命巫师，不知自省。加以既鲜识字之医，尤乏制炼之药。一遭疾病，康复者寡矣。缘是死亡率大，户口日减。屯署乃督饬各县屯，筹设平民医院，诊治疾病，只征药费。贫苦之家，药费亦免。修建公共厕所，取缔敞饲牲畜。遵照《污物扫除条例》，实行扫除。严禁售卖不洁食料，露厝棺柩。提倡种痘防疫，业余运动。修筑市街马路，种树路旁。各县屯均经切实遵办。茂汶两县，成效尤著。

第六节　厉行禁烟储粮

民国初年，内地烟价奇昂。边陬鞭长莫及，成为产烟秘窟。于是山巅水涯，鲜不种烟。黄童白发，大都吸食。饷客以烟，疗病以烟。婴孩不适，竟亦忍哺以烟。男子蜷伏斗室，妇女劳顿山间，驯至室家乖异，生计困穷。二十年，屯署于各县屯设禁烟督察处，严厉禁种、禁运、禁吸（规章附录于后）。虽拟设之戒烟所，以黑水夷乱，未获实现。然瘾民自动戒除者多，种烟之户日减。除懋功外，须自内地运烟供给吸用矣。

屯区向不产稻，主要粮食为玉蜀黍（山间通称芋麦）。低地产者，冬初即生虫蛀。高山产者，只可贮至翌年夏间，不堪屯储。而限于地势气候，高山平原，难均丰稔。运输匪易，移济困难。一遇荒歉，饿殍载道。屯署于二十年，严饬各县屯整顿旧有仓储，并规定按户捐粮存储，富绅捐粮存储办法，成立新社仓，每年全屯区限储六百石。其储粮种类，加入荞、粟。设仓地点，散于各区。县设仓储委员会，指导监督。区设保管委员，负责出纳。每年青黄不接之候，平年尽量贷给贫农，救济农村。凶年仅贷芋麦，留存荞、粟，以备饥馑。行之三年，储粮几及二千石。虽因震灾、水灾、兵灾，粜发净尽，无形中固有大裨于斯民也。

禁烟章程

四川松理懋茂汶屯殖督办署禁烟督察总处暂行章程

第一条　本总处为遵照国民政府禁烟法令，厉行禁烟、禁运、禁吸起见，特设屯区禁烟督察处，原有禁烟机关，一律裁撤归并。

第二条　于茂县地方设禁烟总处，并于松潘、懋功、理番、汶川、茂县及抚边、绥靖、崇化等县屯，设置禁烟督察处。所有禁种、禁运事项，由各县府会同督察处，查照成案办理。

第三条　禁吸事宜，由各县督察处遵照本条例之规定，负责办理。并会同各县政府，共谋进行。

第四条　现在各地因特殊情形，未便遵照刑法，一律科处徒刑时，暂科禁吸罚金。就所销土药，每两征洋一角。由本处制发特种印花，如额粘贴烟土之上，并盖销印。限于贴用一次，不得揭不再贴。

第五条　禁吸罚金，特种印花，分下列五种：

五分，赭色；

一角，绿色；

二角，红色；

五角，紫色；

一元，蓝色。

第六条　各县所销烟土，应设烟栈或分剪店，分区专卖。区内各售店、各吸户、烟垆，均应向该区内烟栈或分剪店购买，违者准由烟栈或分剪店扭交，或报请督察处及当地团保拿送县政府，处以五倍以上，十倍以下之罚款。

第七条　本地产烟，或山外输入之烟土，均应售与烟栈。无烟栈之乡镇地方，须售与各分剪店。如不售与烟栈或分剪店，直接卖与吸户、烟垆者，准由烟栈或分剪店扭交，或报请督察处，或当地团保拿送县政府，处以五倍以上，十倍以下之罚款，并没收其烟土全部。此项没收之烟土，即作半价，发与举发之烟栈或分剪店承购出售。各县政府或督查处，或团保，不得从中舞弊，违者以受贿论罪。其吸户原存烟土，尚未吸尽者，准自向督察处或烟栈或分剪店请领特种印花，如额粘贴。违则即照第十五条之规定处罚。

第八条　烟栈或分剪店向督察处请领特种印花，依照第四条之规定。如额粘贴于烟土上，给与承买人，销后按旬与督察处缴款，准扣手续费百分之五。

第九条　烟栈或分剪店、专销区域，由各商自认，报请各督察处斟酌情形核定之。但有烟栈之处，不再设分剪店。并不得一城、一场，只有一烟栈或一分剪店，用杜垄断。

第十条　烟栈或分剪店，具认核准后，领取营业执照，纳缴执照费一元。有报请歇业者，准予缴处注销。

第十一条　各住户或商贩所有烟土，除不能直接卖与售店、吸户、烟垆外，任卖何区烟店或分剪店，或纳足特种印花税，运销他处，均不受限制。各烟店、各分剪店收买烟土，应照市作价，不得联合抑勒，或故意短秤，如违准由卖烟人具报处罚。

第十二条　各烟栈、各分剪店出售烟土价格，应比照买价，以适合当地商息者为准，不得任意高昂。违者准由买烟人具报处罚。其或以伪土相参，或短秤折合，或全为伪土者，准由买烟人具报，处以二十倍以上四十倍以下之罚款，并得停止其营业。

第十三条　各烟栈或分剪店出售烟土不良，或有不公允情形者，由用户先行报明督察处或当地团保，转由督察查处备案，准向他区烟栈或分剪店承买。一经申请，不得稍涉留难驳斥，并不得援用第六条之规定。

第十四条　各地如无相当商人承营烟栈或分剪店业者，由督察处会同县政府指派其他团保，其他机关兼办。但于专卖办法，应稍变通。由各督察处斟酌地方情形，专业呈请核定。

第十五条　各烟栈、各分剪店如有不遵贴特种印花，或贴不及额，或揭下再贴者，处五十倍以上，一百倍以下之罚款。各售店、各吸户、各烟垆，如持有不贴特种印花，或贴未足额之烟者，处三十五倍以上，五十倍以下之罚款，并没收其烟土全部。

第十六条　有隐漏特种印花情形者，无论何人，均得扭交，或具报，或密告，拿案处罚。应处罚款，除以一成作县政府办公费，以二成作团保津贴，以一成作督察处补助，以二成提解外，其余四成，即奖励举发人。月终由处汇报，并榜示周知。有举发人未实领得奖金者，准具报总处，严饬照发。其密告者，对于姓名，并不宣布。

第十七条　无论扭交、具报、密告，均不准挟嫌诬陷，违者依法论罪。

第十八条　关于各项罚款，县政府、督察处均得提留一成，作办公补助费。如系由县政府或督察处查觉者，应将所余罚金，提在督察处申解。

第十九条　关于证据确凿，县政府应予处罚。而不遵照条例罚办者，对于该县长，应依法分别惩处。

第二十条　各售店原有红灯捐及各吸户原有瘾民捐，应重新彻底清查。遇有隐漏情事，应饬照数补纳捐款。以后如再有隐匿不报者，拿获或被报发，应处十倍以上，二十倍以下之罚款。吸户当按照国民政府现行《刑法》办理。

第二十一条　如并非瘾民而置有客灯者，应照售店红灯捐纳费。所销烟土，仍须直接向各烟栈或分剪店购买。持有印花者，免受处罚。

第二十二条　各督察处应附设戒烟所，雇用专门医士，慎选药剂，以期瘾民逐渐减少。其规章另订之。

第二十三条　各县禁烟督察处，直隶于督察总处，其考核规章另定之。

第二十四条　本条例自呈准公布之日施行，如有未尽事宜，得随时呈请修正之。

第八章　财政

经费为事业之母，经费不充，事业无由进展。开发边地，自古称其耗财。尤须有巨额款项，为建设经营之资，始可推行尽利。而屯区地瘠民贫，外货输入，销场有限；内货输出，生产无多。恃税收为财源，不过蹄涔之水；倚粮税作开支，难敷一县政费。且当屯署成立之初，适值兵燹之后。公私交困，百业萧条。既须剔去苛繁，以纾民力；复应加意抚绥，回复元气。故所有军政、建设各费，强半由二十八军部拨济。嗣后川中内战频仍，屯区夷乱叠起，财用日蹶。二十八军自给犹难，屯区开发事业，遂亦无财可举矣。兹记其开源、节流活动金融之计划，暨实施状况于次。

第一节　开源

一、征进出口税：二十八军未接防经营以前，五县三屯各自为政，财政状况，棼如乱丝。商货自松至灌，征税无虑十次；由杂谷脑运威州，亦须三次纳捐；合计税率不下百分之十一。而禁烟罚金，尤无一定标准。当事者，以意为增损，商旅苦之。屯署成立，乃裁并税卡，设松潘财务管理局于松城，辖南坪、小河营、汤珠河、镇江关四分卡；设理汶财务管理局于威州，辖杂谷脑、草坪、楠木园、映秀湾四分卡；设懋、抚、绥、崇财务管理局于懋功，辖达维、日隆关二分卡；稽征进出口税。一以调查货物出入种类、数量，一以挹注殖边经费。并规定出口入口，均只征税一次。照灌县市价估本，值百暂征六五，以轻苛扰而恤商艰。设财务督察处（后改财务总局），切实钩稽、侦查、考核局卡员司之勤惰污洁，以防弊窦而裕税收。施行以来，民十八年，计收入壹拾玖万余元。民十九年，壹拾捌万余元。二十年，贰拾叁万余元。二十一年，约二十万元。二十二年，受毗河、岷江战事及地震、水灾影响，仅收入壹拾壹万余元。二十三年，以“剿赤”军兴，商务停滞，仅收入壹拾叁万余元。

二、举办官硝：茂、理、汶三县土地，富于硝质。惟系军用物品，向禁贸易自由。于是三县熬硝民户，每被奸商抑勒垄断，相继停歇。屯署于民十八年，设立官硝局，衡定公平价值。收买民硝，以保护硝户。并对于硝户无利贷款，助其发展。一面由局分设硝厂，收买硝土，自行煮熬，运省售供军用，约计每年可赢利肆千余元。

三、禁烟罚金：烟毒为害屯区，视腹地尤烈。屯署爰于二十年，设立禁烟督察处，严厉禁种、禁吸、禁运而寓禁于征，均分别规定罚金（章程录于第七章民政末段），年约收入三万余元。

四、清厘屯粮兵租：逊清平定大小金川后，移民开拓。每划地一段，拓殖后，年认官粮一份，合京斗二斗一升零，名曰屯粮；其戍边士卒，每名拨给公地三十亩，弁目倍之，令其自耕而食，每年仍纳租于政府，名曰兵租。合计懋功、抚边、绥靖、崇化四县屯，实有麦包粮市斗二千五百三十二石又二千二百六十京斛（约合市斗七百五十三石二斗），共成市斗麦包粮三千二百八十五石。年湮代远，屯兵多已名存实亡。屯地粮租，历为土劣把持侵占。贪污藉词拨用，并无颗粒归公。屯署于二十年，即议清厘提拨。因黑夷乱后，继以震水雨灾，迄未执行。至二十三年，始将四县屯蚀于官府之九百三十一京斛七百四十石市斗，分别提拨。其绥靖、崇化拨充屯团饷糈之麦包粮一千五百八十石市斗，则仍旧贯。兹记提拨租粮数量表于次。

四川松理懋茂汶屯殖督办署提拨懋抚绥崇屯粮兵租一览表

收入门				支出门		结存	应解数目
县屯别	收入名称	收入种类	年收数量	本署核定开支数		收支品迭结存数	以京斗折合市斗数
				支出名称	支出数目		
懋功	屯粮	麦	349 京斛半	司法队	120 京斛		
县县①	四色科粮	麦包荞豆	162 京斛半	通事	12 京斛		
政府				胜音寺	无		
合计			512②		132 京斛	380 京斛	76 市石
	屯粮	麦包荞豆	428 京斛又 2 斗 6 升	立管廒册	36 京斛		
抚	兵租	麦	381 京斛	科书	48 京斛		
				科队	72 京斛		
				备差	144 京斛		
				通译	36 京斛		
边屯				囚粮	24 京斛		
				跟夷	24 京斛		
合计			809 京斛		400 京斛	409 京斛	82 市石 2 斗 2 升
	兵租	麦包两种	595 市石 9 斗 1 升 1 合	当练	无		
	地科粮	麦	347 京石 3 斗 3 升 3 合	书役	70 市石		
绥靖屯				焚献	23 市石		
				学费	2 市石		
				仓耗	4 市石又 12 京石		
				纸张笔墨	1 市石		

① 底本如此。
② 底本原缺计量单位。

续表

收入门				支出门		结存	应解数目
绥靖屯				水井官渡	14 市石		
				囚粮	20 市石		
				开仓用费	12 市石又 20 京市		
				广法寺	100 京石		
				西河守备	180 京石		
				催丁	8 京石 4 斗		
合计			595 市石 9 斗 1 升 1 合 347 京石 3 斗 3 升 3 合		142 市石 320 京石 04 斗	493 市石 9 斗 1 升 3 合 26 京石 9 斗 3 升 1 合	464 市石 6 斗 8 升 4 合
崇化屯	兵租	麦	412 京石 6 斗 9 升 4 合	教育经费	55 京石		
	屯粮	麦包 莜豆	225 京石 2 斗 5 升	雇丁仓夫	72 京石		
				团费	21 京石 6 斗		
				仵役通译	61 京石 2 斗		
				孤老婴孩	26 京石		
				修补仓监耗粮	28 京石		
合计			637 京石 9 斗 4 升 4 合		273 京石 8 斗	364 京石斗 4 升 4 合	145 市石 6 斗 5 升 7 合
懋抚绥崇总计							市石 768 石 5 斗 6 升 1 合
附	一、查懋抚绥崇之屯粮兵租，旧习多以京斗收支，今为便利折合时价计，概将[①]京斗折成市斗缴解，以归化一。 一、查京斗重量，每斗只天秤十一二斤之谱。兹照当地市斗，概以二十五京斗折合一市石。 一、本表所列收入数目，悉依照旧案填列。至支出科、书、催丁等项，均有损益。总以实在收支之粮，始准动支，以杜浮滥。 一、自经屯署规定后，应解之粮，统缴交懋功管理局汇解。 一、收支品迭后应解之屯粮、兵租两项，计七百余市石。以当地时价计算，约可折洋四千余元。						

五、清厘各县丁粮：五县粮额，自前清康乾时按斗种科定后，二百年来，增辟之荒地与改土归流地段，并未清丈升科。其科定粮额，多被劣绅猾吏，零拨转嫁，成为滥粮，摊归良善负担（例如汶川载粮一百四十余两，滥粮即有二十余两）。不均不平，莫斯为甚。屯署拟派员实行清丈，跟土寻粮，以昭穷实，而裕正供。但因事体重大，尚在绵密审虑之中。

① 概将：原作“将概”，今乙正。

第二节　节流

二十一年以来，屯区税收短绌。二十八军亦以饷糈困难，无法拨济。屯署财政困难，达到极点。乃缩减军费，减成折支，政费并自屯署始，裁汰各机关员司，力求减少开支。其事业经费，虽努力维持现行预算，亦不能如原定计划按年递增。震水灾后，垦务经费，仅月拨数百元。威茂两农事试验场，竟无款恢复，归于停废。且即此紧缩后之军政各费，亦难如数拨支，时有蒂欠。

第三节　筹备金融机关

屯区经济枯窘，苦无调剂融通机关，而商贾转汇贷款，亦多不便，恒须搬运现金。屯署拟筹拨基金十万元，于茂县成立银号，于松、懋、灌、杂、成都设置分号，经营屯区汇兑、存款、押放各项，以活泼屯区金融。二十一年春，虽经筹拨基金二万元，就灌、茂两地先成立泰和银行总分号。嗣因财政拮据，未拨之基金无从措拨，已拨者又复挪用，竟无成效。

要之屯区财政，虽经屯署开源节流，仍属入不敷出。二十八军无款接济。开发事业，遽告停顿，良堪惋惜。兹录屯署二十三年度之收支预算于次。

四川松理懋茂汶屯殖督办署民国二十三年全年收入预算书

收入门

科目	每月平均收入数		全年收入数		备考
第一款　各局卡暨屯粮兵租契粮肉杂等税收入	13200	000	167400	000	
第一项　各财务管理局收入	13200	000	158400	000	
第一目　松理财务管理局正杂税收入	9500	000	70800	000	
第二目　理汶财务管理局正杂税收入	5300	000	63600	000	
第三目　懋功财务管理局正杂税收入	900	000	10800	000	
第四目　屯署直属茂县各卡正杂税收入	1100	000	13200	000	屯署直属茂水磨坝、踏水墩两卡，全年收入如上数
第二项　各财务局粮契肉杂等税收入			5000	000	查边地粮税以九石一土之山区，在前清时规定最少，每以全局之收入尚不敷一局之经费，故将屯区各局长均委县长兼任，以省经费，特此声明

续表

科目	每月平均收入数		全年收入数		备考
第一目　松潘财务局收入			500	000	
第二目　理番财务局收入			1800	000	
第三目　茂县财务局收入			2100	000	
第四目　汶川财务局收入			600	000	
第三项　懋抚绥崇屯粮兵租收入			400	000	查懋抚绥崇屯粮、兵租两项榷以京斗计算，京斗不过十一二斤之谱，系青稞杂粮等类。若遇天灾，尚难收足此项租粮，除各县屯略提补助费，即不另支财局经费外，约计全年收足如上数
第一目　懋功县政府屯粮折价收入			300	000	
第二目　抚边屯屯粮、兵租折价收入			800	000	
第三目　绥靖屯屯粮、兵租折价收入			2200	000	
第四目　崇化屯屯粮、兵租折价收入			700	000	

合计：全年财务管理局暨税卡收入洋十五万八千四百元。

综计：全年各局卡暨屯粮、兵租、契粮、肉杂等税，总共收洋一十六万七千四百元。

说明：

一、本书以元为单位，全年可收洋一十六万七千四百元。

二、本书收入数目，依历年收入淡旺平均数目编造。若遇天灾人祸，则收入犹难符合。

四川松理懋茂汶屯殖督办署民国二十四年全年支付预算书

支出经常门

科目	每月支付预算数		全年支付预算数		备考
第一款　屯区军政事业各费	30208	000	371500	000	
第一项　屯殖督办署经费	4532	000	54384	000	
第一目　官佐薪饷	3542	000	42504	000	
第二目　兵夫饷资	400	000	4800	000	
第三目　屯署办公费	200	000	2400	000	开支：署内纸张、笔墨、印红、薄据等项，全年如上数
第四目　马干	90	000	1080	000	

续表

科目	每月支付预算数		全年支付预算数		备考
第五目　杂支	300	000	3600	000	开支：邮票、薪炭、油亮以及其他杂费，全年如上数
第二项　各县局屯及公安管理财务监察经费	8727	200	104726	400	
第一目　各县政府经费	4350	000	52200	000	
第一节　松潘县政府经费	950	000	11400	000	照一等开支如上数，以下同
第二节　理番县政府经费	950	000	11400	000	
第三节　懋功县政府经费	950	000	11400	000	
第四节　茂县县政府经费	950	000	11400	000	
第五节　汶川县县政府经费	550	000	6600	000	照三等缺开支，如上数
第二目　各屯员暨县佐经费	920	000	11040	000	
第一节　抚边屯	230	000	2760	000	
第二节　绥靖屯	230	000	2760	000	
第三节　崇化屯	230	000	2760	000	
第四节　松潘南坪县佐	230	000	2760	000	
第三目　各公安局经费	450	000	5400	000	
第一节　汶川龙溪公安局	150	000	1800	000	
第二节　茂县叠溪公安局	150	000	1800	000	
第三节　理番来苏沟公安局	150	000	1800	000	
第四目　松理懋茂汶五①县管狱员	270	000	3240	000	管狱员每县每月 54 元，全年每县 648 元，合计如上数
第五目　松理懋茂四县财政政局经费	126	700	1520	400	各县开支不等，合计全年如上数
第六目　松潘懋功理番各管理局暨茂县税卡经费	2610	500	31326	000	各管理局卡开支不等，合计全年如上数
第三项　屯殖军军饷暨被服搬运费	13839	200	175070	400	
第一目　第一营军饷	3459	800	41517	600	
第二目　第二营军饷	3459	800	41517	600	
第三目　第三营军饷	3459	800	41517	600	
第四目　第四营军饷	3459	800	41517	600	
第五目　屯殖军被服费			7000	000	
第六目　驻军移防搬运费			2000	000	

① 五：原作“四”，据上列数改。

续表

科目	每月支付预算数		全年支付预算数		备考
第四项　电务经费	1170	000	14040	000	
第一目　有线电经费	300	000	3600	000	
第二目　茂县无线电台经费	290	000	3480	000	
第三目　松潘无线电台经费	270	000	3240	000	
第四目　懋功无线电经费	270	000	3240	000	
第五目　修线费及有线电电料费	40	000	480	000	
第五项　事业费	1940	000	23280	000	
第一目　农垦事业经费	1000	000	12000	000	
第二目　夷务经费	170	000	2040	000	
第三目　夷民教育经费	770	000	9240	000	

合计：全年支出经常费三十七万一千五百元零八角。

四川松理懋茂汶屯殖督办署民国二十三年全年临时支付预算书

支出临时门

科目	每月支付预算数		全年支付预算数		备考
第一款　各种临时费	1005	000	12060	000	
第一项　驻军津贴	590	000	7080	000	因马塘、松潘粮食价昂，以士兵一月之饷薪尚不敷伙食之费用，若不酌予津贴，势难维系，年约需洋如上数
第一目　马塘驻军津贴	330	000	3960	000	
第二目　松潘驻军津贴	260	000	3120	000	
第二项　茂县市民医院经费	155	000	1860	000	
第三项　各种票据工木费	100	000	1200	000	屯区各局卡需用票据，均在省方印刷，全年支用此项工本费如上数
第四项　特别费	160	000	1920	000	
第一目　抚恤奖励	100	000	1200	000	
第二目　修缮购置	60	000	720	000	

合计：全年支出临时费一万二千零六十元。

综计：全年支出经常及临时费洋叁拾捌万叁千五百陆十元零捌角。

说明：

一、本书以元为单位。

二、本书“支出经常门”第五项第一目所列农垦事业费，系茂汶垦务处开支。查此处于民国二十一年开始设置，曾于汶川县属之龙溪沟内建第一农场，一碗水建第二农场，威州建第三农场，茂县都司衙署旧有地址建第四农场。合计垦务处暨第一、第二、第三、第四各农场，每月约用一千元。

三、本书“支出经常门”第五项第二目所列夷务经费，系黑水战役，绰斯嘎头人率所属助官军作战，事后无家可归者，由屯署斟酌情形，月给口食费以事体恤，每月约用一百七十元。

四、本书“支出经常门”第五项第三目所列夷民教育，乃文化之基础，在边地尤关紧要。自屯署成立后，在茂县设立共中校一所，经费虽由松理茂汶各县摊解，其不敷之数，仍由屯署补助。又边区汉夷杂处，因启发夷人智慧，调和汉夷感情，在松潘设立第一边民学校，理番杂谷脑设立第二边民学校，茂县沙坝设立第三边民学校。教化汉夷学子，经费全由屯署支给。合计各校每月约用七百七十元。

五、本书各项开支情形，会在备考内申叙者，兹不赘述。

第九章　教育

屯区民俗犷悍，民智锢蔽。游惰荒嬉，生计困穷。教以认识现代潮流，明了国际情势，起而图存救亡，凿枘不入；教以法律文学，启迪智慧，易其顽梗心理，非所急需。故屯署教育方针，以实用教育为主，宗教教育为辅。注重道德、纪律之修养，生产技术之研习，以期默化戾气，培育生机。举其规划及实施概况于次。

第一节　学校教育

屯区教育，极不发达。屯署成立之初，各县屯虽有初级小学校若干所，殊无完备健全者。若高级小学校，或竟阙如，或存其名而已。职此之故，属于政治方面者：一、官吏漠视。或轻边氓愚陋而忽略，或畏办理困难而敷衍。高级官厅，亦以僻在边陬，未加督责。二、师资缺乏。读书识字者无多，学校教育者尤寡（汶川较近腹地，据民十九年调查，只有受专门教育一人，中等教育者三人，他可知矣），求能粗通文义，了解社会自然之小学校教师，每县屯不过数人耳。三、经费困难。边区地瘠民贫，学款奇绌（以汶川论，学田山租，年仅入千数百元。其他各县，不难类推），教员薪俸，极属微薄（高小教员年薪千二百钏，初级教员则八百钏或六百钏耳）。属于社会方面者。一、人民不解教育功用，以为学校教育，不过教人识字。而彼等日常生活，无识字之必要，则与其送子弟入学校，宁令放牛拾柴（屯区人民多认督遣子弟就学为苛政之一）。二、人民误解教育意义，以为受教育是升官发财之阶梯。彼等较知识份子，地位遥低。子弟纵经学校毕业，仍难脱离隶属阶级，则遣子弟受不合实际需要之教育，等于浪费。三、人民生活困难，无力培育子弟。学校纵全免学费，而书籍笔墨所需，亦不能负担。屯署廉悉各情，乃申诫各县屯官吏，积极提倡整理，以教育进度为考绩之殿最。一面指示办法，派员赴各县屯督同实行。

一、调查与劝导。实地调查各城市村寨学龄儿童，神社基金、公地租典，恳切讲演教育之意义及功能，促人民遣子弟就学，移闲款办学。

二、清厘整理旧有学款。按照教厅颁布之《教经清理委员会规程》《学产竞佃规程》，组织清理委员会，澈底剔除积弊及侵蚀，并将所有学田学山、斗秤各捐，一律标佃，以杜把持而裕收入。

三、改造旧有各级学校，并筹备添设，其规定标准：甲. 初级小学教员年薪增为六十元至八十元，高级小学教员年薪增为一百元至一百二十元。严行甄别，分别调换。本地无适当人才，则借才异地。乙. 学生用书，由屯署审定。学校购发，不征书值（高小学生伙食亦由学校供给），一体举行考试，从新编级。丙. 教材须针对当地风土习俗，重要生产事业，训练指导儿童。高级小学校，并需酌量加授珠算、农牧常识、木篾编织等手工，求教育与实际生活发生关系。丁．适应屯区节候，延长春假，缩短寒暑假，俾学童得补助家族，体验劳作。戊、凡无碍于道德卫生，三里内有学龄儿童二十名以上，又能筹足额定经费之地方，均须添设初级小学校。

四、培养师资。各县屯就城高小内附设师范讲习班，于暑假或寒假，传习全体小学教师。教以注意儿童个性、社会环境，改进教授方法，暨小学教师应具之常识。

五、举办观摩及会考，规定每间一年，各县屯调集全体初级小学教师学生，屯署调集各县屯高小教师学生，分别考试，检验成绩。并举行运动游艺会，俾资观感。民二十年夏季，藉屯区风物展览会会期，就茂县举行一次，成效尚著。嗣十九年秋，屯署为造就小学教师，于茂县开办一年制师范，由各县屯考送高小毕业生，及有同等学历者计四十名，入校肄业。于二十年秋毕业，回籍服务。二十年秋，屯署为谋各县屯高小毕业生升学便利，拟定划定松、理、懋、汶与懋、抚、绥、崇为二区，每区创设初级中学校一所，每校经常费额定壹万元，屯署拨助三千元，余由各县屯筹解。班次分普通、农牧两类：普通班，完全遵照部章办理，俾便升学深造。农牧班，按职业学校规程办理，加授西番语文及喇嘛教义，养成开发边地实用人才。其松、理、茂、汶初中，于民二十年秋招收普通班五十余名，已于二十三年毕业参加会考。若懋、抚、绥、崇初中，则学生、经费两均缺乏。松、理、茂、汶初中之农牧班，则设备未周，招生尚有待也。此外，屯署以夷民保有特殊言语、习俗、制度，汉夷畛域未泯，而夷民犷悍蒙昧，文化至低。拟定就汉夷分野地方，设立边民学校，导之进化，期其融和，次第推设于各夷酋官寨。已于十九年，设第一边民学校于松潘。二十一年，设第二边民学校于理番之杂谷脑。二十二年，设第三边民学校于茂县之沙坝。其预算及办理方针，详载“夷务”章内。

第二节　社会教育

学校教育，效力仅及于在学学生。而社会环境之薰染，可以改变人类之意识。倘只注意学校教育，忽视社会教育，则一传众咻，必归失败。屯区民众，富者饱食终日，优游岁月。贫者岌岌生计，以竟残年。大都失学，亟待救济。屯署乃于民十八年，饬各县屯成立民众阅报室，购置日报杂志，以开风气。设通俗讲演所，由地方官吏及机关法团首领，轮流讲演，就风俗习惯、生产技术，作恳切通俗之纠正指导。民十九年，于屯署设置平民教育主任，将屯区平民教育，统筹规划，亲赴各县屯督同县教育行政机关，筹拨款项，开办平民师范讲习班，附设平民夜课学校。召集年长失学，暨无暇就学之儿童，授以平民千字课，农民千字课，及珠算、计账等技能。设立公共体育场，提倡业余运动，以除民众暮气，养成和群守礼习惯。行之数年，成效颇著。他若图书馆，通俗教育馆，则以经费[①]难集，仅茂县成立图书馆一所而已。

屯区教育：经屯署数年间继续提倡督饬，数量、质量均有进展。兹将屯区教育进行状况比较列表于左：

---

① 经费：原作：“费经”，今依文意乙正。

项目 学校别	数量			学生数			经费		
	原有	现有	新增	原有	现有	新增	原有	现有	新增
两级小学校	9	12	3	215	352	137	3000	4911	1911
初级小学校	68	91	23	2334	3468	1134	3561	6010	2429
初级中学校	无	1	1	无	56	56	无	10000	10000
年期师范学校	无	1	1	无	85	85	无	4500	4500
师范讲习班	无	5	5	无	103	103	无	520	520
边民学校	无	3	3	无	159	159	无	5400	5400
平民识字处	无	32	32	无	1093	1093	无	2680	2680
图书馆	无	1	1				无	2400	2400
阅报室	无	10	10				无	1500	1500
通俗讲演所	无	2	2					120	120
共计	77	159	82	2549	5361	2767	6561	31460	24899

说明：

一、本表原有各项系据民十七未设屯署以前之调查，现有各项系截至民二十三年止。

二、年期师范，即附设初级中学内，师范讲习班则附设各县城两级小学校内。

第十章　农林畜牧

惟农林固着人民于土地，惟牧畜适宜高寒之荒原。屯区纵横千里，山脉绵亘，原隰相间。而耕地未及什一，人口不过三十万。山朽合抱之木，城乏日需之材。水草丰腴，牲畜不繁；毛革充斥，衣履难周。虽云受制于自然，实亦人力之未尽。试验树艺，改进种植；提倡伐木，督促造林；取缔种畜，指导剪制毛革。斯屯署之责也。

第一节　农业

屯区农业，在地积易扩张，劳资感缺乏之状态。其经营方法，大都粗放（俗所谓懒庄稼）。知开垦之利，而不知保护耕地，陷于滥垦。行无肥连作，以耗竭地方，乏爱土之心。且对产品不选择调制，得价恒低。常以物易物，无形蒙损。故其选种、肥培、整地、中耕诸端，及贩卖、购置、贮藏、加工各项，均待改良。屯署成立之初，爰饬各县屯建设科，深入农村，逐项指导。并规办农场，昭示矩范。又于十八年春，就威州设第一农事试验场。二十一年春，就茂县设立第二农事试验场。负改进旧行农法，介绍优民新种，培育苗木，配发民间之责。数年来，第一农事试验场，培成配发之花椒、甜杏、银杏、胡桃、梨、枣、洋槐等苗，达七八万株。经确定可推广种植之作物，有膏粱、棉花、美种小麦及玉蜀黍、结球白菜、各种萝葡、稜菠菜、青菜、葱、蒜等，亦采种散发。若水稻、旱稻，则经试验，非有防止风害，增高灌溉、水温之措置，难期丰稔。至第二农事试验场，以设置不久，成绩犹未大著。

复次，屯区普通借贷，利率常逾三分。而农民经济困难，被迫预卖新谷。忍负高利者，且至五分六分。因受重利剥削，农村愈益凋敝。屯署乃于民十八年，饬各县筹设无息借贷局，基金就地清厘庙会款产，酌量提充，或于因案罚金内指拨。贷借方法，规定惟贫农因事业要需，得觅保无息借贷。每户贷额至低五元，至高不过二十元。贷后分期摊还，或定期一次楚偿。计先后成立者十所，于救济贫民，颇著成效。

第二节　林业

屯区理、茂、汶迤西，懋、抚、绥、崇迤东各地，颇多原始森林。而沿江近路之区，已无成材。市镇人稠地段，竟童山濯濯，薪材亦感缺乏。是缘政府对于代运林木，任听人民自由；未编定保安林，禁止采伐；复忘十年树木，督令培植；致人民惟求伐木便利，不知造林艰难之所致也。屯署对于屯区林业，爰分伐木、造林两端，为次之处置。

一、伐木：屯区之天然林，在交通较便者，大都砍伐殆尽。现存者，率以道路险远，伐运艰难，需资额巨，无人经营。屯署乃于十九年，公布《森林发放规则》。一面延灌人姚宝珊擘划（姚氏曾于民四年组织森茂公司，在杂谷屯属梭罗沟伐木，颇著成效，经验甚宏），集赀组松茂荣、利森两木厂。松茂荣就大沟、新桥沟一带，利森就来苏沟、二道坪一带，遵章承领森林，从事伐运，为之倡导。而规定伐木须距地尺许留台木，俾再萌发。并饬令各县屯严禁樵薪迳伐主干，无故纵火焚林。请托专家设计木材干溜，木材造纸，为利用不能搬运林木之准备。其《森林发放规则》如左。

四川松理懋茂汶屯区国有森林发放规则

第一条　本署为开发天然林利源起见，依据本署《组织大纲》第七条，特定《国有森林发放规则》，以利推行。

第二条　屯区各县国有森林，除本署直接经营外，得发放之，但以森木为限。

第三条　承领森林，以中华民国人民，或依法律成立之法人为限。

第四条　承领者须具承领书，呈请该管县知事公署实业局勘测，呈由本署核准。

第五条　承领书须载左列各事项：

一、承领者之姓名、年龄、籍贯、住址、职业，若系法人，其法人之名称、地点及其经理人，或代表人之姓名、年龄、籍贯、住址、职业。

二、经营资本金额。

三、承领年限。

四、承领地址面积，并附图说。

五、承领区内林木之数量、种类、大小、长短。

六、采伐及锯木之计划。

七、运输之设备。

八、劳工雇佣之方法。

第六条　承领人提出承领书时，应缴纳勘测费。勘测费，承领十方里者，纳银五十元。每增一方里，增加一元。其不满十方里者，以十方里计算。县知事或实业局勘测呈报。本署认为不能发放时，其已缴之勘测费，发还二分之一。

第七条　承领森林。经本署核准时，应即发给伐木执照为据。承领人领取执照时，应缴纳照费五十元。伐木执照之有效期，以二十年为限。但每年须经本署验照一次，纳验照费十元，以每年一月为验照之期。

第八条　承领人领取执照时，须按承领林区每十方里缴纳保证金一百元。前项保证金，于承领期限届满时发放还之。

第九条　承领人于林木伐采后，开办运输时，应将所伐林木之种类、数量，开单呈报该管县知事、实业局长查验。

第十条　承领人于林木出售时，除遵照旧章缴纳木税及捐款外，应各按林木市价百分之二，分别缴纳植林费。前项植林费，由该管县知事经收，汇解本署储作造林之用。

第十一条　承领森林，每次不得过百方里。

第十二条　承领人如将承领森林转让他人时，须呈该管县知事、实业局，转呈本署核准，并缴纳转让照费五十元。前项之转让，其保证金亦同时移转。又转让后之年限，以继续原承领之年限为限。

第十三条　凡伐采后之林地，除该管官厅认为不能开垦者外，如原领垦者，得照垦荒章，呈请核准，并有优先承领之权。

第十四条　承领人于承垦区内之界标、古迹等项，负保护之责。

第十五条　从前于屯区五县经营伐木事业者，查其森林，如确系国有，仍应补请核准，并遵照本规则各条办理。

第十六条　本规则自公布时施行，并咨国民革命军第二十八军军司令部备案。有修改时亦如之。

二、造林：屯区人烟稠密，交通较便之地（理番、茂县、松潘、汶川县城附近），以徒伐不植之故，恒数十里不见森林，驯至地不驻土，砂泥常被冲刷，旱潦失序，农作辄遭凶歉。屯署乃于民十八年，令各县屯督饬建设科，就农场内划地育苗，无偿配发民众。并公布《造林条例》，提倡荒地造林。民二十年，更饬茂汶垦务处育苗十万株，第一农事试验场育苗六万株，第二农场育苗三万株，松、理、懋、茂、汶各县建设科各育苗五万株，抚、绥、崇三屯各育苗三万株，配发民众栽植。惜以人民贱视林木，自动造林者少。土地质瘠势峻，保护幼苗为难，未能厌预定之希望。兹录其《造林规则》于次。

四川松理懋茂汶屯殖督办署厘定屯区造林规则

第一条　本署为促进屯区造林事业起见，依据本署《组织大纲》第七条，特定规则以利施行。

第二条　本条例系依据现行《森林法》暨施行细则，及四川省长公署厘定《各县实业所办理林务规则》，并酌察屯区各县情形定之。

第三条　屯区各县荒山，幅员辽阔。应由屯区内县知事，督同实业局长，将管辖区内国有、公有、私有各荒山面积、地名调查明确，具报本署。其调查期间，以本规则颁布六个月为限。调查表式另定之。

第四条　国有荒山，一经查明后，除与公安有关系者，应由政府植林。或政府认为有特别使用之目的者外，均准法人或人民承领造林。

第五条　承领国有荒山造林者，除依左列各项开具承领书外，并须附具《造林计划书》，及承领山地图说，呈请该管县知事、暨实业局长，转呈本署核准。

一、承领人之姓名、年龄、籍贯、住址、职业。若系法人，其法人之名称、地点及其经理人，或代表人之姓名、年龄、籍贯、住址、职业。

二、承领山地之地点及面积。

三、四至界址，若特定一部分，并记其方隅。

四、造林经费数目。

第六条　承领国有荒山造林，每十方里应缴纳二十元之保证金，其不满十方里者以十方里计算。

第七条　前项保证金，自承领之日起，满五年后，乃由该管县知事、暨实业局长，察其造林进行，确有成绩者，发还之，并核给息金，但年息照百分之三计算。

第八条　承领之国有荒山，自承领之日起，得免二十年之租税。

第九条　承领者经过一年，尚未着手育苗或栽植者，应撤销其承领造林权，并没收其保证金。但因天灾、地变或其他不可抗之事，由呈请该管县知事或实业局长，转呈本署核准展期者，不在此限。

第十条　承领之荒山，除造林外，不得供其他用途。但遇有特殊情形时，须呈明该管县知事或实业局长，转呈本署核准。

第十一条　公有或私有荒山，应由该管县知事及实业局长，酌定限期，令其所有者造林。但须将所定限期，呈报本署备案。如逾期不办，得另招承领造林。至收获时期，酌以收入十分之二交付所有者，以作荒山之赁金。

第十二条　凡江河发源地及其流域两岸，或土沙砾崩壤地，应造保安林，以维公安。如系国有地，应由知事、局长查勘后，拟具《造林计划书》并附图说，呈本署核定办理。如其地为公有或私有者，得由知事、实业局长，责成各区团甲代为执行。

第十三条　关于保安林之编入，应由知事、实业局长按照现行《森林法》第二章之规定及《森林法施行细则》第十二条至第十五条之规定，认真办理，但须呈报本署备案。

第十四条　屯区内各县知事、实业局长，于《条例》施行日起六个月内，应设苗圃一区。其范围大小，应就各该县实业经费情形斟酌定之，但须将预算及计划书呈报本署核定。

第十五条　屯区内各县之苗圃，应选择各该地适宜树种，养成苗木，除本局造林留用外，余悉无价给与各乡村栽植。前项无价给与各乡村之苗木，每年各局由实业局长预算数目，商承县知事妥为分配。通知各乡村，届期具领栽植，并列表分报本署备案。不得临时分配，致误栽植时期。

第十六条　总理逝世纪念植树节（三月十二日），除由县知事、实业局长，躬率县属各法团、学校及人民实行植树外，各乡村团甲、绅董，亦应率由各该乡村人民，就附近荒山，一律植树，以崇典礼而资提倡。并须将植树地点及株数，呈由知事、实业局长，转报本署备查。

第十七条　前项纪念植树，应由知事、实业局长，先期召集各区团总，按照人口多寡，荒山大小，妥定每期、每年应植株数。并通令各村，届期遵植及表报本署备案。所需苗木，除由实业局苗圃分配外，不足者由各乡村自备。

第十八条　各乡于本年举行植树纪念后，应由知事或实业局长亲临踏勘。如栽植不足额者，应令克日如数补植。届期不植者，勒令次年加倍补植。倘第二年仍不补植，得代为办理，并征收其费用，仍须表报本署备查。

第十九条　屯区各县官道两侧，如适于栽植树木者，应由县知事、实业局长会同路政局长督同道路所过乡村团甲，广植树木，仍须将所植树木种类、株数，表报本署备查。

第二十条　各县附郭官山（系指埋葬之公地）、城垣、斜坡及城壕地方，如适于造林者，应由知事督同实业局长，拣选适植树种，规划造林。其计划书及图说，仍由局分别拟具，呈请本署核定。

第二十一条　屯区各县知事、实业局长，对于辖境内之森林事务，均有提倡指导保护之责。

第二十二条　各乡村、团甲，对于其区内之森林，均有提倡保护之责。

第二十三条　屯区内县佐、屯员、警察分所长及实业局劝业员均有襄助知事、实业局长，办理林政之责。

第二十四条　屯区各县实业局长及劝业员，应随时巡回各乡村，讲演森林利益及其栽植保护之方法。或拟具《浅说》，广为散布，以资劝导。

第二十五条　屯区县知事、实业局长，接受森林所有者请求保护森林时，应即拟定布告，发林主张贴，并随时督饬保甲，认真保护。

第二十六条　国有、公有、私有森林，遇有侵害情事，一经告发或察觉时，知事及实业局长，务按照现行《森林法》第五章各条，从严惩罚，不得玩忽延迟。

第二十七条　公有或私有森林，县知事暨实业局长，为公共利益起见，得禁止其开垦，或限制之。

第二十八条　凡公私有森林之所有者，如有滥伐或荒废之行为时，县知事及实业局长，得令其停止伐采，或于伐采迹地继续造林。

第二十九条　各县知事、实业局长，办理林务之成绩，应由本署派遣视察员，巡回察考，据实汇报本署，以凭分别奖惩。其视察员规则另定之。

第三十条　县知事、实业局长，办理林政，成绩卓著者，由本署酌量情形，给与奖章，或予记功。

第三十一条　县知事、实业局长，办理林政，因循敷衍，毫无成绩者，由本署酌量情节之轻重，分别撤任，或予记过。

第三十二条　屯区内县佐、屯员、警察分所长及实业局劝业员等，助理林政，及其惩戒适用本规则第二十五条及第二十六条之规定。

第三十三条　各县乡村团甲、绅董，实力提倡保护森林，确有成效及造林确有成绩者，得由县知事、实业局长胪列事实，呈请本署核给奖章或匾额，以资劝励。

第三十四条　本条例自公布日施行，并咨国民革命军第二十八军军司令部备案，有修改时亦如之。

第三节　牧畜

屯区关内各地，农垦日进，草地逐减，呈半农半牧状态。饲养牧畜，大都在居屋附近之山坡、平原耕作隙地。间有特别之马厂、牛厂，为数无多。关外各地，则全属游牧生活，帐棚为室，畜矢作薪，迁徙鸟举，鹜逐水草。而牧养之方，均为放牧。冬季积雪期间，亦鲜舍饲。老幼任意交尾，未加选别。故冬期草枯，冻馁倒毙者，所在皆有。繁殖无方，体相劣变者，触目皆是。他若剪毛不别精粗，剥皮故附肉骨，或且搀杂牛毛，涂以泥沙，尤属屯区牧畜业之大弊。屯署于十九年，列举改良方法，饬各县屯署督促实施，并令第一农事试验场选育种畜，备牧畜家繁殖之用。其方法如次：

一、整理牧场：屯区草原，夙无界限。敞放牧畜，由来已久。但关内各地，因随意滥牧，良草几绝。应厘定牧地权界，分别限制放牧头数与时期。或教以循环放牧，恢复草势。

二、植储冬季饲料：屯区二荒（垦后复弃置者）颇多，宜劝导饲畜之家，选择优良草种播制埋刍，或干草储作冬季舍饲牲畜之用。

三、禁止劣种繁殖：输入新种，虽为改良捷径，然新种对饲料风土之适应力，远逊在来种[①]。宜就旧有家畜，选体格壮硕，富繁殖力者，供种用。余概阉去，止其流衍。并规定凡饲供种用之畜，咸须经各县屯建设科审查认可。

四、奖励清洁毛革：毛革有泥沙、牛毛、羊矢搀杂其间，既损品质，亦耗运费，须剀切譬谕，使取毛革者注意清洁。并定奖惩方法，严厉执行。

右列方法，关内各县屯，虽未能澈底执行，然改善颇多。惟关外各部落，声教阻隔，毫无绩效。二十三年，始议于松潘设置种畜牧场，并组洗毛、制革、炼乳、罐头工场。藉商工之力，促其改进。顾牵于时局，未获实现，殊可惜也。

二十三年，茂、汶、理一带，牛瘟大作。农矿部上海兽疫血清制造所，特派技士彭忠信君，携带血清，亲往施治。屯署曾拟筹拨经费数千元，挽其留山，从事预防研究。因集款需时，而彭君又以事须返沪一行，旋即阻于军事，迄未办理。疫菌潜伏，得时则发，此边区人民之隐忧，亦吾人所深以为念者也。

① 底本如此。

第十一章　矿药

屯区矿产，蕴藏极富，尤以产金著名。药材种类繁多，茸、麝、贝母最贵。夙任人民采取自由，禁放随心，与矿产国有条例大相违背。而货弃于地，亦殊可惜。且因政府未加管理，开矿采药，多不得法，弊害丛生。致天赋资源，暴殄毁坏。屯署职司经边，于调查、勘测未开采之矿区、药山，规划开发、整理、保护。已开采之矿区药山，防止废弃，以及禁猎牝鹿、牝獐，试种贝母诸端，责无旁贷。记其措施概略于左。

第一节　矿业

屯署成立以来，先后聘矿业专门人员，详细查勘，计得矿区七十有二。就中认为确有开采价值者，金矿五：一为漳脑。在松潘之北，稍偏东北，距县城仅四十里。沿河一带，均产沙金。民国元年，土人偶于其对面之对河寺，发见金粒，群起采掘。中因争硐夺矿，经松潘县府封禁。民国六年，复由屯军司令张达三招工开办，沿小沟而上，至三岔河一带。其西北坡际，延长约七八里，南北宽约里许。纯用土法，随便挖淘。坑硐俨如蜂巢，采选均极粗疏。迄于现在，每日出金犹达百余两，可谓旺矣。二为赤密。在漳脑上游约十里地方，系祈命土官辖地，为岷江河流由东北折而西南之处。自河流状况推察，必先由东北而西南，至赤密之北，转而南，河谷忽然开阔，河水自上游挟来之金粒，遇此曲缓水流，自当下沉堆积。故赤密地方，富有金矿。经中央地质调查员谭锡畴、李春昱二君勘测，认为矿脉较漳腊尤旺。三为色耳古。理番县属之黑夷辖境，距茂县较近，在其河西二百里处，位于黑河下游。其地沿河两岸，长约五十里，宽约一里，均产沙金。矿区面积，约七八百亩。地表亦常露出细微金沙。四为俄热。在二凯河下流。自八家寨至医生山间，产金区长约五十里，宽约一里或二里不等。矿脉极旺。五为蚂蟥沟。位于斑烂山松林口斜对面，距懋功县城一百二十里，属于鄂克什土司。矿地面积约一百余亩，产崖金甚丰。清同治年间，曾有县民张子扬私采，获利颇厚。后因金大众多，滋行不法，为官军驱逐封禁。铜矿一：为塔藏。位于松潘北一百六十里弓杠岭山麓，小地名塔骂。矿脉宏大。清末松潘镇总兵夏毓秀，拟开未果。铁矿一：为郗坡。在理番龙溪沟，地权属丁夕格真。民国十四年，曾有人试采，据称每矿百斤可冶铁五六十斤。嗣因两村争山，铁价低落，中止。锑矿一：为班烂山。位于距懋功县治二百一十里地方。矿区面积，约一百余亩。民国六年，双流刘习之在农商部立案领照，以时局不靖，迄未着手。炭矿二：一为大坝。位于茂县之东二百四十里。矿区面积约千余亩。尤以梅子沟、茜沟，量丰质美。现在矿洞百余，矿工二千余人。二为珠罗坝。位于汶川龙溪之东，距灌县二十里，面积约计百余亩。现由土人小本经营，运往灌郫销售。此屯署勘测矿山之结果也。民国十九年，屯署总务处长谢培筠，巡视大小两金，便筹开采金矿。初以二凯金矿，民国三年、民国五年之间，绰凯、裕华两公司开采，获利颇厚，拟继续办理。殊 经着手，则废洞甚多，无开采价值。而其未开采之地，矿脉又不若二凯之丰。乃改谋开采俄热，派员探验，矿藏颇富。不意行将开工，夷乱忽作，遂暂中止，此屯署筹划开矿之经过也。至于保护既开矿山，则以漳脑矿权，向在驻军手中。征课管理，纯采抽头方式。于矿工待遇，采矿方法，毫未计划改良。且商民矿槽，如现红滩（金厂中呼金旺为红滩），辄有豪霸镶锤（强于红滩金槽加工或分沙之谓）截挖（相邻金槽，向红滩金槽挖去，截去矿沙），滋生纠葛。屯署乃特设稽查处，督革恶冒。一面劝导金夫、槽户，组织消费合作社，以杜奸商垄断，减轻剥削。筹办救济院，广储西药，以救矿工疾苦。设置义塚，施舍棺木，以妥幽魂。购备吸水机，贷供槽户应用，以御浸水。惜战乱频仍，吸水机迄未购运到漳。若夫设备新式采炼机械，改用科学方法采冶，则因经费困难，固尚未能筹及也。

第二节　药业

屯区药材，种类繁多，产量丰富。惟产药地段，强半番族所居。番民须向夷酋缴纳山价，汉人须向夷酋缴纳租押，始得采取。夷酋只知取利，汉官听其自然。于其取惟求尽，不留根荄。压榨药夫，鱼肉善良，概不闻问。屯署成立后，乃派员分赴各县屯，详密调查所有药产之分布状况，暨历来采取情形。兹撮记其概梗而殿以改良措施。

一、药品之种类及其分布：据调查所得，产量多，价较高者，有二十二种（量少价微，于药业无大关系者，从略）。植物之属，以贝母、羌活、秦艽、甘松、大黄为大宗，五加皮、赤芍、当归、木香、泡参各药次之。动物之属，以麝香、鹿茸、虫草为大宗，而熊胆、豹骨、野牛脚、山羊血等次之。动物性诸药，产于各县屯深山大泽。植物性各药，则虫草[①]、贝母率多生于雪山草坪，羌活、大黄产生之地较低，甘松、秦艽、五加皮则又较低。余则浅山深林间多有之。产药动物，极难驯饲。但植物性药类，除虫草系菌类寄生虫体，难以人工培育外，殆无不可以栽培。不过现在通行人工栽培者，只当归、大黄、厚朴已耳。

① 虫草：虫草已见前文“动物之属”，似不当再出现于此处，或作者百密一疏耶？

屯区药材产地产量表

（产量之表式：最多■，次多●，少○，无□）

县别	地别 \ 药品别	鹿茸	麝香	虫草	贝母	羌活	甘松	秦艽	大黄	木香	五加皮	当归	厚朴	半夏	茯苓	柴胡	前胡	甘草	泡参	五倍子	赤芍	木通	猪苓	金钗石斛
松潘县	镇江关		○				○	■		○	○							○	○	○				
	黄胜关				●	○			○										○					
	虹桥关										■								○					
	热雾关		○			●		○	●										○					
	包座		○			○	■	○	●															
	毛尔盖		○			○	●	○											○					
	阿坝	■	■		○	●	●	○																
	俄落	■	■	○	○	●	●	○																
	南坪		○					○	●		●	■			○			■	●	○	○			
	东拜			○	●	●		○			○								○					
理番县	孟董沟			■	■	■		○		■	■				○	○	○		○	○		●		
	维关			■												○	○		○	○		●	●	
	梭罗沟		○	○	○	○		○		○					○	○	○		○	○		●		
	瓦不梁子		○	●	■	■		○	○							○	○		○	○				
	九架棚			○	■	■				○						○	○			○				
	黄土梁			○	■	○				○						○	○		○					
	猛古		○		■										○	○			○					
	虹桥		○	○	■	○				○									○					
	大沟			●	■	○		○		○														
	渺罗		○	○	■	○				○														
	十八卦			○	■	■			●	●														
	横梁子				■	■																		
	大牛厂			●	■	■			●	●														
	矮卡子				■	■																		
	大罗沟				■	■		○																
	大马厂			●	○	○			●	○														
	奶子牛厂				■	■																		
	王家寨				■	■				●														
	马塘		●			■	○	○	○											○				
	马河坝							■																
	瀼口	○	○		■		■																	
	杌地		○	○	■	○																		

续表

县别	地别＼药品别	鹿茸	麝香	虫草	贝母	羌活	甘松	秦艽	大黄	木香	五加皮	当归	厚朴	半夏	茯苓	柴胡	前胡	甘草	泡参	五倍子	赤芍	木通	猪苓	金钗石斛
茂县	马厂			■	●																			
	干沟								○	○	○	●				○	○		○		○	○	●	
	松平沟		○	●	○	●			○		○				○	○	○		○		○	○	●	
	安乡							○	●	○	○	■		○	○	○	○		○		○	○	●	
	黑不大寨		○	●	●	○			○										○			○		
	白溪寨		○	●	●	○			○										○			○		
汶川县	草坡		○					○	○	●	○	●			○	○	○		○	○	○	○	○	
	耿达桥		○	○	●	○		○		○									○		○	○		
	卧龙关		○	○	●	○		○		○	○								○		○	○		
	上九寨		○					○	○		○	●		●	○	○	○		○	○	○	○	●	
	马鞍山		○						○			●		○	○	○	○		○	○	○	○	●	
	河坪								○			■		○	○	○	○		○		○	○	●	
	白土坎		○						○			●		○		○	○		○		○	○	●	
	桃关沟		○						○			○				○	○		○		○	○	○	○
	龙溪沟												○			○	○		○		○	○		
	马家村												○			○	○		○		○	○		
	三江口									○		○	○			○	○		○		○	○		
	七盘沟		○					○	○		○	○		○		○	○		○	○	○	○	○	○
懋功县	达维		○	●	○				○	○									○				○	
	沃日		○						○	○									○				○	
	汗牛屯		○							○									○				○	
	抚边屯		○	○	○	○													○				○	
	绥靖屯	●	○	○					○										○				○	
	崇化屯		○																				○	

二、采药状况：价值高昂，集团产生之药，为虫草、贝母。入山采药者，咸注目于是。药夫除土著汉夷人民自动从事者外，大都来自下五县。每年春夏之交，结伴入山，先采虫草。至立秋前二十余日，始挖贝母。事竣，以次采羌活、大黄、木香、秦艽、赤芍之类。虫草、贝母药山，例有棚长，乃中资商人，或药夫之薄有资本者。向土司或土目租入药山，垫款修路搭棚，药夫住宿药棚，每期须纳药于棚长，是谓棚药。药夫随经验，认药之巧拙，分上、中、下三级。俗呼大挖手、二挖手、红脚杆（不满十龄之幼童，例不缴棚药，俗呼猪耳朵，但须老于此道者引进）。棚药即按药夫等级，抽十余两或二十余两不等。又棚长营业，颇似旅店，恒购备生活日用物品，供药夫需要而计物算值，由药夫

以生药拆偿，此各药山之大概情形也。棚长以垫款租山修路，准备一切必需物品，故形成药山领袖，药价物值，高下在心，垄断剥削，为所欲为。且药棚均在深山，药夫品类复杂，其间巧取豪夺，鱼肉善良之事，不一而足。而棚长所赖以为维持秩序者，又惟哥老会，常派药夫上药，为其首领寿。谨愿药夫，采药一期，毫无余润者，所在多有。此各药山之普通弊习也。

屯署以药材生殖，全恃天然。长此采掘，难免枯竭。且药场秩序紊乱，官府不加监督，必将滋生事端。乃于民国十九年，就理番来苏沟、牛厂设置药厂，采官督商办方式，委任厂长，招商充任棚长。先就来苏各沟设置六大棚（渺罗、大牛厂、十八挂、大沟、黄土梁、九架棚）、三小棚（虹桥、麻味、城沟），参酌旧习，厘定最低税率，征收药产税（上等二十两、中等十六两、下等十二两），附征棚长垫费（上中等各十一两、下等八两）。一面由厂派稽查、巡丁，查禁赌博、豪霸、哥老。在限于获利润三分之范围内，规定物值药价，以保护药夫，维持秩序。并责令厂长，负责调查贝母、虫草之发育经过，研究种植。于每年九、十月，斟酌烧山，灭除病虫，增益肥分。使药材繁荣，产量加多。施行以来，药山秩序整肃，药量年有增进。而贝母能以人工滋殖，亦经调查明确。（又汶川金钗石斛，价贵量微。亦经试验明确，可以人工栽培。）方拟推设新厂于浓口、瓦钵梁子、绰思嘎各地，并开办药材试验场，研究种植选制方法。不意夷乱而后，继以水灾兵燹，使吾人徒具此愿望而已。

第十二章　工商

屯区工业原料虽多，而人民愚惰，决无学习建筑制造者。凡铜、铁、泥、木、石、缝纫等，日需工人，亦寥若晨星，且多来自外县。土著人民之工业制品，不过皮袋、粗毪。其社会组织，直无所谓工业。至于商业，自逊清康熙时，信兴公、德记两商号（清光绪年间停业），发轫而后，贩茶、米、油、糖、绸缎、布匹、铜铁制品、陶器、哈达、栏杆、叶烟入山。易牛羊皮、毛茸、麝、药产、野兽皮者渐多。但除日用零星交易之外，多为陕甘商人，暨川省内县人所经营。现在茶号之大者，陕帮有丰盛合、本立生、义合全（屯区通称丰、本、义三大茶号），川帮有聚盛源、裕国祥。陕帮专就灌县及汶川南部购茶，川帮则兼自绵竹擂鼓坪等处采买。各就地烘制装包（大包壹百二十斤、小包半之），运松转售。香号之大者，为河南帮之杜盛兴、协盛全，以收买麝香为专业。杂货商人，则有松潘之协兴久、义泰恒、益兴公、天兴隆、天兴德、天兴全各号，采运西番需用货物，至松批发于关外西番，暨小贩汉商。商人出关至草地营贸，概分两季，其冬季出关，次年五六月返松者，易回之货为野牲皮及羔皮。故松潘皮帮，开盘之期，恒在八月。夏季出关，当年十月至十一月返松者，易回之货为鹿茸，故灌市茸庄开盘在十冬月也。他如杂药商业，则只汶川一带，由采掘者自行运灌销售。余概由商人在松潘、茂县、理番、杂谷脑、懋功、抚边、两河口各处，设庄采买，运灌存之药栈，售于水客或其他药商。药栈例取行费，为卖价百分之三二。但在交易久稔者，亦可酌相减让。水客买药，概为九四给价，即每百两只给九十四两。此屯区工商业之大概情形也。屯署除减轻出入税率，采用一税制，以省苛扰。饬各县屯筹设习艺所，作育各项手工人才外，更为次之设施。

第一节　工业

屯署于民国十九年，扩充茂县民生工厂，分纺纱、织绵、织毛、裁绒、染色诸科，饬各县屯申送子弟入厂学习，计招学徒四十人，偏重手工，期学成回籍，易于规办。所出货品，以裁绒一宗最为畅销。而鉴于屯区夷民所造毛织品，系用野花杂树染色。因令该厂染色科，采集此项土产染料，详为分析研究，求能替代舶来品。二十三年，复饬松潘县府设立民生工厂，分洗毛、织毛、制革诸科，参照茂县民生工厂办法进行。仍饬研究夷民之酥油、鞣革，改良后能否匹于西法之油脂、制革，以及就地采取单宁[①]，供制

① 底本如此。

革之需，不仰给钾、铬等外货，是否可以成功。近年，屯区日需工匠渐多，而大石坝之土连、白纸及草纸制造业，金川之梨膏、罐头制造业，通化、威州之麸醋制造业，渐次兴起，殆亦观感使之然欤。

第二节 商业

夷人以劫掠为荣，系属天性，草地夷匪最多，松南一带之猼猓子，来苏、马塘一带之难民，亦常出劫商货。他如彭、灌、天、宝之匪，多匿边徼，伺隙掳掠。致灌汶道上之龙溪沙坪关，懋灌道上之卧龙关、牛头山、麻柳坪，匪警时闻。屯署于卧龙关、麻柳坪、龙溪、马塘、来苏沟分驻戍兵，并责令屯土及团队，协同捍卫，所以保护商旅也。屯区人稀力贵，道路险巇，运输货物，至感困难。在昔官府出入，恒征夫马负戴。迨入民国，滥兵奸民，亦沿以为例。于是附道居民，多避役流亡，货物转运，愈益艰苦。屯署禁征夫马，始自官吏。又于二十二年，筹组转运局，官商合资，雇佣夫马，分段设站，规定运费，交运提取手续。一如邮包办法，就灌县设总局，松潘、茂县、懋功、威州、杂谷脑设分局。其余重要市镇，酌设分栈，经理一切，所以便利商运也。（筹备将就绪矣，毗河战起事，途中辍，日后如有经久之图，应首注意及此。）复次，屯署于二十三年，规划就松潘设屯署办事处，负责经营草地。先编组马队，保护草地商人。并仿英之东方印度公司，日之南满铁道会社，官商合组草地货易公司，藉为各项开发事业之先锋。凡制革、洗毛、炼乳、罐头等工业，农垦、牧畜、造林等农业，以及猎取茸、麝，采掘贝母等药材业，统由公司调查设计，次第举办，所以繁荣商业也（计划甫定，匪焰忽张，无由实现）。倘得如预计进行，屯区商业，未有不蒸蒸日上者。乃竟为军事所碍阻，惜哉。

结　论

屯区僻在边徼，其实地情状，知之者鲜。亲历其地者，又以主观不同，或赞其疆域式廓，物产丰盛；或论其土地寒荒，夷性难驯。于是以为一攫千金，可不劳而获者有之；以为努力经营，亦难期成功者，亦有之矣。屯署规办屯殖，于今七年，耗无数人力、财力，所获者略具于斯。原始要终，当知无不可治之地，无不可化之人。而经营边区，不宜纯视自然价值为取舍，必须就环境情势决进退。现在国防紧急，腹地人满，举国上下，集视边区。倘千虑之得，能启经纶之绪，是则不胜跂望者也。

松理茂懋靖汶边务鸟瞰

民国四川省政府民政厅　主编
康兴璧　编述

民国二十九年十二月出版

提　要

《松理茂懋靖汶边务鸟瞰》（简称《鸟瞰》），四川省政府民政厅主编，康兴璧编述，民国二十九年（1940）出版。康兴璧，曾纂《雷马屏峨夷务鸟瞰》《四川迷信之影响与破除》等书。

唐兴璧在《绪论》中言："因地处蛮荒，情形特殊，其中详情，鲜为一般人所重视。……惟边民问题，亟应早日解决，以利进行。兹特利用公余时间，就民厅所存各种档案，纂为是书，以供留心边务者之参考。"指出编纂该书的目的是为主政者解决边民问题提供参考。

《鸟瞰》卷首有"绪论"，卷尾有"结论"，正文分五章，第一章"地理概况"、第二章"边民之概况"、第三章"边民之分布"、第四章"历代治夷方略"、第五章"本区目前危机"。

《鸟瞰》先述地理，再叙边民及其分布，然后列举历代治理方略，联系本区目前之危机，提出十一种应对策略。

该书是阿坝州现存的第一部以解决民族问题为目的编撰的专志。

目　录

绪　论

松、理、茂、懋、靖、汶六县，僻处四川西北，交通梗阻，气候高寒，民族种类复杂，犷悍之风犹昔。因地处蛮荒，情形特殊，其中详情，鲜为一般人所重视。清季国内承平，蓄意治边。惟仅采羁縻政策，忽视同化工作，以致老[①]师縻饷，迄无成就。洎乎政变以还，国内多故，边务废弛。中央既鞭长莫及，川省亦置之度外。致使土官头人，互相吞并，原有部落，时有变更。又以防军撤退，边备空虚，聚众叛乱之事，层出不穷。官府力量有限，无法制止。汉人疆土日蹙，番民势力日张，局势混乱，靡有底止。民国十四年，四川省长公署，始有屯殖督办公署之设置。派兵深入，剿除叛逆。于是汉族力量，始复伸张。及民国二十四年，红军窜入，"屠杀之众，不可胜计，汉番各族，损失均重"[②]。其后红军北窜，十六区专署旋亦成立。地方政务，乃稍有头绪。惜为财力物力所限，所以经营及开发计划，大都未能见诸实施。在此数年之间，委员长行营及中央各机关，派往考察者，络绎于途，咸认为有积极经营之价值。而一般人士，遂亦移转目光，重视本区开发问题矣。迨至抗战军兴，本省所处地位益形重要。拓边殖民，实属刻不容缓。今者松、理、茂、懋、靖、汶垦务管理局，业已成立，边地宝藏，即可实行开发。惟边民问题，亟应早日解决，以利进行。兹特利用公余时间，就民厅所存各种档案，纂为是书，以供留心边务者之参考焉。

---

① 老：当为"劳"。

② 作者站在国民政府的错误立场上，故有此污蔑不实之论。为保存文献原貌，故整理者与出版者均未对其进行删改，但并不代表整理者与出版者认可作者之立场。特此说明，以免读者受其误导。

第一章　地理概况

第一节　疆　界

本区位于四川省西北。东北接壤甘肃，西北毗连青海，西与西康连界，南与灌县、大邑等县相通，东与安、绵、平、北等县连接。东西相距二千余里，南北一千余里，面积五十余万方里。幅员之大，超过江、浙等省（江、浙两省各三十余万方里）。就中松潘一县，面积之广，甲于全川。其西部一带，尚有若干地区，荒寒无人。究归何省管辖，迄今尚未确定。其次靖化面积，亦甚辽阔。次为汶川，次为理番，次为茂县，懋功最小。

第二节　地　势

本区地势高峻，山岳绵亘。山之高者，达四千米以上。境内主山，曰大分水岭，为东昆仑山之支脉；其中东北支羊膊岭，为岷山山脉所从出；东南走为秦岭及大巴山脉；南走为岷山；北走为积石山，为川、甘两省之界山。其西南支为大雪山脉，为川、康两省界山。逶迤而南，为邛崃山脉。就中积石、大雪二山，倾斜峻急，崔巍嵯峨，人迹罕至。其余各山，较为缓厚，成波状起伏。在松潘境内，有广大原野，宽平四达。行旅垦牧，均甚便利。惟河川阻隔，空气稀薄。每届夏令，遍地泥泞，河水随时暴涨，河身巨石填塞，无处宣泄，遂成沮洳凸凹之草地。浅草平铺，腐臭扑鼻，行旅苦之。至于本区河流，最大者曰岷江，发源于羊膊岭。至灌县离堆，注入都江堰，灌溉成都附近十余县田亩。南流经江口、乐山至宜宾入于大江。次为大、小金川，位于西部，为大渡河之上流。曲折南流，经西康泸定、汉源，折而西至乐山，与岷江会合。又黄河流经本区北部，长达千数百里。从来舆地学家，均未注意及之，坊间所售舆图，均未经由川境，实应特为改正。其余河川，均系此三大河之支流。大多水势湍急，河身狭隘，巨石壅塞，不通航运。惟靖化境内，有九十里可通皮船。此外仅有渡船而已。每当秋季之际，两岸结冰，河水流行自若。上下冰坎，至为危殆。非乘良马，不易通行。

第三节　气　候

本区气候，视山地平地而异。松潘西部、理番东北及靖化东北，气候均甚寒冷，积雪期达半年以上。松潘黄胜关内，较为温和。关外草地，属高原区。空气稀薄，天候严寒，冬季达摄氏三十度以下。降雪多在夜间，昼则红日当空，行旅颇便。纵在夏令，则早晚寒冽如故。气候变迁无常，雨雪风雹，极为常见。遍地淤泥，行旅深以为苦。其余汶川、茂县、懋功，地近温带，冬春方有积雪。惟午风剧烈，飞沙扑面，气候干燥，颇适宜于养病。

第四节　物　产

本区各县农产，以玉蜀黍为大宗，麦类、稻谷、豆类、青稞、洋芋等次之。蔬菜则各种俱备，香菌尤负盛名。果品以雪梨、杏、人寿果、枣、栗、桃、李等为主。药材之多，尤为内地所无，麝香、鹿茸、贝母、虫草、大黄、当归等产量均丰。至于家畜，则牛羊马骡，最为普遍。富裕之家，有畜羊六七千头者。因之羊毛及牛羊皮之出产，均甚丰富。而牛羊肉及酥油、奶渣，为番民主要食粮。此外猞、狸、兔、狼、熊、狐、獭及野牛、野马、野羊、青羊等，当千百成群，猎取自便。至于矿物，则宕金、沙金、银、铜、锑、铁、煤、硝、磺等均备。沙金产量，颇为可观。各地均有开采，以漳腊金厂为最大。惜用土法，成效未著。又草地西北一带，产盐极旺，为川、康、青“边境”二十余县所仰给。取盐之法，至为简便。以瓢滤取，即得盐颗。惜因气候关系，仅每年春夏之际，始能滤取。此亦特产也。

第五节　交　通

本区崇山环峙，交通至感不便。陆则崎岖险阻，山峦重叠。鸟道羊肠，千回百转。长峰巨岭，绵亘嵯峨。蜀道之难，至斯而极。水则波涛汹涌，澎湃奔腾。崇山夹束两岸，巨石壅塞河身。除靖化境内可通皮船外，余均不通航运。在汉人境内，尚有桥梁可济。一入夷区，则通行困难。间有索桥之设，茂汶道中多见之。有竹制者，有铁制者。又有捻竹为绳，系于河之两岸，名曰溜筒。缚人以渡，殊为危险。此为本区土人最普遍之设备。而河畔渡船，实属罕觏。黄河千余里间，仅共妈颣有渡船一处而已。余均无船可济，令人临流兴叹。至本区陆路，有大路小路之分。大路指由灌县至松潘而言，在岷江东。鸟道迂回，险夷互见。小路指由灌县至懋功，或由维州（即威州）至懋属各地而言。或沿江岸，或越高山，路狭而险，崎岖难行。大小路之间，虽有小路，然皆幽僻异常，不易联络。故其里程，亦无从计算。至各县驿道里程，兹略述之。

一、由松潘北至南坪，南至茂县，东至平武，皆三百六十里。就中至叠溪二百四十里一段较为平坦。又由松城西出黄胜关，便入草地。纵横千里，一望平畴，非乘马不能通行。清代每值夏季，派队护送茶商出关，藉以威服番人，亦善法也。

二、由理番东至威州七十里，西经庐杆桥折而南入懋功，共五百四十五里。北越鹧鸪山至马塘百二十里。马塘为理番四土及松潘南部之中心，商务颇盛。在理城数十里内，颇为平坦。余皆狭隘难行。

三、由懋功东越巴郎、牛头诸山，经汶川县境至灌县，共六百五十里。北至理番、威州，均六百里以上。路较平坦，惟中越山地，寒冷而多瘴气。每属冬春两季，常有路毙者。此两路均为商货出入要道。又由懋城西至丹巴百八十里，南可至天全、芦山等县，此两路为粮食输入所必经。西北至绥化一百八十里。绥化以上，即绰斯甲地，现已划归西康。

四、茂县东出土门，与绵竹、安县、北川相通，为食品及边茶输入之要道。商旅往来，不绝于途。近多改道灌县。又由茂城南至威州九十里，北至叠溪一百二十里，皆沿岷江而行。叠溪一段，山高路险，时有人畜坠岩之事。前经屯殖督署培修，惜因二十二年地震，已完全毁灭。

五、汶川地瘠民贫，有“九石一土”之称。因其为本区门户，故交通特为重要。由县城南至灌县，北至威州，皆在岷江东岸。其险峻之处，已略事培修。又有僻路，可通彭县。西北由瓦寺土司之草坡，可达理番，惟行者较少。又由索桥或中滩堡可合茂灌大道，即所谓“一线官道”是也。

第二章　边民之概况

第一节　种　族

本区人口，共三十余万。汉回人民，仅占十分之三，边民约占十分之七。边民种类，有羌、番、戎、猼猓子四种。羌为三苗之后，其先为伯夷甫，系炎帝后裔。育于姜水，故以姜为姓。其后改称西羌，唐时属吐谷浑。移居本区最早，为土著民族。因历史演变，人口日减，现已积弱不振。无文字及宗教，大多已汉化。业农牧及樵采。住牧地点，多在松、理、茂、汶四县，靖、懋最少。番族系宋元之际（距今约八百年），由青海、西藏移来。大多为奉调从征，自由移徙者亦夥。因其势力强悍，遂侵凌羌民，占其土地。迄于今日，遂成本区民族之主位。其分布地区，以茂县为多，松、理次之，靖、茂、汶又次之。酷信佛教，崇拜喇嘛。现仍归土官、头人管辖，封建思想甚深。职业以农牧樵采为生，近亦有业商者。性愚诈自私，仇怨观念极重。前以官吏压诈[①]，及回汉欺辱，其隔阂心理，至为深固。实应妥为宣导，以收同化之效。戎族居茂县西北，住地与松、理连界。人数不多，习尚略与羌同，惟语言互异。至猼猓子族，清初由大凉山移来。其人无文字，不信宗教。犷悍勇武，酷嗜劫杀，与雷、马、屏、峨之猓猡民族同种。以农牧狩猎为生，枪械犀利，射击极精。人口仅六七千而实力颇强。现由四土官统率之。以上四种边民，共有枪五万余枝。松潘关外之马队，数竟逾万。因种族及宗教关系，与甘、青、康、藏之佛化民族，俱有联络默契。诚经营边务者，不可忽视者也。

第二节　边民宗教

羌、戎、猼猓子三族，均无文字，亦无宗教。番族来自青藏，沿用藏文，信奉佛教，崇敬喇嘛。其所奉喇嘛教，原属红教，创自奔布，亦曰红帽教。又有一派，曰宁玛教。其后有宗喀巴者，别创黄教，亦曰黄帽教。禁婚戒酒，尚俭朴，重严肃。积日既久，信者愈众，红教遂衰。大抵红教博而粗，黄教约而精。番族所崇信者多属黄教，约分三派：一、钻研经典，二、讲经说法，三、为人治病卜筮，均供奉释迦牟尼佛。番人礼佛特甚，喜建寺院。无论何沟何寨，必有寺院一所至数所。其私人住宅虽陋，而庙宇建筑则甚辉煌。有公有者，有私有者，大者可容千余人，小者亦百许人。法器陈设，应

① 压诈：为“压迫与欺诈”之意。

有尽有。屋顶有镏金宝顶，与日月争辉。庙中有“经转子”，为木制或皮制圆桶，中置经典，两端有轴，可以旋转。其意每转一次，无异讽诵一遍。凡围墙内外，官寨回廊，乃至河渠流水，俱有“经转子”之设置。男妇老幼，时往转动。又有具体而微者，置之手中旋转。其顺转者属黄教，逆转者属红教。此外舍利塔、嘛哩旗、嘛哩堆，逐处皆是。番俗家有二男，必有一人为僧。如有三人四人，即以二人为僧。或赴寺院诵经，或往西藏就学。普通僧徒为和尚，道行高深者为喇嘛。主持寺事者，须就学西藏者始克担任。甚讽诵经典，不特僧侣为然，即普通人民，行止坐卧，均必念经。如值佛会期间，男女老幼，前往顶礼，献财帛者，络绎不绝。驱之不退，挞之不避。甚至喇嘛唾沫及便溺，均有人和泥食之，谓可疗疾。凡向喇嘛膜拜者，以得其抚摸或鞭挞以为荣。然喇嘛中亦不少狡黠之徒，假传佛旨，剥削人民。纯致夜郎自大，蔑视政府，应实设法取缔。

第三节 边民生活

边民文化低落，思想锢蔽，其语言风俗，与汉人迥异。惟羌族与汉人习处较久，几已同化。习耐劳苦，以农为生。番族及猼猓子，与汉族接触机会较少，犹存犷悍之风。细故仇杀，至亲难免。多以农牧为生，其次狩猎，或营商务。甚有专恃劫夺为生者。黄胜关内所属，间已汉化。惟关外草地，及理、靖番民，仍归土司管辖。性残好斗，自尊心重，无国家民族观念。与汉族隔阂甚深，屡出侵扰，最近始稍敛迹。边民食物，以糌粑为主，系用青稞磨粉炒熟，和酥油、浓茶或奶汁，捏而食之。间有食玉蜀黍者。性嗜酒，酒系自酿，惟草地人饮酒者较少。至其衣饰，男子着大领衣，束带无钮。喜露右臂，或两臂全露。不裤不袜，足着革履。女子多光头，妇人好蓄发。头戴珠饰，垂飘带，上缀珠玉，长与衣齐，以为美观。其所住屋，在畜牧地区，只用帐幕，迁徙无定。阿坝一带，多架土为屋，围以土墙，泥封其顶，聚族而居。上层为经堂，中层为寝所，下层为牲畜栏及出入口。黑暗湫隘，处之晏如。亦有于夏间住帐篷，冬季住土屋者，为便利其生活故也。

第四节 风俗习惯

边民风俗朴陋，节俭耐劳。男业耕牧，或狩猎，或经商务，或采药材。女主家务，兼理农事，并织毛衣。男女相较，大率男逸女劳。其人民体质均壮，惟度量偏窄，好勇嗜斗。但如土官头人，管束严密，亦能相安无事。其人民除僧侣外，类多不识文字。与人订约，恒以一言为准，爽约者殊鲜。其相见也，以哈达为礼（哈达，为特制粗布，或绫片），若汉人之投刺然。晋谒尊长，必匍匐稽首，甚或免冠膝行。尊卑之分至严。至其婚姻，多重财礼，采自由主义。其未得家庭同意者，往往相偕潜避。惟门阀观念极重，伦辈及血统，则非所注意。婚后三日，妇即归宁，另择日迎妇。其死也，不殡不殓。延僧诵经，并决定葬埋方式。葬分四种：一曰天葬，碎尸于野，听鸟兽攫食，以先食尽为佳；二曰地葬，即埋于地下，但行之者鲜；三曰水葬，即投尸河流；四曰火葬，置尸匣内，以柴焚之。又番俗每岁春秋二季，有“跳神”之舞。扮演神鬼，使人警惕。又有跳

“布机戏”及演“藏戏”者，于办佛会或喜庆时行之。有跳“歌庄舞”者，于岁时令节或喜庆时行之。舞时以数十人携手作圆形，一人倡首，众人齐和，且歌且舞，舞毕众饮而散。平时则朝夕念经，不以为厌。尊重喇嘛，称为“活佛”。虽当两军械斗之际，喇嘛亦能安全通过。年年夏间，治“哑巴斋”一次。三日间除念经外，概不言语，其迷信有如此者。

第五节　边民武力

本区实力最强之部落，厥为黑水苏永和所部，共有枪一万两千余支。此外三番有枪约四百支。卓克基、党坝、松岗三土司，有枪约千支（以上皆部队）。瀼口、瀼躺、安曲、安匡各部有枪约千五百支（皆骑队，马比人多）。松潘关内（七大土官）所属，（即上三寨、下三寨与第七寨）有枪六千余支（除大姓两部外，余均骑队）。猼猓子有枪三千支（步队）。关外三阿坝有枪三千支，三果洛有六千支，余部有万余支（以上皆骑队）。靖化之绰斯甲，有枪约四千支。河东、河西两屯，有枪四百支。懋功沃日安抚司及各屯，有枪六百支。茂县西路各部，与汶川瓦寺土司，各有六百支（以上皆步队）。总计边民枪支，除零星不计外，为数共五六万支。而最近一年来所增加者尚未计入。反观汉地枪支，质量数量，均远不及，此诚边地危机也。

第六节　边地官制

土官之制，肇自前清。凡土千户以上为大土官，土百户以下为小土官。其次为寨首兵头，协助治理。政府岁颁土饷，以资羁縻。土官之土地，由人民义务耕种。各寨男妇，并须自备口食，在官寨轮流当值。人民讼争，由寨首或土官处理。若土官互有争执，则由其他土官或寺院喇嘛，为之仲裁，称为“说口嘴”。从无诉之官府者。民国以来，政府未遑治边。原有各部，互争雄长。以至土官名目，日益增多。至其系统，可分土司、土官、土守备三种，列表如后。

1. 土司—大/小头人—寨首（即牌头）—乡约—百姓
2. 土官（有大小之分）—大/小头人—寨首—乡约—百姓
3. 土守备—千总—把总—外委—屯民/百姓

此项土官名目，既系因沿旧制，自无继续存在之必要。至如何加以改善，正由省收集各方意见，汇案核定。总期与行政系统相吻合，以免长此保持特殊体制也。

第三章　边民之分布

第一节　松潘各部落概况

松潘边民之多，为本区之冠。自清一代，分为七十二部落。计黄胜关内二十部，关外五十二部。均有土官或土千、百户为之管辖。惟因“赤祸”以后，死亡转徙，户口锐减。或以接近汉地，改土归流；或经政府制裁，加以归并。而各部落又常自相攻伐，兼并分裂，变迁极大。目前情形，已远非昔比。兹将现有部落，分述于次。

甲．关内二十部落：原为拈佑、热雾、牟尼（三部）、峨眉、七布、麦杂、毛革（即毛儿盖）（四部）、阿思峒、和药、下泥巴（三部）、丢骨、云昌、呷竹、小姓六关（四部）、隆康、芝麻、边山、中田、勿谷、黑各郎（六部）等。经变迁后，现存部落如次。

一、大姓云昌：兼有云昌、丢骨、小姓六关三部。共管六十八寨，番民六百余户，番兵千余人。为松南最强部落。

二、大寨及阿思峒：其地未遭“赤匪”焚掠，共管十二寨，户数二百余。对关内各部，有举足轻重之势。

三、下泥巴：距松城十五里，辖十四寨，住民百余户，势力微弱。

四、毛牛沟：在松城南十五里，原甚弱小。嗣因吞并拈佑、热雾两部，现辖寨数达三十有二，人民千余户。地广民众，冠于关内。该部近与黑水夷人苏永和勾结，颇有助桀为虐之势。而甘肃拉卜楞寺黄正清，亦欲插足其地。殊有引起重大纠纷之可能。

五、猼猓子：在松潘西南，与理番黑水接壤。现分乌木树、茨木林、蛇沟、泽坝、毛儿革五部。前四部为小黑水，毛儿盖为大黑水，均位于黑水河上游。乌木树、茨木林两部，系由昔之峨眉分离。蛇沟即麦杂，泽坝即七布。其地纵横四五百里，山水错杂，地野人旷。“有史以来，未尝归化”①。小黑水四部，习于抢掠，邻近汉夷，均受骚扰。地方政府，力量有限，亦无从制止。

乙．关外五十二部落：原为上三寨三部，羊峒八寨，后山五寨，包座五部，铁布勒凹七部、作革十二部，阿坝、阿树、果洛（一称俄落）各分上中下三部，鹊个、郎惰二部，小阿树一部。至现存部落，有如下述。

一、上三寨：上三寨均位于漳腊附近，本在关内。因向隶漳腊营，乃并称关外，此

① 此为原作者失察之处。即以清论，清平定大小金川，即于其地设官羁縻，各族人民纳贡输诚，焉有“有史以来，未尝归化”之理？特识于此，以免误导读者。

三部原为寒盼、商巴、新命三寨。就中商巴所属巴躲寨，势力强大，现已独立。连原有大小寨，共分四部。辖二十六寨，壮丁三千余名。丁口虽不多，但以地当冲要，亟应特别注意。

二、羊峒及后山十三寨：此十三地住地广漠，人民穷困，盗匪之风甚炽。与上三寨关系亦甚密切。

三、包座五部、铁布七部：此十二部邻近甘省，为潘州故地。地势穹远，政府未及过问。遂致部落自为分合，疆界日益凌乱，暴民番匪，肆行抢劫。幸有卓仓藏活佛前往宣慰，此风乃得稍戢。计有居民二千余户。以牧畜为生，业农者鲜。

四、作革十二部：以班佑为首，业牧畜，嗜劫夺，与包座、铁布无殊。其地距县城七八百里，与甘肃连界。住民约三千二百户。就中阿特一部，人口较多，占各部落三分之二。

五、三果洛克：即上果洛、中果洛、下果洛三部。地居黄河两岸，本属川省管辖。民二十四年，青海设立同德县，含混划入版图。二十七年，设称多县，又圈入辖境。二十八年，西康省亦有划入该省之请求。四川省府正派员查勘。其地为贡妈颡、执戈颡、抗干、抗申四部属地。贡妈颡、执戈颡辖上果洛，抗申辖中果洛，抗干辖下果洛。均属肥沃地区，牧草丰美。二十七年，青海驻军竟派兵侵占，致与番民冲突。结果三果洛失败，青军旋亦撤退。

六、三阿树及小阿树：此四部于前清咸同间，被甘番侵占。部落分离，人民流散，迄今未复旧观。其人民依山川形势，另成部落，住牧黄河沿岸，似不属任何省管辖，几自以为“独立部落”矣。

七、鹊个、郎惰：两部原在松理交界阿坝、卓克基之间。其后鹊个迁于黄河曲一带，而成今之三乔河。郎惰仅余一小部，不成部落。此两部人民，均受拉卜楞寺宗教浸润甚深。

八、阿西墨洼：该部原住西康德格县。民十九年，率部迁来。由墨颡大土官杨俊札西置于红姆河与噶溪河之间，给予纵横五百里之旷地。休养生息，渐臻富庶。现已增至六七百户，为草地强大部落。其人善骑射，武器特多。近受苏永和节制，暂住阿坝。实宜另划地段住牧，免为苏永和所利用。

第二节　理番的部落

理番所辖部落，有六里、五屯、五土、三番、九枯、十寨之分，兹略述之。

一、六里：即甘溪、通化、古城、下庄、铁邑、桑坪是也。均在理城、威州间一线官道之地，其人民均已汉化，部落之组织，亦归瓦解。

二、三番：即新番、旧番、三齐番，统称“后番”。在孟董沟西北。新番、旧番各辖三沟，三齐番辖十八寨。各有户数一百余，人口各五六百。现已编组保甲，各设联保主任一人。

三、九枯：在沱江，即杂谷脑河下游，威州西部山上。有前三枯，后三枯，中三枯之分。其地居民，早已投顺。

四、十寨：在理城西，沱江右岸。即蒲溪十寨，投诚最早。其人性耐劳苦，凡属力役之征，多由彼辈担任。现由县府直辖，汉化较深。

五、五屯：五屯系清代年羹尧所设置。年氏平定金川后，留其随征之藏兵三千人，在县屯垦，藉资拱卫。设屯守备五，受副将节制。划分地段，设署治事，子孙世守其地，迄今仍旧。其中杂谷屯为首，乾坡屯次之，上下孟董屯又次之，九子屯最小。原设官一百名，兵三千人。户数三千，丁口一万二千人。经“赤祸”后，仅存半数，其人风俗淳朴，富服从性，尊重土官头人。现虽编组保甲，但旧观念仍未变改。各屯情景，约如下述：

1. 杂谷屯，在城西六十里。辖三大沟，二十八寨。设屯守备二员，原有屯兵七百五十名，现存三百。另设千总三员、把总五员、外委十员。

2. 乾坡屯，在理城西四十里，辖二十寨。设守备二员，屯兵六百五十名，缺额较少。其地现设小学一所。

3. 上孟董屯，在城西七十里，辖八寨。设屯守备二员，屯兵五百三十名。

4. 下孟董屯，在理番西北，共管十四寨。设守备二员，屯兵五百七十名。

5. 九子屯，在理城东，共辖十寨。屯兵五百名，守备、千总、把总、外委员额同上。

六、四土：四土情形，较为复杂，兹分述于后，以明梗概。

(1) 梭磨土司：原为宣慰司，清宣统二年，始改土司。在理番西北四百五十里，纵横约五百里，势力颇强。民元以后，内部纷争，达二十年之久，部落日渐分裂。其现存者，犹有下列十部。

甲. 梭磨五沟：即二古鲁一沟，格巴秋一沟，色尔迷一沟，砍竹沟一沟，烧坡、五家寨共一沟。共约一百余户。

乙. 来苏上四沟：即尽头寨、二道寨共一沟，十八卦、大郎坝共一沟，党杠、渺罗共一沟，八卦碉、后坡及沙勿共一沟。百姓共二百余户。

丙. 来苏下五沟：即大、小夹壁共一沟，纳山、纳滋、纳窝、二姑溪共一沟，大小秋底、沙坝、转经楼、麻尔迷共一沟，大小沟、木城沟、鼓耳沟共一沟。户数亦两百有余。

丁. 龙坝五沟、二水两沟半：为麻子头人次子苏永和（即夺尔难和让）所管辖。因其地位关系，或称为上黑水、上芦花，或称为下黑水、下芦花。前者为新房子、沙板沟及石碉楼、瓦钵梁子等地，后者为龙坝、麻窝等地。又木苏头人自树一帜为中芦花。三处共有百姓五百余户，现苏永和势力日张，野心愈甚。侵吞兼并，疆土益广，成为理番最大部落。如不加以限制，恐将滋蔓难图也。

戊. 麻窝五沟，百姓四百余户，原为苏永和之兄永清（即格诺格让）所辖。及永清死后，遂归永和之手。

己. 杂窝六沟、木苏六沟：为任真南木耳甲所辖，已向政府投械。共有人民四百余户。

庚. 沙板沟：头人为白脑壳，原系沙板沟头人之管家。所属有沙板沟一沟，杀星多六沟，石碉楼五沟，瓦钵梁子三沟，及热那、夹脚、若泥、红岩、四美、玉石碑、云林寺、得食窝、二古鲁、竹格儿、马河坝、踏花各沟。又下沟口各部，亦为所属。共有百姓千五百余户。

辛. 阳山七沟：为跛子、跛多两沟，大小獭皮一沟，鹅热、鹅口两沟，日都一沟，郭若一沟，为头人撮斯甲所管辖。共约四百户。

（2）卓克基长官司：卓克基亦曰卓克采，距理城正西五百四十里。东西相距二百里，南北约五百七十里，位于梭磨河流域。土司索观瀛，颇知服从政府。计管卓克基十寨，四大坝十寨，擦布十寨。此外尚有草地帐户六寨。百姓共三百余户。

（3）松岗长官司：松岗一曰从噶克，在理城西六百里。东西相距约二百四十里，南北约一千里。计管三十六沟，即麦戎六沟，葛莱、白窝八沟，木脚沟六沟，夹木脚九沟，草地葛笃母一沟，夹尔滋一沟，黄雅一沟，墨尔夹一沟，木兰一沟，兹路沚康一沟，葛尔桑一沟。百姓约两千户，人口五千余。自土司高湘死后，各头人分立。最近黑水头人功高阳平意图承袭。经木耳宗头人反对，未如所愿。

（4）党坝长官司：一名丹坝，距理番西南七百五十里。东西相距百六十里，南北亦同。位于金川东岸，距靖化仅九十里，于四土中最为弱小。土司女性，名泽朗海。共管五沟，即而楼让两沟，噶伦一沟，杀是喀朗一沟，夹磨一沟。百姓约五百户，对政府尚服从。

第三节　茂县的边民

茂县边民，均属羌种。清代设有正副长官司、安抚司、巡检司及土千、百户等职衔，准其世袭。惟各土原管寨落无多，生产有限。现已日就式微，户口亦渐次减少。其可得而言者，约如下述。

1. 静州长官司：在城东北二里，共辖十二寨，均按年向政府纳粮。所有静州山、茶山村、核桃沟、上关子、中寨等处，均归管辖。

2. 岳希长官司：位于城西三里，管五寨，计有水西、乾沟、墩平、头村、波西村、壳壳村等地，均已升科纳粮。

3. 陇木长官司：原管十二寨。现仅管罗打鼓、河东各寨，均已升科。

4. 长宁安抚司：原管各寨，范围甚广。现已编户入县，完纳粮税矣。

5. 水草坪巡检土司：管三寨，按年纳粮。

6. 竹木坎巡检土司：原管地区颇广。现均编入保甲，辖四寨，已升科纳粮。

7. 牟托巡检土司：现有一土妇，管三寨，仍按岁完粮。

8. 实大关副长官司：管二寨，均照章纳粮。

9. 大定沙坝土千户：于前清乾隆年间，即已归州。

10. 松坪土百户：清道光年间，即已归州，其土职仍准世袭。其原管寨落，为大小和尚寨、百蜡寨、刁孤寨、火鸡寨、纯亦寨、麦什寨、木梳寨、牙骨寨等处。

11. 大姓土百户：其归州时期与上同，土职仍准世袭。今之石灰寨、葫芦寨、高皇寨、脊鱼寨、白泥寨、牛尾巴、磨刀湾等，均其旧管寨落。

12. 小姓土百户：仍系道光年间归州。今之梭多寨、木十寨、勒谷寨、龙池折立寨、小寨子、鱼耳寨、三叉寨等，均其旧管。

13. 小姓黑水土百户：系道光年间归州。今之水木寨、格必寨、色哪寨等，均其所旧管。

以上各部，均属羌种。其土职虽准世袭，但多无可承袭之人，实际政权咸操诸政府之手。土官名义，已同虚设。惟大姓等地，毗邻黑水，尚未能切实编组保甲耳。

第四节　懋功、靖化两县的部落

懋、靖两县，原为大小金川故地。清乾隆时，用兵平定，移民设屯，戍兵镇守，安抚降番。复置土屯六，分设守备治理。在懋功者有四：曰八角碉屯、曰别思满屯、曰汗牛屯、曰宅壅屯；在靖化者有二：曰河东屯、曰河西屯。此外懋功有沃日安抚司（即鄂克什），靖化有绰斯甲布宣抚司。后者已划属西康，尚未实行划交。至各部情形，约如下述。

（一）沃日安抚司：其地在懋功东部，共管番民十六寨，汉民二十三部，汉民千余户，番民七百余户。民国十七年，团土双方发生冲突。该土司杨春普，竟率所属，屠毁县城。次年冬，派队平定，免去杨氏土职，以杨全忠暂代土司。二十年，全忠病故，春普又欲承袭，未予照准。现由县府委汉人数员，分别治理该土事务。

（二）八角碉屯：地居抚边河两岸山上。计管十八寨，户口三百余。设屯守备、千总各一员，把总二员，外委四员，屯兵七十八名。

（三）别思满屯：在八角碉之东，计管十一寨。即别思满五寨、登春沟六寨，户数共约四百。现任守备占仕忠，系成都讲武堂毕业。倾诚政府，为各族之冠。

（四）宅壅屯：在懋功西南，与康属丹巴连界。仅有四寨属川。居民三百余户，屯兵七十二名，外委多至十员。其余员额与八角碉同。现守备雍鹤龄及其侄雍正荣，性行狡黠，强暴好乱，违法犯纪之事，不胜枚举。

（五）汗牛屯：地在懋功之南，甚为偏僻。原设屯守备、千总各一员，把总二员，外委三员，屯兵七十三名。居民约四百户。雍鹤龄曾代办守备，肆行不法。民十九年，经县府平定，实行改土归流。曾设公安分局于其地。现已无可虑矣。

（六）河西屯：位于大金川西岸沿山一带。计管二十二寨，户数约三百。原设守备一员，千总三员，把总六员，外委九员，屯兵百三十二名。

（七）河东屯：在大金川东岸沿山一带。计管十七寨，居民二百余户。原设守备一员，千把总各二员，外委七员，屯兵八十八名。此屯与河西屯原属绥靖屯。均明白大义，服从政府，可无他虞。

绰斯甲布宣抚土司：在靖化西北，其官寨距县城九十里。东至理番党坝土司百余里，南距康省交界处八百余里，西北至果洛克一千余里，北至热尔谷七百余里。土司纳旺勒耳乌，于光绪年间承袭。计管二十六寨，在草地内尚有帐房甚多，共有人民万户之谱。二十七年，经省府决定划归西康。康省曾经派定接收专员前来接收。惟该地番民，尚持异议。

第五节　汶川的番族

汶川仅有瓦寺宣慰司一部落，管辖二十八寨。地域之广，数倍于汶川直辖区域。惟紧接内地，汉化较深。所辖人民，汉番各半。现土司索观沄（最近病故），人极平庸，无法统制。业经纷纷编组保甲，改土归流。按其地旧为桑朗氏所住牧，明清两代，均划地归其治理。桑氏于明代中叶，贡土物至涂禹山，其后裔遂蕃衍于此。又据传闻，明代有高僧，至涂禹山传教。土人群相赠瓦为寺，故为瓦寺。所辖二十八寨中，有铜陵山（即涂禹山）一寨，四山三寨，草坡十一寨，白土坎二寨，跟达桥三寨，卧龙关三寨，三江口五寨。官寨在铜陵山，距汶川仅二十里。其辖境与灌县接壤，民性淳良，服从政府，绝少叛乱。

附：本区各县民族分布情形表

县别	族别	男丁数	女口数	备注
松潘	番族	50000	40000	另有汉回两族，男 12425 人，女 9930 人在外
同	羌族	14000	13000	
同	倮族	2500	2000	即猼倮子族
理番	羌族	3312	3537	
同	戎族	13554	14697	
茂县	羌族	2203	2568	
懋功	番族	875	942	俄日土司所属在内
同	唐古特族	532	702	住八角硐屯内，有部分系羌族
同	羌族	596	893	住别思满屯及登春沟
同	羌、番	862	745	此二族合住于汗牛屯各地
同	羌族	154	182	住抚边屯大寨、小寨
汶川	瓦寺族	3265	2818	
同	羌族	1781	1721	
靖化	羌、番	21300	21800	内中应除去汉回男丁 5700，女口 6200
合计		104261	110420	男女丁口总计 214681 人

右表系根据各县填报《边疆民族调查表》汇集而成。所填数字，虽不精确，但亦可见其大概。至汉回民族数目，因与本文无密切关系，一概从略。

第四章　历代治夷方略

治理边民之方，以彻底同化[1]，泯灭汉夷界限为上策；束缚羁縻为中策；置兵戍守为下策。历代治边，上中两策，均未采取，仅以多驻兵马为能事。两汉设置郡县，仅示羁縻。唐时疲于吐蕃，无暇兼顾。宋弱不兢，元代放任，固无论已。明兴以来，始具规模。清代继之，其制乃备。其设防置兵情形，实有阐述之必要。

第一节　明代设防概况

明洪武十一年，御史大夫平羌将军丁玉，征服松茂番羌。先设松州卫，继设潘州、茂州二卫，叠溪、威州二千户所。卫置兵五千六百人，千户所置兵一千二百十六人。又设百户所，置兵一百二十人。另设总旗二人，小旗十人，以资管领。洪武二十年，并松州、潘州二卫为松潘卫，设军民指挥使司。宣德四年，调成都前卫后所，设小河千户所，添置城堡。复调成都利堡等卫所官军，更番戍守。成化初，以按察司副使综理松潘兵粮。继又分设松、潘、威、茂、安、绵兵备，另设总兵官及分守副总兵、协守左右将军、东南两路游击等。嘉靖十一年，巡抚宋沦，建靖虏墩于漳腊及西山，以断北虏入寇之路。二十年，添设漳腊守备。增官军二千，修筑城堡、边墙及坎阱多处。另于大坝建堡修墩。又弘治间，设按察司副使，又协守参将各一员，驻扎茂州。协战游击将军一员，住叠溪。监司一员，住茂州。验粮通判一员，住灌口。此外尚有六路提督六员，及各关堡掌贴官五十四员。在威茂间，仅有雁门、七星等数关堡。而威茂与威保间，则十里一堡，置掌贴官一员，士兵百余人守之。每堡又置烟墩数所，以资警戒。其守卫之严密，兵备之充实，可谓相当完备矣。

第二节　清代治边策略

清代沿明朝遗制，于本区设潘州镇（镇相当于今之一师）。威茂两州，均各设协（协相当于一旅）。其在松潘境内，厅城中有右中左三营。外有漳腊、南坪、小河、平番四营。并置参将一员，统领漳腊、小河两营。茂县有茂州、叠溪两营，分隶维州（即威州）协及松潘镇。理番有维州协左右二营，分住厅城及杂谷脑。此外，懋功计辖懋功、抚边、崇化、绥靖、庆宁五营，驻防大金川。沿途每隔二三十里，均设汛防，以把总或外委率

[1] 原作者因站在当时民国政府错误的民族立场，故有此“彻底同化”之语，时代局限十分明显。

兵守之。各营官兵最多者八百名，最少者三百名。在兵额最多时，松潘镇辖七营，马步战守兵约四千五百名（另有龙安营在外）；威州协辖三营，兵丁千二百名；懋功协辖五营，兵丁二千六百名；总计八千三百名。其后虽有裁减，但总额仍在五千以上。又理番厅与维州协所属杂谷、乾堡、九子及上下孟屯各屯，共设屯兵千五百名，余丁亦千五百名，共三千名。又懋功厅与懋功协所属八角碉、别思满、汗牛、宅壅、河西、河东六屯，共有屯兵及余丁各五百名。迨至咸同年间，国内多故，防军内撤者大半。番民无所畏忌，遂相率变乱。及光宣之际，总督赵尔巽改革兵制，废除镇协，裁减兵员。只留巡防军五营，官佐兵夫，共仅一千二百四十四名。遂引起边民轻视，致酿成辛亥年攻陷松潘县城之事变。

第三节　民国成立后治边情形

民国成立后，国内多故，边备失修，虽下策亦未采取。巡防军营，以饷款无着，纷纷撤退。于是番羌部落，如马失衔勒，跋扈恣睢，蔑视政府，赋税不贡，情况不报。或则兼并“拴头”（即投降之意），合数部为一部。或则分崩离析，分一部为数支。或自异地迁来，喧宾夺主。或受外力逼迫，流窜他方。以致疆域沿革，部落组织，变更甚大，无从稽考。驯至公然抗命者有之，助逆煽乱者有之，劫夺商贾者有之，戕害官吏者有之。其尤甚者，如沃日悖民王永禄等竟逼走驻防军队，杂谷屯土妇高黛玉等，进攻理番县城。遐迩震惊，道路骚然。虽有县知事，亦无力管束，形同虚设。十余年间，几成无政府状态。及民国十三年，邓锡侯氏任四川省长，始着意边事，创设松理茂懋汶拓殖研究会。十六年，设屯殖督办署于茂县，派实业厅长谢培筠主持其事。初则督征扣苏顽夷（即来苏沟），继又巡视懋抚绥崇各屯，后又招致茂属黑水悍夷转诚。迄二十二年，更进而解决川番与甘番拉卜楞寺政教纠纷。其间又开设金厂，经营林业，垦殖荒地，开采药材，整理交通，绥抚叛夷，于是本区夷务，始稍有端倪。既而红军窜入，地方丘墟，人民流离死亡，损失至为惨重。洎乎川政统一，红军旋亦北去。本区设专员公署，治理一切，绥辑流亡，推进庶政。自是本区边务，始由混乱而步入正轨。

第四节　川政统一后之边务

民国二十四年，川省府成立后，省政已趋统一。全省划为行政督查区十有八，松、理、茂、懋、汶及绥靖、崇化两屯，划入第十六行政区。设专员公署于茂县，并设区保安司令部，由专员兼任保安司令。派保安队五中队及正规军若干，分驻各县以资镇慑。其后绥崇两屯，改为靖化县，置区署二。其余五县，均置区署三，襄助治理，一面推进新政，一面改善边民生活。于是本区政务，始粗具规模。不特顽强边民，不敢出扰，即教育、建设、垦殖、交通诸大端，亦有相当基础。在教育方面，现已设立边民小学五所，又在茂县设简易乡村师范一所。建设方面，已架设乡村电话，安置无线电台，以灵通消息。垦殖方面，已成立松理茂懋汶靖垦务管理局，进行垦殖事宜。道路方面，几经改修，亦不如前此之崎岖。至对边民方面，着重宣慰。中央及省府均随时派员分赴各县，剀切宣导，以促进边民向化之热忱。省府又令委熟习边情之李阳三为土官边民宣慰委员，并畀予关外卓仓照活佛以阿西宣慰长名义，以资安抚。最近又拟于松潘增设阿坝及包座区署，以期关外政务，亦得同时进展。近年中央对于治夷方针，已决定采用怀柔宣化之政策，所有“蛮”“夷”“羌”“番”等字，均尽量避免，一律改称“边民”。其厚爱边民之心，昭然若揭。较之明清两代武力防守之政策，已有显然之进步。近来本区重要设施，如改善土官制度，推广边民育，筹设边教民商场，加紧宣慰工作，提倡边民卫生，编组边民保甲，均为促进同化工作之积极表现。果能实事求是，次第施行，不特地利可以开发，建设可以振兴，且有史以来未获解决之本区夷务问题，亦可逐渐就绪，达到化一风同之目的也。

第五章　本区目前危机

第一节　黑水夷人势力坐大

黑水河位于松、茂两县之间。沿河数百里，有上、下黑水之称。芦花为上黑水，危古以下为下黑水。又有大、小黑水之称，沿河上下游，均为大黑水。另有猼猓子沟，在其中部会流，称为小黑水，属松潘县。大黑水原属理番梭磨土司。嗣划归茂县，理仍改属理番。苏永和即小黑水、二水两沟半麻子头人之次子。其兄永清，例应承袭头人，旋因病故，权落永和之手。当时位卑力小，尚无足轻重。继而先后吞并麻窝、杂窝，兼领三大头人之权。又因其姊出嫁于芦花大头人功高阳平，其人庸懦而有烟癖，一切均由永和操纵。所有黑水九十九沟半，均入苏永和掌握。及二十四五年间，苏又夺获步枪五千余支。师长胡宗南氏曾委为游击司令之职。其后军政各方，复纷纷畀予名衔，或赏赐械弹，以示恩遇。苏氏近年复因种烟获利，极力充实械弹。以致实力日厚，气候愈张。松潘之下阿坝及叠洼所部，亦受其节制。苏又西结党坝、卓克基，北连甘番黄正清，及三果洛克各部。并阴图占据松潘毛牛沟部落。前次果洛事变，伊实主角之一。近复有汉奸浪人，从中煽惑。苏氏野心，势难遏止。近虽经专署派员招抚，但因武力悬殊，实难使其倾心折服。来日隐患，实在堪虞。

第二节　甘番拉卜楞寺之野心

甘肃夏河县所属拉卜楞寺，为嘉木样佛传教之所。在清朝初年，已成巨大寺院。清代以尊崇黄教为治夷政策，对该寺喇嘛，颇为优遇。该寺当局，遂藉阐扬黄教之美名，渐次推广寺院于各地。初可以教义笼络人心，继则以教权干预政权。进而侵占其土地，役属其人民。于是势力日张，疆土日广。本区强大部落，虽不必为其奴属，但无不与之“拴头”。自梭磨土司以至黄胜关外，凡属黄教寺院，无不为其脚寺。该寺现有大活佛十八名，小活佛三十六名，额西五百名，喇嘛三千六百名。现任该寺保安司令黄正清，为首席活佛娘旺叶巴之胞兄。其人强干多智，又掌兵柄。并利用刀笔恶棍为之辅佐，以致实力强大，声势赫赫。该寺觊觎毛牛沟地方牧草丰美，阴图设统治机关于其地，以攫取松潘县府之政权。其后又藉扶助抗干、抗申反抗青军为名，号召诸番，派遣马队，援助果洛克。其唯一企图，无非欲乘机插足，藉以扩充其势力范围而已。盖以甘边土地硗薄，物产稀少。毛牛沟及果洛各地，土质较肥，农牧均便。又有苏永和为之内应，倘川甘两省，对黄氏一切措施，不予以限制，则一旦时机成熟，甚有引起重大纠纷之危险也。

第三节 边民无国家民族观念

边民思想狭隘，以国家为汉人之国家，称曰“大朝”。以官吏为汉人所委派，称曰“汉官”。其住于政府管辖区者，则认为被征服。其住地险远者，既存夜郎自大之心理，复恐政府权力之施及。其中心所祈祷者，不在国家之兴盛，而在国家之衰微。盖恐国力强盛，彼等即不能畅所欲为也。究其原因，约有数端。（一）番民僻居深山，与外面消息隔绝。于国家大势，茫然不解。对共和政体，更莫名其妙。（二）边民因语言、文字、宗教、风俗及血统之不同，在在与汉族发生隔阂。所谓共和政治，不特为其意识所不能解，且亦非其心理所乐从。（三）历代对于治理番民，从无具体方针。关于政治、经济、文化各项，迄未加以改善。所委官吏，又任期短促，权力有限，无从建树成绩，不足激发其向风慕化之热忱。（四）此等民族，习为贪鄙，造产无方。以抢夺为能事，视劫杀为平常。或鼠窃狗偷，或聚众反抗。[①] 在汉土方面，多属地旷人稀，自卫力薄。而土官头人，又多坐地分赃，目无官府。以致汉人受牺牲者，比比皆是。在目前，军团密布，固可阻止其变乱，倘一旦军队撤退，治安即无法维持。人民生命财产，殊无保障。此实边地危机也。

第四节 本区人口日减

本区地广人稀，户口本属无多，近年以来，益形减少。究其原因，约有数端。（一）民国二十四五年间，红军窜入，大肆屠杀，并将丁壮裹胁以去。其死伤男妇及流离转徙者为数实多，以致原有户口，骤形减少。（二）番民习于野蛮生活，饮食起居，迄未改进。肮脏污秽，视若故常，清洁卫生，毫未讲求。医药设施，更付缺如。加以夷地多产鸦片，染有烟癖者，实繁有徒。以致番民身体，渐次羸弱，病症疾疫，至为常见。而患病之人，不思求助医药，惟知祈祷神佛，念诵经书，坐待痊愈。故其结果，死亡率日增，生产率不足与之相埒。（三）番人阶级界限极严，封建思想，牢不可破。凡阶级不同者，决不通婚媾。而土官头人阶级，论婚多重财礼。其困于资斧者，往往累生鳏居，而无与为偶。其富裕者，从多妻主义。致使婚嫁情形，至不合理。生殖率之锐减，自无怪其然。（四）本区山岭重叠，气候特殊。或则瘴疠四溢，妨碍健康；或则潮湿低洼，易致疾疫；或则空气稀薄，窒碍呼吸；或则气候骤变，暴日飓风，冰雹雨雪，一日数经。凡此种种，均不适人类生存。本区户口之不发达，此亦原因之一。（五）番人不重贞操，杂交野合，数见不鲜。男女性病，特为繁多。实应从严取缔，以正风化而保健康。[②]省府前徇苏永和等之请，曾经责成卫生实验处组织边区医务队，前往黑水地方，治疗疾病，并协助戒烟。同时全国基督教会边疆服务部，曾于本（二十九）年暑期，携

①② 此亦为作者站在当时国民政府错误的民族立场和政治立场上，所得出的错误认识，读者勿受其误导。

带药品，前往本区各县，送诊疾病。此可谓本区卫生设施之创举。惟均系临时性质，亟待拨助款项，派遣医务人员，分赴各县成立卫生院所，以免死亡率之激增无已也。

第五节　汉奸地痞之煽动

日寇蓄意谋我，无所不用其极。对于国内民族之情感，尤极尽挑拨离间之能事。本区虽处边地，亦为其所注目。自抗战展开后，常有形迹可疑之人，向番人作反动宣传，诋毁抗战策略，破坏汉夷情感。前年，理番所属安曲查利寺有大利活佛者，曾游印度、日本，备受倭方优待。返川以后，即在各地大肆宣传，诋毁中央政府，处处为倭寇张目。行踪至为诡秘，未经官方破获。其余类此事件，尚属不少。边民头脑简单，易为所惑，如不严密查禁，实为前途隐忧。盖以本区虽在边陲，而范围广大，民族复杂，倭寇乃欲利此等未经同化之边民，以遂其破坏后防之毒计。诚宜缜密防范，以免淆乱观听，影响边防也。

结 论

本区夷务概况，具如上述。至如何可使番羌各族，彻底汉化，以达化一风同之目的，则应针对实情，计划周详，方能推行无阻，收效宏富。各方留心边务人士，对此问题，建议甚多。究其内容，亦多可采；语其要点，不外治本、治标两项。在治本方面，约分下列数点：（一）编组夷地保甲，实行改土归流。（二）整顿边地道路，普设乡村电话。（三）厉行边民教育，增加边校数量。（四）管理边民贸易，提倡□□工业。（五）奖励汉夷通婚，实行彻底同化。（六）实行移民实边，或移边民入内地。（七）增设边地县治，充实政府力量。（八）建设卫生院所，提倡边地卫生。（九）开发本区资源，充实人民富力。（十）确定省界区划，联络邻省治边。至于治标方面，约分下列各项：（一）充实地方武力，严防叛夷骚扰。（二）派员随时宣慰，改善边民观感。（三）普及边民巡回教育，激发爱国思想。（四）训练优秀边民，委以相当名衔。（五）慎选边地官吏，严惩贪污渎职。（六）取缔奸商欺诈，增进汉夷情感。（七）强化边务机构，推进边务设施。（八）加紧垦殖荒地，增加粮食生产。（九）疏浚草地积水，改善农业牧畜。（十）查禁汉奸地痞，制止反动宣传。上述各项办法，均可采择施行。惟应分别先后缓急，预定详细步骤。并审度现有人力财力，逐渐推行。庶可动员边地之物资，以增强抗战之力量。并可使数千年来之夷务问题，得以具体解决。抑尤有进者，自倭寇发动侵略后，川省已成复兴民族根据地。当此寇深祸亟，地位益为重要。向为一般人所忽视之边务问题，今已引起各方之注意。所幸中央政府迁川后，对于开发边疆，早具决心。而各地实业巨子，大都集中川省。或则踊跃投资，锐意开发；或则筹画良策，提供采行；或则深入边地，详晰考查；或则不辞劳瘁，服务边疆。不特为建设新四川之绝好机会，实为本区之无上福音。从此加紧拓殖，锐意经营，则边地之兴盛，可计日而待。今者松理茂懋靖汶垦务局，业已成立。殖边利民，即将以是为嚆矢。尚祈社会贤达，力予协助，俾收宏效。不特边民蒙其利，即抗战建国之伟业，亦裨益匪浅也。

四川陆军测量局　编

四川陆军测量局考察记

民国二十九年铅印本

提　要

《四川陆军测量局考察记》由四川陆军测量局编，于民国二十九年（1940）刊刻，原附载于《松潘县概况资料辑要》后。

四川陆军测量局建于 1911 年，1930 年更名为四川省陆地测量局，1945 年合并改编为军令部第四厅测量第五队。该书署名“四川陆军测量局”，纪事截止于民国二十八年。按：四川陆军测量局于 1930 年更名为四川陆地测量局，书名不应以旧名题，当为名称虽改，仍因循旧称之故。

《调查记》分“黄河上游流域考察记”“岷江上游流域考察记”“黑水夷情略记”“阿坝一带首领调查记”“三倮洛首领调查记”“青海军队与三倮洛纠纷调查记”“川西北考察应注意事项”等七部分。以实地调查为基础，运用科学的调查方法，较为全面地展现了今阿坝州地区的水文、民俗、民情及民族纠纷等事项，并结合自身考查实际提出合理建议。

《四川陆军测量局考查记》是阿坝州现存最早的测量考查志。

目　录

一　黄河上游流域考察记

清康熙时，派人考查长江、黄河二源，其对于黄河形势，载之颇详。惟黄河上游隶属何省，则全未及。据刘虎如君所记：自黄河发源至星宿海，已三百余里，先向西南，继向东南，穿和扎陵海（即错中让），又东南五十里，穿鄂陵海（即错俄让），向东南曲流，经过巴颜图浑岭下，更向南流一百五十里，水色始变为黄。又屈曲东南流七百余里，绕积石山向西北，至土尔扈特南中旗转向东北，经贵德、循化入甘省界。又据《松潘志》载汤次庵《黄河考》[1] 云：黄河自发源东行，至松潘西北廓罗克（即倮洛）入川境，经上十二部落（即倮洛十二部）三乔柯，至下十二部落（即若儿盖[2]十二部）之索格藏寺，有噶曲河来会，转向西北，至察汉、百胜出川境，入甘肃鞑子地，北行达贵德、兰州。据以上所载，黄河绕积石山脉，成一由西向北之河曲，毫无疑义。又查倮洛各部与三乔柯及若儿盖十二部，均在黄河沿岸，康申、康干、贡妈三部土人称为遂个阿俊卡宋（即内三倮洛之意，又名三阿晋，乃三大部落之意）。内中康申、康干系由倮洛个用所分出，贡妈颡、木发尊巴为康干所分出，斜克穹、帐昆、红姆又为贡妈所分出，达克拖为红堪节波所分出，和二秋三百余户为康申所分出。其住近昆仑山之卦昆达克拖一部，又为达克拖所分出。其各部落，在清康乾时，投诚内附，由四川总督给以委牌令纸（皆无印信），委以土千户、土百户、土目等职（牌令至今尚各保存）。故松潘关外五十二部落，悉受漳腊营参将管辖，每年由漳腊营给各土官饷银数两或十两。该土官等，每年上若干马匹、牲畜皮等于参将，亟为定例。入民国始废，政府亦未过问。今贡妈颡、红姆颡、帐昆等，均住牧于黄河之北，和二秋住牧于黄河之两岸，共[3]妈颡之帐房散住于黄河两岸及积石山之主峰阿米麻钦山。迄东西壳渠二大沟，在西壳渠下游，距黄河约百里之渴溪杂格拉水边，尚有汉藏文界碑，为清咸丰以前旧界。康申、康干均管有黄河两岸三乔柯，其一即齐哈玛，住河之南岸，其乔柯墨吗（即下之意）住黄河北岸，在索格藏贡巴之对岸；乔柯贡妈（即中乔柯之意）亦住河北，与齐哈玛隔河相对；在齐哈玛与东壳渠之间，尚有帐昆求玛、帐昆贡玛、木拉斜克穹等部。所辖北岸至于积石山之阳，至索格藏贡巴下

---

① 此处是对原文概况和删节，原文如下：汤次庵《黄河考》：黄河发源甘肃、青海之噶达素齐老山，又名昆仑山，又云星宿海。由松潘边境西南廓罗克番部入川境东行，经三阿树折北，至上十二部落唐个寺，有噶溪河流入，即大都仑河。经辖慢、物藏、磨下各寨，有墨竹溪河流入，即得坤都仑河。由二道黄河插汉、百胜，折西出川境，入甘肃达子番地。北行经西宁、河州、兰州、宁夏，出长城，折东而南，环内蒙古鄂尔多斯旗，是为河套。入长城，经陕西东、山西西，复折而东，经河南、山东、江苏，入于海。

② 若儿盖：亦写作“若尔盖”。

③ 共：按上文，当为“贡”。

游，为若耳盖十二部，即辖慢、物藏、热当坝、唐昆等，均在黄河之东南岸。至察汉、百胜出川境，入甘肃，与青海分界。番民虽转徙无常，而土地界址，则实无变更。是黄河上游一部，旧为川属，吾国地理数本，与青海省所绘地图省界增至黄河以南，皆属不加考察所致。本局所测之川西北十万分一勘测区，黄河实自错甲让、错俄让（番人呼错为海，即扎陵海、鄂陵海）入川境，向东曲流，有夏肥马、夏柯河自南来会，有革柯自北来会；再下入达克拖境，南有达柯河自漗柯外司来会；再下经贡妈颡牧界，向东北绕东南，成一小河曲。有东西壳渠二河，发源于积石山，自北向南来会，至康申牧界内；又有宜柯河、强柯河自南来会，对岸即积石山；经齐哈玛、索格藏埂沙，上有甲曲河自南来会；至索格藏寺，有噶曲河自南来会。河身即由此转向东北及北面流，绕积石山界一河套；至辖慢下游热当坝，有墨竹河自东南来会；再下流出川境。与清康熙时所调查，及李、马二君所记，亦大致相同。是川省所辖有错俄让以下黄河沿岸千余里，至索格藏寺，方以河为川青界分也。有谓黄河流入川境者为支流而非正流，不知由康申渡河，直至青海省城西宁，中间实无同样之大河。又由拉卜楞寺至齐哈玛，俗有渡头道黄河、二道黄河之说，亦系错误。缘拉卜楞寺在黄河以东，通属南河曲，所渡之二道黄河，实即一河之上下游耳。若由拉寺绕辖慢、唐口以至齐哈玛，则可不过黄河，是川属黄河即为正流，又明矣。

二　岷江上游流域考察记

昔人记岷江源，多滥觞于道元《水经注》。他如李氏、潘氏、谢氏等，或故神其说，谓发源于包座生番徼外数百里，岷山主峰羊膊岭下，岭上有神湫，经黄胜草地（即黄胜关）西，合潘州河，至乃楮山下，合阔水而水始大，过虹桥关至松潘城，已流七百余里。或竟云发源于岷山主峰，至松潘城已千余里。或云发源于岷山主峰羊膊岭（即铁豹岭），经浪架岭下，西合潘州河，过黄胜草地，至虹桥关上，合阔水，曲流至松潘，并有东西岷山，如两龙抱江而下。《松潘志》亦多抄袭前说，而不就近实地考查，实属可怪。所谓“两龙抱江，两岷狭江而下”之语，亦有未合。东岷固近，而南岷则远在数百里之外。今考岷江发源于包座以南，松城西北之浪架岭，距松城约百三十里。岭北为包座河源，下游为白龙江，岭南为江源，与噶利坪、梁家卡相接。二山之西北，为墨竹溪河源，注入黄河，山南为入雾沟及黑水河源。岷江自浪架岭向南流，六十里至两河口，有一小水自西来会；经黄胜关至漳腊与虹桥关间之石嘴寨下，与弓杠岭发源之阔水相合；过虹桥关高屯子，穿松潘城而过；至石河桥有东胜河东来注之；东南流至安顺关，南有窗河，自西北来会；又南经龙潭堡、归化关，有云昌沟自东北注之；又南经镇江关，西受入雾沟水；至金瓶岩东，受甲竹沟水；又南流经较场坝，有松平沟①自西来注之。民国二十二年大地震，叠溪山崩地阻，上游之普安、沙湾二堡淹没。由太坪至较场坝，三四十里间，积成大小海子二道。自此以下，河流湍急，河床内大石更多。又南流至长宁堡，西有黑水河自西北来会，亦江之别源也。自此仍向南流出茂县，此最近实地考查所得，特记之以资更正。

① 松平沟：亦写作“松坪沟”。

三 黑水夷情略记

1. 概述：黑水，因黑水河得名，介于松、茂两县之间。沿河数百里，有上、下黑水之称，芦花为上黑水，危古以下为下黑水，故有芦花黑水之名。又分三芦花，以芦花为上芦花，鱼爬渡、麻窝等中芦花，危古、木梳为下芦花。又有大小黑水之称，沿河上下游，另有大水名猼猓子沟，在其中部相会，沟内有头人三家，统称小黑水，归松潘县管。大黑水原归梭磨王子管，属理番县，后划隶茂县，现仍属理番。内地多称黑水为猼猓子，其实仅小黑水二千余户，属猼猓子种，乃吐浑苗裔。大黑水系茶果种，与卓克基、松岗五屯四土等地番同种。与猼猓子语言有别，其字同藏文，惟读音不同。大黑水原有大头人（西番称土官，黑水称头人）八家，今仅存四家，共管百姓五十五沟半：即杂窝六沟，麻窝五沟，芦花三沟，四美、哦口各两沟，杀司多六沟，日多三沟，红岩、若坭、让那、云林寺等各一沟，木梳、比窝卜各六沟，龙坝五沟，石碉楼五沟，二水两沟半。其所称之沟，系以户口计，或一寨或二三寨，人口在百户以上二百户以下，称为一沟。如以前梭磨王子，共管九十九沟半是也。其地四面概为高山，芦花黑水灌流于中部，其寨碉多在山腹，因河岸过狭，耕地多在山上，故建寨高处，以便防守。东西距约四百里，南北距约二三百里不等。惟西接三讧口、谙曲、墨昆，以迄黄河沿三乔柯等部，今均与芦花沙板沟女头人（俗称芦花女王子）拴头（即服从之意），是芦花头人所辖。东至木梳，西北迄黄河沿，几近千里矣。

2. 沿革：自前清征大小金川时，黑水梭磨女头人，以帮兵办粮有功，经岳将军钟祺保奏加宣慰使衔，赐给金印（印长约二寸五分，宽约二寸，厚四分），仍归理番县管理，统辖松岗、卓克基、黑水等部九十九沟半。至梭磨头人绝嗣，各部落竞相雄长。在黑水者，则有芦花、卓斯甲、杂窝、麻窝、龙坝、木梳等寨头人，就中以芦花王贞头人势力较大，人亦公正。于是各部奉之为首，梭磨金印，归其掌管。及王贞死，内讧大起，贞子被麻窝等击毙，其印藏于芦花女王子手（现称沙板沟太太又称芦花太太），即王贞之孙媳，苏永和之姊也。是时苏永和（番名夺尔吉八怀）住龙坝。其兄永清（番名南卯申）住麻窝，卓斯甲头人住新房子，与杂窝等头人互争金印，纷乱历七八年。结果芦花太太受其弟苏永清之诱，将金印交永清掌管。于是芦花小头人白脑壳（即杀司多头人，番名阿倮夺尔吉，汉名王佐才），与新房子、卓斯甲等合谋，迎请政府进兵平乱。二十八军派刘旅长耀奎、龚旅长渭清等率兵进讨黑水。时卓斯甲已先投官兵，白脑壳头人中复变计，未履前约，致龚、刘二旅，反为苏氏弟兄所败。卓斯甲不敢归，流落省垣，后全家被黑水人所杀。汶川铜陵山索土司季高，以助官兵，亦被砍死于石碉楼。未几苏永清死，永和又赘其嫂而住麻窝，其原住之龙坝地方，则交其子及大妇管理。及红军过境，永和先后经川省府及中央第一师胡宗南，委以松理游击司令名义，并委小黑水慈坝头人各妈和扣生沟头人刘永和为副司令，而黑水大权，遂完全操于永和一人之手，金印亦为伊得。大黑水虽有大头人四家，而芦花为永和亲姊，杂窝系永和内弟，现又入赘芦花，且少不更事，一切惟永和是赖。永和对中央及省府尚能尊崇，且深通汉语，并谙汉俗。惟性极狡猾，县府专员多未敢操切，故政令尚无法推行也。

3. 政治：黑水之实情与西番大同小异。大小头人，均为世袭。二寨之中，又有牌头及差人（亦头目之别称），亦多世袭。大头人之官寨内，又有大小男女管家及娃子等称，男管家专管银钱、外务、牧粮、供驱役等事，女管家则管一切收入、饮食、应酬等，娃子专供服役（分终身与世奴、定期三种）。其上下之界限极严，人民见头人须跪禀，娃子为主人执役，亦跪而进退。普通人民，以上粮服兵役为义务。各寨头人官地，分人民公耕与娃子代耕二种，但代耕为平分制。人民有事，小者取决于差人及小头人，大事则取决于大头人。军民财各权，均操于大头人之手。其教育，除人民入寺为僧外，间有头人子女，入寺习经文，其余概不识字。

4. 风俗：官民崇拜喇嘛教，但不如西番之甚，户口常不增加，不似西番世守一户不分之严格制限。重男轻女，男任兵役、缝纫、田猎等事，女任耕种、炊爨、取柴、背水等事，虽一家中，男女饮食，优劣亦各有别。婚姻重正式嫁娶。人死，多用火葬及水葬两种。性情剽悍，不知法，不畏死，不守信义，以盗劫为能事，就中以小黑水猼猓子为甚。又有放毒放蛊等事，中之者重则速死，轻亦腹痛终至不能治。其衣履，普通以牛毛毪子（毪子为毛线织成之布，与西藏氆氇相似），及[①]布或羊皮为主，头人则多以獭狐等皮，缘为衣饰。男女均蓄发辫，带牙骨手镯，珊瑚宝石戒指，胸挂金包，衣大领衣，下着小衣。男子皆横刀腰际，并垂吊刀、火链。头有包红色长帕者，名号头。负枪背物，轻装善步，喜食冷物，少熬茶。较西番旅行犹便，故作战力亦较强。吊刀、火链，多以珊瑚、金银为其饰。女子多束发，顶青帕，坠耳环，穿蛮皮靴，束宽花线腰带。喜跳锅庄，由数人或数十人，围绕踏歌，中间置酒壶，初由一人发声，众人随之齐唱，且歌且舞，自合音节。男女均喜酒，其酒由青稞自制，亦有用汉人白酒者。食物以包谷、麦子饽饽为主要，少用牛羊肉，多食毛猪膘（即杀猪不去毛，以肥者干之）。

5. 出产：有麦子、青稞、豆类、瓜类、玉麦、菜蔬、麻子、土盐等。在芦花以上，则不产瓜、豆、玉麦，因地较高寒故也。又有山羊、绵羊、犏牛、黄牛、牦牛，犏牛为耕地之用，驮运者极鲜，产量亦不丰。矿产以色耳古之砂金为有名，惜未开采；瓦钵梁子之贝母极广，亦不许挖。均因迷信地宝风水之说所致。其他如麝香、熊胆、羌活、木香、麻黄等，出产皆佳而且富。又有金线猴、黄猴、豹、马熊、狗熊、麝、鹿、麞、麂、野雉、雕、鹰、鹊、鹳等。工艺以女人手制之花线带子、宽花线腰带及牛毛毪子等均有名。森林惟马河坝、芦花猼猓子沟两处多松杉青杠，余多黄山，故柴薪亦感缺之。

6. 交通：交通仅有陆路，皆山陡路窄，行旅艰难。交通工具，多赖人力背负，少有牛马驮运。其要道有三：（1）由茂县往沙坝，沿黑水河，经石碉楼、危古、鱼爬渡至芦花；（2）由鱼爬渡，经猼猓子沟越山，经热雾沟牦牛沟至松潘；（3）由芦花经马河坝，越牙沙大山至马塘，以通草地一带，复由芦花越山经打古、毛尔盖，亦可通松潘。

① 及：当为“即”。

四　阿坝一带首领调查记

墨洼：普通番人大都仇视汉人，甚或夜郎自大。墨洼土官尚无此两种情事，其头脑较为清晰。考其原因，该土官在清末住西康之炉霍县属色尔巴，因抗赵尔丰败后，迁徙阿坝，附属于墨颡，既深知汉人威力，故不敢小视。又该土官现住之地段，属于松潘县府所直辖（松潘地土，有直属县府管辖者，有属土官管辖而间接属于县府者）。该土官归诚墨颡时，系由墨颡土官代向松潘县府呈请准其暂住，以根基未固，故约束所属亦严，保护汉商，不遗余力。

毛尔盖：毛尔盖密迩县城，汉商辐辏，虽未同化，而于汉人力量，则所深知，且对川局与县政府情形，亦以汉商时相往还之故，常有所闻，故对政府诚归服从。

谙曲颡：谙曲颡为松潘与理番赴阿坝必由之道，与汉人往还颇稔。又因查理共巴活佛，为该土官家属，以故尚识大体。凡有委办事件，尚无违抗。但遇重大者，必须与查理共巴一致。

查理共巴：大凡活佛，多深居高拱，自视尊严，非大员入境，向不迎送，仅派遣一管家出而支应。以故到达该地时，若煊赫其势，则趋奉惟谨；若委靡其行，辄遭轻视，办事必感掣肘。此种情形，虽属番人通性，而以查理共巴为犹甚，不可不留意也。

墨尔妈：墨尔妈为墨颡所属之小土官，距墨颡官寨，尚不足一马站，通过该地，不过支用乌拉而已。

墨昆：墨昆密[①]迩墨颡，人口不上千户，以在甘肃拉卜楞寺（夏河县属）拴头，与墨颡，向取对抗势。不过该地人少地狭，而又密迩墨颡，以故支用乌拉，与委办事件，非有重大事故，尚少派及该土官也。

① 密：原作“秘”，据下文改。

五　三倮洛首领调查记

康申藾与康干藾、康申、康干均拉卜楞寺大活佛酱窝玄巴之姐丈。以地面人口论，康干远甚于康申；以两土官之智能论，康干亦还不及康申。惟俱以拉卜楞寺为后援，故在三倮洛中，同为有势力之土官。反对青军，除共妈藾而外，以该两土官为最。民国二十七年，白衣寺案之酿成巨变，即由康申藾联络各土官所致。

白衣共巴：白衣共巴活佛有二：一名桥知，一名执沟半诺。桥知以德行见重于人，青海省府聘为顾问；执沟半诺以交际见长，为共妈藾土官之胞弟，要皆为三倮洛各地最有声誉之活佛。青军强占三倮洛后，驻防设县，以界限不能融化，加之青军纪律废弛，苛杂繁重，纠纷之起，亦势所必至。

龙扣呷共巴与龙钟共巴：两寺密迩白衣，既无出类拔萃之活佛，又乏强有力之土官，故一切行动，恒视白衣为转移。

共妈藾：共妈藾人口地面，为三倮洛各土官之冠。译“共妈”二字意义，即汉语第一之谓。现土官智识能力，尚未详细调查。惟既倔强负隅，势力亦当不弱。不过近年饱受青军蹂躏，对川人过境，尚多青眼视之。

红姆藾：红姆藾为贡妈藾所歧出，倚青军以自重。现土官脑筋尚清楚，稔知其地本四川地面，以故对于川省公务人员，亦颇恭顺，且实与共妈藾相持之际，困处西宁达十余年。蛮于中国局势及中央政治，亦略有所闻，盖一稍受同化之番目也。

木巴藾与扛发藾、木巴与扛发：为由阿坝至青海之玉树与西康之石渠必由之道。地面人口，均不甚广阔。木巴之能屹然自立于三倮洛中，未为他土官所并吞者，盖依阿坝墨藾土官杨俊札西为护符（杨俊札西为木巴胞弟），故无人敢加以侵凌。扛发民性强悍，甲于倮洛，在三倮洛中，以抢劫为生涯者，周基芦花而外，扛发藾其最著也。

夺巴藾：夺巴藾人口虽只数百户，而地面广阔，为旺清部倮洛首屈一指之土官也。土官名阿秀求晶贡，性极残暴，像尤狞恶可畏，为阿秀色尔打之胞弟，青军对彼，每事优容，盖欲藉之以招致阿秀色尔打也。

达克拖类：达克拖类为半妈部倮洛中最有势力者，人口地面，仅在共妈藾、康干藾、康申藾三土官之中，而为倮洛中二等土官。今土官虽能力薄弱，其妻颇贤能，对人接物，尚识人体。内助得人，故亦足以自立。

和二秋藾：和二秋藾纵横四五百里，人口三四百户，属阿尔晋倮洛之康干藾，为川省极西又极荒寒之地。今土官乃和二秋赘婿，妻死复乱其姨，因是部属携贰。所辖十头目中，受其节制指挥者，不过四五人而已。以势力弱小，人口不多，对于汉官可称恭顺之土官也。

以上所列，乃就大道附近有势力者录之，其偏僻地带，不关重要皆从略。

六　青海军队与三倮洛纠纷调查记

四川松潘县属三倮洛，与青海都同、德南等县接壤，皆属草地。人民恃游牧生活，性贪好斗，冬夏逐水草而居。故往往因游牧而越境，因越境而启争。事属寻常，自民国十五年青人淘金于阿米麻青（积石山）山下之由革柯与客柯河滨，番人迷信素深，认阿米麻钦为倮洛最大山神所在，淘掘金矿，直接侮其山神，间接藐其民众，故倮洛人民而起阻之。青人抗不欲罢，战争乃起，青军助之，攻入倮洛，倮洛人合起应战。历十阅月，兵方停。同时，有青军由阔昆额、革柯附近南渡黄河，侵入上倮洛和二秋额，和二秋额不能御，遂屈服于青军。

共妈额与红姆额，本同族近支。红姆额女土官，有女字共妈额之子尼格碰，尼后悦一婢，而弃红姆女。女怨望，旋私通于青军参谋，因诱致青军于二十年攻入共妈额各寨。而红姆额全部，亦自投青军。

和二秋自降青军后，因思旧与达克拖有夙怨，复怂恿青军攻达。青军乘机数道兼进，达克拖不支，损失牛羊四五十万头，及他物品无算，从此一蹶不振。青军乘破竹之势，复沿河东下。适川省屯殖督办署谢处长培筠办理拉卜楞寺与墨额纠纷正在阿坝，闻耗电止青军前进，事遂寝，盖二十一年事也。

二十三年，青军二百余往达克拖征税，达人畏遁，青军遂移住于达克拖与共妈额交界附近，共妈额拟撤帐他徙，暂避其锋。青军闻之，遂变计购备礼品，遣使通好于共妈额，共亦报之。青军复修好于达克拖、康干、康申各额，信使往还，弃怨修和，地方得以苟安。惟征草头税，较前清供献漳腊营时，增大数十倍。

二十四五年，红军入草地，青军因而进驻白衣寺，征马征丁，频繁无已。并令倮洛羊毛统售于青军，青海麦面及他项物品，统销于倮洛。马营长虎声寻被任为白衣县长，终以其征敛过苛，番民恨之刺骨。

二十六年，虎声寻划筑白衣城，工役甫兴，即被民众起而击毙。其所率驻军，则各遁回青境。

二十七年，纳旅长又率青军数百再至白衣，为马报仇。番民复聚众败之，纳旅长阵亡，青军全部覆没。由是青军益愤，乃厚集兵力，大举进攻。各土官畏惧，相率逃往松潘，分向松潘县府及专署恳请，设法救援。嗣军事委员会委员长重庆行营据报，当电川省府查明，并严电青省府马主席停止进兵，听候查明处理。该逃出各番民，遂暂住让口，纳款于黑水土官苏永和。二十八年，由黑水派代表偕康干、康申土官等来省并到渝，向川省府及国府呈诉。经中央抚慰，剀切开导，并发给抚恤费一万元，令暂住松潘，听候地方官安置。

二十八年夏，该土官等仍返原地。成都行辕又电青军，勿究前愆。虽彼此未能完全冰释，一时尚可望无事云。

七 川西北考察应注意事项

1. 关于通司方面：川西北一带各民族，以藏族为多，赋性顽强，语言各别。欲调查该地，非藉通司翻译不能达意，以故通司之关系至为重要。任务之能否达到系之，生命之安危亦系之。而一般担任通司之人，不过略识番语，对于番情不甚考究，多未得翻译之方，弊端百出。故对于通司人员，亟应加以训练，令照话翻译，不可参加己意，任便增减，致译意与原意相差过远。例如原意和平，而译意变为严重；原意庄直，而译意变为敲索，皆所常有。番人阶级制度，印象颇深，如通司舞弊，经彼察觉，对委办之件，多阳奉阴违，询问之件，亦捏词诡对，致任务难以达到。而强项土官，每以不满通司之故，因而滋生事端，此不可不注意者也。

2. 关于乌拉方面：乌拉，即支应牛马差是也。川西一带与西康略羁，凡公务人员支用乌拉，虽未闻政府定有章则，而各土官间亦自有常例，不容稍紊，最宜注意者。若由松潘县城起身，即应请松潘县府命令附城土官，指派前来护送，送到应交替之土官处交替，轮番护送，辗转前行（由理番起身亦然）。但由县城出发时，支用乌拉之数目，应多支数头，以为预备。不然，中途临时增加，事颇困难。各土官间所担任护送之程途，并无一定里数，中间或远或近。各土官间，亦自有一定常规，不可参加己意，强令变更。但得第二土官（或头目或庙宇），承认接替，便可前行无阻。关于燃料（如柴草牛粪等），例由护送人担负。在临行之前，应令通司谆嘱护送人，预为准备，以免中途缺乏。因护送人皆为土养，途间燃料之有无，自能深知。至报酬一项，即是夫价，亦可说是奖励。因所送途程之远近无一定里数，故于奖励之物品，亦当视途程之远近，及护送人之勤惰而定，奖励物品，以斜纹、蛮碗、哈带、针线为最适宜。奖励之多寡，大致驮牛十头上下，护送人二三名，途程二三日，即每名奖励斜纹一方、碗一个足矣。哈带与针线，则随给少许亦可。

3. 关于购备物品方面：关外与内地天时人事俱各不同，凡日用所需与报酬番民各物，均宜预为置备。

兹略分举如左：

一、衣：皮外套（或蛮皮袄）、皮袜（或毛袜）、皮紧身（或绵紧身）、皮裤、蛮项（或皮靴或毡靴）、毡衣（或合衫）。

一、食：冰糖、黄糖、豆瓣、豆豉、各种罐头，以上宜在成都购备；茶叶、米、灰面、糌巴、酥油、奶渣，以上宜在松潘购备；糌巴、酥油、奶渣、灰面，以上可在阿坝添购。

一、住：帐棚、行军床、行军桌椅、皮箱、木箱、鱼烛、灯笼、牛油烛，以上宜在成都购备；毛绳、皮绳、酥油灯、毛口袋、皮口袋、毯毡，以上宜在松潘购备。

一、行：马（附鞍子），每人一匹；步枪（通司与勤务携用）；手枪（委员自用）。

一、礼品：线值贡、线哔叽、哈机、花缎（以黄、红、蓝三色为宜）、斜纹（红色宜多，白色次之）、金寿字缎、金丝缎、蛮缎、画片、照片、刊物、棉花、针线、哈带、药品（各种普通药品），在松潘购置者，可商询通司。

4. 关于安全方面：草地气候高寒，民俗强悍，举凡天时人事，动多危险。以故旅行该地者，无不视为畏途。兹略举应注意者如左：

一、护照，各地土官，在前清尚各安分，遣使朝贡，岁以为常。反正以后，川政纷乱，于是各土官自为风气，加以番人天性残忍，以抢劫为能事。土官知情故纵，坐地分肥，间亦有之。凡公务人员以及商旅，中途对此危险，时有戒心，故必恃护照（或执照），与之慎重交涉。

一、医药，盖气候寒冷，衣非重裘不暖，食必酥油、糌粑热性物品，始能御寒。兼之空气变换甚速，时值夏令，雨雪风雹，日必数次，偶一不慎，随时均有疾病之虞。若非自备医药，惟有束手待毙。以故饮食起居，随时均应特别注意。

一、乘马，草地关河修阻，多无舟梁，在途非觅代步不能前进，故对于马术，应特别研究，非若内地之但于平路驰骋也。如夏令渡河，冬令履冰，以及通过沮滞，均时有陷蹶之虞。夏令失事，则遭灭顶之凶，冬令失事，多成残废之疾，不可不慎也。（冬令失足坠谷，寒冷浸骨，纵即时更换和暖衣服，亦属无效，必须疾行一二钟，使热度由骨内发出后，方行更换，始无害也。）

5. 关于应付方面：汉番语言不通，文字各别。用作信守之护照（或执照），务用汉番两种文字。对于土官接谈，语言态度，不可露出真实任务，致生疑忌。逐处宜表示一种专为慰劳番众及视察疾苦，或勘查省界而来，本中央五族平等宗旨，纯有利于该族，使番众悦服，方可顺利进行。

番人最重势利，举凡鞍马帐幕之属，务取华丽，枪械尤为重要，务取适用而美观。

番人阶级最严，土官头人向不与平民之家互通婚嫁。汉人对彼，向例尤高一级，公务人员到达该地，切不可稍失检点。番女不事贞操，随地皆是，但仍有阶级存乎其间。若系汉人而又系汉人中之公务员，则更宜自重，切不可与番女苟合，自失尊贵，而启其轻蔑之心。

番人天性，仍重酬应。每到一地，宜具礼物一份，馈送当地土官；在商人，则宜多用布类、丝织类及碗盏之属。在公务员，则宜酌用带有宣传性之各种图画（如陆海空连合作战图之类）以及委座照片、委座像章和佛化性之照片（班禅照片）、刊物等类礼品。之外，须另具必不可少之哈带乙张，哈带性质，等于名片。凡平等往还，以及下属对于长官，在所必需，亦古人执帛相见之遗意。又馈送礼品，不可过多。多则反足以示弱，致疑为不关轻重之委员也。

凡与土官接谈，语言态度，应取不卑不亢之姿势。若过于谦逊，则被轻视；若过于傲慢，则招愤懑，均非所宜。

番性最贪，举凡细微之物，如棉花、茶叶、针线、黄糖之类，不宜吝惜。若值土官派送牛粪或柴草前来时，宜给奖少许，但亦不可过多，略示点缀足矣。

6. 关于路程方面：阿坝为草地之集散地，亦为草地之中心。无论由松潘到达三倮洛与青海之同德、玉树，西康之石渠、甘孜等县，均必经该处。即由理番到达以上各地，亦必由之道也。

由松潘起身，冬春两季，则多取道梁家卡。夏秋两季，则多取道毛尔盖，两路相会于墨洼额，远近相埒。惟因梁家卡一带，沮洳甚多。若值夏令，雪化冰凌，时有陷蹶之虞。必至冬春两季，始可通行无阻。至毛尔盖一途，虽则沮洳地甚少，但须翻越芦司岭与甲挖等几重高山，且邻黑水近。黑水生番，性较残暴，杀人越货，出没无常，以故但得知梁家卡之阻滞地凝固时，便少有经由毛尔盖者。

梁家卡之墨洼土官，颇识大体。近年来势力日增，不但能管理所辖番众，即别部亦不敢至其地行劫。其帐房冬令位于阿摩河与噶曲河相交之处。夏令则在阿摩茶经（阿摩河之岔沟），以噶曲水深，夏令不易徒涉，故迁徙于此。

由墨洼到阿坝，亦有两种路径：一经箭步塘达墨尔妈，而至阿坝，一经谙曲额、查理共巴合墨尔妈，而至阿坝。两径中以箭步塘一途较捷，故冬令行人多出此途。若值夏令，则噶曲水深难涉，墨洼帐房亦迁徙，则不得不取道谙曲额，绕噶河上游，经查理共巴而合于墨尔妈。

由阿坝到达三倮洛之途径，多若蛛网，一溯若革河而上，越若革卡，沿哈灰河而下，经康申额而达青海之同德县，程途较短。不过在康申额须用皮船渡过黄河北岸，及达同德县对岸时，复须渡黄河而南。黄河上游，木材缺乏。皮船渡河，危险颇大，不可不慎。一溯柯克河沿阿摩河而上，经鸭咡塘，再经阿秀色尔打，而达西康之甘孜鸭咡塘一带，为三倮洛特别区域，呼为倮洛茸。茸者，产量之意。其地段不甚广阔，主权亦零星不整。各土官所领，或一二小沟，或三四小沟不等，界限不易问询。一经克柯河，再经白衣共巴，溯麻尔柯河而上，达黄河渡口，用马挽木船渡河。再经共妈额、红姆额，达青海大河坝，而合西宁之路线。又由麻尔柯河上游分路，经木巴额、扛发额（或齐巴额）、达克拖额，溯龙拉个河而上，越角纳脉，再经蒙沙村，而达西康石渠县。又由达克拖额分路，经和二秋额、野马滩，合青海西宁到玉树大路，越巴颜哈拉山脉，而达青海玉树县。

教育部蒙藏教育司　编

川西调查记

民国三十二年年三月出版

提　要

《川西调查记》，国民政府教育部蒙藏教育司编，民国三十二年（1943）出版。1941 年 7 月，国民政府教育部举办第一届大学生暑期边疆服务团，赴川西实地考察，历时两月，将考察成果汇集成书。

《川西调查记》有“序”“编例”“往返路线图”，正文六个部分：“羌人之部”，分羌人来源传说、羌人之信仰、羌人之建筑、羌人之婚嫁丧葬、羌人之艺术、羌人之岁时、羌人之语言；“戎人之部”，分戎人之信仰、戎人之婚嫁丧葬、戎人之艺术、戎人之岁时、戎人之语言；“地理之部”，分概论、杂谷流域之自然与人文、黑水流域之自然与人文、理番县之地理环境、理番县之土壤概述、理番县之第四纪冰期，附土地利用之地理因素；“经济之部”，分杂谷脑的汉番贸易、杂谷脑喇嘛寺的经济组织；“农业之部”，分概论、调查方法、耕地状况、气候、耕殖状况、作物种类、农业区域、轮作制度、耕种方法、植物病害情形、改进建议；“动物之部”，分绪言、昆虫、鱼类、两栖类、爬虫类。

《川西调查记》是阿坝州现存最早一部运用现代科学调查方法汇集而成的区域总志。

目　录

序

三十年夏，大学生暑期边疆服务团深入川西羌戎居地，调查文化、地理、经济、农畜诸部门，历时二阅月，足迹遍黑水、杂谷流域，归制报告，都十万言，洵创举也。

川西西距葱岭万余里，离边极远，《书》称“大禹治水，始于岷江”。迄兹文①川境内，山名涂禹；秦代李冰父子，戮力水利，至今灌县城南，堰留都江。两汉汶山设郡，三国姜维屯守，而较场坝危岩剥落，独留贞观遗文，开荒创化，可数家珍。然以数千年来，交通未辟，文教未备，先民遗绪，邈焉寡闻。驯致风习攸分，语文殊异，是虽不能谓为地理之边疆，而已沦为文化之外域，良可概矣！

今者服务团诸同仁，担簦蹑屩，栉风沐雨，跋涉于荒榛未辟、人迹罕至之区，排艰辛，探奥奇，并出其所见所闻，供诸于世。凡致力边务者，苟能以此为张本，循其道而拓殖焉，行将见文化之启明，鉴西进之孔道，开边勤远，赖以奠定宏基，其有裨②国计民生，岂鲜也哉？

报告书编次蒇事，余幸③获先睹之快，谨赘数语，以弁其耑。

三十二年春骆美奂于青木园

---

① 文：当作“汶”。

② 裨：底本作“俾”，形近致讹。

③ 幸：底本作“辛”，形近致讹。

编　例

一、本报告系根据本组实勘调查所得之直接资料所编成。

一、本报告并不限于本组同人所编，若戎人之语言，系金鹏先生所编。

一、本组之调查区域为杂谷脑河流域及岷江流域茂县至汶川一段，调查之中心为羌及戎。

一、本组调查工作之分配，风俗调查为白雪娇、徐志章及粟寿初（畜牧兽医组组员）诸同学，音乐为雷爱光同学，艺术为杨乡生同学，心理测验为萧振华同学，羌人建筑为章松涛同学（服务队队员）。其他部门系依照预定计划，集体调查，集体校正之方法进行。各人虽各负一部门之调查专责，然全组同人，仍共同协助，于每项调查完毕时，由组长召集全组同人，共同探讨校正，藉收互相参证之效。副组长葛维汉先生，则借秦学圣同学著有《汶川一带之调查工作》，另有英文报告书。

一、兹录本组同人姓名于后：

组　长：王文萱

副组长：葛维汉

组　员：白雪娇　徐志章　杨乡生　雷爱光　萧振华　秦学圣

四川西北边行往返路线图

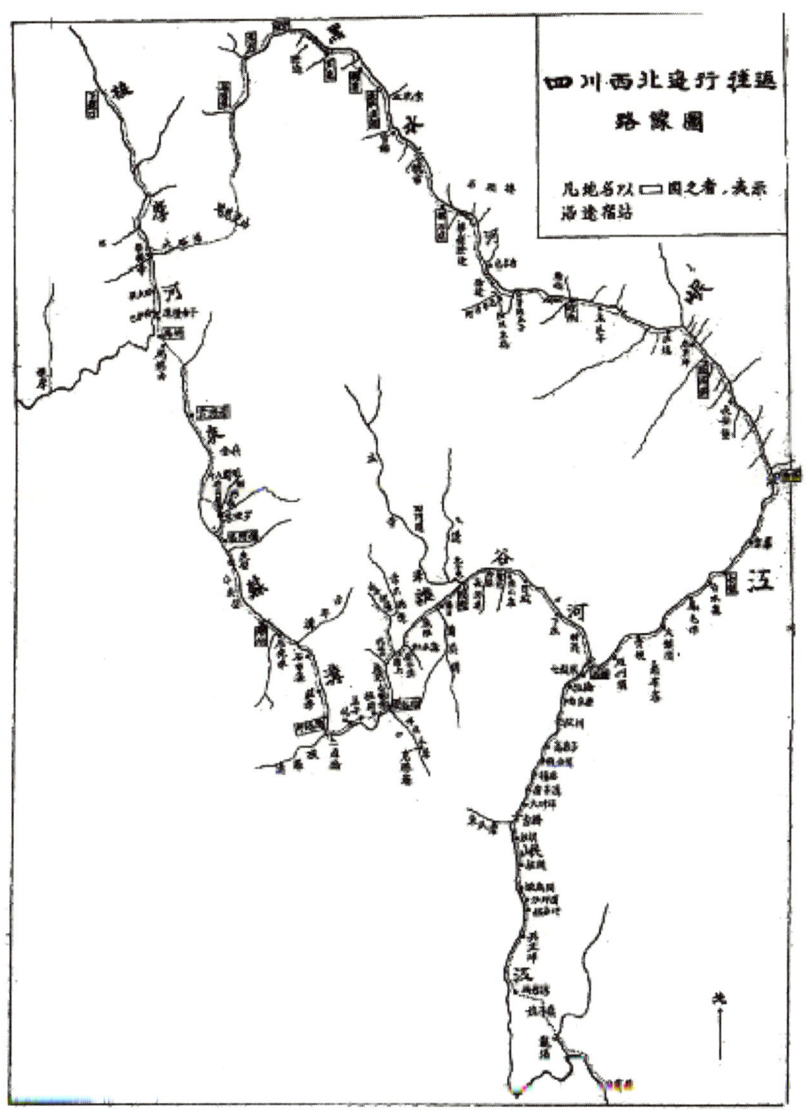

壹　羌人之部

一、羌人来源传说

羌人之来源，据理番县境内佳山寨一带羌之传说（其他村寨羌人亦有雷同之传说，兹所记者，系采自佳山寨父老口中）。

当久远之古代，有二牧人，一名 Ga，一名 Tsi Gai Pao。前者体大力强，并富有金银，后者贫而弱，故处于被压迫之地位。一日，Ga 偷食一牛，二人互争，嗣至玉皇大帝前，帝询，Tsi Gai Pao 不敢明言，帝乃生计，命二人张口视齿，见 Ga 齿有余肉，故案大白。因此 Ga 怀恨在心，命 Tsi 立即归还昔日所借之钱粮，并加重利（一斗需五斗利）。Tsi 贫，无力还，又至玉皇大帝处诉。玉皇力劝 Ga 减轻利息，Ga 不允，玉帝知 Ga 之野心，乃设计害之。玉帝以二杆，一为麻秆，一为柳杆，去外皮后，二者不复能辩[①]。命 Tsi 持柳杆，Ga 持麻秆，并命二人互击，曰：谁先击断则应得利。Ga 一击杆断，喜甚，Tsi 则久击不断。Ga 贪利忍痛受击，杆终被击断。至此，二人又争执，帝又生一计，以二石，一为雪球，一为白云石，命二人互击，声言：谁先击碎，谁胜诉。以白云石给 Tsi，雪球给 Ga。Ga 一抛即碎，喜甚；Tsi 抛之，断 Ga 背。Ga 痛甚急奔，Tsi 追击之。久之，Tsi 不明 Ga 奔至何处。嗣遇一老鸦，Tsi 询之，鸦答曰：虽见 Ga，他不愿告。Tsi 愤而骂，言：黑心黑皮黑骨头。据云，至今老鸦一身黑色，始于彼时也。后又遇一喜鹊，询之，鹊曰：见 Ga，并言 Ga 已认罪，且永不回返，一切本利，均愿放弃。Tsi 喜甚，并称喜鹊，曰喜鸟。命之回复 Ga 曰：春夏不化雪之地，乃 Ga 之住处；四季丰收之地，为 Tsi 之住处。二人之生处从此划定。此后 Tsi 乃安居乐业，日益繁荣。今日之人类始祖乃 Tsi（并不跟[②]于羌人），Ga 则仍居雪山。

羌人迄今信终年积雪处有 Ga 人居住，羌人因感谢白云石之击败敌人之功，始供奉白石，至于白石祭典，述于“羌人之信仰”章内。

复次于汶川萝葡寨一带之羌人，传说其来源，云：自湖广麻城县孝感乡移来，当张献忠乱川时，张部下有一师爷，系湖广麻城县孝感乡人，曾请于张，凋伊同乡则宽免之，故此乡之人，得来此滋生云。按，此传说，流传于四川各地，固不限于川西也。惟由此可知，一部分羌人，乃内地移去之人民，年久经羌化者。

---

① 辩：当为“辨”。

② 跟：当作“根”。

理番大小岐山寨羌人，言其祖宗来自灌县、崇庆，住此以久，渐习土语，渐行土俗，成为羌人云。此当为内地移去者，年久经羌化之事实。

二、羌人之信仰

（一）祭白云石神 WaJ Ma Pa Kse

祭白云石之起源，已于“羌人来源传说”章叙及。

至其祭祀之内容及祭祀地点、日期等，兹举佳山寨之例以说明之。他若星上六寨、蒲溪寨等寨，亦均大同小异。

佳山寨东行二里许，有一石砌矮屋，高五十公尺，屋中部高六十六公尺，内部宽四十公尺，深四十九公尺，屋顶有脊，脊分前后缓倾，上盖石板，有檐，全屋仅一石门框，无门。屋前有悬天灯之木柱一。

屋内并无供桌及其他祭器，进门处左方墙上供灶神；左方墙角有一石砌灶，煮祀品之用；左方西边墙上方有窗眼二方；正面之墙与西边墙角，横一木棍，系拴祭羊之用；右方东边墙与正面墙连接之角隅，有一石砌之桌，上供白云石。一方供祭于土地神处，其上方则有一洞，即供白云石王之神龛。白云石，羌名 WaJ Ma Pa Kse，羌人住宅屋顶所供之白云神，名 Mu Ba Bab Ma Pa Kse。

屋中地上又供一白石，即火神，综计供三神。东边之墙上有四洞，系放供鸡。

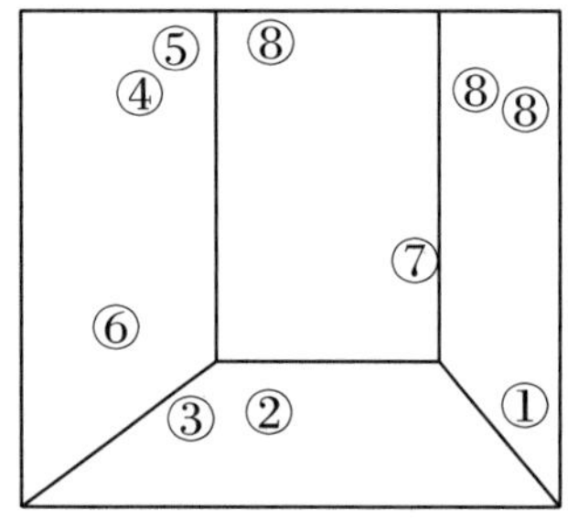

(1) 石砌灶；　(2) 火神；
(3) 石砌祭台上供白石（土地意）；　(4) 供 WaJ Ma Pa Kse；
(5) 架上拆杉树枝，枝上悬占纸；　(6) 放鸡之处；
(7) 拴羊处；　(8) 窗。

在屋东，行十余步有一小丘，四周丛林，丘中乱石数方，堆成灶，此地系烧红灰及柏枝与配仙盘处。红灰，即树枝、灰柏枝代香，一如藏俗；仙盘，即盛祭品盘。丘之东有石砌高二公尺之方形石堆（有为圆形，并供白石十二块），上插杉树枝一根，此处系主神所在，即地盘业主，羌名 Tsu Boo Cha，此为古之神。龛前有石井十数，此既盛祭品之仙盘。丘北有大石一，即宰羊处也。

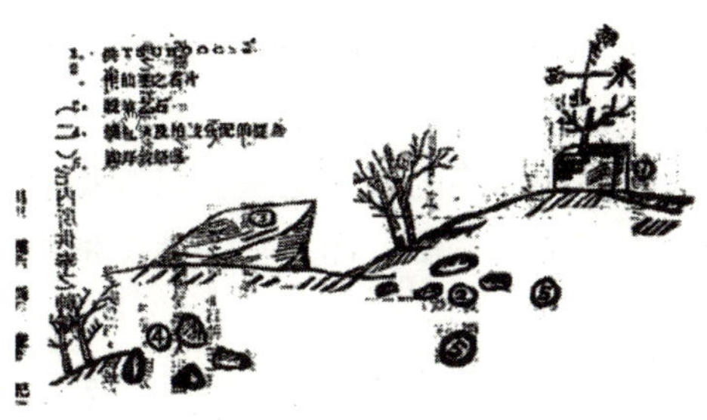

1. 供 Tsu Boo Cha； 2. 作仙盘之石片；
3. 杀羊之石； 4. 烧红灰及柏枝分配仙盘；
5. 跪拜致祭处。

佳山、若达、西山三寨，计有三大姓，即龙、陶、马。致祭白石神之时期，系依姓而有别。龙家于每年旧历正月初八祭，陶家于八月初八日，马家则十月初八日，其余各姓均可随时任意参加陶、马二姓内致祭，但不得参与龙家。因龙家系本地之望族，陶姓则于二百余年前迁自九子屯之立刀寨，马姓则于百余年前迁来。

当致祭之日，族人于午饭后齐集来庙，来时于出寨后之路口点香烛，并鸣火炮三响。至距庙半途中，又复点香为蜡，鸣火炮三响。致祭人以成年男子为主，已婚嫁之女子不参加；未嫁女子如需参加时，则需携日月、刀头（即猪头肉），一壶酒；未成年男孩欲参加时，则需多携一鸡；名曰会神，认为□女孩会神后食即易于养大。

致祭人于到达庙后，先将羊拴在前述墙角之棒上，鸡放于墙上之洞内，再向灶神、火神、白石焚香、点烛、敬酒，并将携来之日月、刀头等祭物置于满盛青稞之升上。又以新杉树枝将白石神龛[1]上之旧杉树枝换下，旧杉树枝需焚去。然后跪拜致祭，祷告。祈词大意，求白石神保佑平安，五谷丰登。将祭品置于满贮青稞之升，系取丰收之吉利，换新杉树枝取消灾纳福之吉利。

祭毕后，众饮咂酒。咂酒者，系青稞酒，盛坛中，饮时和水，用管插坛中，轮流咂吸。至夜半，杀一红雄鸡，并在火神前烤熟，鸡熟后饮酒、食鸡及日月、刀头等，但此鸡不能放盐。食毕，众人即在庙内就宿，但为致祭火神，终宵焚柴不熄。晨曦初露，众起至□□□边小丘上行还愿礼。先将杀羊，但忌羊血洒地，故须洒[2]青稞炒面粉吸干之。斩鸡不以刀，并忌见血，法须跪向神位之方向，将鸡头塞于鸡翅下，使鸡闷死。后将生羊、鸡肉、内脏、脚肢、羊耳、鸡冠、下颚等盛于仙盘中，仙盘先放柏枝，再盖红灰，并燃着。仙盘供于 Tsu Boo Cha 前，众人跪拜祈祷，求神保佑平安，五谷丰登。于从前尚有端公作法，近年以端公缺少，已无此俗，需由族中年事长者代之。祭毕，下丘至庙内，煮鸡羊，熟后，供全鸡全羊于 WaJ Ma Pa Kse 前，祭毕，每家携果盘二个，酒一壶，并绕墙饮酒，并食羊鸡等祭品，食毕，复祈祷一次，礼成返家。

（二）宅内所供奉之神祇

宅内神灵，多数供奉于二层楼之厨房内及最高层之平台上，平台上所供之白石神，

① 神龛：底本作“神翕”，据上下文改。
② 洒：底本作“晒”，据文意改。

名 Mu Da Bao Pa Kse，厨房内所供之神祇颇多。于叙述厨房内供奉之神祇前，预先略叙厨房与羌人生活关系及其布置。

厨房为羌人生活活动最多之所，亦为神秘之室，又为保有原始风尚最多之一室。厨房均位于二层楼，二层楼为羌人主要一层，因一切主要生活活动均在此层。

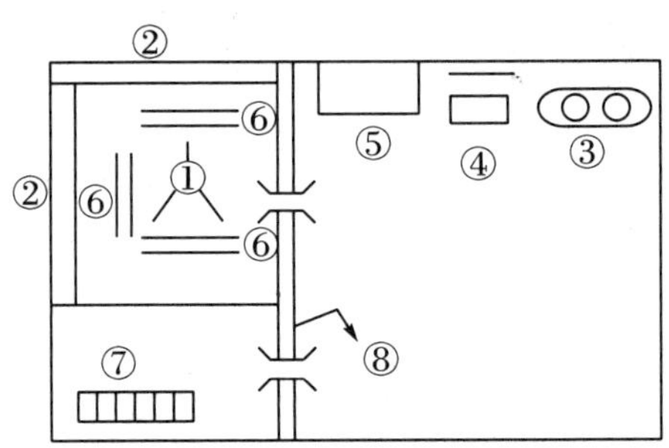

（1）三角脚，烤火、炊事、闲坐用；　（2）木架及柜，详另图；

（3）二眼或三眼灶；　（4）挂刀叉等食具处；

（5）水缸水桶；　（6）板凳，无凳均席地而坐；

（7）放床，供家睡，亦有不放床；　（8）用板半隔，使成二间或三间。

1. 三角脚

炊事食事及间憩，均在三角架附近，为生活活动中心之一。此架名 Mu。

三角脚每一脚有一神祇，其位置及名称如次：

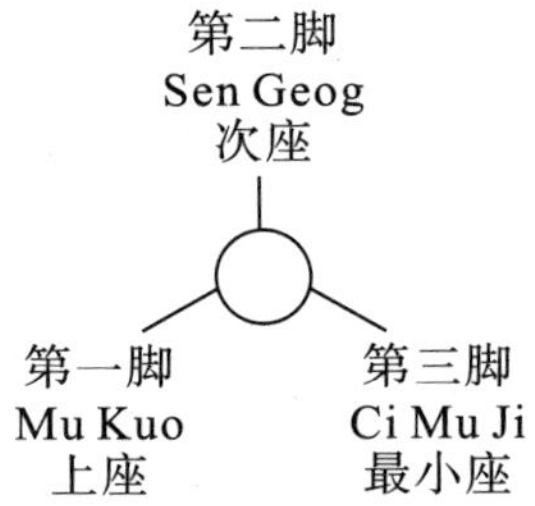

除每脚有一神祇外，并有座次之大小，及禁忌之事。

以 Mu Kuo 神祇处为上座，Sen Geog 为次，Ci Mu Ji 最小。

三角架之每脚及沿边，均不得以脚踏。据称：踏第一脚，即 Mu Kuo，则开罪菩萨；踏第二脚，即 Sen Geog，则开罪祖先；踏第三脚，即 Ci Mu Ji，即开罪堂上人。

烧柴入口则须在第一脚与第三脚之间，其他方位皆不得烧，且须先将柴之小端入火烧。

换言之，必须由枝而至根，虽有此禁忌，然仍不免有疏忽而先根后枝，故每正月下旬，须请端公作法，解一年所有犯禁之罪。

2. 木架及柜

木架及柜，无论贫富而均有，差者精粗而已。木架及柜上，均有神祇。木架及柜图如次：

（1）供护家神及天地君亲师位之神龛；（2）供奉神祇；
（3）Bei Tak 放置供物及食物；（4）柜子置碗皿；
（5）供神之仙盘，不得任意掀动。

附注：所供神祇，均无像或画，取敬神如神在之意。

三角脚四围所供之神名及其位置①：

（1）Boo

（2）Kuo Su kse

（3）Sukse

（4）Abe Kse

（5）Stukse

（6）Stiado

（7）Sutsu

（8）Piaw

（9）Te Ma

（10）Dalo Da Za Tseer Guler

（11）La Na

（12）Iaaza

Kse

十二位神祇之译名②：

（1）家神。护家之神。并供奉红色书写之天地君亲师、福禄、四官门宗、历代高祖。“君”字已有改为“国”字者。

（2）护家神之臣。

（3）财神。

（4）羊神。

（5）土地。

① 此部分内容，底本颇多舛误，如神名的排列顺序为（6）、（8）、（11）、（01）［疑为（10）之误］、（9）、（Ⅱ）［疑为（12）之误］、（1）、（2）、（3）、（5）、（7），且序号（1）、（3）、（5）、（7）均标注在神名之后，殊不可解。而序号“（7）”之后，又有一神名“Kse”，或为衍文。笔者在努力寻绎作者原意的基础上，对此做了调整，并在校记中予以说明。而疑为衍文的“Kse”，亦秉持“信则传信，疑则传疑”的态度予以保留。

② 此处“十二位神祇之译文”，足证底本中之“（Ⅱ）”应为“（12）”之讹。又，底本此处仅有11位神祇之译名，尚缺一位。

（6）招魂神。

（7）雪山上之神（羌人于此终年不化之雪山认为神秘地带）。

（8）妇女与旺夫家之神，亦可谓帮夫神。

（9）谷仓神。

（10）百无禁忌之神。

（11）保六畜平安之神。

三角架有铁铸、铜铸之别，大小并无一定，重量亦无定制，放置二合或四合之外正方形、内圆形之石上。如图：

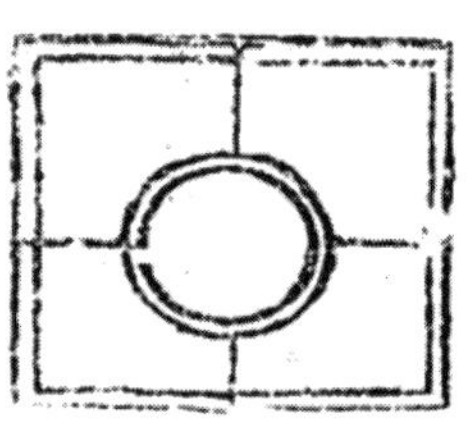

二合或四合之石

母架之耳眼

三角脚又有公母之别，公母之不同，依铁铜质优劣而别。母则锅圈之边较宽，架之第一脚间有一耳眼。母架，羌语 Me Mn。公则边狭，脚无耳眼，羌语 Ci Mn。

三角架上悬一遮板，羌语 Ro Ji Ka，为阻柴火不直作上烧。板下悬铁链，可悬水壶烧水。板之正面亦有一神祇。

（三）端公

端公即巫师，为羌人社会中精神信仰之鹄的，求福、济灾、除病、卜凶吉等，均端公为之。故端公与羌人之社会制度、生活活动，均有密切关联。

端公为一职业巫师，无庙宇。作法时为巫师，不作法时，则从事其他生产。故端公为一兼业，而与其他宗教师之专业不同。且其巫术之传授，取师传徒弟制度。端公无经文，一切经咒，均由师口授。其收授徒弟，并无任何限制，人人得从师，亦无需脩金。因端公系兼业，传授巫术于闲暇时为之，大半以晚间□闲传授徒弟，复欲增加其神秘性，辄于晚间黑处传授。传授时间并无定制，视个人之愚智，师傅之悉心传授与否而定，通例三年至五年即成。换言之，经三五年之时间，一切经咒均能背诵与应用，仪式亦已烂熟始成。如中途感难而退，师傅并不干预，亦不怂恿，一任自由。出师时，须宴请师傅及朋友，并赠师鞋袜、衣服等物，自师处以相当代价，领得法器一套，即可应约行术。所得无定额，视个人财力而别。

端公有红白两种，红端公不圈白布蓝边裙，白端公则圈此裙；红端公均能坐锅、拉火链、走钉牌、踏火犁等法术。

端公所用法术之种类，依祈求之性质而别，其主要者如次：

1. 还愿

（甲）一般之还愿：即祈求本年一方平安，无灾无难；种田一子落地，万子归仓；经商一本万利；白手出门，财宝归家。

（附注）端公之咒文内即有此等词句，且都念国语音。

举行之时间则一般定在六月初一日或八月初一、十月初一等日，由各村寨地或共同，或每家单独行之。

（乙）青苗愿：于播种及收获时行之，意在求丰收及感谢收获。故其咒词大意：神在你名下有一只牛，求你今年还是保佑平安，今年的青苗，亦同时祈求你保护，百姓们现在在还去年的愿。

（丙）家愿：求保佑一家人口、六畜平安，举行时间无定。其咒词大意：神，在你名下有一只羊（或公鸡），求你今年保佑一方（或一家平安），现在我们在还去年的愿。

（丁）病人愿：因人病而许之愿，病愈后请端公作法还愿，其咒词大意多感谢神祇之辞。

（戊）成年愿：子女达六岁，或十二岁，或十六岁之年龄，须行成年还愿。礼节盛重隆大，亲戚以亲疏异其致礼之厚薄，例以礼物，多者送一斗，少则五升，友人则送三升。

还愿时宰一白羊、一黑羊，一供玉皇，一供护家神。此外鸡十三只或十六只，规定白公鸡五、黄公鸡一、白母鸡二、黄母鸡二、黑母鸡二。厨房之十二位神，每一仙盘内供鸡一，另一供护仓库神。

于还愿前数日，先通知舅家，届时舅家送羊，猪油（至少二斤）一斗，装干咂酒玉米面一斗。

厨房内烧柴举火，端公作法念经，家人将舅家所送之咂酒款客，将猪油切成薄片，在三角脚之第一脚上竖立，一以面捏成之二头大、中腰细之面棒。舅家将猪油切成片，在面棒上烧熔，同时口中念数家世宗派，意谓何代出过光荣门楣之人，希望此子能继承祖先，神必能保佑等语。还愿之子，即叩头不止，直至面棒烧成灰烬为止。还愿礼毕后，大宴亲友。

2. 死人开路

人死后不进天堂，即入地狱，信由端公作法后，可免除地狱之厄，或转生为人，或升入天堂。

其咒词大意：告死人，每见一殿阎王时，应叙说苦衷，求恕罪孽。又由端公向阎王陈述：家在你的名下，有一个新的人，在世上并未犯罪作恶，确是好人，求你放他过去，使他早升天堂，早转世为人。

羌人亦信人如有罪恶，阎王会判种种刑罚，如锯身、入油锅、上刀山，并转世为下贱动物等。

3. 打扫房子

于人死后，端公作法，清宅之鬼。咒词大意：人现在已经死了，一切后事都办妥了，现在这一家大小，求神多加保佑，家无病痛，六畜兴旺。现以钱纸、香蜡、草扎人马，送你们怨鬼出去，你们若不去，端公见了，自讨苦吃，各自方明白些，好好去吧！

4. 送鬼

家有病痛或不甚清净时，疑鬼作祟，故有端公作法送鬼。其咒词大意：你们（鬼）不要扰了，主家给你们水饭[①]、盐菜、米豆、香蜡、钱纸，各自走开。你们快走，如要不走，端公看到了，铁锤铜棒，来打你们。大鬼拿来洗牙巴，小鬼拿来化灰尘，各自快走。九支路途，十字路口，送□远远，永不回转。

5. 关魂

凶死者之魂，时游荡无定，故须请端公作法念咒，将魂收在罐内，埋于葬尸之地。羌人□人有三魂：一为游魂，一为守天魂，一为生魂。

6. 买地

由端公作法代死者向地母龙神交涉，求其保护死者，并给一栖身之地，否则，死者将无定住之处，流浪各处矣。其咒词大意：端公保证死者确系好人，可收容居住。

7. 司祭

凡遇婚、丧、造屋、典祀，乃至盛大娱乐时，均须请端公司祭。

甲、婚嫁，须请端公卜吉、祝福、除灾，并司祭神祇。

乙、丧葬时，须请端公择地、祈祷、除灾，并司祭神祇。

丙、造屋，须请端公卜吉、□鬼，并司祭神祇。

丁、定期之祭神，须请端公司祭神祇。

戊、娱乐，若欢迎佳宾、节令。娱乐时，需请端公祝福后始举行。

端公所念之各种咒语，有一段共同之引子，其意询之端公，均不知所云，无一语为现在通行之语，兹特录于后：

Mo Ln Di，mo Le Qidi. Mo Di. Mai，Modi tsu Di. Tsu Jet Di zu u Zer Tsiu Ta Suu ta. O U tsui di Ma tsg，Shih La Bo La. Tru Zer. Tsa La Ia La. su u Li，Piu Shih O. Mo shih Iiai. Mo shin Hoogi，Rer Ha Zer Ji Tsiler Tsaj. Mi O Ts Zer. Ta Tsji，Dots. Taji Boo C，Thz. Locos jiot I Jiu ts Do Ler tsji. Cr car ts，ji. hu der，Zer Hu su j Se，Hu Is Geehes lits pa New Gu Mi La ai ji dru ker.

端公所用之经咒计十三卷，各有用处，兹录其原名及用处如下：

原名	用处	原名	用处
（1）Sg	请神	（2）Dod Mi⊥	敬神
（3）Ma is⊥do	打扫房屋	（4）Mo'Mo njo	说古来之事
（5）'Modʒi'dʒ⊥biji	祈神赐福	（6）a'si	?
（7）Naizj⊥	?	（8）Ju'd3⊥	?
（9）Ho	?	（10）Ko	?

① 水饭：底本作“水版”，据文意改。

续表

原名	用处	原名	用处
（11）S⊥	？	（12）⊥so	？
（13）S⊥	青苗时愿及谢恩时	—	—

端公信奉神祇十二位，除白石外，并无其他偶像，均取敬神自在之意。十二位，每位神有每位之职位。

一、天老爷主宰宇宙。

二、管六畜之神。

三、管雪山之神。

四、管树木之神。

五、管山岳之神。

六、各地之土地神。

七、管家宅财宝之神。

八、管田禾之神。

九、管家仓之神。

十、家宅房顶之护家男神。

十一、管宅房顶之护家女神。

十二、房顶家宅之主神。

端公之作法，手续繁多，于作法事前，先以手卜卦，占凶吉，以定法术简繁轻重。

手卜之法。兹举算病卜例：先报病人年岁，再就卜卦之月日，此二者为卜之根据。在左手手指上按定序推算，将年岁月日之数算完，即就算完之指节处，依定例而卜凶吉。如在凶处即凶，在吉处即吉。其法颇似内地之诸葛行军手卦，惟推算之起与顺序不同，凶吉之规定亦不同而已。所报年岁数及月日数，依下列一、二图顺序推算，再就年岁与月日之终点，合三图所示之金、木、水、火、土及天干以定凶吉。甲乙木，平平；丙丁火，女人上上，男人中下；庚辛金，中中；辰癸水，凶；戊己土，男人上上，女人中下；此为凶吉之定位。设依年岁之终在凶位，而日月之终点在吉位时，则依内地金、木、水、火、土相克相安之理以定凶吉。下列各图之顺序，均为计算男人时之顺序，如算女则依序倒算。

此系年岁之推算顺序，即一岁自一起，算至九岁，再由一岁算十岁，循环推算至所报年岁数止。

图一

此系月日之推算顺序，即自一起，算至九月□九，再由一处算十，顺序循环推算，一直所推算之月日□上。先计月，后从月数之落点为日数之起点顺序算[①]。

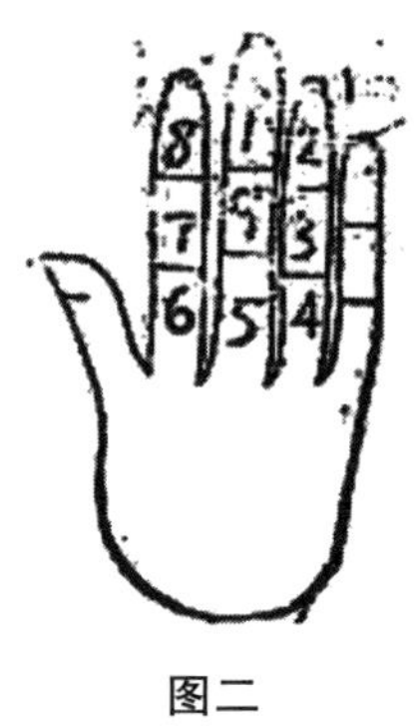

图二

东甲乙木，至无名指，指物指之中节时男归上节，女归下节。南丙丁火、西庚辛金、北壬癸水[②]。

图三

卜卦，如病不甚凶时，则念咒祈平安即可。如卜卦知病凶时，则须坐红锅、踏红梨头、拉火链等法术矣。

法事之顺序，点香烛，敬神，供肉饮，并焚木烧。端公击羊皮鼓念咒，后洒[②]米饭及酒，化钱纸，约一二小时可毕，以为普通法事。如于司祭时，仅点香蜡念咒而已。

若于踏犁头、坐红锅等大法事时，手续较繁。今就理番县城内，所请端公，众目所见之踏烧红犁头之经过，共同作法，叙述如下：

藉有人病痢，使得请红白二端公，所备之供品为青白布七尺、公鸡一只、钱纸若干、酒一斤、香蜡若干、肉数斤、米若干、饭及馒头若干，作法事时间例须晚间。于供桌前焚柴一堆，自始至终不息，铁犁即置于柴内烧，端公轮流击鼓念经，人各五次。最后由红端公洒米洒时念咒，声益高，调益急，又将烧红之犁取出，以公鸡往犁上一晃，复将犁头放入火中，念咒后，乃取出，用光脚踏在通红之犁头上，不下七八次，复将脚套入犁头中将犁向门口一抛，以卜，向外乃吉，反之则为凶。至此法事毕。于踏犁时，众人均放射电筒，集光端公脚端，并无任何伪作。事后检伊之脚，亦未见伤痕，□步依然，其理迄未能解。

---

①② 此二段文字，句意多不可解，苦无校本对勘，只能一仍其旧，请读者谅解。

② 洒：底本作“晒”，据文意改。

兹复就端公之法器加以叙述：

（一）羊皮鼓，此为重要之法器。鼓之制法，用木板圈一圆圈，直径二尺或一尺半，上蒙羊皮，底空，底中放一横棍，以便手持鼓，棍旁系有铃。鼓槌于不击时，亦放于鼓底。击时须在火旁烤，烤后皮紧，敲声乃宏。

（二）铜磬一片，作法事时，握于持鼓之手，故击鼓时，有鼓声、磬声，铃磬合奏。

（三）桃木杖，上套铜质或铁质之鬼面具，作法时置于桌前，以镇压邪气。

（四）金丝猴帽，以金丝猴所做，作法事时戴。

（五）猴头以纸包裹，露头之上部于外，祈祷时用。

（六）桃木卜，以卜凶吉。

（七）其他以虎牙、兽角、禽脚等作驱邪法器。

（四）禁忌

一、生小孩子后，在门上挂红旗，示忌生人；生猪、羊、牛后，于门槛上束木棒，数与所生牲口数同，亦示忌生人。其禁忌之理由，均恐踩断乳汁。

二、小孩平时挂铜钱，帽子钉海螺壳，用以辟邪，并禁生人动。

三、每寨旁必有圣林，不准砍伐，于圣林中还愿时，女人不准在旁，□女人不清洁，恐因此而庄稼歉收。

四、见门挂有鸡膀、鸡脚或裹红纸之帚等时，示曾请端公，内有病人，忌生人入内。

五、见门前置荞麦草扎之人马等，示驱鬼，忌一切人入内。是日，家人亦不出门。

六、厨房铁三角脚踏不得以脚踏，否则，开罪天神。

七、牲口圈内之粪，逢马日（午），属马者不得掏。牛日（丑），属牛者不得掏。否则相克。羌人生属与内地同。

八、逢戊日不下田耕耘，因戊属土，耕耘则犯土，不利。

九、墙上钉木钉，须择吉日，否则不利。

十、结婚拜堂时，孕妇不能参加。

十一、不能于供神之室生产。

十二、见人出丧，认为吉利。

十三、老鸦在房顶叫，认为有丧亡之兆。

十四、正月第一次出门，见人负空框，终年不利。见人背水，吉利。

十五、夜间公鸡啼叫，有认为地脉兴旺，有认为不利。

十六、猎夫尚有禁忌。（一）对于猎得野兽重量，忌说半字，因忌不能全功。（二）忌猎活兽。（三）猎得之第一个野兽，肉须自己吃，不能分赠。

三、羌人之建筑

一、住宅

1. 住宅之位置及方位

羌人居住区域，都在山腰台地上，并择有泉或溪之处筑房，房之四周为耕地。羌人之生产方式，已营农业经济生活，故其大部分之文化生活，均限于台地附近之可耕地区，住宅之位置亦不能例外，并均集聚而居，各成一寨，营其自给生活。寨之大小，须视耕地之广狭肥瘠而定，可谓全受地理环境之支配也。

至其筑房之方位，并无定向，与禁忌观念似无深切关系，多受地形之限制为影响。如佳山寨、若达寨多向北，西桑寨多向西北，对岸之星上六寨则多向南，各寨均在理番，此均依地形而定住宅之方位也。

2. 住宅之外形壁饰

羌人住宅之外形，几一律取堡垒形，基部较宽，渐上则逐渐收缩，最高处为一方形之石板小锥，中插一小树枝，颇似屋顶旗杆。屋平顶，故屋之外形呈四角锥台立体。又于平台四周，常围以尺许之矮墙，或围以木栏，并略向外斜，再竖石板，高亦尺许，作为矮墙。更于墙壁上钉木桩，铺以木板，放置杂物。壁上又有简单图案作为装饰，其最普通图形为“十”“上”“丅”“⊕”及“王”字与人齿形，间有“卍”及“❀”形，惟颇少见。羌人文化生活方面，所表示之艺术色彩，并无若何足以可欣赏之点，即上述之简单壁饰，亦非普通之现象。平台之矮墙上，时见置有石刻之犬羊等家畜，系镇邪之用。

至于建筑形式与方法，又显受西藏高原民居艺术之影响。因今日羌人所居之地域，为西藏高原与成都平原接壤之处，且藏人久已移此居住，故其住居艺术之染受西藏色彩，固不足怪。自明季后，内地之居住艺术又复浸染，但其成分并不十分浓厚耳。

兹图示住宅之形式如次：

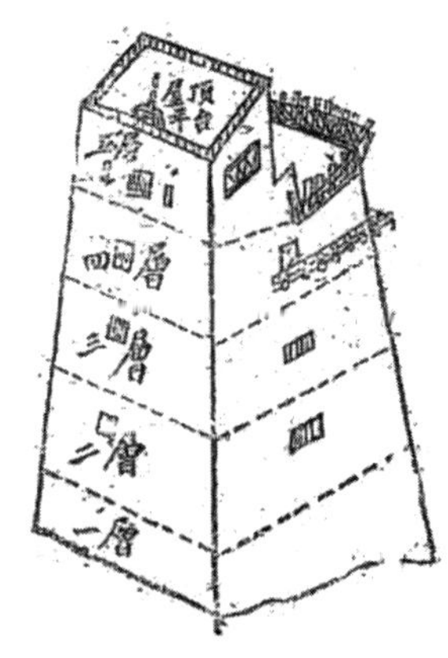

理番西桑寨陈姓住宅之立体图，可为一般羌民住宅之模式：

3. 建筑材料

羌人多择台地而聚居，前已言之。台地之上为森林，而其居住地域之岩石，多系片、页或易于风化之岩石。故其建筑材料，多就地取材，用冲积于台地上之黄土及附近之岩片，堆砌成墙。再伐高处之树木，架成横梁支柱门窗，等等。

住宅之形式为堡垒式，墙以石砌成，故颇坚固，使用年代可久；且由防御侵害而言，亦如之炮垒，坚不可破。清时平大小金川，以此种住宅建筑之难破，曾于北平西郊红山口仿制模型，练习射击，冀增攻击效能，亦足证羌人住宅之坚固矣。

4. 建筑法及其所用之工具

住宅建筑之初，先于地掘深约三四公尺之沟，略呈正方形。然后于沟内用石板砌成基层，再将和就之黄泥，盛于泥掌上，用手涂于石板上，嗣后堆砌石板一层，如此堆砌而上。四角完全互相连接，如齿牙系咬，如有突出之石，则用锤打平。齐地面处墙宽二尺，渐上则渐狭，至房顶部，墙约宽约一公尺半至一公尺八公寸。墙之侧，稍向内倾斜，内面则与地面垂直，故仅就外观，系一正四角锥台立体。

墙高丈余时，在墙上开小方孔，以架横梁，普通系整条圆木，直径约一公尺又半，于其上铺上楼板，每层均系如此。至第三层及第四层平台处，横梁穿出墙外，于其露出部分，铺以木板，堆置杂物。平台亦围之较宽，并构成屋檐，向前突出约二公尺，但仅限于住宅之前半部。

整个住宅之重量，除落于墙外，住宅建筑较小者，则于中心点立巨木一根，以为支柱；其大型，则用巨木三根为支柱。富有之家，如欲一宽敞之房间，则于楼板横梁下方垂直平分线上架巨木二根，两端架墙上。故一木虽不能支大厦，却能支住每边丈余方形五层之建筑。且以石墙石顶不易着火，墙又系层层砌堆，如齿牙系咬，即遭火灾，亦不易倒坍，仅需再架木板，即可修复。

至于平台之建筑值得注意之点很多，例于第四层横梁架后，铺木板或石板，此系平台顶部。在木板或石板上复置小树枝一层，在树枝上铺黄土一层，以填充其间隙。修筑时用水将黄土淋湿，再敷干土或含有石灰质之鸡屎黄土一薄层，普通多取后者，取其易干之特性。然后用土名 Wa-Ge-Bnu 之工具，将其打坚打平，至此平台筑成。平台例略向外倾斜，两侧各向中心倾斜，便于排水。并于最低处，置一小木槽引水流屋外，此种木槽名涧槽稍。

住宅建筑无下水道之设，脏水盛木桶内，送于户外，想系基地多筑于冲积台地上，或恐工程不精，致土质受湿松软，影响整个建筑之稳固欤。

建筑所用之工具仅三种，此外全凭经验。但见其建筑之伟壮，墙壁之整直，且有弧形墙，实使人惊骇。三种工具，即盛泥之木质泥掌，铁质手锤，以及打筑平台之木质槌板。

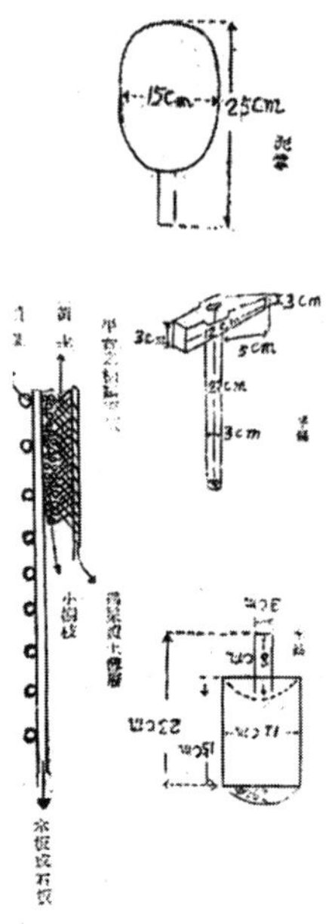

5. 房间之分配及设备

羌人住宅建筑，例为五层高楼。第一层为厕所及牲畜之住所，故一进大门，首先嗅及粪味。自院中踏上梯阶（有以石堆成，有用木梯），即至第二层，为人之住所及社交、休息之用。第三层，如在富户则作卧室，如系贫苦之家，则仅供下下层之走道通路之用。第四层为堆置农具草料之处，食粮亦贮藏于此。第五层例占全层面积之半或三分之一，余为平台，为一临时贮藏农具及在熟农作物积贮之处。第五层之屋顶，为住宅之最高处，以顶均系平顶，故亦可利用。

平台之应用甚多，且与羌人之生活有深切之关系，其主要利用为打晒粮食。盖狭小之台地，住民当不愿再划分土地供打晒粮食之用，若打晒场在屋外，□愿亦不若于屋顶之方便与省事。此外尚供儿童游戏之所，父母操劳时，孩童即放置平台上，任其嬉游，借此享受空气日光，于儿童健康，亦大有裨益，晒衣、眺远或瞭望，均颇合宜。

住宅房间之分配，以第二层为最复杂，计分为客室、厨房、锅庄、卧室等。以客室为最敞宽，陈设亦最精，羌人好客，故此房实为一重要之社交室。其次厨房亦甚宽畅，例灶在左间，锅庄在右，灶之方面，须依三面水，锅庄方位无定，但灶位之高下，则依供神之方位而定。锅庄者，系中置铁或铜质三脚架，靠壁放置□架、神龛，歌舞及冬日围炉之所，故亦为一重要之社交室，并富于神秘之室，容于厨房一章内叙述。卧室有木床、箱柜，被褥多用土□之麻或牛毛织制，亦用棉布、棉絮者。

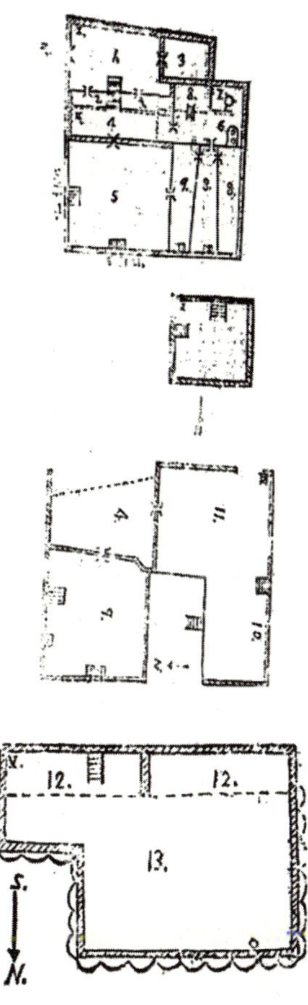

罗马字代表层数：

Ⅰ：第一层　Ⅵ：第二层　Ⅲ：第三层　Ⅺ：第四层　Ⅴ：第五层

1. 院子　2. 厕所　3. 牲口住所　4. 走廊　5. 客堂　6. 厨房　7. 锅庄　8. 卧室

9. 家具贮所　10. 喂料草堆　11. 农具贮所　12. 谷仓（临时）　13. 平场

其他一般□有之饰物及用具：

（一）独木梯。用树木一根，削刻成梯阶，以为升降之用，阶面甚狭，很不便升降，即羌人亦不免跌跤，目下已渐改有板梯，独木梯恐将日渐消灭。

（二）床。以木制，状一如内地之旧式木床，公婆子媳均分床睡眠。

（三）桌。一如普通之方桌，贫者无桌，平时用餐则于三脚架上放板，全家围坐。

（四）凳。以木制，以板凳为最普通，椅则绝无仅有。

（五）水缸。以石板五块镶成，深及宽均约为七十公分，长约一公尺，镶缝中嵌以桐油灰，较大者复于正面之石板上刻花纹或其他图案，目下亦有以木桶盛水者。

至于门窗形式，并无特异之点。除牲口住所及厕所外，普通各室至少一窗，客室之门窗较多，窗均较小。宅内厨房内无烟囱之设置，一如倮㑩瓦斯，居民之多患目疾，盖此因也。羌人住宅建筑之最大缺点，当为烟囱之缺如矣。

住宅内部，除上述之用外，并无其他饰物，但见石壁而已。

6. 街巷及各住宅之交通

羌人之村寨，并无商店之设，故无所谓市街。在各个住宅之间，常有相隔一公尺左右之街巷，全系黄土，不铺石板，雨大，泥泞不堪。惟街巷纵横错杂于村寨中，路路可进，且有于住宅下通过者，既黑又曲折，故初至者甚易迷途。寨外通路两侧，堆积石墙，俨然阵地之交通壕。又在寨前路侧，时有供神之建筑，如遇警时，颇易改为堡垒，以扼守入寨道路。

至于各个住宅之交通，均借道屋顶，因屋顶间相距不宽，来往极便。如高房与低房，则架独木梯往来，屋顶相齐者，则架木板而通。故于有警时，各宅均能接达，而形成整个之堡垒。今将佳山寨住宅、道路平面图简明绘制如下，以明一斑。

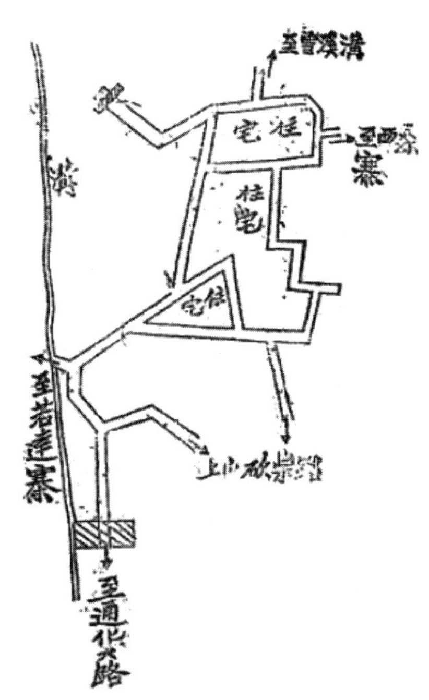

（二）磨房

1. 位置

羌人磨房，系利用水力，故均在溪沟之两旁，方位无定。

2. 形式

磨房有方形、椭形两种，其内部几全系方形或杂角形，可推知建筑之初，并无一定形式，心之所至，手亦随之。

3. 建筑材料及方法

磨房之建筑材料，亦为黄上、石板、石、木□□，建筑之方法与住宅相同，房顶如住宅之平台，筑法亦同。

4. 磨房之内部设备

磨房内部之平面图：

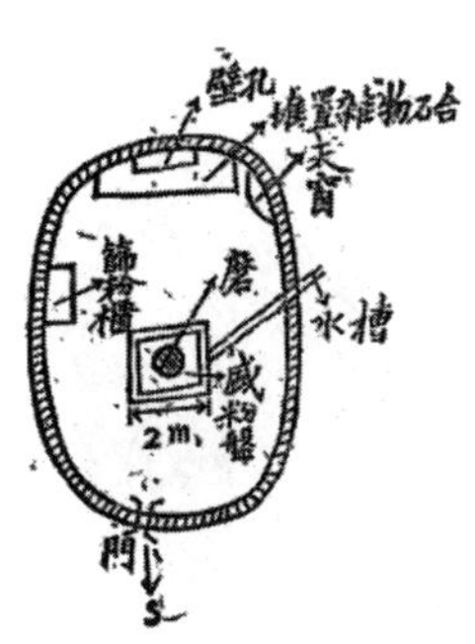

视上图，可知磨房内部之设备，大致中央为磨之所在位置。磨之上半部，系于斜立之柱上，柱直抵上面横梁，系磨用藤，取其较绳索犹韧也。磨之下半部，置于有轴之平板上，轴可转动，如次图（“水力利用”节）。磨之下为盛粉盘，以光滑木板制成，四围有边沿，高约七公分，每边长二公尺。磨之侧为水槽，槽经地面而直抵转动轮，约与地面成三十度之倾角，水槽用石板制成。磨侧稍后为筛粉柜，筛下之面粉，即入于柜内。后面之石台及堡孔，均系堆置杂物之用。东北角之天窗，开口于房顶、平台，其法，系在其中斜插入一较窗稍大之木板，适足蔽雨，板上再堆置黄土。其他基部转动轮等之构造，将于下节述之。

5. 水力利用

在未述利用水力前，先须叙述转动轮、轴等之关系，亦即磨房基部之机械连动。每个磨房之基部有一木质较大之转动轮，中心系于轴上，轴则横置于磨房基部之墙上（如下列之立体图），于大转动轮之近侧置一齿轮，使固定于横置之轴上，大转动轮之外缘均附有木板，内向且水槽直抵轮上，约作三十度倾角。于固定齿轮之侧横置一齿轮，固定于直立轴上，横置齿轮与直置齿轮，适相抵触。直立轴之上部，穿过地板而为磨轴，其装置如图。闸门开后，水急速由水槽中放出，打动大转动轮上之木板，轮即转动，因之固定于横轴上之直立齿轮亦随之俱转，及因直齿轮与横齿轮之齿相嵌紧，随之横齿轮即转动，磨之下半部亦随直立轴而转动，磨中之谷物因而成粉。又引水方法多沿山筑沟引水于预置之水槽，故可管制水量，随意启闭水路。

磨房齿轮装置及水力利用图：

磨房立体图：

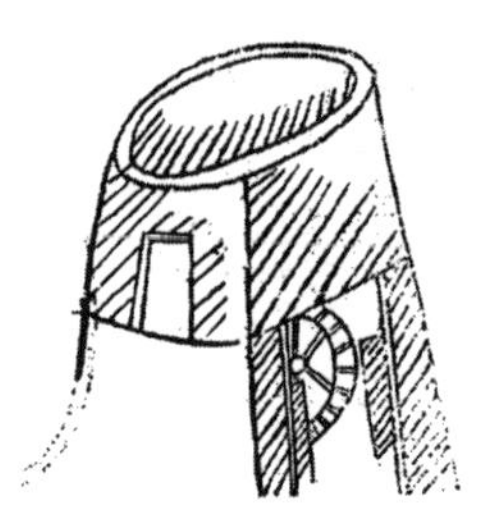

（三）碉堡

1. 碉堡之位置

碉堡之位置，均据防御之立场而择定位置。若佳山、若达两寨均依山而筑，其北下临杂谷脑河。两寨相距约二百公尺，有大路可通。而其碉堡即位于若达寨东北方约三百公尺，距佳山寨西北约五百公尺之处，状三角形，成鼎足之势。碉堡建筑大部伟壮，且极坚固，较羌人住宅更难攻击。

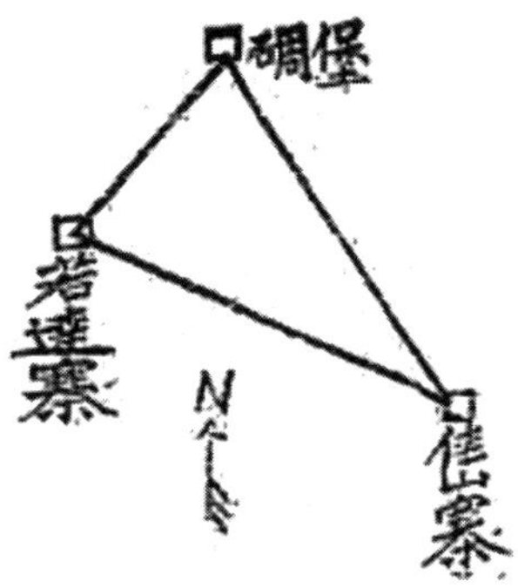

2. 碉堡之形式

碉堡之外形，系一略如正方形之锥台立体。每边齐地面处各宽五公尺，渐高则堡壁略向内倾斜，成八十度之倾角，至全高三分之二处，则又向上直立，故视之系细腰形状。佳山、若达两寨之碉堡用三角法测得，全高为三十三公尺又八公分，碉堡顶之每边约宽四公尺，每层四周均有狭长方小孔，长约三公尺，宽约四公分，每面有此种小孔八个。此外，尚有较长之长形窗一个，其方向①全系正向。沿堡，围以六公分高之石墙。外观极雄壮，有高至十余丈者，在堡下仰视其顶，益觉其巍矗天际，不敢仰视。其平面及立体图形如下：

① 方向：底本作“方面”，据文意改。

（1）碉堡之平面图：

（2）碉堡之立体图式：

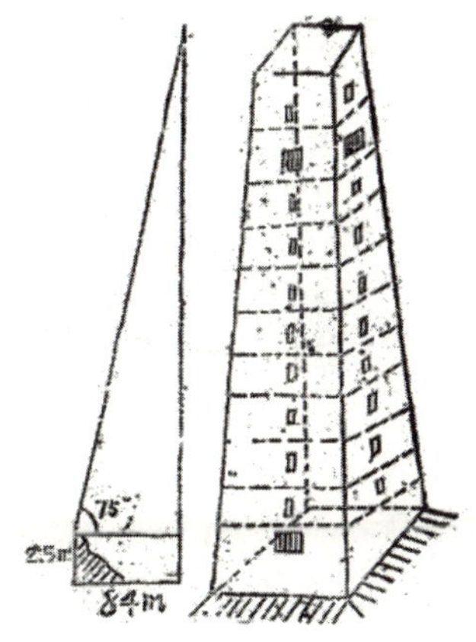

3．碉堡之内部构造设备

佳山、若达两寨之碉堡，因年久失修，堡之向北一面，壁上离地约三公尺处已倾圮一块。由此仰视，但见内部空无一物，亦无门可入。嗣询诸佳山寨父老，为明□□构此堡，系明万历年间由本地土司鸠工所筑，据今约四百余年。基部墙壁厚约二尺许，渐上渐灭，共分十层，以木板分隔，以独木梯盘旋升降。壁上之尺许小孔，专供射箭用之。平时一无所有，战时则居民携弓箭、粮食入内援守。清代乾隆征大小金川时曾一度使用。顶上层系泥土平台，与住宅顶上之平台同。而北离地约二公尺半之大窗，即碉堡之入口，在外用梯而上，入碉后再将梯移入碉内。

4．碉堡材料、建筑方法

建筑材料与住宅同，为石板、黄泥堆砌而成，窗及独木梯系木制。至于建筑方法，系自基部慢慢堆砌而上，砌成一层，即搭盖楼板一层，再向上堆砌墙一层，如此架至最高一层。楼板之架法，系先将圆木支架壁上，然后覆以木板，不用支柱，而圆木必相紧贴。

（四）其他建筑

1．坟墓及火葬场

羌人死后，筑墓埋之，如系传染病及凶死则行火葬。墓之筑法，即在平地上用黄土、石片堆砌成长方墓穴，上覆石板五块或七块，宽约一公尺许，厚约半公尺，然后再于上方堆砌黄土、石板，成如图示之形式。于足端直立一石板，再前，立一矮石板，两石板之间置砂土，于祭祀时燃香之用。穴内长约二公尺又二，堆砌法一如住宅之墙壁。

火葬场并无永久建筑，于葬时在场上掘一较棺稍长之浅沟，沟上架短圆木，再顺沟之方向，放置棺木，于棺之两端各凿一孔，于足端点火，头端出烟。燃毕，骨灰落沟中，用土埋掩，将沟填平。

（1）坟墓之正面

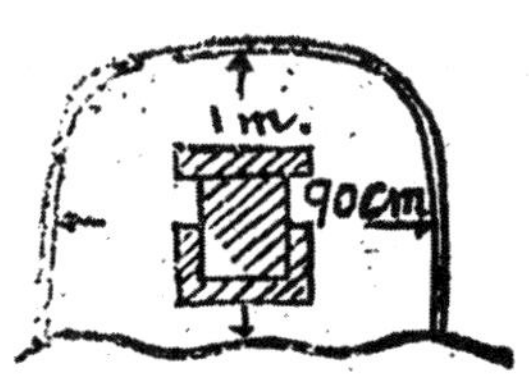

（2）坟墓之侧面

2. 祠庙之建筑

羌人不知其远祖从何而来，并无为追念祖先之建筑。直至清中叶后，富者始有祠之建筑，而其建筑系平屋，非一般住宅之堡垒形，屋顶亦有脊分向前后，门窗等均一如中原之形式。惟壁用石砌，屋顶用石板，均就地取材也。

至于庙宇，除供白石之屋外，余若川主庙、奎星楼、观音楼等名目，均于清时始有，故形式一如内地之庙宇。而川主庙则多由政府倡造，而系瓦顶，并无若何特征可述。

坐落于入寨道路之庙宇，前已述及，其建筑有如过街骑楼，惟沿道两侧有石墙庙，顶平，墙之砌法同住宅。

羌人之建筑，已叙述如前，兹复录感想数则，以殿本章。羌人住宅建筑之最大缺点有三：一为无烟囱，致炊烟满屋，于卫生极有妨害，尤以肺部与眼部；二为厕所与牲口住所之居于屋之最下一层，既不洁又无窗而黑暗，臭气熏人，蝇蚊麕集，影响健康；三为独木梯，以狭小故，时使人跌跤，尤以儿童为甚。凡此均亟应改良者也。

四、羌人之婚嫁丧葬

（一）婚嫁

目下羌人婚制，无自由之姻，均凭父母之命，媒妁之言。双方于年幼时，父母即为订婚。有于孕时，二家即相约订亲，若互生男，或互生女，则互结为兄弟姊妹，若各生男女时，始订亲。

订婚无需生辰八字，谓天婚。婚姻之发动多由男家央请媒人，往女家关说，不需带送礼物，惟给媒人随身带银钱若干。如女家允诺，则由媒人将此款购酒送去，此谓“定准酒”。女家受定准酒后，合家分饮示庆。约过半月，男家即送“大酒”，酒之斤数，以女家亲戚多寡而定，然必取双数始吉。外送猪膘，此川西之卤肉，斤数亦不一，量少二斤，最多十二斤，送十二斤者称为月月红。除酒肉外，并带有白糖一斤，冰糖十二两，点心十二个。礼物送至女家后，女家以之宴请家人，定亲礼至此已成。

以后待小孩长至可完婚时，男家报信，给女家报信酒四斤或六斤。报信时间，普通为六七月间，八月十五、十六或十八日行之，待至十冬或腊月再完婚。

于完婚前，订婚后，未婚夫妇，虽识者亦不能一齐谈笑，偶尔途遇，亦如不识，不交谈半言语，其严谨可知。

完婚礼节：结婚前一日，男家派四人或六人至女家接亲。接亲时所携之礼物，计有红盖头布六尺，头绳一丈一尺，娶亲帖、亲家帖各一封，梳子一把，火炮一扎，红烛一对，酒二壶计二斤，尚有衣料或银钱等。礼物皆排置于木盘上，抬奉女家。至门口时，将火炮燃放，一闻炮声，新娘父母、新娘及其邻近女伴姊妹等皆哭，示不忍离别之意。请迎亲人进门，并放铁炮三声，示迎接意。接亲礼物之木盘置于神龛上，迎亲人向主人道贺，家人将送来之香烛燃点，将送来之酒温熟，倾于杯中（杯数不一）祭神，毕后，主人陪迎亲人饮。

嗣由近亲迎请迎亲人吃晚饭，饭后，泡咂酒一坛，按辈分轮流咂吸，并备有宵夜食物，举行跳锅庄。深夜，跳锅庄停止，客散。此时新娘父母、祖父母及姊妹近亲等，围绕一坛咂酒，并烧酒一壶，边饮边歌边哭，情绪至为悲切。

歌辞大意：“年老者，辛辛苦苦，抚育成人，方能帮助，即需弃离老人。唯望到婆家后，须孝顺翁姑，和睦兄弟，毋有辱家门。”情切词严。

年老长辈歌哭后，新娘姊妹、曾之友伴，姊妹曾为未嫁少女之□契，将每人赠送新娘之绣花鞋排列桌上（送鞋最多者五双）。大家围坐与新娘互相唱答，调花二姐（详“音乐”章内）欢唱出嫁歌，辞极长，能通宵不绝。大意：“在姊妹方面，勉慰有加，若莫悲伤，人大当嫁，只须到婆家，孝敬公婆，和睦兄嫂，与新人相亲相爱，幸福无量，莫悲伤。”新娘答词多惜别，叙离情之意，若“多年友好，今宵将别，怎不悲伤”等词。

次晨，新娘装饰完毕，由兄长背至厨神龛前，如无兄长，则由指定之近亲任之。父母坐于神龛左右，新娘跪拜。辞祖谢神毕，兄嫂给予筷一把，兄长又背新娘至门口。临上轿前，新娘将筷往后一抛，兄嫂随检取，此系表示新娘虽去，但尚留一想头，以家人每餐用筷时，即念及出嫁之人。

新娘上轿后（汶川不用轿，由兄长背），有兄弟姊妹及女伴六人或八人骑乘陪送，新娘至男家门口，男家须给压轿钱三元或四元，而后接亲人开轿门引之入堂。此时有一禁忌，即凡有孕妇女，皆得讳避。

拜堂时，有一人唱礼：“日吉是运，天地开张，新人到此，万事吉祥。东边一树桃花开，西边一树杏花落，两树花儿对面笑，迎请新郎出堂（新郎随声出堂）。男归左，女归右，先拜天地，跪，起；跪，起；跪，起（新郎新妇应声跪拜）。后拜祖宗，跪，起；跪，起；跪，起（新夫妇应声跪拜）。是礼已毕，尊拜高堂，夫妇同杯饮酒（新人互饮交杯酒，一杯各饮一半），请新郎反手揭盖头（新郎应声去新娘之面盖）。男人中堂，女人绣房（新娘入洞房），天长地久，长命富贵，儿孙满堂。”至此，婚礼告成。

三天后，尊拜翁婆及所有之长辈后，新夫妇偕来时陪送新娘之亲戚回门，并随带礼物：活羊一只，黑白不拘；猪膘二块，一块十六斤，一块十二斤；红烛一对。至女家后，拜见父母及长辈，送亲者轮流宴请新夫妇，每日三家。三四日后回男家。隔一二日后，新娘又单独归宁，待年底婆家送过年礼时接归。

羌人亦有无后为不孝之观念，故寨中对于已至结婚年龄而未婚嫁者，认为羞耻，故羌寨中无独身者。

有谓羌人行乱婚制，并未发见。惟见弟死兄可接其妇，兄死弟亦可接其嫂。招赘则有之，多为无子而富有始招赘。守寡之制，社会对此并无严格之限制，男死女可嫁或返娘家招赘。

羌人亦有同姓不婚之礼，甚有同寨之异姓，亦不通婚之限制。结婚年龄，通常男子十七，女子十八九，女子年龄多比男子大一二岁，并无成婚太早之现象。

（二）丧葬

人死后，请端公开路，同时须即刻向近亲报丧。如妇死，则须即向娘家报丧。报丧之近亲，即所谓四大亲：一、母舅；二、姑亲；三、同宗近房；四、姻家。俗同内地。亲友来吊，送鸡、酒、纸钱，礼重者送羊。

遇妇死，娘家人赶到后，先问何病，嗣问病时经过，又验看寿衣，是否够数。按礼最少穿六件，多则不拘，计汗单衫、青布衫、白布衫、红布衫、月白色布衫、绸衫，忌穿麻及羊毛制衣衫。若衣不够数，娘家人可责问并吵闹。若病时未曾延端公作法或医诊治时，则置一坛酒于大寨门旁，以求认罪，娘家人一进门，即击破之。

入殓前（无论火葬、土葬，均用棺木），死者不论男女均沐浴，剃光头，并用水银或剪去头之银耳环和猪油含口中，停尸最多三日入殓，棺内满铺钱纸。若死者为凶病（即传染病及凶死者），家人不近死者，另请穷人或乞丐穿衣洗身。

亦有停棺家中数日出殡之礼。例停三日，若于三日后出殡者，系择吉始可。亦有停放半月乃至一月者，此皆富有之家始行之。出殡时请人抬棺，亲友送至坟上。入殓、出殡、埋葬、火葬时，亲人均须哭唱。其大意“你苦了一辈子，没有好的吃，没有好的穿。满以为你病会好，现在你竟去了，你做一辈子好人，一定升天”等，但绝无埋怨死者之辞。

生者对死者亦服丧，其制：四大亲头裹白孝布长三尺，但不过四尺；子女孝布长七尺，子女三年除孝。孝子腰系麻索，穿白布鞋；媳、女及孙女之耳孔戴麻索耳坠，以麻布、白布示丧哀。俗同内地。

对死者之超度，男者念经三天，女者七天。亦有逢七、百日、周年三种念经之制。念经日数，男三日，女七日。每年清明，亦有扫墓挂纸之俗。

葬埋后，别无设灵之俗，亦无灵牌、主位等制。

至其葬法：

火葬，限于凶病、有孕之妇、跌死、打死或年轻病死者行之。每姓有一处火葬坟，同姓者均在内焚烧。

葬时将木棺脚、头之木打破，以使发火，为容易燃烧计，并放猪油一方于死者胸上（如属妇女，由娘家人验看），由孝子或近亲将柴数根放置胸上，然后从脚跟发火焚尸。尸灰不收，任风吹去。汶川羌人火葬法有三：（一）有钱人在火葬场建搭一三层楼房，而陈设如家庭，然后将尸放入，连房一齐焚烧。（二）较次者建一二层楼房，行火葬。（三）贫者不建楼房，尸焚后，杀一羊祭死者。汶川火葬均收尸灰入坑，与上述理番羌人之俗丧异。

土葬，棺以皮带放入穴内，孝子或近亲立上方望前面山势，意乃望子孙之兴旺，再与媳或□□跪于下方，背向棺，旁人执衣服后襟，端公立上方念经，大意乃将死人之魂引上，死人之魂引入地下，念毕向四方洒米，剩余之米洒入跪于棺下方者之后襟，旁人为之扎上，带归，谓先人给子孙留下之饭食，食之且可免除病疫。

礼毕，即下穴掩埋，并取路弯处之石块盖坟。此时，主人提酒壶，插麦管，请在场者每人饮一口，以示谢意。

五、羌人之艺术

（一）服饰

羌人服饰，无论男女，并无特别之形式可言，故由服饰观，无从知其为羌人。惟其衣料，多用自己所织之胡麻布为之，工作时及无典礼时均服麻织布，访客及盛典始穿棉布或绸衣。

男衣长衫，女衫较短，只及膝。男女腰间喜束带，理番县境多麻织带，汶川多毛织花带。此条显系学自汶川瓦寺土司之俗，因瓦寺土司系于明代迁来之藏人也。

衣饰之素浅，与其娱乐之少，同为不解之心理象征。羌人女子之衣服，除棉布及绸衣用半寸宽之蓝布镶边外，别无任何装饰，其色彩均属暗色。麻布衣裤即属素白，亦不沿边。男子衣饰之素浅，更无论矣。

男女更有一无面山羊皮背心，棕色羊毛长背心，以作御寒避雨之衣。

女人之鞋，则与衣着成一有趣之对照。因鞋无男女，均有花彩，更以颜色辨别穿鞋者之身份地位。男鞋有白色、黑色、蓝色三种，白色服孝时穿，黑色平时穿，蓝色婚时穿。女鞋则有大红、粉红、蓝、黑、白数色，大红于有典礼时穿，粉红嫁时穿，蓝已嫁妇人穿，未嫁者平时穿大红，黑平时穿，白服孝时穿。花样，以如意头、牡丹、石榴表示富贵及儿孙满堂等实物花样，与羌人之伦理观、人生观相合。女子对于做新郎时所穿之鞋，认为必须陪葬，二次做新郎时之鞋，即不重视矣。实与内地无异。

（二）头饰

女子挽髻，头盖花巾或黑布。幼女结辫。男子例将头前部发剃去，仅留中后部一部分短发，俗称长根毛。

女子无论老幼，均穿耳孔，形式同内地，亦有悬大圈银耳环者，此显受藏人之风。

（三）其他艺术

建筑方面之艺术，除于“建筑”章内所述之简单壁饰外，室内亦无装饰，徒石壁栋梁耳。

羌人对于装饰艺术，殆少兴趣，即于音乐方面，亦少表现。跳歌庄，仅近二十年始传入。其固有音乐与山歌，而歌调颇少，特具风格。非传自戎人西番，即来自内地。尤可奇者，乐器全无，端公之法器、羊皮鼓、铜磬、铜铃，殆为乐器矣。虽有内地之锣，亦仅于看守野兽侵食田禾时乱击，以防兽之用耳。

羌人歌词及谱，另附别章。

六、羌人之岁时

羌人历日取内地之农历，而节令亦大同小异。

（一）过年

腊月月大时，二十八吃挂面，二十九吃荞麦菜饺，三十过年吃菜饭；腊月月小则于二十七吃挂面，余类推。二十八日早接祖，祭祖及神，并将五代祖宗名字书纸钱上供三天，三十早送祖及神，送至门口时，行三跪三拜礼，并致词：

> 年终岁节，一年三节，清明月半，刀头（肉）敬酒，香烛钱财，送你过年。

嗣用灶灰在大门侧画一圈，将纸钱焚化。二十八至三十，顿顿供祖及神，三十贴门神于大门，贴财神灶侧。

新正初一忌出门；初四五开始做事；初七八各家办春酒，近亲友好互相拜年；初八出灯，每户出粮一升，用以袪瘟疫；十五元宵节，敬山神；十六日，出嫁女儿回娘家。

（二）清明

扫墓，俗同内地。

（三）端午

吃凉粉、酒肉，雄黄酒以辟邪，俗同内地。

（四）七月十五日

各姓宰羊一头，敬祖及神，并一姓大小同宴。宰羊出典，以唐僧讨海取经，孙悟空性急，将经书落水中，虽拾取，以无法整理乃向佛祖求再赐一部，佛祖以经只一部，乃给半边羊皮，现打现响之物，即端公所用之羊皮鼓，故于七月十五日宰羊为供品。

（五）中秋

买麻饼、香蜡，祭月神。

其余一年廿四个节气，尽同内地。

每次节日，除敬神祭祖，饮酒张宴外，鲜有其他娱乐。近二十年来跳歌庄之风，已由戎人及西番处学来。故不论婚丧及节日，欢迎佳宾，均行跳歌庄。歌词亦学自戎人、西番，羌人并不能解歌中之意义。舞法亦颇少，间有独出心裁，自创歌辞与舞姿者。戎人、西番之跳歌庄，男女同乐，但羌人则禁止。羌人对于两性关系，颇重礼教。羌人娱乐，除歌庄外，并无其他可记，此实最足奇特。因何而娱乐之道，缺乏如此，颇费思解。

七、羌人之语言

羌人之辨别，除由语言外，殆无他途可准。因其他文化现象均与内地相若，即有不同，亦其枝节耳。

今日见羌人之语言甚为复杂，其中含多数外来语，即同属羌人，而其语音亦有出入。

推其理由，并不难求：一曰地形有以使之然，一曰历史过程有以使之然。此方既富绵亘之高峻山脉，又多深急之河流，故虽同属羌人，以受地形之阻隔，乃以造成语音上之不同方音。复次，此方自汉迄今，为西藏高原文化、成都盆地之中原文化之沿边，各以此为交相隔化之区，其间痕迹，今日尚历历可考，乃以造成语言上之复杂，而其他尚习，亦复有此现象。因此，使研探羌人之学者，常有难于捉摸之苦也。

由下列之表[①]，可知羌人语音之不同，其差别之甚者，殆可另列一系之言，此乃前述之地理及历史的因素有以使之然。

于下列之表内，列有分布于杂谷脑河、黑水、岷江三流域之各种语言，据此亦可探索其间之联系，不独于探讨羌人之语言有所裨益焉。

就附表所列之数词、语音论，戎语与羌语，显然各成系统，而各地羌语除一字读音全同外，其他数词之读音，有以音变、有以接尾接头音不同，使不尽相同，或亦有音韵淘汰之因素在，然就今之材料，未敢论断。

至于羌语与其他语言之关连，与戎语较，则可知两者间之影响，确有互借之迹。但于此外之语言，以对于本区内之西番语，大小金川、松岗、梭磨一带语言，即整个川西之所谓三番、四土、五屯、九枯诸地之语言，尚无一全盘之认识方法，无法窥其全貌而加申论。更进一步之研究，有待今后语言学者之努力。

复次，黑水流域之上麻窝及大姓一带，有谓系西番，有谓系猼倮。由历史言，黑水流域曾以兵事，清代调大小凉山猼倮兵来此，事平后，大部居此。然依其语言观察，则应与羌人相类，此点或有待黑水流域语言之更广调查，庶得一更确之论断。

① 由于底本漫漶过甚，以致无法识别，目前亦难以找到较为清晰之藏本校对，故只能因陋就简，将所据底本之表格制成图片，附于下文。

	理番佳山寨(羌)	汶川英山寨(羌)	理番龍溪寨(羌)	大姓寨	上麻窩	寨头寨	茂縣渭门關
天	na ta	mui ʐi	mu du	mu duap	mu duap	θ mu	mu
地	ʐu ptʂ	ʐu pu	rb gi	ʐu pu	ʐ pu	ʂe kθ	θ du
日	mu ni	mu ke	mu di	mu ju hu	man	da nʌ	kum gr
月	su sə	sa	ʂe	kʐ ʂə	hu θa	θ lə	θa
風	muo	mua	muo	muo hu	ma su	ka la	muo
雨	mu dʑi	be	mu mi	mu hu ʂe	mu hu	tʂ nə	mu zq
雪	m pa	ba	bui	pi	ji	depi	b
頭	y bu ʐi	y ba ʐ	g be ʐ	ka pat	ka pa ʐ	da ku	gba ʐ
眼	mi	mi bu du	mi ma θ	mi mi	gun	dʑ ni dʑ	sɿ ga bu
鼻	ʁan ma:k	ni hu	di bag	ʂe hu	θ kuq	ə ki	d ʑe
口	hu ka	ga	na ka ʐi	θ hu	mu kuə	də miji	nə kui
耳	ni: ka	ni ke	ni ga	ʂə hu	ʂi pa	da ja	ʂu ba
手	i	li ba	—	i pa	ga kou	də miji	na kwi
足	gi	ə sa	kou	ya kou	ji pa	da ji	ʂu ba
唇	mi ba ʁaa mu	—	ni kou	—	ga kou	da mi	ʐ ba
人	mu	mu	mu	mi	mi hu	dam nijem rθ	mu sʅim
父	papa	bie	a ba	a bu: su	kə	dr mu	mu
母	mama	mie	a ma	ə ma	a ba	da du	bʌ
男	tʂə i	θu li	mi ba	θa mu	ə ma	ma ma	ma
女	ʂi mi	dʑ mu	dʑ dou	dʑ mu	ji	d dʑi	ji gap
妻	dʑi mi	gai dʑ mu	dʑ mi	gə au	ʐ	d mu	ji mu
子	θ	θə i	dʑi	θʌ	ʐən kun	nd mi	mu lə
兒	dʑi	dʑ	dʑ ʐu	dʑ	a θə	—	ə
我	ga	ga	ga	ga	dʑ mi	mu	dʑi
你	nə	nu	wou	kou	kwun	nə	ya
他	dʑi li	tiə	t	kou su	ka	nou	nə
黃牛	nə	s	nai	ʂan	dəs kwun	k iu	ju u
牦牛	bou	mbu	vbu	ʐbuə	θu	gə cou	ʂə
綿羊	ci	—	se θse mi	tʂe	də bua	gə: r	wə
羊	tsə	se	se	tʂə	kei	də li	tʂe
馬	rʮ	o	rθ	ru	tsa	g ʂu	tsə
					ər	ro	yə

手(...)Kaəʐ(...)Kuəʐ(...)uaʐ

	杂谷脑河流域 理番佳山寨(羌)	岷江流域 汶川英山寨(羌)	杂谷脑河流域 理番龍溪寨(羌)	杂谷脑河流域 寨头寨(羌)	黑水上流 上麻窩(羌)	黑水下流 大姓寨(羌)	岷江(茂縣) 渭门關(羌)
一	a	a	a	g ʐia	a	a	a
二	nə	nə	nə	g nəs	kə ni	ja	i
三	si	tʂe	ʂi	g səŋ	kse	ʂi	sʌ
四	ʐə	ʐə	r	gou də	gθ	θə	dʑe
五	wa	wa	wə	y nə	wa	wa	wə
六	ʐu	ʐu	ʐ	g ʐə	hu ʐ	hu ʐu	ʐu
七	ʂne	d	ʂe	g s nər	tə	s tə	ʂə
八	ksa	gʐə	ʐə	kua ia	kva	ka	tʂe
九	e kwi	gu	ʑu	han kuə	a kwi	rkwi	ə
十	ha du	ha dʑuə	a dʑ	e tʂi	ka du	ha də	ha du
廿	has di	ha	a di	ʂq ti	ka gi	ha tsa	ha g
卅	n sa	nə se	na ʂa	q nə:cts	nə s	nə so	na ʂə
百	a ksi	a θʅi	a ts	h lu:e	a ki	a ktʂe	a tʂ
千	a s du	a au	a du	ʂtʂəŋ θu	ʂ dən	a s du	ə s du

贰　戎人之部

本篇所论之戎人，乃理番县属杂谷脑以东五屯之屯民，有称之曰嘉戎，自称曰格勒(GKa，或曰 Eka Gra)，意谓与汉人相处而居之人；称汉人曰 GFeq。

五屯者，即今理番县治东门外十二里九子屯，北门外七十里上孟董屯，十八里下孟董屯，治西四十里乾堡屯，六十里之杂谷屯是。其中杂谷屯为首，辖三沟二十八寨，屯兵七百五十名，守备二员。乾堡屯次之，辖二十寨，屯兵六百五十名，守备二员。上下孟董屯又次之，上孟董辖八寨，屯兵五百三十名；下孟董辖十四寨，屯兵五百七十名；各置守备二员。九子屯最小，辖十寨，屯兵五百名，亦置守备二员。今虽已全编保甲，事实上与昔日屯制，无其差别。

各屯所辖之沟寨，除杂谷屯所辖之沟寨全为戎人外，其他各屯所辖之寨，大部为羌人。戎人仅限于屯官、屯兵及其眷属耳，所谓戎官羌民也。

戎人不仅与羌人杂处，更与藏人毗邻。有清一代，与内地人尤多接触，若西藏、台湾、新疆诸大役，均曾参与。故其文化内容，兼藏羌及内地而有之，地理环境、历史背景有以使之然也。

一、戎人之信仰

戎人崇信喇嘛教，家留一子承祧，余均入喇嘛寺院为僧，习以为荣。对于寺院之布施甚厚，凡此一如藏人之尊奉喇嘛。

例于七八岁入庙为僧，富裕者或有志者均好入藏留学，盖此方寺院规模不大，亦无学院之设，故欲深造必须入藏始能遂愿，且此方寺院主持（堪布），例由藏委，而寺内高僧，均为曾留藏求学者。戎人之精神文明，浸染西藏色彩之浓者，喇嘛僧诚为主因之一，盖喇嘛对拉萨均心想神往，为使戎人接受西藏风尚之媒介，自在情理之中。

复次，戎人之所居，当藏人居区之边缘，其易于崇信喇嘛教，又为地理使之然也。若九子屯、上下孟董屯，以地近羌人及内地人居处，其信仰即有兼容端公、道士之现象，此亦地理使之然也。

由戎人之信奉喇嘛教，戎人之文物，则亦可知过半矣。

北方喇嘛之宗派、规律，一如西藏。所别者，操戎语及藏文经典之僧徒一点而已。

今仅拟说明戎人信奉喇嘛教一点足矣，关于喇嘛教之本身不加叙述，以其与西藏之喇嘛教，毫无差别也。

戎人何时信奉喇嘛教？戎人有无固有宗教？此二者皆未调查，无从研讨。

复请言戎人之禁忌之事，于考察戎人之信仰，当非无益。

产妇未除月前，产妇忌外出，忌拜神，忌见生人。故有产妇之家，以蛋壳置门上为记，使生人不擅入。有谓放蛋壳使婴儿易长大无疾病，未知孰是。或二说均有理由。

一、于灶房三角脚前，不能伸足放置或置脚石盘上。石盘上用以点松光之处及右下方之角上，不能坐或脚踏。

一、灶边及三角脚不能谈情。

一、水罐内开水，不能用碗去取。

一、孕妇不能参观成婚礼，不能坐新床。

二、戎人之婚嫁丧葬

（甲）婚嫁

戎人婚制，多媒妁之言，互相喜悦而成婚者间亦有之，然亦征求父母之同意，并无绝对自由之婚制。

更重阶级辈分，故无乱婚现象。惟兄弟可接寡嫂或孀娌，行一夫一妻制，一夫多妻亦有，一妻多夫制则绝无。赘婚制亦有。而土守备等官职，以世袭罔替，俨然自成一系，其婚姻则限于同等阶级，只论阶级而不论年龄，故时有老妇少夫之事。因此限制，历史上不乏因婚事而引起彼此之纠纷。其婚礼颇似六礼。

先由男家央媒人往女家征求意见，如女家允许，再行订婚，时用哈达一方，糖二十盒，酒大户二三百斤，小户五十至百斤，送至女家。女家以分赠亲友，示其女已订亲。

然后请喇嘛卜吉成婚，婚期大多在冬季，因庄稼成熟，农事闲散故也。婚前男家送聘礼，猪一，酒一篓，衣服一套（并内衣），头帕一方，耳环一付，鞋袜及糖三十盒。女家回礼，衣服一套、鞋子，送聘礼并交换男女戒指。

成婚前一日，男家派人往女家迎亲。迎亲人抵达时，女家将家门关闭，在门外洒水，将迎亲人全身淋湿，然后迎入，待以贵宾之礼，晚间并宴以盛筵。同时，女家请戚友、邻居女子唱迎亲之歌。歌词内容，先讥笑迎亲人之失礼或寒酸，嗣致欢迎之意。

饭后于灶房饮咂酒，请迎亲人坐于锅庄之前（即三角脚），女家长辈居于上座（名喀铺之一方）。男家迎亲者坐大手边，即左手方；女家亲友坐小手边，即右手方。然后安排酒菜，迎亲人讲述男家之家世与姻缘之美满；女家亦述家世，互颂门当户对，缔亲完满。边谈边酌，各展辩才，而其祝颂之词大半循用成语，男家用之颂词，戎语曰：So Me hox，女家用之颂词，曰 So Me Thos Noa。

互相颂述后，由女家之坐上座者秘祷，求神佛保佑婚姻之完满，娶亲时之清吉。礼毕，女家又唱讥讪迎亲人之歌曲。旋即举行跳锅庄，男女老少同乐，歌舞达日始辍。早饭后，新娘梳装，全家准备嫁事，并先延喇嘛在灶房念经祝福，旋亲友伴新娘入灶房祭祖谢神。毕后，新娘上轿或骑马，由迎亲人及送亲人伴往男家。新娘离家前，女家家属及亲友，凡属女性者皆哭，示惜亲意，新娘亦哭，不愿离家。

及至男家，男女分左右两边，按辈分伴新娘走入灶房，新郎于灶房迎新娘，新夫妇向神龛跪下，由喇嘛诵经祝福，并向新夫妇项间各悬哈达一方，礼成，新娘入洞房，新郎不随入。张宴后，晚跳锅庄，以示庆祝，欢乐彻宵。

次日，新娘拜见翁姑，后即回门。住娘家久暂，于定亲时须商定，有久至年许者。回门时期，必须于年终过年时，男家往接，始正式住于男家，夫妇始同房。

招赘，结婚时之情形相同，惟新郎次日回家，住家最多一月即被接回女家，以后如未得女家允许，不得回家。

结婚年龄，并无早婚之现象，男女年龄之差别，以女长于男者为多。

（乙）丧葬

丧葬之礼，简繁不一，以各人之经济能力而定，当地有谚：有钱葬钱，无钱葬人。葬法以土葬为多，穴葬、水葬次之。

土葬：人死后，先通知近亲四邻，咸来吊。先沐尸，置于床上，上覆单；次日，请喇嘛念经，撒米作法，为死者开路引魂。据云开路后，直硬之尸体即变柔软。此时家人为死者穿衣，并置酥油放口中（此系杂谷屯、乾堡屯之礼，九子屯、上下孟董两屯则置猪油或银器或水银放口中，与羌人同，九子屯礼有于尸体头旁点长命灯之俗）；然后入殓，于内满铺银纸，上铺棉絮，并置一枕头，尸上盖薄棉被，被上开一洞，以套死者之头，背后有纽扣之；棺停宅内日数不一，冬季较久，夏季较短；出葬，须请喇嘛相风水念经，择吉始行（此系杂谷屯、乾堡屯之礼，上下孟董屯、九子屯则有如三日之内葬者，不择吉；否则需择吉。葬前一日，请喇嘛或端公或道士念经作法，丧时之宗教法师，三葬并用，此为其最大差别）；出葬时，全寨辈分小者，全须出动，轮流抬棺至场。

火葬：每屯有一公共火葬场，或一姓有一火葬场。凡夭折、凶死、传染病及生产致死者均行火葬。行火葬前，礼同土葬，亦入棺，惟将棺置于火葬场二石上，下放柴举火，待棺着火，将棺之两端劈开，使其易焚，收骨灰埋于祖坟，不若羌人之不收骨灰也。而火葬场亦不若羌人之毫无设备，仅一广场。葬场上有一石围，中有二石，备置棺，旁有烧钱纸石库一。葬时，须延喇嘛或道士或端公诵经。

水葬：多为贫寒者行之，不念经，不延喇嘛等法师，由儿辈背尸至流急处，掷尸入水即了。

服孝之礼：一如内地，每年清明、过年、七月半亦均上坟祭祖。

三、戎人之艺术

（甲）服装

妇女之常服：首盖方帕，多为黑布，亦有用毛巾者；头发梳成二辫，左右分，盘于帕上，富者辍以珊瑚。

衫常大襟及袖口皆沿花边，御百褶长裙，行走具见飘洒之致。衫裙样式， 如内地清时妇女常服。肚前悬围裙。耳垂大坠子，形似西藏妇女所戴者，富者镶成珊瑚多串下垂。脚着自制之如意头便鞋，并绣花，花多富贵花状，一如内地。视其仪表，除藏式耳坠外，无从辨其孰为戎人，孰为内地人也。

妇女之礼服，头加戴珊瑚珠，串成冠形之头饰，重约二斤，围于头顶。手带大银镯或金镯，两头嵌有珊瑚。胸间悬西藏护神盒（即格乌盒）。衫裙形式与常服同，惟质料尽为绸缎。腰垂小银铃一串，行走时作叮铃响，男子闻声，知有女人至，例须暂避。腰间复悬花纹精美之银饰金针盒，此亦如藏女之饰物。

综观戎女装饰，藏式与内地式相混合。戎女对于装饰品之嗜癖，若其喜珊瑚，藏式也；若其喜内地之衣式、鞋式，内地式也。而今日戎女之装饰，已渐喜内地之式样矣。尤以贵族富人为然，此与交通之日益便利，关系最切。男人服饰，无论常服、礼服均衣长袍，圆领长袖，搂衣于腰际，以带束之，周围蓬拥，内可置杂物。袍长可及膝。喜衽右手至外衣袖外。腰间悬蒙古式刀筷盒，亦有携长刀者，小刀、长刀之鞘，装饰俱精美，嵌以金银宝石，均购自藏康或北平者。颈间悬格乌盒，或寺庙喇嘛赐之业经念咒之绸带。足穿购自□□之皮靴，此靴仅限于富有者，一般人多穿内地式之布鞋。指间喜戴或穿珊瑚镶之戒指。亦有穿耳之风。其服装饰物，一如藏式。穿内地服装者亦有，惟为数不多。

戎男服饰之多承藏式者，或以男子之活动地带，时在杂谷以西之藏人区域，西藏男子之来五屯者亦多，故戎男多取藏式焉。而戎女适与相反，时常接触者为染内地风习深之羌女与内地妇女，藏女则仅有或绝无，故有服饰多能内地式样焉。

衣料用布及绸缎，无用康藏产之呢绒及羌人之麻布者，常服色彩多黑色、蓝色。礼服则各色均有。

（乙）音乐

唝唝为戎人唯一乐器，系用长约二寸，宽二分之竹片削成，中留二道空隙。片之二端悬以钱，左边以手执紧，右边一拉一扯，即作有规律之摆动。置于两唇间嘘气，即发单调之颤音，因声命名“唝唝”。少女幼孩辈多置于小木匣内，悬于大襟上，随时随地取出吹奏，此“唝唝”单调，为彼辈①稚心之良伴。

歌曲少有以戎语歌唱者，十九来自康藏，词多藏语，调亦来自藏地之歌，并不了解其词义，仅欣赏其音调耳。而此等调曲，又多为跳锅庄时所用。间有采自内地之曲，但多仅用其调，换以戎语之词，间亦有调词全采者。（详戎人“音乐”节内附录之歌曲②）。

藏人歌曲不仅为戎人所歌唱、所鉴赏，复由戎人传授戎人，而成为戎人悦耳怡心之工具。

又藏人之舞，亦为戎人所熟习。每逢佳节及典礼时，均于灶房行跳锅庄，男女老少尊幼，载歌载舞，边跳边饮，一齐同乐。而戎人复传此娱乐与羌人，成为羌戎人之唯一娱乐。

（丙）建筑

戎人之住宅碉堡，其建筑法与材料一如羌人，形状亦十九相同。戎人之碉堡，较羌人益觉伟大，有八棱角式者。戎人住宅之窗，如藏式而小，作梯形。厕所例凿壁搭于壁外，远视似一耳室。此种厕所之安排，一如西康之藏屋。凡此为与羌人不同之点，盖戎

① 辈：底本作“辇”，据文意改。

② 底本并未附录歌曲，盖民国时著述不如今人之严谨，偶失之耳。为保存文献原貌，故一仍其旧，特此说明。

人之住宅仿自藏人，羌人则仿自戎人，故戎人之屋略异藏，羌人之屋又略异戎屋，其间均渗有各自之创造智慧也。

房间之分配及利用亦如羌人，以灶房为主要活动之室，如进餐、休息、待客等，均在此室。惟所供神祇不同，戎人仅供护家神耳。而三角脚之方位，系上方谓夹铺，座位最高；左方男客及尊贵之女宾；右方座位较次，家人坐此；下方最低，烧柴在右下方间。三角脚每脚并无若羌人之为神祇。三角脚边亦有禁忌（“信仰”章“禁忌”条）。

亦以二层楼为重要之一层，凡房间之分配及利用，戎人多承藏人之俗，羌人则又受戎人之浸染焉。但戎人屋内之喇嘛教宗教色彩并不若藏人之浓厚，仅富有者最上一层有经堂之设。一般人民，屋内绝少宗教色彩之布置，即佛画、佛像及印经、布幡亦无。羌人则受端公之影响，屋内之气氛，与戎人不同也。

四、戎人之岁时

一年节日，都准内地俗。惟年节有大年、小年，大年者即农历之年，小年则为戎人独有之年节，时期于冬月初八至十六日，各寨不同。以当苍旺土司时，人民皆须轮流为苍旺土司服役，过年日期须待男人停役归来后举行，故日期有参差前后之不同。

过小年时，做人面馍馍，每人一件。做馍馍者以父母双全、能子孙满堂者为佳，即全福人做则最吉祥。无此适当人时，则有儿女而夫妻两全者亦可，但做时需使其儿女抚摩做馍馍之面。做戎人及家畜等形状，供于灶房供神及置物之柜上（一如羌人灶房之柜），戎名曰 Posaai，每日念六字真言，焚柏树枝，叩头，过三日后，年节终了，取下视供品之完整损伤，定一年之凶吉，完整则清吉，损伤则不吉。

此外，喇嘛教有二节令：一为正月十七日跳绳，在喇嘛寺举行，是日，众往寺院朝拜规礼，俗与一般信仰喇嘛之地相同。二为四月初八日之哑巴会，参加者多为四五十岁以上之老年人，会期三天。每日早、午、晚上殿三次，听喇嘛说教。参加者禁说话，并减食，每日一顿，静心悔忏，禁绝杂念。会毕，喇嘛以糌粑馍馍，供佛念经一天后，分别给与会者，人都珍视之，以能消灾纳福。

五　戎人之语言①

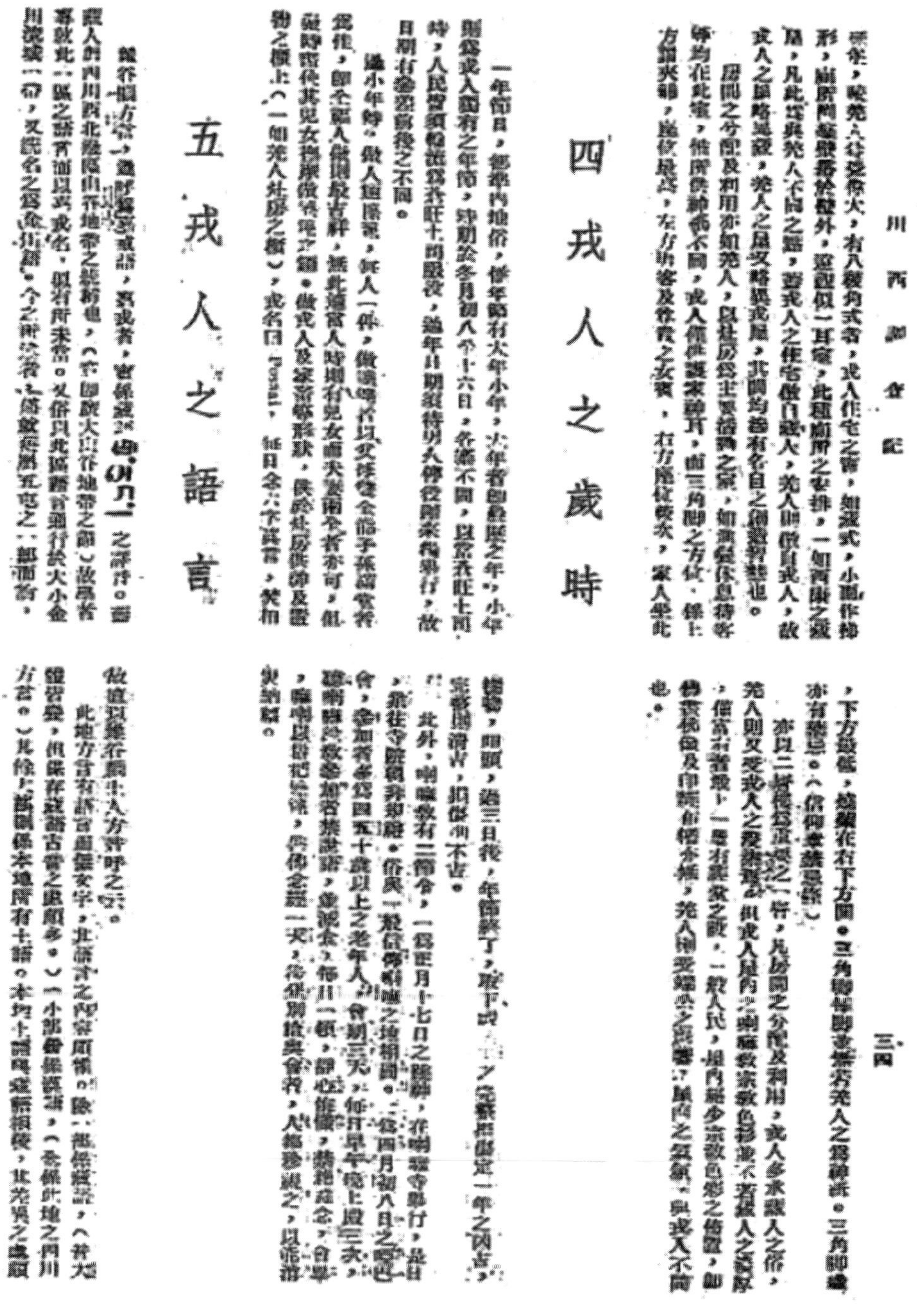

① 因底本漫漶不清，难以辨识，故此处仅保留了据国家图书馆藏本制作的影印文件，而未予录入、校点，望读者谅解。

多。如，木十語之有關頭prefix 動詞變化之繁複，介詞連詞之缺略，（無與英語中冠詞 ling 之依關語相類似之文法結構）……例此等類，或在文法之結構上，或在語言之本質上，兩語言差異之處皆甚多，茲文所述者，則僅就此地方音所含之音素：（所謂輔音）與拉薩（以拉薩音為標準）所有者，作一比較而已。

此地方言頗繁複，其音素較拉薩所有者為多。此地相傳一故事：當土人自謂其語言較西藏為完善者。謂在昔西藏文明初啓時，從印度聘取文化。有大臣屢那者，少年聰穎，赴印遊學，學成既歸，思傳其所得於國人。乃不幸於讒，[illegible]，遂置之死地。國王崇信之，然不敢棄彼，乃令一吏於間發相貝者代之死。而屢那則[illegible]於密室中，日從之學。後復為國人所發，不得已乃放逐之，[illegible]潛逃來此地。羨氏來此後，將其所學悉傳於此地土人。

十年後，西藏人始悟其昔日之非，復迎羨氏回藏從其學。然羨氏已自歎其語言不清，故西藏所得者，僅其語音之一部，惟此地得其全云。土人此種傳說，固係傳說而已。然其自謂語言完善原因，蓋一則此地土人所說之語，其土語中所含之複輔音甚多，保存古音之處甚多。西藏古音則繁近代語（如此地土人於藏文之上加字母、下加字母、前加字母及下加字母仍發其音，而近代拉薩之拉薩方言則上加字母前加字母皆不發音，下加字母則一併與基本字母相合而變為另外一音。）二則此地方言之音素較拉薩所有者為多。三則藏語中複合輔音甚少而此地方言中則甚多。故此地方音實較拉薩語為完善也。茲將此地方音中之輔音與拉薩（以拉薩方音為主）所有者一一羅比，並其異點，述之如下。

（1）雜谷腦方言與拉薩方音所有輔音比較表（所用符號皆係國際音標）

拉薩方音輔音表

部位 \ 方法	破裂 清 不送氣	破裂 清 送氣	破裂 濁 不送氣	摩擦 清	摩擦 濁	破裂摩擦 清 不送氣	破裂摩擦 清 送氣	破裂摩擦 濁 不送氣	邊音 濁	鼻音 濁	顫音 濁	邊擦 清	邊擦 濁
雙唇	p	pʻ	b		β					m			
舌尖前	[illegible]	[illegible]	[illegible]	s	z	ts	tsʻ	dz		[illegible]			
舌尖中	t	tʻ	d			[illegible]	[illegible]	[illegible]	l	n		ɬ	
舌尖後				[illegible]	ʐ	tʂ	tʂʻ	dʐ		[illegible]	(r)		
舌葉舌尖		[illegible]		S						[illegible]			[illegible]
舌面前	ȶ	ȶʻ	ȡ	ɕ	ʑ	tɕ	tɕʻ	dʑ		ȵ			
舌面中		[illegible]		[illegible]						[illegible]			[illegible]
舌根	k	kʻ	g							ŋ			
喉頭	ʔ			h									

川西調查記 三六

雜谷腦方音輔音表

方法 \ 部位			雙唇	舌尖前	舌尖中	舌尖後	舌尖面混	舌面前	舌面	舌根	小舌	喉頭
塞聲	清	不送氣	p		t			ȶ		k		ʔ
		送氣	pʰ		tʰ			ȶʰ		kʰ		
	濁	不送氣	b		d			ȡ		g		
擦聲	清			s		ʂ		ɕ		x		h
	濁		β	z		ʐ			ʝ			ɦ
塞擦	清	不送氣		ts		tʂ	tʃ	tɕ				
		送氣		tsʰ		tʂʰ	tʃʰ	tɕʰ				
	濁	不送氣		dz		dʐ	dʒ	dʑ				
邊音	濁				l							
鼻音	濁		m		n			ȵ		ŋ	N	
顫音	濁				r	(ɹ)						
邊擦	清											
	濁				ɮ							

(二)音類之比較

甲、發音部位

雙唇音p、b、m部位平均與拉語（拉語指拉薩方言簡稱下同此）所有者皆同。雜語（雜谷腦方言簡稱下同此）另有雙唇擦音β。

舌尖前音s z ts 的發音部位較前，與法文之s z 及德音之ts等相似。較英文之s z 為前。與拉語所有者同。

舌尖中音t tʰ d l。部位平均較音略後；一切與拉語音皆同。音攻對

拉語中無此音。

舌尖後音ʂ ʐ tʂ tʂʰ dʐ 除拉語無ʐ音外，餘皆同（什部中顫音有二。一為舌尖中音r，一為舌尖後音ɹ，拉語則只有舌尖邊顫音。各處諸舌尖後顫音皆讀寫亦(ɹ)ɾ。）

舌尖面混音tʃ tʃʰ dʒ 的部位不均，（此符號係仿S字母改成者，係為舌尖舌根混淆發音符號。）拉語中亦此音，凡藏文中ʃ(ʃ)與ʒ(ʒ)（位用。（註）三寨什谷腦十人皆讀作tʃ的ʃ讀作什語中亦有讀ȶ ȡ者。若此對

中人屆設文字審記未能之處[illegible]音時，則寫[illegible]三字[illegible]

破裂音[illegible]三音後，各加一顫舌音r，此種[illegible]破裂[illegible]

音位置也。在拉語中舌尖音前顫音只有不帶音摩擦音s一種。此音則什語

本中皆之有

舌面前音[illegible]在什語中部位稍後，在拉語中則平均。[illegible]部位平均[illegible]

[illegible]部位稍前，此破音則與拉語所有音同。在拉語中尚有帶音摩擦音之部位

稍前，什語中則無此音。

舌面中音j部位平均，與拉語所有音同。

舌根音k，g部位平均，與拉語所有音同。x發後，拉語中無此音。

（什語中本無此音，僅係什語譯成份中有之。）

小舌音N無部位問題，拉語中無此音。

喉音?，h，ɦ部位問題。（什語中僅在所什語譯成份中有h音，又[illegible]音

亦甚少。）

乙、發音方法

破裂音有三：

a.不帶音不送氣破裂音什[illegible]有音p，t，ʈ，k，q五種音。

p 之音[illegible]什語之p音[illegible]之閉音[illegible] Lalas.

時，[illegible]而不破裂，凡此音與拉語之[illegible]相同。

ʈ 之發音[illegible]，近乎法文之t音，與拉語[illegible]音同也。

[illegible] 之發音，在什語中則與山東部分方言讀「家」字之發音相類，唯部位則較之略前。在拉語中則與湖南方音讀「茶」字音同。（在藏文中此音係

[illegible]（[illegible]）拼與[illegible]（[illegible]）拼合成音寫作[illegible]）

k 之發音[illegible]，近乎法文之k音。發音尾時，同閉而不破裂。

凡此與拉語之[illegible]相同。

q 與拉語之[illegible]相同。

b.不帶音送氣破裂音什拉各有[illegible]四種音。

[illegible] 之發音，近乎法文[illegible]，與拉語[illegible]相同。

[illegible] 之發音在什語中則與山東部分方言讀「家」字之發音相類。唯部位則較之略前。在拉語中則與湖南方音讀「茶」字音同。（在藏文中此音係[illegible]

[illegible]（[illegible]）拼與[illegible]（[illegible]）拼合發音寫作[illegible]）

[illegible] 之發音近乎法文之k音，與拉語[illegible]相同。

a.帶音不送氣破裂音什拉各有[illegible]四種音。

b 之發音近乎法文之b，音與拉語[illegible]，[illegible]發音尾時，同閉而不破裂。

d 之發音近乎法文之d音，與拉語[illegible]相同。[illegible]在什語中則[illegible]

前不破裂[illegible]。在拉語中[illegible]發音只[illegible]在其前之[illegible]之作用。

ɖ 之發音與d相同，唯帶音。（[illegible]）在拉語中亦有之。（ɖ 在藏文中

[illegible]（ɡ）拼與[illegible]（[illegible]）拼合成之音，寫作[illegible]。

g 之發音近乎法文之g音，發音尾時之同閉不破裂，與拉語[illegible]相同。

什語[illegible]g[illegible]兩音節[illegible]之間，位元音之後，[illegible]

變為η音。[illegible]

之音[illegible]

（註）[illegible]

2.兼拉語中[illegible]多為[illegible]化、[illegible]

鼻音有三：

a.不帶音[illegible]

[illegible]

[illegible]為不發音，在什[illegible]中則發音[illegible]

三八

三七

什語同時發生，但[illegible]又 s 在詞尾字，在拉語中亦不發音只有數發於其前之韻母之音之作用，[illegible] 同音 18：[illegible] 則讀作 ly，但在什語中則仍發音（在藏古音[illegible]保有[illegible]於什語中，於藏文之後加字母（韻尾）之[illegible]（ㄉ）[illegible]（[illegible]）等字，皆發音，拉語之韻音則保存藏語之原狀代化者。）

ʐ 之發音，近乎國音之ㄕ母，拉語中無此音，（藏文中之[illegible] 母，拉語讀 ʂ 音，讀如北平之「[illegible]」而什語則讀 ʐ 音讀如北平之「[illegible]」）

ʒ 在什語中無此音，拉語中有之，此為藏文之喉部齒音 x [illegible]（x 母於同什[illegible]，母合成之音發之[illegible]，讀音為 ʒa 但在拉方音中，[illegible] 母在收韻時，讀作舌尖後齒擦音，故在拉語中，[illegible] 與 [illegible] 合成之 [illegible] 構成一另外之音與舌面混之摩擦音 S，其發音近乎德文之 ch 唯舌放韻時讀之舌尖微翹耳（此可參閱（ㄒ）之註解。）

ɢ 之發音，近乎國音之ㄍ母，與拉語中之 [illegible] 母同，（什谷腦上人讀藏文 [illegible] 母同於 ɢ 音。）此音在什語中頗少。

x 之發音與四川方音讀「非」字之聲母相類，拉語中無此音。

h 之發音與拉語 [illegible] 母同

ɦ b 發音為喉音在什語中有 β ʐ ɣ ɦ 五種音，拉語中有 β z z ʐ j [illegible] 六種音。

β 之發音，近乎英文之 Wa 之 W 與拉語中之 [illegible] 母同（藏文 [illegible] 母或韻語尾的兼於 [illegible] 三種音之後，就有兩讀字母 [illegible]，一律讀成 β 音。）

z 之發音與拉語中之 [illegible] 母同。唯在什語中此之讀音之長短較拉語有音為明顯耳。

ɾ 近[illegible]與四川方音〇「日」字之聲母相類。但英文之 r 同時發作用於近乎 r 拉語中，[illegible] 母作[illegible]時之音，在拉薩方言中藏文讀音 [illegible]，母作後音用時，讀作齒擦音，當讀尾時，則讀若舌尖後顫音（ɾ），及什語中無此音。藏文中之 [illegible] 母，拉音讀作及什谷腦上人則讀作 r。

j 之發音，近乎英文 yes 之 y 與拉語 [illegible] 母同。

ɥ 之發音，類似法文 Tuyant 中之 u 近乎上海方音中讀「鞋」字之聲母。（ü 與拉語之 [illegible] 母同，讀若 [illegible] 母之發音可參看 o. schröder 在 Aplasmio r Tibetische 所引 J. van Manen 之記載。上海方音中亦有與此相同之聲音。Karlgren 在其 Etudes surla phonologie Chinoise 中有所記述。又 Jäschke Tibetangrammar 所引。

[塞擦音類]。

a. 不送氣塞擦音，什語有 ts tɕ tʂ 四種音，拉語有 ts tɕ ʈʂ 三種音。

ts 之發音近乎國音之ㄗ母讀音，與拉語 [illegible] 母同

tɕ 之發音近乎國音之ㄐ母讀音，與拉語中之 [illegible] 四音同。

tʃ 之發音如有喉音諸讀者，讀如國語「家」字之聲母。拉語中無此音。

tʂ 之發音近乎國音之ㄓ母讀音，與拉語 [illegible] 母及 [illegible] 音同。

b. 不送氣塞擦音，什語有 tsʰ tɕʰ tʃʰ tʂʰ 四種音，拉語有 tsʰ tɕʰ tʂʰ 三種音。

tsʰ 之發音，近乎國音ㄘ母與藏文 [illegible] 母同。

tɕʰ 之發音近乎國音之ㄑ母，與拉語之 [illegible] 四音同。

tʃʰ 之發音如有喉音諸讀者，讀如國語「恰」字聲母，拉語中無此音。

tʂʰ 之發音近乎國音之ㄔ母，與拉語 [illegible] 母及 [illegible] 音同

c. 帶音不送氣塞擦音，什語有 dz dʑ dʒ dʐ 四種音，拉語有 dz dʑ dʐ 三種音。

dz 之發音與拉語 [illegible] 母同。

ཚ 之發音與拉薩之 ཚ'ད'བ'ཊ' 五音同

ཚ 之音與ཚ同樣發音。拉薩無此音。

ཚ 之發音與拉薩之 ཁ' 及 ཤ' 音同。

(註)1. 藏文有下加字ཡ之 ཀ' ར' མ་ད་ཀ་ས' 之複合輔音

ཀ'ཁ'ག'ད'ན'ཏ'བ'ཕ'བ' 等，其讀法各地殊，如 ཀྱ ཁྱ 等字，拉薩藏人讀為 kya, k'ya 用在德格，則 ཀ'ད'ཕ' 一律讀為 ཁ'ཕ'བ' 則一律讀為 ཚ'ད'ཕ' 則一律讀為 ཊ'ཋ'ཌ' 則一律讀為音。

2. ཊ'ཋ'ཌ' 三段之字母，本係西藏譯梵音時，特造音，以補梵語音節之不足，其發音方法係將舌尖向上翹而附著於上顎而發音者，惟在拉薩則一律讀為音。

3. 藏文中有下加字為 ལ'（ལ' མ་ད་ཀ་ས'）之複合輔音之 ག'ཀ'བ' 三音，其讀法各地亦有不同，如 ཀླ 字在德格土人讀為 tsa 與在拉薩此三字則讀為 ta 音。

4. 在拉薩中因 ཀ'ད'ཤ' 三音均作齒齦音。故 ཟ' 亦有時讀作 ཟླ'

ད'ཟ' 亦有時讀作齒。

德格語在複字中 ཀ 一般省去

ཀ 之發音與藏文之ཀ 相類與拉薩 ཚ' 音同。

係音德語有 ma 與 ཀ 五種音，拉薩有 m n 與 ཀ 四種音。

ཟ 之發音近乎國音ㄗ音與拉薩ཛ'音同，在拉薩中ཟ'為德格字母 ཟླ'

ཟླ ：不發音，在什語中則ཟ當在一字之第一音節時讀音千與前相接，單讀發音前為音主。

ཟ 之發音與拉薩ཛ'音同，在什語中ཟ在一字之第一音節，不與前相接而讀，音主與ཟ同。

ཝ 之發音，近乎國音ㄏ音 與拉薩ཝ'音同

ཡ 之發音，近乎ㄨ音之母，與拉薩ཡ'音同

ཟ 拉薩無此音。

德格藏語中有ཊ(ཊ)二種音，拉薩有(ཊ)一種音。

之發音，國勒德原大近乎法國京都中特拉斯與方言及國文中之r，拉薩中無此音。德語中之r，多為顫音，其發音部位之間有時略為捲尾。但當於藏語中之上加及後加字時。在拉薩中上加字為ར' 並不為發音，僅德格土人讀之則發音。如藏文ཏ，其讀為 ཧྲ་ 拉薩中時讀為 hra 但德國則之為 rhar 音 (r)之發音，近乎藏文之ཀ 與拉薩中 ཧྲ 但當語尾時之音同。在德語中凡顫音作聲音時多為(r)。

，德格音拉薩各有不常音也

s之發音，舌尖接觸顫多，音之兩旁空隙亦多，與拉薩 ཤ' 音同。

此德語輔音與拉薩所有者，比較之大略也。就此則德語與拉薩之關係即可知矣。

叁　地理之部

一、概论

此次本团考查团以四川省第十六行政区为头，该区城市、村镇甚少，乃因地多山岭，海拔高，气温低，故多牧草与森林而少农作，因此粮食产量不足供给稠密之人口，加以交通不便，所有运输大道多顺河道而行。本团三十年夏，虽曾作初步之考察，惟因时间所限，仅顺大路而行，所得者仅一鸟瞰耳。在灌县北行愈行愈高，至威州□□4600尺，较灌县已高二千尺有余。自威州西行入杂谷河，景象凄凉，与岷江流域迥异，两岸峭峻，土壤稀薄，满目荒芜，且多村落废址分布于沿途河道两岸。沿杂谷河经理番（理番县城位于杂谷河之中流，当孟屯沟之冲，地位重要）杂谷脑，再沿杂谷河上游来苏沟北行翻越鹧鸪山，而抵马塘。马塘位于一谷麓之缓坡，似一河道之废谷，或表示梭磨河昔日或为来苏沟之上游，而今已为大金川所袭夺。由马塘北行，沿梭磨河而抵草地之下埌口，地在海拔一万尺以上，已高出森林带矣。因地势高耸，即夏日清晨之温度，亦常在华氏四十度之下，因气候之限制，至今尚无农作之设施，其主要之植物则为牧草，故此地居民纯赖畜牧为生，遂多随季节而迁移，无固定之乡镇。

佳山寨位于理番与威州之间，为羌民之聚落，位于杂谷河之下流通化城□之山上□，海拔在七千尺以上。房舍田园，皆指证昔日之一度繁荣，今则墙垣颓废，景象衰落，乃民国二十四年受红军之“搅扰”所致。自后人力更为缺乏，情形愈益不振，熟荒之地日多，加之其地气候干燥，农作物亦非赖山水之灌溉不可，即野生植物亦仅耐旱性者。

鹧鸪山山口海拔14000尺，由山脚约至12000尺为草地与森林之混合带，12000尺以上为草地带，野卉时妍，美不胜收。今略陈其一二，以与杂谷河下游佳山寨之野生植物比较之，可见两地地理因素之不同，影响于植物之品种与形态甚大。

下埌口为入草地之第一站，为番胞之故乡，居民以畜牧为业，赖牦牛□羊为生，以帐篷为居所，植物之生长以牧草为主，因海拔与气候之不同，其品种与形态又与鹧鸪山者异。

自麝猫寺东折入大路沟，翻越鸭克夏山而入黑水支流二巴躲水流域，马河坝为第一站。顺二巴躲水而下，于芦花之西遂入黑水之干河流域。惟因道路险阻，普愕[1]于黑水

---

① 愕：底本作“颚”，据文意改。

之种种颇多神秘之谈，而少科学之论证，由于该地地图错误之一般，则可知番人[①]于黑水错解之处甚多。

白马塘至茂，地势则渐低落，气候亦渐和暖，是以植物之生长又因环境而变异。

当地之地质、土壤、地形与气候等颇有可述，兹略介绍如次。

（甲）地质

理番县之地层，断层累累，岩石变质甚深，分辨非易，且侵入体[②]亦多。惟来苏沟、草地及黑水上游一带，□为极厚之水积土所□□，故岩石之露头，则不多见。岩石之种类及其构造，与交通问题之关系甚为密切。本县之地层构造复杂，非但变质甚剧，且多断层及褶皱现象，地层之倾角极大，多在七十度左右，故易于崩落。其走向于河谷之方向无关，沿河两岸高耸，谷底之冲积台地少而小。凡居民之村落，多位于山寨。

威州至理番之大道，多傍危峰，下临恶浪，无跬步[③]平处。然地虽险峻，有时在山坡，□有依傍处，则垒木为梁，实以土石，犹称坦途。但每遇直立片麻岩或片岩地带，则山崩之虞[④]，逢雨季常累见不鲜[⑤]，毁路阻道，极□行□之苦。又地质与矿产有密切关系，储量之多寡，品质之优劣，由观察矿床之生成情形而[⑥]定。而矿床之□□变迁，矿产之聚集分布，□由地质上各种情形，推知[⑦]其底蕴。故欲知矿产之种种，非由地质调查着手不可。理番矿产因限于时间，此次未得详细考察。但就沿途所得者，略陈一二以为例证。

1. 煤层：沿途所见侏罗纪煤层之露头分布极广，岷江、杂谷及黑水流域皆有之，惟其质劣而量少，内含泥土及砂质甚多，故其价值不大。

2. 云母：云母片粒在杂谷河中游分布极广，多以太古代之片麻岩及片岩中见之。其粒之较粗者，多由侵入体花岗岩变质而来；其粒之细者，则多由水成岩变质而来。惟因晶体不大，且少大量之集聚，又加运输之困难，其在经济上之价值，尚为未知量。

3. 铜铅矿：其成因乃当□□岩浆上升之倾，同时出之气液体，冲入各□附近之地层中凝结而成。所得之标本，乃采自理番至杂谷脑之途中，其产处多为石英岩，因此层之冲刷已久，此矿之露于地面者非鲜。

4. 沙金：金粒被冲而至沟中，虽非到处堆积，然有利于推测堆积之环境及其机会，即当时河流弯曲之情形及溪谷之深浅宽狭是也。金随沙砾而至沟渠，须顺水之流势而下，如河身直，而水流则一往直前，金沙则随之而下，此时则沟中少有积蓄。故沙砾金粒沿河堆积，其堆积所在与水流之弯曲有密切关系。金之比重较沙砾为高，故不易为水冲浮，顺流而下，沉在河底。故当金伴沙砾随水流动，每至河湾，水流被阻而变其方向，水轻浮，变向速而不停滞，含挟带之物而去，金粒与沙砾之重者，被阻停留，依时

① 番人：底本作“善人”，据文意改。

② 侵入体：底本作“优入体”，据上下文校改。繁体“优”与“侵”形近。

③ 跬步：底本作“跋步”，据文意改。

④ 虞：底本作“举”，据文意校改。

⑤ 累见不鲜：底本作“累见不群”，径改。

⑥ 而：底本作“面”，径改。

⑦ 推知：底本作“推之”，据文意改。

俱增，而成富矿。此次所见金矿，已开未开或昔开今废者，地点甚多。杂谷河流域，曾经采挖者，以杂谷脑之附近为最多。梭磨河流域及黑水流域昔开今废者亦多，惟冲积层之含金常以下部为最多。而理番县内上层之沙砾层常甚厚，又因河岩峻峭险隘，故采挖淘洗，困难颇多。

（乙）土壤

纵观全区土壤，除少量冲积土外，计分六种：(1) 残余土。(2) 水积土。(3) 崩积土。(4) 红壤土。(5) 草地之黑土。(6) 泥灰土。因冲刷剧烈，全区少见成熟之土壤。惟草地之黑土，已示 A、B、C 层之发育。

（丙）地形与气候

海拔愈高，则温度愈低，平均每升高一千尺，温度约降低华氏三度。故凡在一万尺以上之地，则海拔平地同时之温度降低华氏十度。故当成都在夏日之温为华氏八十度时，同时马塘之温度仅五十度。当成都冬日之温度为华氏五十度时，则马塘之温度已远在冰点之下。故马塘之菜蔬，即于盛夏，亦仅有小青菜而已。其与成都不同，可见一斑。

本区气候与植物之生长，极有关系。兹举冬青稞为例以明之，如杂谷脑，在海拔六千尺，冬青稞下种期乃十月，收获期则在五月中旬，生长期为七月。但在马塘者，海拔为一万四八〇尺，则于九月下种而于八月底收获之，生长期则为十一阅月，较杂谷脑者竟多四阅月，此乃海拔高度之影响也。是知高度对于植物之影响如纬度者同。

总之，由地理方面论之，本区为西北高原与四川盆地之分界处；就地形而论，乃为一片被冲刷之准平原；以气候而论，本区则为潮湿与半潮湿地方与干燥之西北之转变地带。

在政治上，该县之东部已行保甲制，但其西部则仍由土司、头人与土官主持一切；在种族上，亦甚广泛，如羌、嘉戎、番等均有。

灌县至茂县各站海拔尺数

地名	里数	高度（尺）	地名	里数	高度（尺）
灌县县城		2400	二郎庙		2480
白　沙	8	2500	朱老坝	7	2580
茶　关	5	2700	楠木园	5	2800
龙　溪	5	2900	小　湾	5	3400
乱石沟	7	4300	娘子岭	3	4800
西瓜脑	10	3850	映秀村	5	3180
豆芽坪	10	3200	东界脑	10	3250
兴文坪	10	3250	银杏坪	10	3400
沙坪关	5	340	箩圈湾		3600
澈底关	5	3500	桃　关	10	3550
威　州		4600	青　坡		4200

续表

地名	里数	高度（尺）	地名	里数	高度（尺）
凤毛坪		4820	石　陵		5020
沙　坝	5	3550	索　桥	2	3600
大衣坪	3	3640	磨子沟	4	3750
飞沙关	6	3900	汶　川	10	3800
白鱼落	10	4000	板　桥	10	4150
磨刀溪	4	4150	七盘沟	4	4250
沙窝子	4	4800	混水沟	4	4700

威州至下埌口各站海拔尺数

地名	里数	高度（尺）	地名	里数	高度（尺）
威　州	4	4600	畅　夷	10	4450
下　庄	10	4600	古　城	10	4800
七溪沟	5	4800	遵　化	10	4800
甘　溪	5	4900	中长河坪	8	5000
□　番	12	5100	乾　堡	40	4500
白帐房		5600	杂谷脑	2	5600
仆头梁子		8200	□　口	35	6700
□阳坪	10	7220	□店子	10	
庄　□	8	7380	鹿儿来		8530
邱　地	32		□　壁		
长河□	60		米暨羁		8800
□罔梁子		10820	尽头寨	60	11480
鹧鸪山		14100	马　塘	60	11480
废猫寺	30	10820	下埌口	90	11680

马塘茂县各站海拔尺数

地名	里数	高度（尺）	地名	里数	高度（尺）
马　塘	80	11480	康猫寺	30	10820
鸭克夏山	40	14830	马河坝	40	10000
米　来	30	10820	九丝河坝		
芦　花	90	7020	麻　窝	50	6890
角摇肚	30	6560	雪　姑		6230

续表

地名	里数	高度（尺）	地名	里数	高度（尺）
鹅石坝	70	6200	□　地	80	5940
松溪堡	60	5410	□楼沟	10	
沙　坝	30		茂　县	30	5250

二、杂谷河流域之自然与人文

杂谷河谷地，可分三段论之，即：（一）自威州至理番县，称为杂谷下游；（二）自理番至关口，称为杂谷中游；（三）自关口至尽头寨为杂谷上游、□□□□丝沟。兹分述如后：

（一）杂谷下游——自威州至理番之段，河谷之方向大体为□北东□□□，□□□恒□之风向平行，雨量稀少，故植物之生长远不及岷江谷中□□□茂，且其植物多为耐旱性者。

本段冲积台地少而小，是以自威州至下庄间之村□□□山寨，峡谷险峻，土壤冲刷甚剧，植物稀少，山之岩石露头甚多。羌长住之处及其活动范围，即在山上坡之□□处，谷底则人烟稀少。

下庄与古城间之冲积台地较大，屋舍亦较多，但农作物之生长，尚赖灌溉之功。

自九子屯起，岩层为黑色之片麻岩，中夹石英岩层，劈开面甚强，故自九子屯至理番之段山崩常见，道路为之损毁堵塞者甚多。

总之，威理大道皆上傍危峰，下临恶浪，无步平爽，然而地路虽险，或□山城，微有依傍，则叠木为梁，实以土石，犹称坦途。□偏□□□，石壁陡立，□鉴石穷，架木其上，仅容偃偻而行。

理番县城位于孟屯水入杂谷河之冲积台地上，开建理番县城于河之西岸。康熙四十七年，熊耳山山崩，孟屯水合沱水向南急流，理番县城正当其冲，城垣悉毁，河道南移。乾隆二年，重建城墙，周长四百十丈，高二尺，有门二，东曰□江，西曰伏羌。今者城中景象荒凉，除街面店铺暂以木板制成外，其他多为破城垣，乃民国二十四年红军路过时“骚扰”之遗迹也。

山之坡度约在六十度左右，冲刷甚剧，是以植物欠盛。自理番县城而西，羌民稀少，所有戎民且多藏化。

（二）杂谷中游——自理番至关口，为杂谷流域[①]最富庶之处，亦为其文化中心之所在，山坡之植物较理番以东者为茂盛，山寨林立，梯田满目，人口亦较稠。

乾堡屯及杂谷屯之官寨，以及杂谷流域中之处属枢纽地——杂谷脑，均分布于此。

理番至瓦耀坪，河流与岩石之走向顺行。故河床较平，河道中有沙洲之出现，此段山之坡度极大，无耕种之台地，岩石露头较少，惟耐旱之植物尚多。

① 流域：底本作“流城”，径改。

自瓦耀坪至塘上，冲积台地离水面之距离，较杂谷下游者为高，此处台地长不及百尺，宽不及五十尺，此段峡谷多而窄，山崩亦多，路险难行。

理番以东为羌民之所，经西则为嘉戎民族处所。羌民无文字，语言不同，交易上多用汉文。自理番西，藏文较汉文用之渐广。

红水沟口有两村对峙，在沟口冲积扇之高处，有嘉戎民寨，低处为汉人村落，两两并立，屋宇习俗，则各各殊异。此段山峰较低，山顶皆已耕种，农作物多为荞麦，平坝上种有胡桃、杏树及果树等。

谷地及冲积地，宽约八百尺，两峰高耸，岩石□具绿色，土壤现紫红色。乾堡位于锥形之冲积扇上，约有四十余户，为乾堡屯官寨之所在。

自危关至白帐房，两岸岩石为石英岩、千枚岩、板岩之交错层，中夹直径约二尺许之结核岩层，倾斜角均为九十度，两岸直立，但河床宽广，河道中有□□□。

杂谷脑位于一大台地之上，卵石之沉积极厚，该坝或系□四之冰湖后为冰碛所填满，最下层之为沉沙与具有棱角之沙，砂中尚有沙金之存。

（三）杂谷上游——关口以西，河床之坡度较东部者陡，故河道中非惟无沙洲之出现，且水流急而多激流危险。

自关口至小夹壁，河谷益窄而深，两岸壁立之悬岩，多为冰碛之剖面，河谷及两岸山上，遍布森林，冲积台地较少，民房寥落[①]，荒无人烟，但植物繁茂，故风景佳丽。

自小夹壁至尽头寨，河谷骤宽、两岸多为丘陵，暗流颇多，乱无定向，遍地沼泽，平坝多为牧场。

以上所论，皆为杂谷流域之自然状况。兹再申述其人文状况如后。

杂谷河谷中村落之特征，即为破垣短墙，废址残□，一片荒芜景色，其理由，约有下列数种。

1. 民国二十四年红军“骚扰”之结果：该区民众称红军为“霉老二”，其对于红军之不满与憎恶之心，可见一斑。[②]

2. 山崩之影响：山崩之后，乱石塞途，屋宇全毁，村落旦夕之间变为废址。

3. 台地向下游移动之所致：沿途常见河旁台地上游顶端之土壤均被截去，而向下游之端则有卵石与新沉积物之堆积，故常见台地上端生长之树木今已长于水中。所耕之地，每半为淹没，房屋则迫近水边。台地之下游有乱石堆积，盖上端之台地已被冲刷，后端之新沉积则仍不及开垦之故也。

以地势论之，关口为一东西之分界；但以文化论之，则东西之分野，实为杂谷脑。杂谷河流域之重要村镇，位于威州与杂谷脑之间，如理番县城□及杂谷屯、乾堡屯之官寨皆位于此。此外如商品聚散之重地杂谷脑，汉人中心之通化、乾溪，以及羌民之佳山寨，嘉戎民族之日用脚等，均在本区范围之内。

杂谷河河谷中，关口以东之谷底，多为汉人所居。羌民山寨及其耕种土地，□分布于土坡较平处。由沿途之□碑及羌人之住所观之，可知其远在清代时，实较今日为繁

① 寥落：底本作“廖落”，径改。

② 此为作者站在国民政府立场的诬蔑不实之词，读者宜明辨，勿受其误导。

荣，其经济情形，教育状况，亦较今日为盛，今则徒[①]为衰落景象矣。但羌民藏化已深，房屋多依山坡建筑，房屋之前部为两层或三层，后部则较前部少一层，前部□之层，则为猪圈。室内少桌椅。本区地势高，寒风刺骨，因之窗牖既少又小，厨房位于室之中部，炊烟满屋，眼目为之不明，故居民之患眼疾者甚众。大门上之框幅以及室内之联坎布置与祝文等，非但用藏文，亦袭用汉式。

近来各山寨，计有国民小学设立，羌民与汉民之感情益笃。

本区内沿途来往商客络绎不绝，自上游与黑水出口之皮、毛、药材等，咸由来苏沟至杂谷脑，咸由董□沟至理番，再遥至威州。由灌县输入之□茶叶等，亦由理番及杂谷脑分发该地各处，惜近年来之商业，已不及昔年之盛。自杂谷脑以上，则景象迥然不同，关口至尽头寨间，实无□□之，全谷中村落寥寥无几，仅有者，人口亦极稀少，沿途绝无茶驿酒馆，更无客栈□店之设置，邮政既以杂谷脑为终点，故关口以上信件之往来，若无□□之□，则非派特差不可。

此段居民为嘉戎民族，多奉喇嘛教，文字以藏文为主。自关口以西，未见国民小学之设立。但该处儿童教育与宗教合一，清晨即见儿童在房顶上诵读藏经，制度极严。

杂谷上游之富源□为森林，至今尚未正式开发，而森林之破坏已甚。矿产之富藏，至今尚无重要发现，即将来有无若何希望，亦未可知。农作之产业，仅足自己，是以居民穷苦不堪。除人生所急需者外，并无若何物资之享受。纵观以上各点，杂谷河流域急待解决之问题，约为下列各端：

1. 教育——如何兴办学校，扶助其发挥固有之美德，充实其生活技能，唤起其对于中华民族责任心之自觉，而加强其精诚团结之向心力。

2. 交通之开发——边民与汉民之最大隔膜，乃由于地形之阻挠，不能了解信任。若能开发边地交通，便利双方之往来贸易，则边民之富源借之开发，而各民族间之感情亦必日笃。

3. 农业之改进——由于交通之不便，地形之高峻，边民农作物仅足自己，若能灌输农业之知识，使地尽其利，则农作物亦可增加其产量而富裕该地之民生。

4. 森林之开发与保护——森林既为边地最大富源，则留心开发地者，不得不注意森林之问题，如何使森林不致滥伐，如何使木材尽其最大利用之可能，均为当前之急务。

5. 医业之设施——本区地势高寒，农作物仅有大麦、玉米等，居民或以玉米粉和水成饼，所谓珍珠饭是也，质硬而干，不易下咽。或以大麦或豆粉做成糌粑，佐之以浓茶。二类食品均不易消化，因之本区民多患胃病。

再者本区海盐缺乏，尤其在杂谷脑以上，米亚罗等地，海盐愈为珍贵，因此患大脖病比比皆是。

关心边区者，对于边民之健康，□如何设法灌输其医药常识，给予医药之设施，实为刻不容缓之任务。所举各点，虽系平凡，□关心边务者，实不容忽视。

---

① 徒：底本作“徙”，据文意改。

三、黑水流域之自然与人文

刘恩兰

吾国四川西北一隅，为素未经勘察之山地区域。黑水河流域即位该区之东南边缘，乃一具波浪形起伏之草地，间被满载森林之山峡深谷所切断与高耸之雪山所阻隔，其面积则自岷江直伸至大金川之支流梭摩河之分水岭邱峡山系，海拔 15000 尺有余。

本区民族与文化均极复杂，黑水河上流受番人与嘉戎人之影响甚巨，及至中游北缘之谷地，则为猼猡子人盘据之地。然因不在边疆服务团考察线路之内，故不得知其详情。至于黑水河之下游谷地则为汉人所居，山上则似以略具羌人血统人民所在地。

在政治上，黑水河可划分为二区：下游区属省政府区辖，至于中上游区即就地理上而言，至今犹为一所谓“生番区”，省政府需借“土司”及“头人”之传递，始能通达消息。

黑水河流域至今犹与外世隔绝之原因有三：（一）群山荒芜，行旅艰难，货物、思想均难互易；（二）鸦片遍植，秘不欲让外人闻；（三）人民好斗与迷信之习性，不易与外人往来。是故除贩卖鸦片者外鲜入□者，且山地羊肠曲径，常增加各河谷间往返之困难，更使内部山民与外界之接触断绝，是以至今往返该区，仍为一富有冒险之旅行也。

虽然此孤绝之黑水河流域，实际上并不纯如吾人之臆想。例如，妇女之头饰、服装，仍有清代之遗风；男子亦至今蓄有发辫；货品方面，如针线、佛珠、棉织品、茶等，皆深入谷中。盖数百年前，已有外间文化辗转输入，惟此种文化对黑水河道之文化影响绝小，事实上喇嘛教之影响甚著，其势力深入人民之日常生活及一切，故若谓黑水河之文化其单纯者，或从无外界移民迁入者实属误错！

黑水人民之生活习惯，各处不同：

（一）凡住居上游之人民，均受草地番人及南方来苏沟嘉戎人之影响，其宗教信仰以及他种社会习俗极与番人相似，惟在物质文明上则又极似来苏沟之嘉戎人，此种情形是与地理因素及气候有关，盖番人之物质文化基于畜牧方面，而黑水河人民则与嘉戎人相同，均基于农业。

（二）凡散居中游，并其各支流谷地者属猼猡子，乃猓猡族之后裔，史云系清代时被政府迁入以征服西北来之番人者。关于猼猡子人之一切，尚无可依据，即今日各方之传说，亦多近于神话，所知者，仅其民族性剽悍好战。故我等于民国三十年八月抵马塘，考察嘉戎与番人之地区时，即蓄意探求机会进入此神秘之黑水区域。

黑水人之建筑与嘉戎人及羌人相同，皆筑于高处平缓山坡或平坦之山岭，其高度约在海拔 6000 至 10000 尺之间。在此等村落之上，则有草地，山岭谷地，刻画甚深，满坡杂林，惟坡度极陡，冲刷甚烈，无人居住，乃野猪、鹿、熊、獐子、鸟类游息之所。

至于土地利用方面，在黑水河上游谷地主要作物，厥为蚕豆与大麦，中游为小麦、荞麦、鸦片及少数之洋芋种植，玉麦、豆类则为下游之主要作物。根据余等沿路察视所及，均在上游一带，耕地与村落之位置均在 10000 尺以上之台地，约较河床高 300 至 1000 尺。此项台地皆为深厚之黄土所掩盖，其深度各地不一。聚落之分布均在森林地带之上，就气候上言，因地位之高，故夏季温差较大。民国卅年余等在该地时所得八月逐日所量气温，则常在华氏五十二度，且晚间常雨，农作物与蔬菜受此种气候之限制甚大。

在中游河谷，耕地与村落之分布位于平缓起伏之坡地，均在1000～6000尺之高度间，大体而言，均位于森地地带之下。此地段之气温较上游为暖，雨量亦较丰，其间平缓之山坡大多为冰川之堆积物所筑成，其极似冰川积聚，其上仍有红土盖覆。

在下游各地聚落，农耕地之分布均在近河之冲积台上，此地八月最低气温常在华氏六十度以上。

气候与地形为密切决定某地作物之重要因素，也间接影响该地人民之生活方式。黑水河上游人民之文化并无特殊之点，惟其语言与嘉戎人及番人异，然所用文字则三民族均采用藏文，此三民族每日之主要食粮均为糌粑（大麦粉与豆粉混而成）及茶，间有肉类。黑水上游人民与嘉戎人略有蔬菜可食，但番人则绝无青菜之享用，然牛乳、牛油、乳酪甚丰。黑水中游居民之主要食粮则为荞麦，此更为地理因素影响人民食物之例证。同时地理因素又影响人民之居住方式，例如：以游牧为生之番人居帐幕，以农为生之黑水上游人与戎人则以黏土与石块筑屋居住，是以黑水上游人民之物资文化则极似嘉戎人。

但以黑水上游之社会结构而论，则极似番人，如婴孩之产生以及婚丧□节等，均与番相仿，而嘉戎人则已略受汉化，故由外□上观之，黑水上游人民颇似嘉戎人，然于社会传统上，则又似番人矣。

余等在该区时，尚见妇女权利之大与生活之自由，及男子地位之不□□，实足骇异！该□村落妇女与外界新式社会或浪漫之妇女相□，实更为前□，更为活泼！

因森林之被摧毁，山崩之发生，土壤之严重冲刷与夫肥料之缺乏，土地尚未尽其利。幸人口稀少，目前亦无改善之迫切呼声。且已垦之地亦多□荒芜者，是以最严重者，果如其特殊地理环境所促成之鸦片种植问题，故本节□能就管理组织方面加以改善，则非但能供给多少之人口，并可使其生活状态较为丰富也。

四、理番之地理环境

研究人类社会文化，首指□□及地理因素。土壤、地形与气候等地理因素乃发展人类生活、居住地之最大动力，亦可注定人类活动或文化形成之范畴——即地理因素可划定某地可无发展之范畴。吾人皆知土壤与食物之生长有莫大关系；气候为食物的收获丰歉之最大背景；至于产无用之□□，则因地形之不同而异。

例如：嘉戎人与番人虽属于同一整治管理之下，然其文化则向迥异，衣食住亦颇不同，是为“气候”与“地形”影响之明证，因番地气温终年低下，不宜农作物之生长，其文化由游牧生活而来。但嘉戎区情形则不同，有因气候干燥收获不良者，有因土壤瘦瘠，以及过度之陡坡与毛岩石而不宜务农者，此外如急流与土壤冲刷等，亦影响农作物之生长与收获，或因各种土壤之容水量和排水量不同，亦有相当影响。结合以上诸因，即可判别该地土地利用，适宜于农作物之生长，抑或适宜于森林的种植。吾人□明了边地人民之情形，首须明了其生活背景。兹因限于篇幅，仅以理番之自然环境，择其主要之地理因素，略加论述——如地势、地形、地质和气候等。

理番为四川省□县之一，位于四川西北部，境内分为二自然排水区域，其东为黑水、杂谷河之排水区，其西为梭摩河之排水区，二区以鹧鸪山及鸭克夏山为分水岭。鹧鸪山杂谷河上游至梭摩河谷间之分水岭，海拔一万四千八百五十尺，诸高山之上，仅有小径，山岩则属于片岩、页岩和千枚岩，岩层大多叠立向陡，角度约为五十度至八十度之间，且其劈开较完整，故多山崩，大石块极易下坠，堵塞道路。此种情形，在该地诚属常事，旅客路经此区，必得自己设法修桥铺路，方可通行。我们在短期旅行中，亦曾遭逢两次。关于此种形地地形之关系，以及交通阻隔之情形，吾人可知何以□在一县。其东部已实行保甲制度，而西部及黑水河上游与梭摩河流域，则仍为土司和头人制度，县政府之法律，对之似有鞭长莫及之势。

理番民族含有羌、嘉戎番和蛮等，以及少数住于交通线上和商业中心地之汉人。边民各有其特异风俗、习惯、事理评判之标准和道德之观念，盖由于地理因素之限制使然，其主要者为地势、地形、地质①、气候等，兹汇条分述之。

（甲）高度——地势②

自威州至下濂口段，人民之分布颇受地势之影响。凡不同民族之居住地，每因高度而分界。嘉戎人所住之地域，西界鹧鸪山，东界孟董沟及蒲溪沟；羌则住于嘉戎人之东；番人则住于一万尺之高原上。此种情形，初而或许为偶然之分布，□久适合环境后，□往往使居民之文化与地域间发生密切之关系。

（乙）地形

自灌县至下濂口地势逐渐加高，以沿河道路之高度而计，则平均每行一华里升高十二尺，或每英里升高三十六尺，其地河谷窄而深，正在少年时期，多数河谷皆有五百至一千或一千五百尺深之峡壁，峡壁之上，每有一片比较平坦之台地，再上则坡复陡，而有达山顶者。约言之，大抵有百分之五为谷底和冲积土之台地，百分之五十为山腰缓坡，百分之二十五为起伏不平之高台地，余者则属陡坡及不能耕种之荒地。此项地形，大抵由于流水冲刷于冰川地形之上，或因大陆上升，□有之侵蚀循环忽被中止，致使中年河谷，复呈少年状态。

（丙）地质

其特殊形式，乃属流水冲刷之冰川地形，地层似有上升现象。故河流向下凹入成峡谷，此种深狭峡谷，即表示河流属少年时期。亦可知□河流改道，与河流□□作用□成之瀑布及荒废之河滩，皆足以表示河流乃在“适应时期”。所谓适应时期，即是少年时期。

向河谷之外形，可看出河谷之下整合现象。现在之河流在一展开V形之中年河谷中切成一较窄V形谷底之峡谷，即侵蚀作用为大陆之上升作用所阻止。所有村落多建筑在山腰较平之台地上，又因大陆升起之不均，遂有断层之形成。此种推力又易引起地

① 地质：底本作“地势”，据上下文改。
② 地势：底本作“地形”，据上下文改。

层之变位，故常有地震发生。

由以上地层之情形而言，其岩层多属变质岩，因断层及内部动力作用之影响，故所形成之地层多参差不齐。又以地层已被侵蚀，山巅渐趋平坦，此山顶上有一层冰积聚。此种冰积聚乃依山之高度及斜度而有不同之厚度。

譬如：威州之海拔为四千五百尺，上行一千尺斜坡，则见冰积聚之出现；杂谷脑之海拔为六千五百尺，在河流北部便可见冰积聚之存在。无论何地，只要冰积聚之厚度适宜，即有农作物之种植，草木之生长亦较繁茂，且为村落之分布区与人民之居住地。若综合地势、地形和地质等因素，可将其平均情形制为图表（图一、图二、图三），以表示理番植物带之垂直分布情形。在陡坡上，土壤冲刷极剧。岩石露头甚多，不能耕种，但从六千至八千尺之坡上，坡度缓和平坦，加上覆冰之积聚，成为当地居民之住宅与食物供给区；再自八千至一万二千尺，坡度又稍陡峭，乃为森林地带；森林带之上，为草地带，也为采药者之乐园；由草地带而上，则属于雪地乱石带。（表示乾堡附近的聚落分布情形）

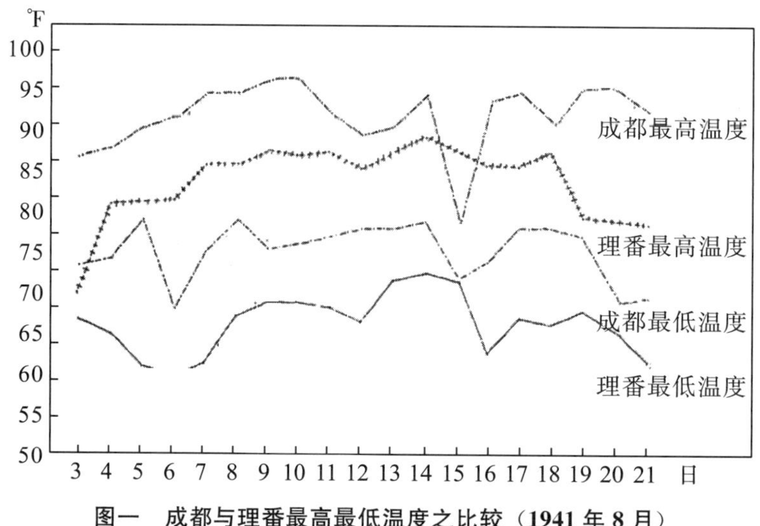

图一　成都与理番最高最低温度之比较（1941年8月）

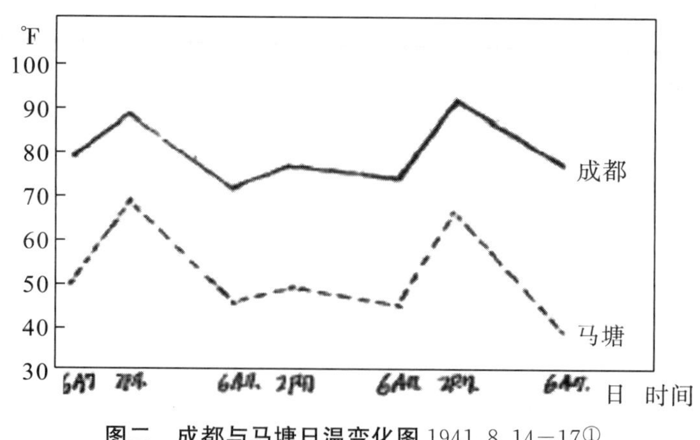

图二　成都与马塘日温变化图 1941.8.14－17①

① 图中横轴因底本漫漶过甚，故未予整理录入，仅以扫描图片呈示。

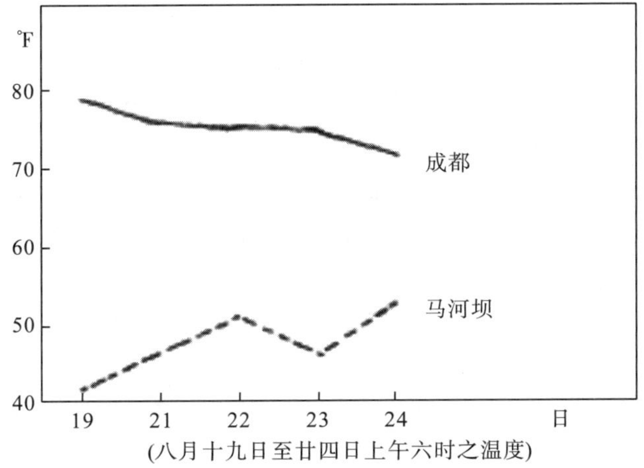

图三　成都与马河坝温度之比较 1941. 8. 19—24 略

（丁[①]） 气候

土地利用不但受高度、地形、地质等影响，且受气候之影响。

1. 温度。

海拔愈高温度愈低，尽人共知，其降低率大约每一千尺减低华氏三度。成都与理番（五千一百尺）相差三千三百四十尺，成都与马塘相差约一万尺。假设其条件皆相同，则同时理番之温度应比成都低 11°F，马塘□□应比成都低 30°F。

图一所示为成都与理番县城一九四一年八月三日至廿一日每日最高与最低温度之比较，理番最低温度在华氏六十度左右，而同时成都最低温度□在华氏七十度至七十五度之间。由图二知马塘之最低温度竟在华氏四十度左右，可见海拔高度影响之一斑。但其曲线却大致平行，可知除高度外，其他影响天气的因素则仍相同，由此亦可知马塘、理番、成都乃位于同一气候区域之内。

图三表示者为成都与马河坝温度之比较，除马河坝温度较低以外，其曲线亦无相关现象，是知成都与马河坝不位于同一气候区域之内，因其控制温度之因素各自不同也。

由图一、二、三可注意之点如下：

（1） 海拔愈高，温度愈低。

（2） 由成都与理番及马塘逐日温度记录观之，温度曲线互相平行，可知各地皆在同一气象控制情形之中。

（3） 由成都与马河坝逐日温度记录而观，则温度曲线各不相关，是知此两处气象控制情形，各不相同。

2. 雨量。

旅程中，要得雨量记录，较温度记录之困难为多，但由于观察之情形与观察之经验，亦可探得当地之概况。

杂谷的下游，地面比较干燥，荒芜之地较多，农作物则多靠灌溉。由于当地之山谷

---

① 底本作“戊”，据上下文标题序号校改。

方位与风向平行所致，故雨量少，农作物生长困难。但在风向与斜坡正交之地，则雨量较足，非但农作物可以生长，天然植物也极繁茂与丰盛。

杂谷上游、来苏沟，以及草地和大部黑水区一带，则较潮湿，其最高雨量带约在海拔八千至一万尺之间，是为森林带。

七八月间，岷江谷底杂谷及马塘附近，常在深夜及清晨下雨，然在黑水区，则常在午后下雨。由此可知其不同属于一种气候地带之内，但此雨区下雨情形均很缓和，向不急，是以雨量□度都不大，为其同点。

总之，自威州以上，气候有显著改变，因为登高至六千尺处，山地气候更有显然之特征。在八千尺处，大气压力已减去四分之一，灰尘也减去一半。又□天气晴朗之时，在六千尺处，可得总日射百分之七十五，在□平面处，仅得百分之五十。在多雾之晨中（如成都），仅有六千尺处所得者的二分之一，是以当地边民，可饱享紫外光线。

总之，山间气候□复杂，高度、坡度和地形之影响，各处晴朗和暴雨天气之特性，以及山内所造成局部之□，皆足造成局部不同天气之性质及因素，因此理番之农作物各地不同。自威州至小夹壁，玉麦、山芋为主要农作物，离小夹壁，则玉麦由小麦所代替。康猫寺以上，因气候之不适，无农作物可言，人民则从事畜牧。黑水河上游，则以荞麦为主。统言之，于高度、地形、地质和气候之不同，故人民所依赖之生活方式，亦各各迥异，各地亦因之□有不同之文化和政治结构之产生。理番为一具有诸多不同地理因素之地，故理番之民族文化，颇具复杂状态，其理固然也。

五、理番县之土壤概述

四川地质，久有学者考察，已有图说，但因□时书籍版印不易，运输困难，加之本团去夏仓促成行，我未能获得一份图籍，以求参考，殊为惋惜。四川西北地层，变质甚深，地层分辨非易。此次考察，限于时间，足迹所至，多沿大道附近，未遑纵览全区，故于各区地层系统，地质构造，及关于□□重要之点，未敢妄述。此□仅就沿路所见之情形及其土壤有关系者，略加论述。

由灌县西行，始□经过砾岩、砂岩、贝岩及煤层之山地。该煤层似□复侏罗纪。娘子岭东南坡之露头多为变质岩，其在西北坡者，则多为火成岩，前行经过板岩、千枚岩、片岩及石英交错层，侵入岩亦所在皆是。在银杏坪更发现大理石带，居民[①]即恃此而谋雕业之发展。石灰岩则在板桥与威州之间颇多。

自威州至理番，有片麻岩、云母片岩及板岩，本区之地质构造极复杂，岩层倾斜亦剧，倾角约在七十度左右。由理番至尽头寨，则山谷中露头甚少，皆为·层极厚之冰川沉积物所掩覆。

由地形上而言，小夹壁以后即进入一大高原。高原下即为古生带之岩层，上有极厚之冰川沉积层，冰川沉积层之上为红色壤土层，多为黏质壤土。或因受极剧冲蚀作用，其粗松之上层已被冲失，仅存者为 B 层，黏性较重。由马塘越鸭克夏山口，至黑水支

① 居民：底本作“店民”，据文意改。

流二巴躲河流域，在鸭克夏山之西北山势较平顺之大路沟东北行，则所经者为板岩及石英岩层。鸭克夏山东南坡则为花岗岩之侵入体，山径险阻，沿二巴躲河二谷之宕石，多系变质岩。

理番全境，岩床与土壤之关系甚微，因大多之山地皆遍地为极厚冰川沉积所掩覆，冰川沉积物之最低界限约为四千五百尺。平均而言：其界限在六千尺左右，红土壤之最低界限为八千尺，八千尺以下，绝少其形迹。

舍复杂之地质构造外，该区之地形及侵蚀情形，对于该区之土壤亦有极大影响，其土壤自性质特异，不易以通常之分类办法分别之，其最显著之特征乃：

（甲）土壤缺乏“固定性”（Inotabirtiy）

（乙）少成熟土壤之发育；

（丙）少腐殖土存在。除在草地可见腐殖土外，他处绝少腐殖质之沉积，土壤多为酸性，其最高之 PH 为 7.5。

红土覆蔽处，绝少垦殖，仅为野生植物及牧草之畜殖地。但在马河坝之红土区则已垦为麦田，盖红土之利用乃为气候所控制，凡红土之所在地，生长期多为海拔高度所限制。

本区土壤之种类与特点，兹再申述于后。

统观全区土壤，除少量之冲积土外，土分六类，即：

（甲）残余土。

杂谷河流域多为残余土，其颜色质地及所含矿物质，均与其母岩相似，但因坡上之土壤易被冲刷，故不克发育成熟，无明类之□□，瘠而极薄，约在□公分左右，并常见盐粒沉积于岩之裂隙中。

此类残余土非但不适耕种，即野生植物亦极少生长，仅有少数之耐旱植物。总之，山坡上一片荒芜，因此威州、理番道上，风光平凡，景象凄凉。

（乙）冰积土。

理番县之地质特点，即为覆盖深厚之冰川沉积，岩块呈棱角形，为法岩、板岩、灰岩、花岗岩及其他火成岩之碎片，其母岩有在近处可寻者，但多数均自他方由冰川搬运而来。本区各地冰积土之颜色、组织及所含矿物均不相同，其原因有四：

（一）本地岩床之影响；

（二）石地种类与数量不同之影响；

（三）堆积位置不同之影响；

（四）种植程度不同之影响。

该区冰积土中石块数量与大小各地不同，例如在威州附近之石块棱不甚著，体积亦较小，最大之石块，直径约为一公分左右。但在通化及理番则较大，其直径尚有超过一寸者，而杂谷脑附近之石块体积则更大。

本区土壤颜色，骤视之多为黄色，审观之，则知与其母岩之颜色相似。在六千尺以下之山坡上，黄土内少有棱角石，此类土壤或系自山坡上所冲下而积集者，例如威州对岸之山上则沉积有五寸深之细土，其中含有蜗牛壳极多。

冰积土之多棱角石块者，□为沃土，其价值仅次于冲积土，因其土质较松，植物易于生长，又可防止虹吸管作用，其□则为极剧之全面侵蚀。理番县之耕地多为冰积土，然其谷物种类之选拣则恒视高度与气候为转移。例如自威州至小夹壁之农作物则以玉米及洋芋为主，较高处则种大麦，较低处则种小麦，从小夹壁后则玉米绝迹，但见大麦与黄豆类。向北抵草地附近，任何种类之作物均不可见矣。

该区虽经数代之垦殖，而土中之腐殖质，仍极缺乏，土壤剖面亦极不发育，所幸沉积层有数百英尺之厚耳，否则其地早因冲刷过度而荒废矣。

在杂谷河流域之低坡，屡见近代荒坡之遗迹，固由于人为的摧残，故不易蓄，又因远离泉源，灌溉不易，仅能作耐旱植物繁衍之区。

（丙）崩积土（Cellunise Soil）。

沿杂谷及黑水流域，水流急湍，沉积物皆为大小不等之石子，愈向下游，细石子愈多，该区绝少平地，全境几为山坡，故土地冲刷而下，易沉积土之沉积区，则为近河之耕种区。

崩积土之颜色有时与母岩相同，惟质地较冲积土为粗。

（丁）红壤土。

在本区三千公尺以上，为红壤土带，其受全面冲刷之现象甚为显著，上层网土已被冲失，仅余下层黏土，较疏松之 A 层已被冲刷，又因气温过低，红壤土上至今颇少耕种，复因排水及生物多为之影响，其颜色亦随地而异。

（戊）草地之黑土。

草地之土壤为黑色，腐殖质颇多，土壤□面亦较发达，B 层为深黑色，A 层松软，为腐殖质，其平均之 PH 值为 5.5，多高山带植物（Alpine Vogetaiion）。土壤肥沃，惟受高寒气候之限制，种类不多。

（己）泥炭土。

在草地区下瀼口一带有泥炭土之存在，乃由水生植物腐烂而来，故有纤维[①]状组织，色棕褐，下层蓝色，似为水浸之征，泥炭之沉积颇浅，深仅及五英寸左右而已。

六、理番区之第四纪冰期

自灌县沿岷江北行，每见两岸台□层垒，共分三级，此种现象更于杂谷河与黑水河流域亦见之，虽其发育程度与面积各异，而其意，盖实相一致也。图一、四、五、六。

① 纤维：底本作“织维”，径改。

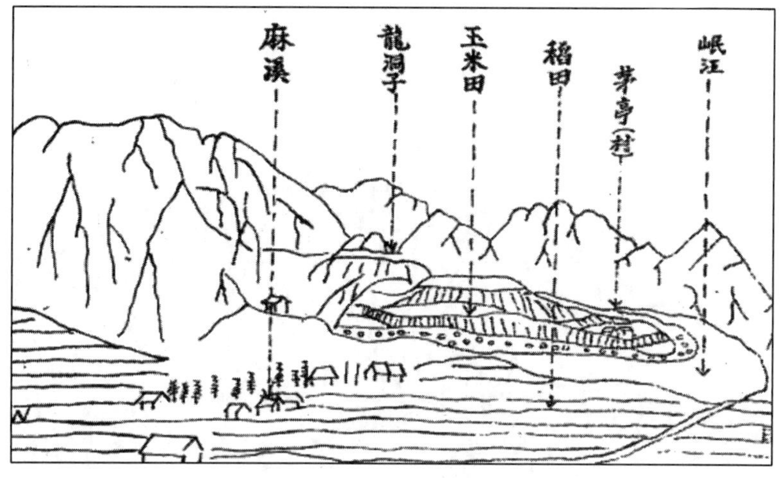

图一　由麻溪隔河向北望茅亭

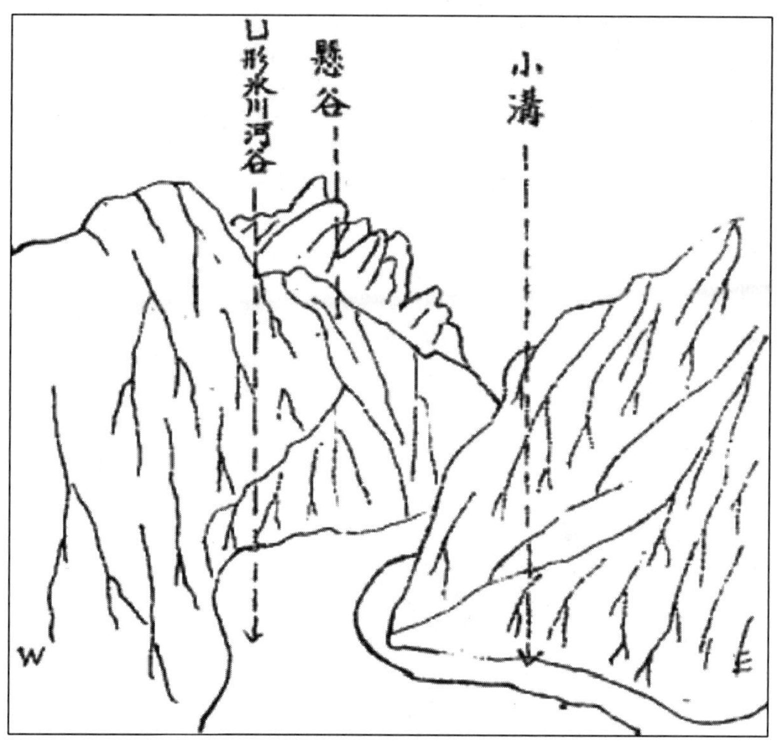

图二　小沟（理番）入口处之峡谷形态

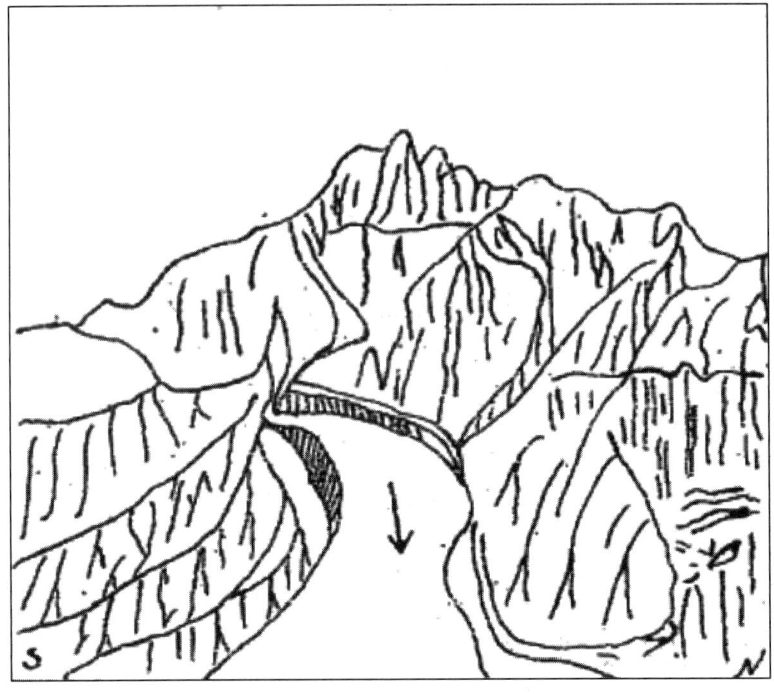

图三　由杂谷脑向西望

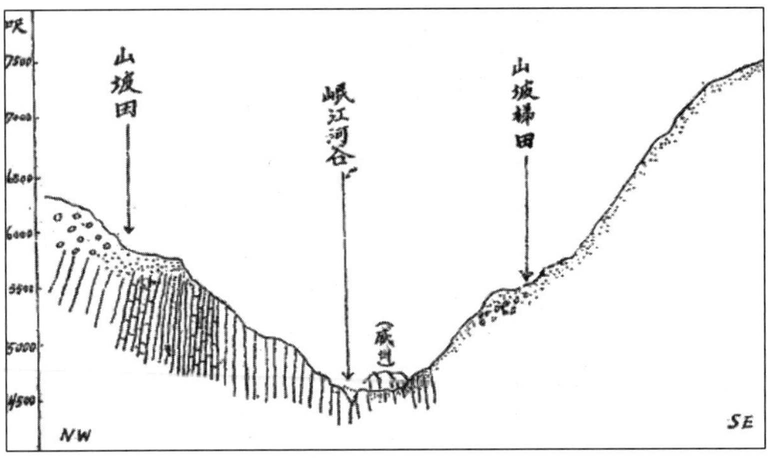

图四　威州附近之山坡

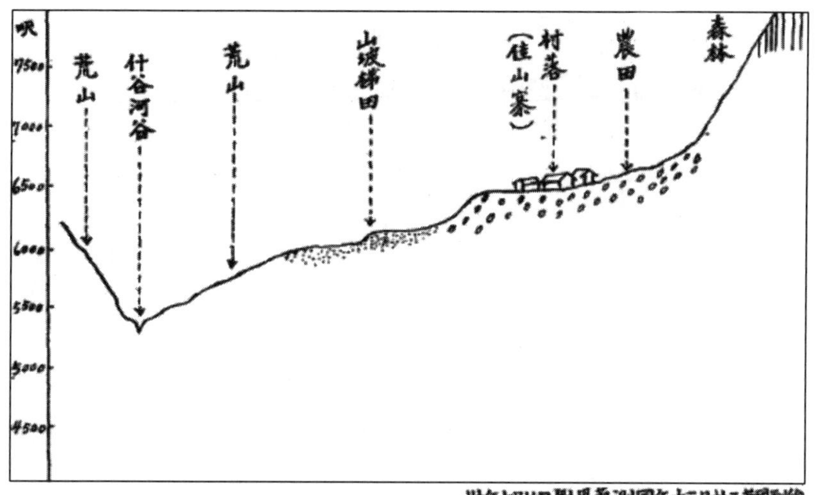

图五　佳山台地

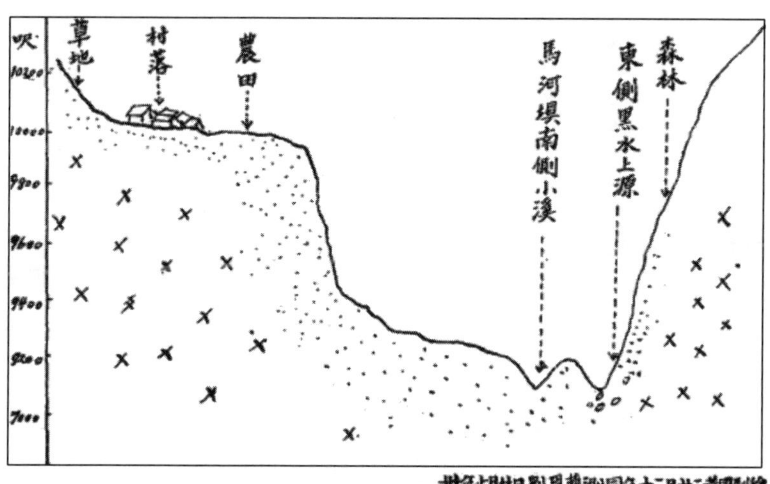

图六　马河坝台地

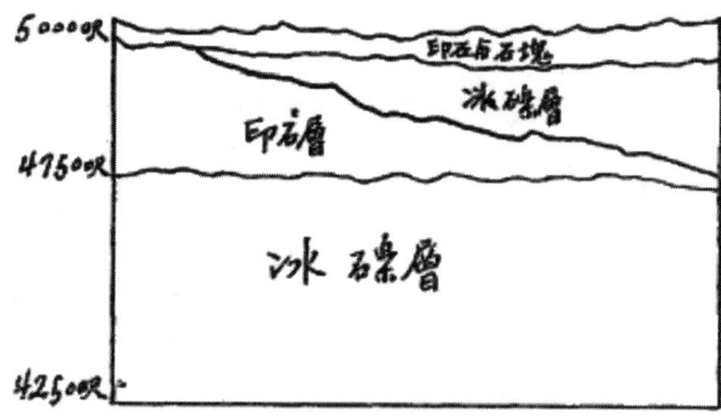

图七　旗盘头附近之剖面图

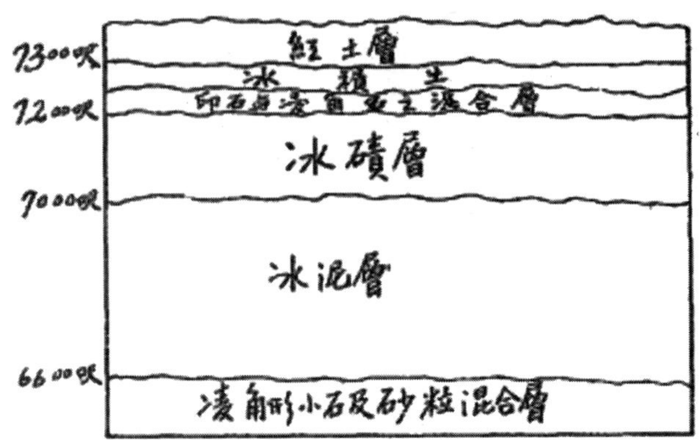

图八　杂谷脑喇嘛寺①之剖面图

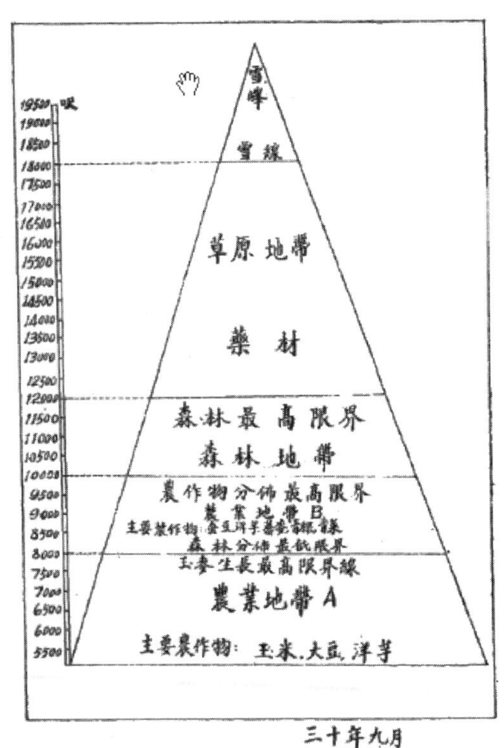

图九　营盘街对面之剖面图

理番区位于四川西北隅，该区地形之特点，首推其冰川地形之各种现象。约自岷江流域之大叶坪北上，便遍布带有棱角石子之沉积，故□此区□一度曾经冰川之作用，遂于沿岷江、杂谷河、黑水流域途中，稍加注意。此项足以令人怀疑之地形及沉积，企□探搜其成因之□□，最后发现该区之冰川现象，实于上述台地之造成有极密切关系焉。

该区最初发现。令人注意之行迹，乃为沿岷江大叶坪附近之残毁毚地。自大叶坪北，U 形谷底及残毁毚地就屡见之，以下可略举数例，以为解释。

① 杂谷脑喇嘛寺：底本作“什谷脑喇嘛寿”，径改。

在蒿店子第一次所见之U形山谷，向坡下伸，长约20里，其宽度一致，约为30尺。山谷两旁，均为高□之火成岩，谷底平坦，上覆松土，且已有耕耘。此平坦之地，显示并无流水之冲蚀谷存在。

在汶川北约三里，于岷江右岸与白鱼落村对峙，即瓦寺土司官寨，其地附近，更有一残毁之U形谷底，海拔约600尺，自一较高之半圆形平坦地向下伸张，此谷底有数分支，均具平坦之谷底，谷底岩石均为片麻岩。

在理番县城北，旧有一U形积地，名小沟，海拔约为5000尺，水平长度约十里，十里之外则为V形，宽约一百尺，两旁为直立之板岩及千枚岩峭壁。

其倾斜角度为50~70度，更有悬积（Hangingvallgeo）之支流，两□山壁之岩床，更现无数刻划之条。张望沟槽，仍能清晰分辨。谷底岩床系板岩及千枚岩组成，间有石英掺杂层，而目前之河流亦尚未能将其割裂成V形谷。图一即示此U形谷口入孟董沟外之情形，图三即杂谷脑之U形沟，U形谷之两壁近于垂直，两山谷之方向多与岩床之走向无关，近河处未曾发现沉积台地，□由地崩及□久之风化作用并由支流□□所沉积之圆□形扇形地，勉强可供少数房舍之立足而已。

在孟董沟口，有铁□石块罗列，惟此种石块之性质，与附近山地之岩床迥异，且从其体□亦知并非系流水所能搬运者。自来苏上游至草地间，所见之U形山谷两旁均为圆类之小丘，小丘之表面乃为一层由冰川堆积、大小不等之角砾石地所□□，且其上更□有红土层，此红色地通常在海拔八千尺以上之高度，花岗岩之露显，亦常于坡地发现之。

□岷口、杂谷河、黑水河，各河谷之剖面，均具有高度不同之三层台地，其最高层之台地即今日人类活动之所在。自质上言，颇似昔日U形山谷之谷廊，仅其底因流水之冲刷而刻划较深。故在此情形下，当可知今日流□□□之河流，实非造成U形谷之因素，且其冲刷作用实乃U形谷地造成之后，如图二~六。

2. 龛形地

岷江流域之大叶坪，乃最初发现破残龛形地之处，其内圈之平坦地域已全部耕种。

另一较大之似龛形地者，则位于佳山寨之对岸，其□部土地，已供村落及耕田之用，亦为理番区儿子屯官寨之所在。其他残毁之龛形地在来苏沟及黑水河流域之山上亦时见之。

然若仅以U形谷及残毁之龛形地两项，为理番县冰川地形之证明，则似感不足，今更举此种现象以为辅证。

在岷江流域，板桥之北，海拔约4130尺处，可见冰集聚之断面，此冰川之堆积层范围甚广，自板桥至七盘沟长约二里有余，最低厚度亦有50~100尺，向上伸展直至目有所不及，只因时间逼促，未登山顶，故其最高界限，未能知也。

在威州亦可见同样之冰堆积，约在海拔六千尺以上，自威州沿杂谷河□行，凡顶层台地及上部平缓之坡地，均有此种杂菱形石块黏土层□□。自茂县至威州岷江带，亦有同样情形存在，此项沉积常以极不整合状态□于古生代或中生代岩层之上，间有堆积如山者，而中心并无岩石之核心，最上层则常为红土所掩覆。

此种红色壤土，极似南京下蜀系红土，由是可知理番区红壤之年代当约与北方之马兰黄土（Alilan Joass）同时，盖北方之马兰黄土与南京之下蜀系红土为同时之沉积也。

凡黏土所杂之石块角砾，多属附近山脉之岩石，考此种碎块多为页岩与板岩等，此项石块之所以能存在，不外有两条件：

（1）此两种岩石于某种情形之下，对风化作用之抵抗力必最强。

（2）或因久未暴露于外而未经风化所致。

因具上述任一情形，故至今仍能保持其固有之形态，至于岩石之种类，在杂谷脑附近，则以花岗岩为主。然于附近山上，则未有花岗岩岩床之存在。此项岩块之搬运，实为一极重要之问题。较为合理之答案可归纳为二：（1）由于普遍性之扇形地之堆积；（2）由于冰水流之所挟带，今再分述如下。

（1）扇形冲积：于事实所见似不相合，盖大部之沉积，均发现于高地，形成极广泛之片状沉积，且其沉积亦非限于河道及河道之出口。而其沉积物，亦多不具层状，故可知其非由于扇形冲积或河流之搬运所成也。

（2）冰流对于山坡冰砾土（bouldan cial）之形成，似有极大之关系，但亦非全然如此，若是，则又何以解释高地广泛之堆积？虽然此种沉积物在低地沿河处亦有之，然而冰流作用，又何能解释与附近母岩各异之有棱角石块，在沉积中大量黄土之来源耶？

因此，根据上述之各种实证，本区特殊之地形，于最近之地质时代中曾经冰川作用外，实尚未有别种较为合理之因子可以解释之一，且因顶层之红壤土相当于南京下蜀系之红壤土，故可以证明该区冰川乃发生于第四纪也。

更于所得之实证中探索之，则更得下列各点：

（1）该区之冰期中，尚有间隔时期，换言之，即该冰期实则分为前后两期也。（2）就冰川堆积层显然之深刻情形，又该区地层有继续上升之事实，而最近上升之数量，可自岷江、杂谷河、黑水河诸水□河谷之深度而知之。统言之，该区更生世台地之高度，约较目前之河床高出一千尺，故可知该地自更生世即冰期之终，至今已升高约一千尺矣。

理番区第四纪之两冰期（图七），为岷江流域威州城南约六里七盘沟冰堆积露头之剖面，图中除不□合层而外，尚有一由流水搬运而来之E形卵石层，分隔于两冰期沉积层之间。

图八亦为杂谷脑喇嘛寺之同样剖面：两冰川沉积层之间亦有由流水搬运之漂砾所形成之E形卵石层分陷。

其中最令人惊□之现象，厥为漂砾之体积与形状，大部之漂砾，其半径约为50～30尺，其形则有圆如卵者，此项流水搬运之石子，沿岷江、杂谷河及来苏沟一带有之，惟不为连续之层，仅为各处局部之沉积耳。

此一流水搬运之沉积卵石层，处于两冰砾层之间，实为表示有冰川间隔期存在之最好例证，即当温度渐增，因冰雪之融化，而流水横溢，故附近陆地，遂有河流泛溢之沉积。诸如杂谷脑附近及来苏沟有数处所见之水泥土即是，又在乾溪与理番之间，九子屯对面亦有一具层次之剖面，由E形及棱形之石块沉积而成。

是知长江下游两□台石子之沉积，与四川盆地中雅安石子之沉积实出自一源，由成都至仁寿沿路及成都以北之地区，亦可由暴露之剖面层发现，一石子层间于两黄土层之间者，凡此情形，更证明第四纪冰川乃分前后两期者也。

至于第二期生成U形之地及悬岩，乃为泛滥期后之产生物。今姑以理番城北二里之小沟为例，作为说明。小沟谷底平坦，故知于□成之后，尚未经剧烈之风化及流水作用，在小沟口内约二里许，有一□堆卵石之老年河床斜跨今日河谷，约高出河床60尺，表[①]示今之U形河谷横于第一次水期□成台地之一河道。

刻划冰川沉积而成之U形河谷，乃在杂谷脑□之舟札大沟，其两岸峭壁，多在一百尺以上，且其两岸并非岩石，而均为冰叠之沉积物。

更引人注意者，即理番区河床地之高度平均高出今日之河床者均为500尺：盖河流之改道，均在第二次冰期以前之泛滥期间，或即为冰川作用镌刻所致，总之，自末次之冰期后，地盘必已上升至少有500尺矣。

因便利起[②]见，兹将首次之冰期名曰佳山冰期，盖在佳山寨所见之台地最足以代表之；第二期名曰杂谷之期，盖杂谷脑恰位于此次发育最佳台地之上，且杂谷盆地、茂县盆地以及凡沿杂谷、黑水两河之无数盆地，皆为杂谷冰期时冰川[③]刻划原河道所成者。

无疑的，河流之生存，□远在第四纪以前，盖因河之方向，与岩床之走向全然无关。当佳山寨冰川退缩之后，当冰期之□，较细微物质如角砾石等，首先沉积，杂谷脑沉积底部所见之砂金，必为古湖底之沉积，石穴中亦常有冰泥土沉积之发现，即其例也（图九）。其后温度渐高升，泛滥加剧，冰水之沉积亦更多，当泛滥达最高峰期之点时，凡河上游曾经冰川作用之大块漂石，亦被挟带而下，至于石块形态之程度，又常视岩石之性质，河床之坡度以及搬运路程之远近而有别，是以知圆形及角状之漂石及石子之混合层乃两冰期间泛滥期之沉积也。

更近而推之则知，此种剧烈之冲刷似相当于清水冲刷期。（H L lom. G）曾言，清水期大量石块之沉积，实由冰川退缩时急流之功，今观已有之说□，知其说之可信也。

清水冲刷期终，虽有杂谷冰期，揆[④]诸事实，则知□后□作用之□圆及数量，均较佳山[⑤]冰川者为小，其势力除千万[⑥]数较合宜之地点外，余系漂溢□有之冰叠沉积物中。

至于气候方面，于三十年八月十一日至十七日间记载之最低温度，在理番（海拔在5100尺），均在50.0°F以下；在鸭克夏山口（高约4520公尺）八月十八日正[⑦]午阳光下，最高温度为49.0°F；理番区之最高峰，至今尚未算出。据目测之雪线，约在六千公尺左右。是知今日之气候较昔日已转和暖，盖今日之雪线较杂谷冰期时高约二千公尺尚有余。理番及茂县志中载胜景极多，今录数语如下：

陇山古雪，意即山名刻陇，四季积云不消，谓之太古雪。又有“雁门晴雪”，乃因峰有积雪，经暑不化之谓。

① 表：底本作“B”，据文意改。
② 起：底本作“出”，据文意改。
③ 冰川：底本作“冰用”，径改。
④ 揆：底本作“擦”，径改。
⑤ 佳山：底本作“佳川”，据上下文校改。
⑥ 千万：底本作“千小”，据文意改。
⑦ 正：底本作“在”，据文意改。

六月寒冰，谓在河西新桥沟中，六月有冰不消，病者食之即愈。

《理番县志》中又有“棱磨鹧鸪山[①]，自八月积雪至次年五六月，尚未消尽。番众转粟[②]途间，终日扫除，风卷雪飞，须臾[③]如故，加以冰雪凝结，望若琉璃”之描写。

以上乃系古人遗留之文□，果不敢信□可无，然昔之气候有较今日寒冷之可能性，亦即气候有转暖之趋势也。

统言之，根据上列之据，得知理番区于第四纪中经冰川盖覆□。此冰川可分为二期：（1）佳山冰期，（2）杂谷冰期。前者较后者为早，而二者之间又有一泛滥时期，今日所见之U形山谷、毚形地及□谷等，皆为杂谷时期之产物也。

根据上述之假定，□又可知沿河谷之台地，最上者必为佳山冰期中所成，中层台地乃为杂谷冰川所造成，而最下层台地则必由近代之冲刷及地壳上升之所致也。

附：土地利用之地理因素（龙溪与汶川）

（一）龙溪附近概述

由灌县出玉垒关西北行，约二十里，抵一山口，名龙洞子，为龙溪入岷江之峡口，龙溪源于其北之娘子岭，南至龙洞子流入岷江，长不及五十余里。岷江至此即转而东流。自龙洞子前行，遂入于群山环抱中，两岸峙立，“四川盆地”已不复见矣。

由龙洞子舍岷江洞沿龙溪西北行，抵龙溪桥，约十里。在此十里之间，山极陡，坡度多在70～90度之间，土壤悉被冲刷，石灰岩之岩床暴露甚剧，其走向亦不清晰，所产植物多为野生之小树。因道路夹于两山之间，所能见者仅一线之天，阳光缺乏，故温度低而湿度高。例于三十年七月十八日下午四时，成都西华坝之气温为83.5°F，相对湿度百分之七十四；同时在龙溪峡谷中之气温为华氏七八十度，相对湿度为百分之七十九。两差异，即地形之影响也。

过龙溪桥后，地势突变，坡度渐缓，山顶变尖，由锐而变圆形，因阳光较足，故满山满谷，苍翠欲滴。谷底之树有洋槐、皂角及楠木，坡上则遍植玉麦，在坡高处，则多杉树。岩石为页岩。

龙溪镇地势平坦，四周环山，如一小形盆地然，今将其地理因素分述之：

（甲）高度

龙溪镇海拔2900尺，龙溪镇四周均在海拔2970尺左右之坡上，厚朴极茂盛。迨至3140尺，则厚朴减少而桐树逐渐曾多。至于玉麦及茶，则自2900～3300尺皆有之。在3300尺之上，则农作物极少，而为竹、橡树及草之世界矣！其详细情形，如下图所示：

① 鹧鸪山：乾隆《保县志》、同治《直隶理番厅志》作“直固山”。

② 粟：底本作“栗”，径改。

③ 须臾：底本作“须叟”，径改。

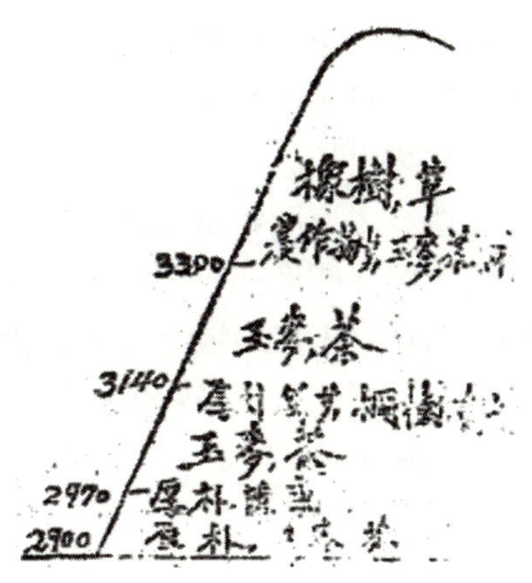

（乙）土壤

自山麓至山巅，皆为页岩，以土壤论之，其 PH 值大致在五左右，属酸性，黏度大致亦相等，且于全[1]谷之内，竟未能见任何完整之土壤剖面，盖因侵蚀作用过剧，A 层被冲刷，土壤未得发育之机会也。由此观之，可知该区植物分布之理由，非土壤之影响也。

（丙）温度及湿度

本区温度、湿度与土地利用之关系，因无长期之记录，颇□研究，今仅以途中所得之记录，列表以供参考。三十年七月十八日下午六时在龙溪山□所得之记录如下：

海拔（尺）	气温	相对湿度	海拔（尺）	气温	相对湿度
400	75°F	82%	8140	75°F	84%
2970	76°F	93%			

由上表[2]可知，自山麓[3]至山岭[4]之气温相同，仅为 75°F，而湿度则否，仅较高处为大，故山坡上下，土壤虽同，而植被之分布则异。

今再以七月十九日娘子岭之记录观之，亦可见[5]其梗概。当时吾等转向东继续登娘子岭，因[6]天雨，故未作湿度之测置。仅得气温之记录表如下：

海拔（尺）	气温（°F）	土地□□	海拔（尺）	气温（°F）	土地□□
4880	64	荒山	4880	68	少耕种
3700	75	玉麦 93%	2900	72	

同时在山麓之风速，约为每小时五英里，然愈高风速愈大，□至山口，在海拔 4880 尺处，则风速每小时实达卅五英里。

---

① 全：底本作“金”，据文意改。
② 上表：底本作“上尽”，据文意改。
③ 山麓：底本作“由麓”，径改。
④ 山岭：底本作“由岭”，据文意改。
⑤ 见：底本无，据文意增。
⑥ 因：底本作“困”，径改。

由上表及风速之情形观之，湿度对于土地利用之重要可知。盖温度较高者，植物特繁茂，且其种类亦不相同。至于风速对土地利用之关系，则直接影响植物之形态，亦增加地面之蒸发量，而间接影响于植物生长。

越娘子岭由西坡下山，则见西坡之坡度较东南坡为陡。以地质而言，则东南坡多变质岩，西坡则火成岩较多，西坡土壤之酸度亦较东南坡为高（PH之值为4.5），并有小沟迂回而下，河谷错综，山麓随之曲折，因之山坡之方向亦错综无定，是以可供利用耕耘之地，亦较稀少。至于向南之坡，日照之时较多，温度较高，故植物极为茂盛。今举其□□数种如下：①竹，②HelsfmPna，③五倍子，④jubbog，⑤桃，⑥李。

（丁）坡度

A. 坡度之方向。

由龙溪附近之山坡观之，向北之坡多为荒野，树少且不茂盛，耕种之地极少。向西之坡，间有玉麦，但独以树木为主要。其向东及向南之坡，玉麦、豆、茶皆有之，桐树亦多植此，因桐树之生长，多喜阳光故[①]也。

B. 坡度之大小。

坡度之大者，土壤之集聚不易，植树之生长颇难。故坡度之在六十度以上者，□虽南向，其利用之程度亦低。但如坡度处在六十度以下者，则见坡度大者，树线为低；坡度小者，树线较高。是以坡小者，可利用之地为多；坡度大者，可利用之地较少，其理甚明。

（戊）[②]

龙溪之位置，围于群山中，除河谷之外，皆为坡地。惟在龙溪镇所属地域内，临江谷中，河道两岸有台地三级，各级相距高度约为140尺，称之曰下坝、中坝、上坝。土人计量田地之标准，不以亩而以升计，以一升种子下种后所占之地面为一升，此称台地之□面积约为百升左右。其质，土壤各有不同，下坝之土地较肥，多为黏土，故直种稻而少玉麦。中坝转租，其剖面如下：

及根□□	黑棕色粉砂土	黄砂
40. a	25c. m	

中坝土质纵剖面图

中坝农产则以玉麦为主，黄豆次之。至于上坝，因被冲刷，故成熟之土壤层，多被冲失，土壤之发育未达成熟期，其农产以玉麦及豆类为主，茶亦有之。

此三坝可称该处之黄金地，在坝上之农产，每升可得收获一石，其利可获一百倍。但在坡上者，因受地形影响，则仅得六十至七十倍左右。故知地形非但影响植物生长和种类，以及土地之利用，亦更影响于农作物之产量也。

（一）汶川

至于岷江流域，自大叶坪而北，及杂谷、黑水流域，平均在海拔六千尺以上，地多

① 故：底本作“效”，径改。

② 底本原缺小标题。

为冰土之沉积，河谷两岸极□，故其土地未能利用。农作物之分布，乃在山上坡之稍缓处及近河床冲积台之上。是以坡度与方向影响于农作物者则大减，而土壤之性质、地势及气候对于农作物之影响则加剧，试举例申述之如后：

杂谷流域所谓熟荒之地，屡见不鲜，如佳山寨及红水沟附近皆是。其土过□，气候太干，黏凝土固厚，硬度极强，故不适农作物之长，且拔海高度与气候有密切之关系。概而言之，高度每增一千尺，则温降低华氏三度，故地势愈高，温度愈低。下表[①]所示为海拔不等各地主要农作物生长期之比较，今以青稞论之，其高度不等，下种期与收获期亦不相同。

地名	拔海尺数	下种期	收获期
佳山寨	6500	十月	七月初
杂谷脑	6000	十月	五月中
丘　地	8530	十月	五月底
尽头寨	11480	九月	七月初
马　塘	11480	九月	八月底

在海拔一万尺以上，有春青稞之耕种，因气候寒冷故[②]也。马河坝及麻窝之春小麦，其生长期短，成熟极速，故有一年两熟之可能。荞麦之品种各异，但其生长期皆不及六月之久，有三月即可成熟者。例如理番于收获玉麦之后，仍可种荞麦。但在丘地因拔海较高，玉麦之收获较迟，其收获期多在九月。九月以后，天气转凉，仅可种冬青稞，待五月收获冬青稞之后，仍可种荞麦，所谓二年三熟是也。由此可知，地势与气候对于该区农作物之分布与生长确有密切关系。

但在八千尺以上，因地形与雨水之关系，愈高则雨量增多，利于森林之生长。故平均自八千五百尺至一万二千尺，是为森林带；于一万二千尺以上，雨水渐减，温度降低，是为草地地带；约二万尺以上，不能生长植物，称之为雪田带，或为冰霜所崩裂之乱石带。今以图表明之如后。

① 下表：底本作“下图”，径改。

② 故：底本作“固”，径改。

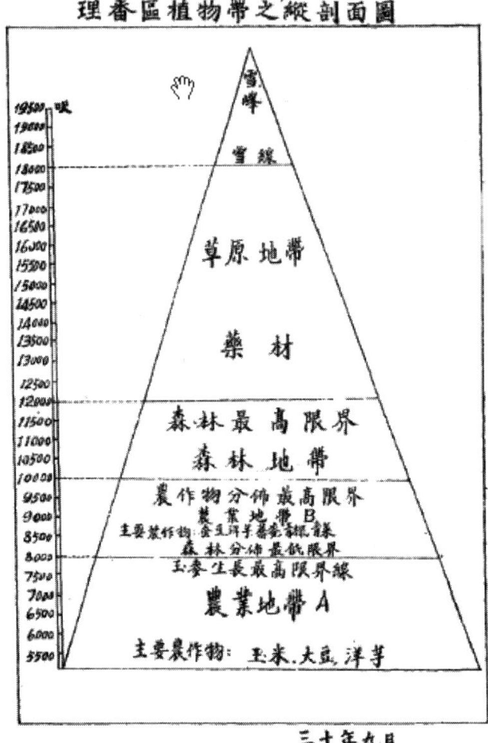

理番区植物带之纵剖面图

肆 经济之部

一、杂谷脑的汉番贸易

甲. 杂谷脑概况

在四川西北部有两个汉番贸易中心：一个是松潘，一个是理番属的杂谷脑。这两个贸易中心各有它的特点。松潘是草原番民和汉人交易的中心，由松潘一出黄胜关就是一片大草原，往此直通拉卜楞，西北可通青海的东北部，贸易所及的范围在一千公里以上。杂谷脑是山地番民和汉人交易的中心，杂谷脑河、黑水区域大小金川流域一带①的山地番民都来这里和汉人交易，贸易所及的范围在五百公里以上。本文主要叙述这一带的汉番贸易的情形。杂谷脑位于理番西北六十里，市街傍杂谷脑河东岸，形势很重要。沿河下行可经理番通化而达威州，杂谷脑河即在此地注入岷江；沿河上行经来苏沟而达马塘，或由来苏沟沿芦秆桥西行而达懋功、靖化，即大小金川流域。在交通上，杂谷脑一直是一由番地到内地的一个门户，它之所以成为一个汉番贸易的中心，也就是为了它位置的适宜。在政治区域上，杂谷脑是属于理番县第二区，区公所即设于市内。不过，事实上区公所的统治力只能达到汉人所住的区域，在番民聚居的区域，政令仍不能达到，实际的统治权仍在番民手中。

杂谷脑的居民一半是汉人，一半是戎民。汉人大部分住在市内，戎民则聚居于附近的寨子中，全市人口约一千余。这里的戎民大多都能说汉语，不过在他们自己社区中仍用他们的土话，因为和汉人长久杂居的缘故，他们汉化的程度很深，一切生活习惯和汉人相差无几。除了戎民以外在这里还可以看到羌民、西番和藏人，他们大多是来此交易，交易完毕就离去，并不长久居住。但因为接触的频繁，亦是助成杂谷脑文化复杂的一个重要因子。

这里汉人十分之九以上都是经营商业，当地戎民则以农业为主要的生计。杂谷脑一带的土地都是山地，主要农作物，只有玉蜀黍、小麦青稞及豆类。因为耕地面积的狭小，就以杂谷脑来说，所有的土地就养活不了本地的人口，特别是这一些经营商业的汉人。所以一部分粮食仍要靠外面的输入，杂谷脑的繁荣可以说大致和本地的农业没有什么关系，主要的还是依赖汉番贸易。

---

① 一带：底本作“一代”，径改。

乙．输入和输出

杂谷脑的输入品，大致有四类：第一是茶叶，第二是布匹，第三是食粮，第四是杂项。现在我们把它分述如下。

茶叶是输入边地最主要的货物，它的贸易额占总输入的一半，在抗战前，由杂谷脑输到番地的茶叶每年均在三百万元左右。四川的茶叶向分边茶与腹茶，各有各的销岸，经营边茶的只能向边地销售，经营腹茶的只能向内地销售，不准互相侵占，这种制度很有点像盐业的岸引制。四川的边茶又分西路与南路，南路以[①]雅安为中心，专销西康一带番地；西路以灌县为中心，专销西北松理茂一带番地，杂谷脑就是西路边茶的一个销站。

边茶是一种粗制的茶叶，俗呼之为棒棒茶，亦叫作大茶。茶中梗多于叶，饮食须久煮方有味，番民多食肉类及酥油，非饮此种茶，不易消化。茶梗中含有多量之Tanieacic（丹宁酸），可助脂肪之消化，故茶成为番民每日须臾不可离之必须品。吾人每至番民家中，必见其灶上置有一铜锅内煮大茶，终日不绝，客人来时则以茶盛木碗中和牛奶，为待客之上品。

边茶之产地甚广，成都附近各县均盛产之。每年春夏，各大茶号即派人赴各地搜购，分运雅安及灌县，经制造打包后运赴边地销售。普通以六十余斤为一包，外裹竹篾，毛重约七十余斤。其包装之形式为扁长方形，极适于驮运或背负。关于贸易及运销，吾人将于另一节中述[②]之。

布匹亦是向边地输进的一宗重要货物，每年由杂谷脑输到边地的布匹约值五六十万。番民的服装一部分是自给的，大多番民都用手工纺毛线织成一种毛布，最细的叫氆氇，专供富裕的番民穿着。粗一点的叫毪子，为一般番民的衣着品。此外一部分则依赖输入，如绸缎、棉布、棉线等项，绸缎大半是富裕番民及喇嘛的消耗品，棉布则普通番民均需要之。

这种专销边地的绸缎、布匹也是一种特制的货物，在成都和灌县有很多绸厂和布厂专门制造这种货物。番民最喜欢红色和黄色与紫色，所以销行边地的绸缎，大都不外这几种颜色。棉布则多是土质的窄面粗布，颜色多为白色或蓝色，棉线则多为五色线，专供番民妇女编织衣带及其他装饰品，这些货物在汉人区域里是不容易销售的。

食粮的输入主要的为玉蜀黍及少许之米。杂谷脑贸易所及之范围内，大多为山地区域，气候严寒，耕地面积也小，所产食粮仅有小麦、青稞、蚕豆数种，即玉蜀黍亦甚稀少，故一部分粮食，仍需仰给于外面之供给。每年由杂谷脑到边地去的粮食，多则二十余万元，少也数万元，依边地农业收获之丰歉而异。番民日常之食物以麦面及糌粑为主，肉类为辅。惟草原番民则消耗肉类较多，粮食较少。番民粮食不足之原因除自然之限制外，其人为之原因亦甚重要。如番民之嗜酒，须消耗一大部分粮食，彼等所收获之青稞，大半耗之于制酒。其次鸦片之种植，农业技术之落后等，均系助成其食粮不足之原因。

---

① 以：底本作“一”，径改。

② 底本“述”后衍一“中”字，今删。

杂项货物大致可分为二类：一类为铜器，如铜壶、铜勺、铜锅、铜锁；一类为宗教用物，如乐器、颜料、香料、哈达。这些货物的输入不大容易估计，因由零星商贩运入者甚多，不过仅就杂谷脑而输入的，每年也有五六十万元。

由杂谷脑输出的货物可分为四项：第一药材，第二皮毛，第三木材，第四鸦片。现在我们分述如下。

药材是番地的主要输出物，假如没有大量的药材出产，番民就没有什么货物可和汉人做大规模的交易。杂谷脑平时药材输出，大致可和输入的茶叶作抵，换言之，番民以所产的药材换汉人之茶。这一带所产药材的种类很多，约有五六十种，但最重要的只有十余种，如麝香、虫草、贝母、大黄、木香、羌活、五加皮、当归、木通、川芎、赤芍、柴胡、泽泻等数种。挖药是番民最重要的副业，他们的闲暇，大半消磨于挖掘药材，每年到积有相当数量的时候，就委托一个商帮或自己运到杂谷脑来交易，换所需而归。

皮毛是番民的第二宗特产，不过大量的出产是在草地。山地番民牧畜的数目比较少得多，因为山地番民仍是以农业为主，牧畜为副，因此大批的皮毛贸易是在松潘，而不在杂谷脑。不过山地番民仍有一部分皮毛可输出，与羊毛皮、牛皮、马皮、麂皮等，仍有相当数量的输出，其总值约略可抵布匹之输入。在平时，山地的商帮常有到草地大批运了皮毛来杂谷脑交易的，但自红军过境以后，这种大宗的皮毛交易就不见了。

木材虽是一宗大量的输出，但在经济上和普通番民却没有很密切的关系。因为木材并不是普通交易品，而是几个大木材公司在这一带经营的事业。这一带木材业的发达不过是近二十多年的事情，最近则已成为这一带大的一种实业，木材公司多至十余家，最大的如利川，松泰、远成等几家亦大，都有百万元以上的资本。他们开采林森的方法，第一步是先向地方当局，在番区大多是向头人买山，以几千元的代价，就可以买到一座森林密盖的大山。然后就雇工开采①，所雇的工人番汉均有，这些工人都具有特殊的技术，待遇亦很优厚。在工作性质上大致可分为两种：一种是砍工，专负责砍伐树木；一种是漂工，专负责漂运木材。所有林场均在岷江各支流两旁，砍好之木材均堆积河边，遇发大水时就推入河中编成木筏，一有可利用水力，即漂至灌县。各木材公司都在灌县设有收材厂，木材漂到后就分别捞获上岸，在此即可经陆地运到成都附近各地出售。木材业自抗战后呈特殊的繁荣，主要原因为外国木材来路断绝，而后方建设孔兴，木材需要增加，木价大涨，经营此业者均大获其利，因此尽数扩充营业。我们认为四川西北之森林，实为一大富源，如能善于开发，不仅可供地方之需要，将来且可杜绝一部分漏危，其发展实未可限量也。

鸦片的输出是一种非法贸易，然因其价值甚昂，在贸易数额上占有很大之位置。故我们愿在此一述，以引起政府及国人之注意。在四川西北番民区域中，凡政府势力达不到之地区，鸦片均普遍播种。番民嗜鸦片者甚少，故所有产物尽流于内地，此种非法贸易完全由地方秘密社会组织所垄断。据说番民之种鸦片，亦系由此种人物把持之，因其有严密之组织，并有相当之武力护卫，地方政府对之竟莫之如何，甚或与彼辈合作以求分润。番区因法币不能流通，现银又不易得，贩运其它货物亦甚不便，乃以枪械为对鸦

① 开采：底本作“开材”，径改。

片之主要交易品。因而枪械军火流入番地，政府既不能控制此等区域而任军械源源流入，其潜伏之隐忧实不堪设想。因而此种非法贸易之扩展，正当之贸易反形衰落，我们甚望中央及地方政府能速予设法禁绝此种非法贸易。盖其影响不仅为经济的，对军事、国防亦均有密切之关系也。

丙．商号与小商人

杂谷脑的汉番贸易，就交易的规模来说，可以分为大帮的贸易及零星的贸易。大帮贸易完全操在几家商号的手中，其中势力最大的是茶号和香号。杂谷脑的茶号和香号都有二三百年以上的历史，他们不仅操纵了大部分的汉番贸易，甚至于地方政府亦受了他们很大影响。这里给我们一种很好的研究材料，即一种商业经济势力如何侵入到政治势力里去。

我们先说茶号，杂谷脑的茶号目前有恒丰久、德厚长、益□号、鑫盛祥、祯记、同利永等几家，这几家茶号都有很雄厚的资本，总号设在成都或灌县，由灌县到杂谷脑中间沿途都有他们的转运站，一年中不断的有茶包由灌运到边地去。茶包过境的税收，维持了这一带地方的财政，而茶包的转运则成了这一带贫苦农民的重要副业，因此在经济上茶包号与地方上发生了极密切的关系，这种经济关系就造成了商业势力进到地方政治势力的一座桥梁。茶号为了要维持他们的营业，保证运输安全的唯一方法就是和沿线各地方的茶绅合作，他们沿途转运站的代理大半就是地方的领袖或土绅，而这帮人又多半是地方秘密社会组织的首领，他们在地方上有绝对的威权和势力，得到他的合作以后，运输安全就毫不成问题。我们在灌县到杂谷脑的途中，偶然可以见到堆弃在路旁的茶包，这茶包没有人敢去动他，因为偷茶的人是没有方法可以逃掉的。凡是要旅行这一带边地的人，如果能在成都或灌县得到这些茶号的一纸介绍函，则沿途的便利比任何政府的护照还要有效。

茶号转运茶包，大半是用人力背负。一个壮年的力夫，每次可以背两包茶，普通人只能背一包。本年七月的脚价，两包茶由灌县背到杂谷脑，可得到国币七十五元，约八日可以运达。据茶背子告诉我们，背一次约剩二十余元，如因雨或其他原因使日期延长，则脚价仅可糊口，有时尚须赔钱。如背一包茶则每次仅得三十七元五角，所剩当更少。不过背一包茶行程可减少二日至三日。有时在茶包之外，还携带少许盐巴、菜油或线之类，沿途售卖亦可得相当之利益。

背茶包子的，当地俗呼之为茶背子。大多是灌县、汶川、威州、理番一带之贫农，年龄均系三十岁以下之壮丁，因非壮丁则体力不能胜任。每年于农事结束后，普通由阴历八月起始，至次年二月，即率赴灌县背茶包子。故在秋季以后，这一条路上背茶包者络绎不绝。各茶号之茶包大多均在秋冬二季，大批运至杂谷脑堆积待售；春夏二季，一面因人力缺乏，一面因雨水较多，沿途阻滞，茶包之运输亦因而减少。

各茶号的茶包运到杂谷脑以后，用两种方法向外推销：一种是批发给政府机关或大商人，一种是零量售卖出去。如日前军政部购马组就是官方最大的一个顾客，据一个茶号的经理告诉作者，在民国廿八年，军政部一次就向各茶号订购了十二万包茶，分三年交货，这个数目约占去各茶号每年总产量的一半以上。这种批发贸易大多在成都或灌县交款，据说有几家茶号大量承购军政部茶包而赔累不堪。因近三年来物价变动甚巨，当时之订购价在目前已不茶包成本远甚，又因契约关系不能增价，故莫不叫苦连天。

零星贸易是由茶号门市售出去的，雇主多半是番民。这种批发交易多是以物易物，番民以皮毛、药材向茶号换茶。杂谷脑的茶号很少售到现款，而他们亦不希望售到现款，因为所有茶号大多兼营药材贸易，特别是比较珍贵的药材，如鹿茸、虫草、贝母、麝香之类，以茶换药材比售现款有利。此外还有一个原因，就是法币在番地不通行，普通交易都须用现银元，但现银元的流行额很小，不足以应大宗贸易的要求，所以凡是较大额数的贸易都是以物易物。军政部购马组最初是用法币向番民买马，吃到了闭门羹，最后无法才改以茶包换马。

茶叶除了它本身是货物之外，同时还是一种交易的媒介，旅行家或商人可以用茶支付任何费用。不过唯一的缺点就是体积较大，运输很不方便。如以茶和番民作大规模的交易，运输就是一个很大的问题，同时也是一笔很大的支出。

香号在杂谷脑的商业中其地位仅次于茶号，比较大的香号有[①]此盛兴、协成全、又复志、张太常、汤洪发等几家。这几家香号都有悠久的历史、雄厚的资本，香号主要的营业是收购麝香，他们在上海、天津、香港等处都有分号，随时报告市价的涨落。香号销场大半是出口，他们营业的盛衰是直接受到国际市场的影响。最近自抗战以来，国外销路受阻，营业已大见衰落。最近因政府要统制麝香，所有香号都一齐关门了。

杂谷脑的香号都是河南人，当地谓之北帮。多年来因为他们资本雄厚，营业得法，已经把握了整个的麝香贸易，其余的小商帮，不是作他们的代理，就是它们的附庸。他们收购麝香有两种方法：一种是放款与番民，嘱按时以麝香来偿债；一种是收购现货。麝香的交易大部分也是以物易物，香号在成都、灌县买好布匹及番民所喜爱的日用杂物，运到杂谷脑，这些货物就用来换番民的麝香。香号收到麝香以后，须先经过一番炮制，然后方能一直寄到天津、上海及香港出口。

香号的营业也需要和地方土绅合作，因为如果他不合作，地方土绅可阻挠番民来售麝香；香号派人到番地去时，亦会遇到困难；他们从成都、灌县运货物来杂谷脑时，也没有安全的保障。因此，香号并不因他们运输不很繁重而地方上的关系比较疏远，实际麝香的价值很高，偶有一次意外，损失就很大。如损失几个茶包所值不过数百元，损失几斤麝香则所值须以万计。杂谷脑的香号和地方政治有很密切的关系，据说在很早香号的势力就侵到地方政治机构中，最初是地方向香号借款，香号尽量放予，以各种地方税收做抵押，到借款到了相当数目的时候，香号的人就被请出任地方财政局长及税务局长，取得了地方的经济权，这样香号就间接地把持了地方的政权。虽然他们外表上仍是营商业，但地方政府有形中要受他们的指挥。在抗战前，香号的一位经理被委作本地的区长兼保安团长，这是商人变为官僚的一个很好的例子。红军过境时，这位商人区长领起地方武力来抵抗，结果□□均被红军正法，区长亦逃回河南去了，事平后区长从原籍回来，论功劳他居第一，于是被封为杂谷脑商会会长，兼理番财政局主任委员及牙税局局长。最近，香号已完全没落了，不过地方的经济权，仍然牢固地把持在他们手中。

香号和茶号是杂谷脑汉番贸易中两个大势力，他们垄断了整个汉番贸易额数的一半

---

① 有：底本讹为“由”，径改。

以上，亦就是杂谷脑贸易出入□主要经营者，其余的贸易大都是小规模的或零星的。

杂谷脑的零星交易以药材、皮毛为主要交易品，灌县一带的小商人以很小的资本贩一点布匹、杂货之类运到杂谷脑，多数是自己背运，向番民换药、皮毛而归，有的茶背子在把茶包运到杂谷脑以后，以剩的工资来贩一背药材到灌县卖，亦可得到相当的利益。

这种经营小贸易的商人，可以分为两种：一种是常年经营的商人，一种是季候性的商人。常年经营的商人，一年到头不断地在这条路上跑，这些商人就设法收买这种药材，如有杂谷脑某种日用品涨价，他们就大量运这种商品去出售，他们一年中最忙的季节是从阴历八月起到年底止，因为在这个时期内番民来杂谷脑贸易的很多，是整个汉番贸易的旺月，阴历正月中，他们中大多各在自己家中休息，过了正月方又起始作第二年的生意。

季候性的商人，大多不是专业的商人。在灌县一带有一帮农民，在农事结束后，就相率贩一点货物到杂谷脑来卖，然后再贩一点番地的货物回去，每年阴历九月起到年底止，一共可以跑五六趟。这些商人冒险性很大，他们不仅到杂谷脑为止，一部分更深入番地如大小金川及黑水流域一带，如系每年都来的商人，他们在番地都有熟人，安全亦不很成问题。据一个这样的商人告诉我们，每年以三个月为期，五十元的资本，可得到六七百元的利息，因此这种交易成了灌县一部分人最重要的副业。

丁．番商与歇家

上一节中我们叙述了汉人如何在杂谷脑和番民贸易，这一节我们要叙述番民如何在杂谷脑和汉人做交易。番民来此交易的亦可分为两种：一种是商帮，一种是平民。我们把他分述在下面。

商帮是番地的大商人，他们每年定期在杂谷脑交易。这种商帮大都拥有马匹，每次来交易时少则十余匹多则五六十匹，他们到了杂谷脑后就歇在他们熟悉的歇家中，货物亦卸在歇家中，然后从容地将货物售出去，再把所需的货物买起，一次交易就告完成，于是赶着驮队回到番地里去。

这里我们特别把杂谷脑的歇家介绍一下，歇家是类似客店或栈房的一种住户，不过他们并不公开留客，而专系招待来此交易的熟识的番商。这些歇家多数是戎民，一部分是汉人，每个歇家都有他们熟识的番商，而且番商第一次歇在这一家，以后就永远歇在这家，不会任意选择。番商歇在歇家以后，一切食用都由歇家供给，并不取费，番商的货物亦由歇家介绍卖出去，他要买的货物也由歇家介绍买进来，歇家就在卖出买进的时候，得到一笔佣钱，但这笔佣钱比收店费及饭费还要大。因此歇家对番商招待总是很殷勤，每餐都是大酒大肉，使得他们非常高兴。此外歇家还有一个便利，也同样的待招他们，替他们买卖货物，有的番商直接和商号有来往，他们可以不经过歇家买卖货物，这时他们对歇家就要特别送一点礼物作为报酬。

大的商帮多数和茶号或香号有来往，他们交易有时是靠信用的。茶号或香号可以预先交他们一笔货，约好于几个月后或一年后，用皮毛、药材及麝香来偿还，这些番商很守信用，他们到时一定来偿还。偶然有狡黠的番商，赊了货以后逃避不来，别的番商亦要设法阻止他，因为他们怕影响了番商整个的信用。这些番商多数没有固定的资本，他们大多是一个或几个番民社区的总代理。一个社区内，每家需要的东西都很零碎，若每家都自己到杂谷脑来交易，很不经济。因此他们就集合起来，委托一个商帮到杂谷脑去交易，商帮借用这种方式收集起番地的货物，输入的货物亦是用这种方式分散到每一个番民家中。

这种商帮大多是从阴历七月下半月到年底止来杂谷脑交易，这是因为这个时期正是农闲的季节，人力和畜力都有闲暇，同时这个时期内道路最好走，既无大水，也无大雪，所以都乘这时候出来交易。从阴历正月起，大雪就封了山路，一直要到次年四月方能恢复交通。

商帮之外普通番民也来交易，特别是在距杂谷脑二百公里以内的区域，普通番民出来交易比较更多。这些零星交易的番民，一方面是为交易，一方面是来观光，番民看杂谷脑就好像内地人看天津、上海一样，认为是一个很繁华的地方。杂谷脑一带的番民，一生如不得机会到杂谷脑来观光，认为是很大的遗憾。这种观光对汉文化的传播有影响，因为番民仰慕汉人的文化，无形中就接收一部分，并把它带回番地去。作者在黑水一带，发现此地番民喜欢把牙刷一把挂在胸前，据说这是由杂谷脑观光回来的人传授给他们的。此外，他们生活中汉化的部分，大都和贸易及接触有关系。

这些零星来交易的番民，一年四季都陆续不断，不过最多的时候是由阴历八月起到月底止。他们来时亦多是三五成群，结伴偕行，其中大半有一个是曾来过杂谷脑的做他们的向导。他们到了杂谷脑后，有时亦找一家歇家住宿，有的则住在小店里。他们的货物因为数量很少，大多不经手歇家，而直接摆到市街上卖出，他们所要买的货物亦自由在街上买进。

这里我们得[①]特别的介绍杂谷脑□的市场和中人。杂谷脑每日都有一个市场，作为汉番零星交易的场所，时间大约在每日十二点钟以后。这时，各零星商贩就将他们所有的货物摆在大街两旁，等候主顾。市场上，番民出售的货物大多是药材和皮毛之类，汉商的货物则日用各货均有。在这市场上，价格的高低常是操纵在几个中人手中，这些中人都是汉人，有几分像流氓地痞，他们和本地土绅大都有相当关系，和各大商号亦有往来。因此他们可以肆无忌惮地操纵市场，压迫汉番商人。这些星零汉番商人都不是他们的敌手，自然任他们剥削，这种中人在杂谷脑市场上约有五六名。

成都、灌县一带来的小商人，大半在这种市场上搜购他们所要购买的货物，他们和中人勾结，故意压低市价，使番民吃亏，俗谓之耍蛮子。在贸易旺盛的季节，来杂谷脑贸易的番民很多，汉人小贩也在这时期内特别活跃，就是茶背子有时也把剩余的工资买一挑木香或羌活，挑到灌县去卖。一挑羌活，番民卖出去只能得十五元，汉商买进来即须二十元，五元即为中人之佣钱，其比例高至总值之四分之一。然此辈中人率皆烟癖甚深，且须缴纳其一部分佣钱与其后台老板，此外应酬甚广，故收入虽多，剩余则极少。

零星交易之番民大多为农民，彼等之货物率皆日常利用闲暇，日积月累而收集者，如药材、皮毛等类，极少系贩卖者。彼等于业闲暇时，即将一年所积之货物运到杂谷脑售卖，易其所需而归，彼等一年至多来此一二次。运输之方法则以人力背负或挑担为主，至多较富裕者偶以牲口一二匹驮运，这种零星来交易的番民，每次的数目虽不很

① 底本“得”后衍一“到”字，今删。

多，然总合起来，他们对整个汉番贸易的贡献也不下于那些商帮。

戊．汉番贸易衰落之原因及今后之对策

杂谷脑的汉番贸易，从民国廿五年后日渐衰落，最近则大有一蹶不振之势。造成贸易衰落的原因很多，但分析起来，大致有以下几个主因。

第一，红军过境。红军过境是杂谷脑汉番贸易的一个很大的打击，红军的第四方面军于民国廿五年夏在这一代“盘踞”了三四个月，当时人民逃避一空，沿大路之村舍均烧劫尽尽。红军过后，人民渐渐返回，然始终未能恢复元气。我们此次考察，沿途凡经红军经过区域，均有人口稀零，土地荒废之现象，人力之缺乏达于极点[①]。过威州后物价甚低，而工费极贵，工费高即反映人力之缺乏，人力缺乏即影响货物之运输。如茶包子在廿五年，每包由灌县运到杂谷脑不过六元，目前则需四十元。此外与普遍物价上涨有关，但人力之缺乏，也为一重要原因。此外因人力缺乏导致生产也普遍衰落，如药材之生产，毛皮之生产，均较红军过境前大减。

第二，交通问题。四川西北之交通问题向称不便。目前所谓之大道，均系一面靠山，一面临水之栈道，窄处仅容一人一骑，上下坡度亦甚陡，步行驮运均感困难。因此之故，运输量即有限制，运费也过高。若货物，如布匹、食粮，因运费过高，不易在边地推销。我们此次由灌县出发，沿途考察物价，盐巴一斤在灌县售价二元八角，至汶川却需三元二角，威州即需四元，至杂谷脑需四元八角，平均几乎每隔一日之行程，物价即高出百分之二十至三十。询之何以物价相差如斯之巨，售者必答以运费过昂，不得已尔。此种情形，对汉番贸易之发展显有严重之影响。近年，因自红军过境后，桥梁关津被破坏者甚多，交通益觉不便，货物之流通遂更受限制。近闻交通部拟修建公路一条，汶川、威州、茂县而达拉卜楞。我们很希望这条路赶快修筑，因为筑成后不仅对汉番贸易有很大的影响，对国防上亦有很大的价值。

第三，治安问题。杂谷脑是汉人统治力的边际，杂谷脑以上，事实上汉人的势力就达不到。因此汉人区域中的不法分子，如果逃到民族地区后，就可逍遥自在，不怕缉捕。而番民中部落纷歧，各部落间也无一联合的治安组织，所以抢掠之事在这一带就成为家常便饭[②]。单身的客商被劫，时有所闻，就是小帮的商队有时也被抢掠。这一带番民出门几乎没有一个不携带武器的，如果遇了荒年粮食不足的时候，番民就结队四出抢掠，有时会侵到汉人区域里来。黑水一带的人以凶悍著名，并不见得黑水人是如何野蛮，实际是因为他们粮食不足，时当抢掠而已。因为治安没有保障，比较谨慎的商人就不敢冒险前来。据说前年在来苏沟某地有少数匪人盘踞，商货运输即因之断绝几个月。作者在杂谷脑商会和地方人士谈话，他们一致表示目前治安问题是汉番贸易的一个很大障碍。

第四，销路滞阻。由杂谷脑运出去的货物，大部分是四川的出口货，如药材一部销

---

① 此段文字，因作者站在国民政府的反动立场，故多诬蔑不实之词，读者勿受其误导。

② 文中提及的少数民族抢掠的问题，实因国民政府不注意少数民族地区社会经济的发展，复课以繁重的苛捐杂税，窘迫的生存环境，使其不得不铤而走险。作者亦承认，黑水人劫掠“实际是因为他们的粮食不足”，可谓一针见血。

于国外，麝香、大黄、五信子等类一部销行于下江各省。如各种中药药材，自抗战以来，沿海都市相继沦陷，出口商埠也均阻断，若干出口货物囤积甚多，遂纷纷改营他业。据我们在杂谷脑调查之结果，各种药材均落价。即以麝香而论，在抗战前，每两批发价值即需一百五十元，目前最佳之上货，零售价每两不过一百二十元，中货仅八十元，下货则六十元，故所有香号均相继收歇。故如战事短期不能结束，此处之药材贸易殊难望其有迅速之发展也。

第五，番地之不安。过去数年中，杂谷脑一带番民部落间时常发生战争，马塘之数次被焚，大多与番乱有关，每次番乱贸易均受影响。最近，则草地番民与青海回民发生冲突，闻冲突之范围甚广，若干部落之番民均被征作战，来此贸易之番民更为稀少。此种情形不仅影响贸易，对国家之统一，该地之建设，均有深刻之影响，希望中央与地方当局能速起设法安定该区。

第六，非法贸易之影响。所谓非法贸易，明言之即鸦片烟之贸易。政府禁烟早成国策，然目前在政府势力未能直达之地区，仍有番民种烟。同时因烟之来源日少，价格猛升，一般不法之徒遂趋之若鹜。该地种烟之显著影响有三：第一，吸收人力。鸦片烟之种植为集约农作，所需之人工甚多，若干挖药、牧畜之人，均因种鸦片收入较多，放弃其正业，而受雇于鸦片之种植，正当货物之生产遂日益减少。第二，吸收资金。因鸦片烟之价值甚高，遂将一部分作正当贸易之资金吸收于此种非法之贸易中。第三，因鸦片烟之种植占去一大部耕田面积，粮食之生产减少，普通番民粮食更感不足，治安也因之不易维持。

第七，外商竞争。外商竞争也是一个不可忽视的事实，特别是对茶叶的影响更大。以往中国的茶商以为茶叶的贸易可制番民于“死命”，因番民一日不能离茶，如汉人将彼之茶叶供给切断，番民必将屈服无疑。此种说法，在一百五十年以前，尚有相当道理，然在今日言之，则无异自欺而已。盖因我国西藏与印度毗连之地带，尽为产茶之区，而英人又积极推广其茶叶。近年来，每年经我国西藏运入之印茶年有增加，甚至甘肃之拉卜楞均有印茶销行，且物美而价廉。现川茶之所以仍能占相当优势者，仅赖番民之保守性耳，如一旦彼等发觉印茶之优点，而放弃川茶之贸易，必将一败涂地。此外清代边茶之运销，仅受政府保护，每年第一批茶包出黄胜关时，必有军队随行，意即向番民示威，令其勿轻茶商。今则此种保护亦无，而对由我国西藏输入之印茶也无法限制，故茶商在在处于劣势地位。如长此以往，则复兴之希望更见微渺。除茶之外，其余日用品由印度经我国西藏输入者也渐增加。如我们此次在黑水一带所见之佛经其纸及颜料，十九系来自印度，此种情形也殊堪令人注意也。

最后，我们略述今后复兴汉番贸易的几种对策，以作本文的结束。就原则来说，要复兴汉番贸易，将使其所以衰的原因取消，其中虽然有不完全能为我们所控制的，如国际市场及战争的延长等，但大部分均可有补救的办法。目前我们以为最要紧的设施是：（一）发展交通，（二）保持番地治安，（三）彻底禁绝非法贸易，（四）改良输入番地货物之品质，（五）取消一切中间制度及一切不良小商人要蛮子之行为。我们以为，如果这几项工作[①]能确实做到，汉番贸易的复兴是可渐渐达到的。

二、杂谷脑喇嘛寺的经济组织

甲．院寺一瞥

杂谷脑系理番县境内，戎民区域中的一个重要的社区，戎民文化大体上说来是可以包括在康藏区域之中，其生活方式、宗教信仰及社会礼俗等，都有浓厚的西藏色彩。本文所要叙述的即为戎民宗教生活的中心——喇嘛寺。喇嘛寺虽然是一个宗教的组织，但它与整个戎民的生活有很密切的关系，甚至我们可以说喇嘛寺是戎民基本社会组织的一部分。我们要明瞭戎民的社会组织，必须明瞭他们喇嘛寺的组织，普通叙述喇嘛寺的文字，大多以宗教活动为中心。本文则拟以经济的观点分析一个喇嘛寺的组织，以及它与整个社会经济生活的关系。

杂谷脑喇嘛寺位于市区东北半山中，距市区约二里许，山下为一戎民寨子，其建筑形式为立体式的藏式房屋，与市区完全不同。市区为汉商聚之地，其房屋之建筑业完全为汉式，就居住区域上分，汉商与戎民是分隔的。在这里我们可以清楚地看到两种文化，一种为汉文化，一种即戎民文化或藏文化。

过寨子即登山，由山麓遥望半山之喇嘛寺，白色建筑与背后之青山相映，俨如一幅图画。寺之建筑极广，占地约百余亩，惟房屋业残破，系民国廿五年红军过境时战火所毁者。目前仅有新建之经堂一，与修复之喇嘛寺住屋五六十间，较原来之规模尚不及一半。

经堂（即大佛殿）为喇嘛唪经之所，亦为喇嘛寺之重要建筑，位于喇嘛寺之中心，高约四丈，修广约五丈。共分两层，下层为佛堂，内部装修尚未完工，佛像正在塑造中，已塑成小佛像一尊；正中之大佛仅塑起莲座，座上置小铜佛一尊，谓将塑入佛像内；墙上壁龛亦将正中画成释迦牟尼佛像一面；前面佛案上供铜佛数十尊；两旁置佛经共一百另八部，均以锦缎包之；铜佛前有铜制酥油灯数百盏，均满注酥油，喇嘛于殿中念经时即燃之；另在一小低案上置法螺一及其他唪经间所用之法器数事；距佛案数步，东西相对设坐垫四五，高于地面约尺许，为高级喇嘛唪经时之坐位；另外地板上铺红布垫褥至十余条，也系东西相对，为普通喇嘛唪经时之坐位。上层又分为前后二部，前小部为秘室，供各宗派之神佛；后部则为大喇嘛驻锡之所，经堂之内部大致如斯[②]。

经堂之旁有房屋一列，为喇嘛寺之熬茶间及大厨房，前面有鼓亭二所，内悬大鼓，凡举行唪经时，即擂鼓召集全寺喇嘛。

经堂四周均为喇嘛之宿舍，大多系两层或三层之建筑。每一喇嘛占房屋一间或二间，依喇嘛之贫富及地位而有不同。其内部情形，我们将于叙述喇嘛之生活时详述之。目前全寺共有喇嘛百余人，闻最盛时则有喇嘛三百余人，现有之喇嘛数目尚不及以前二

① 几项工作：底本作“几工项作”，今乙正。

② 如斯：底本作“如部斯”，今据文意删。

分之一，其经济情形亦远不如昔。

喇嘛宿舍之外尚有单独之院落若干，今已大多废弃不用。据谓系昔日盛时，喇嘛经营商业，堆积货物之仓库。今则仅有少数富裕喇嘛，利用空屋蓄养其私有之马匹。

就整个喇嘛寺建筑之规制言，极似天主教之修道院或中国古代之书院。实际则喇嘛寺在藏民文化中，不仅为一宗教组织，同时也系一教育组织，藏民之学习喇嘛亦无异中土人士之入学接受教育也。

杂谷脑喇嘛寺在过去曾盛极一时，据谓当苍旺土司时代，该寺之大喇嘛势力很大，土司的一切行动大都是受他的指挥，这种情形很代表政教不分的状态。将杂谷脑土司改为五屯①，杂谷脑喇嘛寺的教区也缩小为两屯，从此它的地位，就大不如前。不过杂谷脑在五屯中始终居领导地位，喇嘛寺也始终能维持它在五屯中的特殊地位。同时杂谷脑是四川西部②的一个汉番贸易的中心，喇嘛寺也经营贸易，渐渐把喇嘛寺变成一个地方的重要经济组织。一直到民国廿五年为止，喇嘛寺在杂谷脑始终是一个很重要的经济势力。喇嘛寺的盛衰和当地的经济状况有很密切的关系，特别是近年来汉番贸易的衰落对它影响更大。目前喇嘛寺喇嘛的数目日渐减少，寺院的财产也无增加，大有奄奄一息之势。以往盛时，选举大喇嘛与二喇嘛，都会发生竞选的现象。因当选领袖喇嘛以后，可以有很大的经济利益。今则喇嘛视当选为畏途，因既无经济利益，应酬费用支出则倍增，非家中较富有者实无法维持也。

乙. 民主化的寺院组织

杂谷脑喇嘛寺，在寺院的系统上说是一个第三级的寺院，它不直隶于拉萨的三大寺③，而隶于靖化广法寺，广法寺则直隶于拉萨之三大寺。据寺中喇嘛告诉我们，杂谷脑在未改土归流前，这里的喇嘛寺也是一个二级寺院，和广法寺一样直属于拉萨的三大寺。自改土归流后，方降为三级寺院，改隶于靖化广法寺。不过到现在为止，喇嘛们受戒，还得到拉萨的包拉寺去。

目前的组织，最上设大喇嘛一人，任期七年，综理全寺的事务。不过，事实上大喇嘛很少管事务，而是一个宗教的首领。主要的工作为分理全寺各种宗教仪式。大喇嘛以下④设执事喇嘛七人，任期三年，分理全寺各种事务，俗呼之为二喇嘛。二喇嘛又因职务的不同，分为四组：第一组，计一人，番名文则，专司唪经之责。任此者必须经典娴熟，声音洪亮，俗呼为开腔喇嘛，因每次唪经时均由彼领导。第二组，计二人，一正一副，番名呢叭，专管寺中之经济事业。凡寺院在外面所经营之经济事业，如放款、交易等事，均由此二人掌管之，俗呼之为会首喇嘛。第三组，计二人，一正一副，番名根

① 原注：乾隆十七年苍旺土司叛变经官军剿平后遂将杂谷土司改为五屯，计有杂谷屯、上孟冬屯、下孟冬屯、九子屯及乾沟屯（即甘堡），每屯设守备一员，选土民中之领袖任之。

② 西部：底本作“西化”，据文意改。

③ 原注：拉萨之三大寺为哲蚌寺，有喇嘛七千七百人；锡拉寺，有喇嘛五千五百人；甘丹寺，有喇嘛三千三百人。全藏最高之喇嘛则驻锡于甘丹寺，凡康藏区内较大喇嘛寺均隶属于此三大寺中，所有喇嘛地位之考取均须在此三大寺中。其不直属于三大寺者，均为第二级寺院。

④ 以下：底本作“以上”，据文意改。

泽，专管寺院内部事务。如伙食日用品之备置，房屋之修理以及一切日常杂务，相当于机关或学校之事务，俗呼之为管家喇嘛。第四组，也计二人，一正一副，番名格果，专司纠察喇嘛行为之责。如喇嘛犯戒则由彼责罚，此外并兼理民间事务，如选择吉日良辰之类。当选此种喇嘛，必须戒行优良、道德高尚者，俗呼之为铁棒喇嘛。因经堂中悬有方形之铁棒二根，喇嘛犯戒时即用以执法。二喇嘛地位并无上下[①]之分。在宗教仪式中，文则之地位甚重要；经济活动中，则呢叭最重要。在过去喇嘛寺盛时，呢叭在社会中最受人重视，因其掌管有经济大权，地方商人也与之交往，俨然如地方上之士绅。

杂谷脑喇嘛寺自改土为屯后，它所辖之教区只有两屯：杂谷与[②]乾沟屯，每屯又各辖三沟[③]，每沟各有分寺一所，俗称之为二殿寺，内设二喇嘛一人。这种分寺多设在农人家中，也有单独建筑一小寺院的。分寺的二喇嘛，任期也为三年。分寺除二喇嘛外，僧众很少，如有，亦大多各居自己家中，多数是没有到拉萨受过戒，仅在地方喇嘛寺中学过经籍。这种喇嘛当地呼之为和尚，亦不严格遵守戒行，每遇分寺举行佛事，就集合到分寺里来唪经。

既明瞭组织系统以后，我们再[④]叙述各级[⑤]喇嘛的产生。上述的各级喇嘛，由下到上完全系由选举方法产生。选举大喇嘛时，由杂古屯和乾沟屯各推举出一位年高德重之喇嘛为候选人。推举的方式，系交换推举，即杂古屯推举乾沟屯之候选人，乾沟屯推举杂古屯之候选人。民国廿五年前，照例将名单送到靖化广法寺，由该寺的堪布圈定。这很像民国会议的代表，由各方选出候选人，后由中央圈定一样，圈定时，候选人多设法竞选，具体的方式即向广法寺的堪布纳贿赂，贿赂多的大致可以当选。因那时寺院富足，当选大喇嘛以后可以得到很大的利益，家庭亲友都可沾光。民国廿五年后，这里喇嘛寺和广法寺的关系就断绝了，他们选举大喇嘛不再送到广法寺去圈定，而改用抽签的办法，将候选人的名单包在两个糌粑内，先由喇嘛唪经，然后就把糌粑放在一个碗内摇动，先摇出的就当选大喇嘛。这个仪式的举行在经堂楼上的秘室中，要请别的喇嘛寺的大喇嘛或活佛来监视主持。

二喇嘛的选举也大致相同，每沟推荐选出一人。先由每沟推出候选人二名，推举的方式也是交换推举，六沟共推出候选人十二名。民国廿五年前，亦照例将名单送到广法寺去圈定，也同样的发生竞选纳贿的现象，特别是，呢叭的职位竞选得更激烈，因当选以后，就可掌全寺的经济事业。民国廿五年后，也改用抽签的方法，摇碗分两次：第一次摇身份，因每沟有候选人二名，第一为摇出身份，即正式当选为二喇嘛；第二次摇职务，首先摇出者为文则，其次为呢叭，再其次为根泽，再次为格果。凡寺内之喇嘛都有当选为二喇嘛的机会，未到拉萨受戒者则例外，而且非至全寺喇嘛均轮流当选二喇嘛

① 上下：底本作“身下”，据文意改。

② 与：底本作“与与”，衍一“与”字，今删。

③ 原注：沟为番地之政治区域，沟类似汉人之一乡，每一土司其辖区包括若干沟，沟之起源系由于地形。因杂古脑一带之番民，皆沿河居于山沟中，沟成为一自然区域，政治区域遂由此自然区域而划分。然今日之沟，已不完全依照地理形势，因人口流动或迁移已超过原来之地理区域矣。

④ 再：底本作“在”，据文意改。

⑤ 各级：底本作“合级”，据文意改。

后，方得连选，这种选举法颇有几分民主化的精神。

二殿寺的二喇嘛由各沟分举，杂谷脑喇嘛寺的喇嘛，如被他的本沟选为分寺的二喇嘛以后，可以返家任职，任满后仍可返大喇嘛寺。

在以往，大喇嘛及二喇嘛当选以后，都要举行盛大的庆祝。庆祝的费用由[①]其家中负担，喇嘛家中对他当选为大喇嘛或二喇嘛，认为是很大的光荣。在竞选时，家中就替他筹款向广法寺的堪布纳贿，当选后则举行盛大的庆祝宴会。这种宴会僧俗都可以参加，这情形仿佛有点像汉人中了举似的。民国廿年，该寺祝二喇嘛当选时，请了八十桌客，据说还是未敢铺张，在以往盛时，当选大喇嘛或二喇嘛，宴请一两百桌客是很平常的事。

丙. 喇嘛要靠娘窝头

在川康区内的喇嘛寺，就其经济制度来说，可分为两种：一种是官寺，一种是私寺。官寺的经费有固定的来源，所有寺内喇嘛的生活完全由寺方供给，只要一入寺院，衣食就有着落；私寺，则寺院和喇嘛的经济是分开的，寺有寺的财产，喇嘛有喇嘛的财产，虽然寺院对喇嘛常有各种津贴，但并不完全负各人生活的责任，喇嘛的生活大半还要靠自己家中供给，当地称之为靠娘窝头。杂古脑的喇嘛寺，就是属于后者。

这种私寺的制度，不仅是一个喇嘛组织的制度，同时也是一个番民的社会制度。这一点可由以下的事实来说明，杂谷脑喇嘛寺的喇嘛，大都有两种身份：一个身份是寺内的喇嘛，一个身份是他娘窝头的一份子，他们并没有因是个喇嘛而失去了他们在家中的地位。官寺的喇嘛则一入后就失去了家庭的身份，他们对家庭不负任何责任，家庭对他们也不负任何责任。私寺的喇嘛则把寺院当作他的出游或寄宿舍，寺院只是他修行的地方，在修行之外他还要兼理他家中的事务，他在社会中的地位和俗人一样，只是又多了一个资格而已。因为喇嘛的地位很受人尊重，因此家中如有一个喇嘛，在社会上的地位也因之提高，很像汉人家中出了一个举人、进士一样的受人尊敬似的。实际，家中有一个喇嘛也有若干好处，如诉讼时，喇嘛可以占上风；经济生活上，如当选二喇嘛时，可利用寺院的财产来肥己；此外任何公共活动上，喇嘛都较一般人的地位高。这些事实也可证明番民之愿意送子弟去当喇嘛，并不完全是为宗教的原因，同时也有经济的，社会的成份在其中。他们送一个子弟去做喇嘛，和汉人送一个子弟去受大学教育，是有同样的意义的。

普通番民家中要送一个子弟去做喇嘛，在经济上是一个很重的负担，因为喇嘛一生的生活大半要靠他的娘窝头。在六七岁时，就得先给他请一位师父，大半是喇嘛寺中正式受过戒的喇嘛，请妥后就把子弟送到喇嘛寺去，随师父学习经典。学习时期的生活，名义上是靠师父，实际上则由家中向师父送礼。普通每年要送粮食三斗，猪膘、牛肉、酥油若干斤，盐巴若十，这即等于学费，此外学徒得向师父服役。这样做学徒约需七八年至十余年，到子弟十六七岁的时候，普通经典已经娴熟，就要决定是否终身做喇嘛，如果决定不做喇嘛，这时即可返家，返家后的地位和俗人一样。不过因为稍通经典，比

① 由：底本“由”后有“余”字，今据文意删。

那些完全没有受过经典教育的，在社会上的地位要高一点，如果决定终身做喇嘛，就得到拉萨去受戒。

到拉萨去受戒，对这一带的番民来说，是一笔相当重的负担。在出发以前，得为子弟筹一笔充足的旅费，普通约为四五十两现银。此外衣服及沿途所用的器具也值现银二三十两，较富裕的人家要为子弟预备一匹马，所值即更多。到拉萨觅一熟识之喇嘛为保证，即可入三大寺投师学习经典。关于喇嘛在拉萨之学习情形，柯象峰先生在其《西康社会之鸟瞰》一书中有极撮要之叙述[①]，兹节录如下[②]：

> 初学之二年中，先当依师善习初级因明辩论之方式，即逻辑或伦理学，对于因明论之粗浅名相，可略得一常识；次五六年中习《现观庄严论》，此论系解释《大般若经》修行之世俗三乘道次第者；次二三年精研《入中论》；再次二三年精研戒律，并受大戒；最后学《俱舍论》（以上五论皆属显宗）。至相当程度，得堪布允许参与格西（或神学博士考试）。

一个喇嘛，由初入寺到考取格西，约须五六年或十余年不等。这一带的喇嘛，因在学徒时期基础不佳，在拉萨只能考取二三等格西，很少有考中头等格西者，如偶然有人考中，则返后必为人所重视，可为地方选作大喇嘛或其他高级喇嘛。

考取格西的喇嘛，回来后家中得为他举行一次大庆祝，此外又得为他制一套或数套新的法衣。如寺中没有他的住处，家中得为安置一所住处。杂谷脑喇嘛寺的僧舍，地皮虽然是寺院的，然房屋大多是属于喇嘛私有的，喇嘛入寺得租赁或购买他的住处。有些富裕的喇嘛，家中为他新建一所住处，这当然是笔一很大的支出。有了住处，家中还得供给他日常的生活费用，普通每年要供给粮食一石，猪膘一只或半只，以及其他日用品。因为他们生活大半要靠家中，喇嘛生活上也就发生了阶级差别。家中富裕，供给自然很丰足，家中比较差一点的，供给上也就很差。因此，我们这里可以看到衣服华丽、举动骄奢的喇嘛，也可看见衣服破旧，一付穷酸相的喇嘛。

喇嘛除了靠自己娘窝头以外，从寺院方面也可以得到相当的津贴。院方的津贴一年分两次发给，第一次是在正月十七日跳神以后，第二次是在十月举行燃灯佛会以后，每次每名喇嘛可分得粮食一斗及酥油少许。以前寺中富裕时，寺中经营经济事业所得的盈余，也酌量分与喇嘛。然现在因寺中经济事业没落，这种津贴遂无形取消了。此外寺中举行佛事时，如有人布施，每人也可得少许。我们这次调查喇嘛寺时，为和他们联络感情，就请他们念了一场太平经，送了他们一百元布施。当时这款送到大喇嘛那里，大喇嘛扣留了约二十元，其余就交给二喇嘛，二喇嘛即下令擂鼓，集合全喇嘛寺入经堂唪经，在唪经快要完毕的时候，就将我们布施的钱，当众按名分给众喇嘛，每人分得的多寡依各人的地位而有不同，连学徒也可分润少许，不过这种收入比较不固定，不能依为正式生活费，只是补助平时的零用而已。

除了上述的两种经济来源以外，喇嘛还可以经营经济事业。多数的喇嘛都有两种副

① 原注：柯象峰著《西康社会之鸟瞰》六六页，正中书局出版。

② 如下：底本作“如上”，径改。

业，如经商、放款、做经纪人等，最不济的，出去番式念经医病。喇嘛经济事业的基础，大半还是要靠娘窝头。较□富的人家，在喇嘛入寺时就付给他一笔资产，让喇嘛去经营，一方面可维持喇嘛的生活，一方面如果经营成功的话，家中亦可得到好处。有喇嘛把他家中应得的产业整个搬到喇嘛寺来自己经营，因为喇嘛在家中还有俗人的身份，他们也有继承一份产业的权利。更有的喇嘛则简直和家庭不脱离任何关系，在寺院中是喇嘛，回家去就是家人，如果没有兄弟的话，他就经营自己的产业。因为喇嘛在社会上受人尊敬，他们经营经济事业也无形中得到许多便利。如在各种交易中，他们比普通商人容易得到对方的信仰；如发生任何纠纷时，他们也可占优势；杂谷脑喇嘛寺的喇嘛，以做药品买卖的为最多，同时和本地的汉商也有往来。有时汉商要收买什么货物，常请喇嘛来帮忙，在买进和卖出的过程中，他们可以得到一笔很丰厚的利益。此外，喇嘛也给经商人作经纪人，介绍各种交易。其次是放款。比较富裕的喇嘛多经营放款，他们放款的对象一部分是番民，一部分是汉商。放给羌民的款，大半预订番地货物，麝香、贝母之类。在春季放出一笔款去，冬季就可以收得一批货物，然后他们再把货物批发给汉商。这种放款所得之利息是非常之高的。放给汉商的债，多是短期的，利息普遍为月息三分到四分。汉商为囤购货物，周转不灵时，常向喇嘛借款。因此喇嘛经济事业和杂谷脑的汉羌交易是有密切关系的。

一小部分不能干或者家中较穷的喇嘛，他们只能将替人念经当成一种职业，好在番民笃信佛教，遇有疾病、灾难[1]多要请喇嘛来念经，每次出去替人念经都可得到相当的报酬。普通为粮食半升或猪肉一小块，或茶叶少许，这种收入在他们日常生活上亦占着很重要的地位，特别是那些年老的喇嘛。

丁．寺院的经济事业

喇嘛寺的经济和喇嘛的私人经济是清楚的分开的，寺院有单独的经济来源，这种来源在杂谷脑喇嘛寺中共有三种，现在我们把他分述在下面。

第一项不动产的收入。这里喇嘛寺的不动产有田地与房屋两项，田地［共有山地六十多亩，分租给附近的农民耕种，每年每亩地可收地租三斗（杂粮），一年一共可收十八石杂粮，这种收入只占寺院收入极小的一部分］。其次为房屋，房屋又包括两项：一项是公共利用的房屋，如经堂、大茶房、仓库等，这种房屋不仅没有收入，每年还须花一大笔维持费；另一种是私房，即寺院为喇嘛建筑的居室，以及在市街上置的市房，这种房屋，寺院可得到相当的租金。这种不动产的管理，由寺院的根泽负责，收入和支出都有详细的账簿，每年并须结算一次，交大喇嘛审查。

第二项经济事业的经营。这一项收入是喇嘛寺最主要的经济来源，在民国廿五年前，这里的喇嘛寺几乎成为地方上的一大经济势力，因为寺院的经济事业和当地的汉番贸易有密切的关系，这一点我们在上面已经提及。寺院所经营的经济事业大致有四种：一种系放款，一种系贩卖，一种系介绍，一种系运输。

放款是四种经济事业中最主要的一种，寺院的资本一部分是寺院的，一部分是喇嘛

[1] 灾难：底本作“炎难”，据文意改。

及番民托寺院代放的。番民把喇嘛寺当作一个信托银行，有了多余的现款时就存在喇嘛寺里，让喇嘛寺替他经营，虽然寺院付给他们的利息很低，普通的约一分上下，但他们相信喇嘛，因为喇嘛寺是一个永久的组织，不会像商号随时可以倒闭，所以他们宁可得较低的利息把钱存到寺院，也不肯存到商号里去。寺院靠这种优点可以吸收一大部分番民的财富，他们放款的对象大部分是商号或番地的大商队，利息比普通借款利息要低些，平均约为月息二分，时期也较长。寺院对私人借款比较少，且须有妥实的担保，对商号放款则不需要抵押，不过也要看商号的信用而定，寺院和本地的大商号都有往来，大部分的放款都是经商号担保的。

喇嘛寺的资金由呢叭来管理，过去喇嘛寺的呢叭在社会上地位很高，汉番商人都和他交接，他不仅像一个大公司的经理，甚至也是地方上的士绅，地方的公共事大半都是请他参加，这也表示经济地位如何影响到地方的政治活动。

其次是贩卖业。喇嘛寺也大规模地经营贩卖业，他们常操纵本地的市场。如某种货物落价时，他们就大批地收买，到涨价时他们就大量地抛出市卖。买卖货物以药材、皮毛为主，寺院中很大的仓库为堆积货物。寺院贸易上有几个优点，为普通商人所不及：第一，番民很信仰喇嘛寺而不信仰商人，他们宁愿吃一点亏，将货物售给寺院；第二，喇嘛寺的喇嘛都是番民，他们与番民接近比较容易；第三，番民和寺院交易在语言及手续上都很便利，因为有这些便利，他们在贸易上比汉商占很大的优势，甚至汉商要和喇嘛寺勾结以便拉拢番民，因此也就产生了寺院的介绍职业。来杂谷脑贸易的番民，大半要请寺院替他介绍一个可靠的汉商，汉商也要请寺院替他介绍番商，寺院的贩卖及介绍也系由呢叭经营。常每届①呢叭当选时，本地的商号都要送很重的礼物以示交接。

此外驮队也与常喇嘛寺经营一种副业。寺院中养有很多马匹，有些是寺院的，有些是喇嘛私人的。由寺院雇一位马夫经营，普通多半是驮运茶包子到马塘，此外，也给汉商介绍马帮，因为当地的马帮和寺院都有往来，汉商如有货物运输而找不到马帮时，寺院可为介绍。

喇嘛寺的第三项收入是善男信女的舍赐与布施，这也是寺院的一宗重要收入。这种收入可分为两种：一种是舍赐。番民为信佛教，他们为祈福起见，常将大宗的财产舍赐与寺院，没有子孙的番民在死后，也常将他的遗产捐给寺院，其次是喇嘛家中的舍赐，较富的喇嘛家中为增加他在寺院中的地位，也常交大批财产舍与寺院，这种财产愈累积而愈多。另一种是布施。布施是番民请寺院替他做佛事所给②的报酬，普通番民每年总要到寺院来做几场佛事，因此寺院布施的收入也相当可观。

以上所述系寺院的收入，现在我们再略述寺院的支出。寺院的支出主要有四项：第一项是宗教费用。这一项支出包括宗教一切实用，如祭品之购置，人工之雇用，用具之租赁或购置及宴会之消耗等。每次大佛事均需消耗千余元。如正月中之跳神，八月中之演神剧，十月中之燃点佛会等，消耗均在千元以上。每月尚有小规模之佛事，也需消耗数百元。此种支出为寺院支出之大宗。第二项是喇嘛之津贴。寺院对喇嘛每年均有相当

① 每届：底本作“每居”，据文意改。
② 所给：底本作“给所”，今乙正。

津贴，此点我们在上面已述及，兹不复赘。此项也为寺院重要支出之一。第三项为建筑之修理与维持，如经营之修理，佛像之塑造、绘画，新屋之建筑等，此亦为寺院重要之支出。第四项为日常费用，如喇嘛之茶水，公用物之购置，远来僧客之招待或交际费用，雇工之工资，喇嘛因公外出之旅费等，此项支出为一大宗。据谓，在过去盛时，寺院之总支出每年约在现银二万元上下，然寺院[①]之收入则倍之，故每年均有盈余。寺院之财产日有增加，寺院在社会上之地位也随之提高。自民国廿五年兵燹后，寺院经济基础一扫而光，今日之收入不及以前[②]之十一，不仅无盈余，即寺院之经常费用尚感不足。以往喇嘛对竞选呢叭或根泽均设法竞选，今则视当选为畏途。目前寺院似在努力恢复旧日的盛况，但在当地的汉番贸易未能复兴之前，希望似很微小。因为寺院过去的繁荣，是□基于当地的汉番贸易。

戊. 喇嘛的生活

杂谷脑喇嘛寺的喇嘛没有很严格的集团生活，每个喇嘛的住所都是单独的，较富裕的喇嘛大多有两间或三间相连的套房，一间是卧房，一间是居室。居室内之设备，中间[③]有个锅装，一日三餐就在这里自炊自食，四周摆一些箱笼及日常用具。另一面有一个佛堂似的设备，供着几尊佛像，放着几部佛经，卧室内则除了一个床以外，还储藏着他比较珍贵的东西，如衣服、食粮及其他个人所有的财产。普通喇嘛大多只有一间房屋，每日起居饮食都在里面。

喇嘛的日课：公共活动只有早、午、晚三次入经堂诵经，每次约半小时，其余的时间完全由各人自己支配。有的自己研究经典，有的则致力于自己经营的经济事业，这种喇嘛多半时常出外。也有少数苦修的喇嘛，终日在屋内念经或以泥制小浮屠，制成若干后则施送于各地之番民，或堆置各公共处所。此外则为开年中定期及不定期之集体诵经，定期之集体诵经多为每年中之各种节日，最重要的如正月中之太平经及十月之燃灯佛会。不定期的集体诵经又分为两种：一种是寺方发动的，在每年初，寺中照例要扯索卦以卜年的吉凶，如果占卦的结果是凶，那么就要特别念几次经祈祷，如果是吉，也要择一天念一场经以示感恩。一种是由人民发动的，番民家中有了什么大事，多要请喇嘛来念经扯索卦，不管扯的结果如何，他们一定要请喇嘛念一场经，借以消灾免难。

喇嘛们的日常生活，每日大约五时起床，起床后即入经堂，念晨经；早餐约在晨九时；下午二时再入经堂念午经，四时许午餐；晚六时再入经堂念晚经。普通喇嘛每日只吃两餐，不过多数喇嘛每晚临睡前还要吃一点宵夜。入寝的时间不一定，约九时后多数喇嘛就都就寝了。在节日或做佛事的日子，生活就不这样规律，他们有几宵不睡，每日要进四五餐，这样的日子，一年中亦有四五次或七八次。

喇嘛的食物以粮食为主，玉蜀黍、荞麦、小麦及青稞都是普通食品，米只有极少

---

① 寺院：底本作“竟院”，据文意改。

② 以前：底本作“以年”，据文意改。

③ 中间：底本作“间中”，今乙正。

数，富裕的喇嘛偶然食用。玉蜀黍、荞麦和小麦都是磨了粉，来做“三吹三打”① 或面条。青稞则多制成②糌粑粉，即把青稞炒熟成粉，极似汉人食用之炒面。惟无甜品在其中。食时，富者以酥油和食，贫者以茶和食。佐膳品中珍贵的是猪膘，即腌猪肉，其次是酥油，再次是菜蔬。他们多半喜欢食用有刺激性的食物，如韭菜、辣子、葱蒜之类，因为这些菜蔬比较容易下饭。此外，每日不能离的还有茶叶，每日喇嘛在他居室内终日都烧着一锅茶，以备随时饮用。喇嘛饮食上的搭配很少，只有爪蹄及无齿之类不食。爪，是鸡鸭及其他禽类。蹄是只指整蹄，如马、驴之类；分蹄者则均食之，如猪、牛、羊等都可食用。无齿者指鱼类，据谓，无齿者与世无害，故不食。喇嘛不像汉人和尚要吃素，他们是尽可能多食肉，除非限于经济力量。

喇嘛的服装，日常都是穿着藏式的法衣，一件黄色或紫色的长褂，另外可披一长约二丈余的红色或紫色的绸子，左右交叉横披于两肩，头上戴红色畚箕形的帽子，足上富有的着靴子，普通的着布鞋，穷喇嘛则着草鞋甚或赤足。喇嘛的服装大多由家中供给，因此家境好坏在喇嘛衣着上也可以看出来。富有的喇嘛，法衣都是以绸缎为原料，且不至破旧不堪即换新装；穷喇嘛则除了一件披肩外很少用绸缎，且多破旧不堪。除了日常穿着的法衣外，遇做佛事或举行大法会时，则着特制的袈裟，这类袈裟大半是寺中的财产。此外喇嘛每人都有一串念珠，有时算是装饰品。念珠的质料有的是珊瑚，有的是各种香木，另外再镶有各种金银饰物，故其价值相差可以极悬殊。最普通的念串约值国币百余元，最贵的可至数万元。

大多数喇嘛都喜欢吸鼻烟，鼻烟是他们自己制造的，即以普通烟草加各种香料磨为细末，即为鼻烟。寺中喇嘛各怀一瓶，遇有客人时即出以相敬，喇嘛相见时则各易鼻烟瓶吸用，极似蒙人见面时的礼节。

杂谷脑喇嘛寺的喇嘛，除了每日三次入经堂念经外，其余时间他们可以用来消磨。其中除了极少数埋头于研究经典或做其他苦修以外，大多行为都很放任，他们可以到市街上来消磨他们的时光，茶馆店铺都是他们时常盘旋的所在。比较富裕的喇嘛，几乎每天都要下山来，在茶馆中或店铺内消磨几个钟头。

社会中一切公共生活，喇嘛们也很喜欢参加，这一算是他们的一种娱乐。如普通番民家中举办婚丧大事，大半要请熟识的喇嘛来参加，甚至以喇嘛来参加为荣。此外喇嘛家中的一切世俗应酬，他们也可照例参加，因为他们在家中还有一个俗人的身份。喇嘛也可以随时还俗，不过在离寺要挨格果的一顿铁棒，还俗后他仍可娶妻生子，和普通俗人一样。但因社会轻视这种行为，喇嘛中还俗的毕竟很少。

---

① 原注：三吹三打，系在火灰中烘熟之面饼，因表面沾的灰烬甚多，食前须吹三次打三次将灰除去，方能食用，故名之为三吹三打，此种食品在番地中极为普通。

② 成：底本讹为“或”，径改。

伍　农业之部

一、概论

本服务团七组中，与农事有关者，有农业及畜牧兽医两组。农业组组员人数本少，且有因身体欠强，临行退出者，故调查所及，未免大受限制。此报告之取材，只限于作物、土方利用及植物病害三方面而已。

七月十五日，全团由蓉去灌，准备途中应用物件。十八日由灌出发，四日抵汶川。更一日，到威州。一部分行动较缓者，翌日始到。此后各组分头工作，故在威又作最后之策划。廿四、廿五二日，在威州附近调查。廿六日，由威州去通化，上佳山寨。翌日，轻装简从，上西山，登白云寺。次日，在山顶、山腰部分从事调查。越日，循原路返江岸。同时，在山腰以下从事调查工作。在通化宿夜后，去理番。次日，沿孟屯沟，抵塔司坝，参观远成伐木公司。并沿途仍在塔司坝附近做调查。返抵理番后，从事休息，并整理标本。自理番城去杂谷脑，已八月初旬矣。在杂谷脑时，因感沿途调查，时日既短，大部时间复多耗于行路。调查工作，不免走马看花。原计划拟去马塘，再循黑水而下茂县，乃略略加以变更。副组长王金陵君，偕孟、梁两君，依原计划继续西进。王及孟、梁两人，先南下丹札木沟，调查采集两日，即返理番，更事调查。返威州，去雁门沟、萝卜寨等地，采集调查。而后北去茂县，工作两日。去土地岭，采集一次，本拟西[①]去沙坝、刁林沟等地，嗣因天气阴雨，两日不成行，乃南返威汶。在汶川曾去瓦寺土司所在地做调查。西去人员，经夹背、马塘、马河坝、芦花、麻窝而达茂县。行途艰苦，民情不同，因而调查工作进行，大感困难。回茂折南，经汶川而返灌县。

二、调查方法

十六区之耕作地，背山面水[②]，大多为沿江一带之冲积土及风化程度较深之山麓，离大路不远。调查时，每可利用沿途休息之际，与乡农闲谈或沿支路去一山寨访问，或住一山寨，就其附近采集调查。

十六区多高山，气候环境，每因海拔而异。往往一山之内，因高度不同，可代表寒

① 西：或为“西”字之讹。亦可能为“又”之音至讹。
② 背山面水：底本作“背山水面”，今乙正。

温两带各种不同之情形。耕作方面，自亦随之而异。在一短促时期内，能获得多种大相悬殊之材料，此为在高山区域调查之特殊便利也。在此种小范围内，调查不同高度地区之农业情形，兹称之为断面法。在调查中，常利用之。

植物病害方面之调查，多数与此相同。但较不常见之病害，往往在田间不易识别，须将标本携归校内，在显微镜下查明病原菌，方得确定。

三、耕地状况

茂理汶各处耕地，多在海拔五千余尺至万尺左右。万尺以上，即入灌木草原区，系乡人挖药之园地矣。

耕种地大别可分两种：一系堆积所成，如江岸之冲积土。尤以江流急转之处，往往有之，及风化程度较深之山坡，倾泻而下，堆成缓坡。一系倾斜度较少，而风化程度较深之坡山，均宜耕殖。惟无论成因若何，其土质多疏松而多石块。石块之多少，视江流之缓急及山坡风化程度之情形而异。

经垦殖之山坡，除村镇附近外，其位置每不在山脚，而起自距江岸千尺以上处。山脚附近，纵有平坦地面，亦每荒不用。原因所在，尚未确实明瞭。下列系揣测之辞，但容有真理在焉。

（甲）汉羌相处虽久，但过去常多纷争。山脚距汉人开发居留之大路两旁相近，易生意外，故避而不加垦殖。

（乙）岷江流域，在地理变迁上言，尚属幼龄。但海拔逐渐变高，河床逐渐下沉。昔日之江岸，今日则在百千尺以上矣。羌民聚居一处，不喜迁徙，故山脚遂荒而未垦。

（丙）山土多碱，碱质顺水下流，积聚山坡下层。此处山地，碱性太高，不适耕种。有时在山脚见结晶之碱，白如层霜，此说或原因之一也。

山内耕地之分布，除坡度而外，最重要者为水源。水给则物茂，故青葱在望者，每系水流所经之处。距水流较远之处，每罹旱魃之灾，难于耕食为给也。

四、气候

山地气候，颇似北地。但有一大不同者，即冬有严寒，夏无剧热。调查期间，适在七八两月。晨间每可衣袂，如遇阴冷之日，须着薄棉。午间衣单，颇为舒适。非上急坡或负重，不致流汗，似长江流域仲秋天气。夜间则似初冬，非厚被不暖。此则指江岸一带，大致如是。至山内，则因高度而异。在通化调查时，曾至西山岭之白空寺，夜间温度降至摄氏八度矣。

以一般言，山中雨量，远较成都平原为少。调查时期之夏季，则未为过稀。降雨多在夜间或清晨薄暮，约三五日一雨。三十年度，山中称旱象严重，平时雨量堪称充沛也。详细记录，可见地理组报告中。

山中午后多风，且为力往往甚猛。山中旅行，每至下午一时左右始，山风大发，几可视作时计。风力相当猛烈，飞沙走石，常见不鲜。观夫飞沙关之名，实可想见。石卵横飞之时，行人常为击伤，甚至击毙者。

五、耕殖概况

羌戎山居日久，对其衣食所依之土地，利用保护，均颇周至。耕地每依坡度，范成梯田，远望如地图之等高线，极为美观。边缘垒石为壁，颇为耐用。

以灌溉排水而言，排水可谓绝无需要。灌溉极属简单，不过在自然溪流之附近，开沟导引而已。人工蓄引之方，绝无所见。且地多沙质，储水力弱，雨水不时，端赖溪流。故其耕地，各限于自然水源之附近。

水流稀少之区，山农间有利用遮护原理者，法取中等大小之石片，在播种后盖于土面。如是，则雨水之渗入虽稍受阻碍，在天旱之际，则有阻隔土中水分之上升，减少蒸发之功效。初见者以为山土多石，泥沙为雨冲刷下沉之结果，实则非是。佳山寨一带，常有用之者，盖山农经验之得也。

地方保持，多赖施肥得当。十六区人烟稀少，肥料大宗之人粪尿，为量亦微。耕牛平素多散处山内草原，亦无厩肥可用。家畜以猪为大宗，畜粪亦惟猪粪而已。乡人对此颇为珍惜，不任遗弃。每栽作物一季，大多施基肥一次。施量，每斗种之面积（乡人计地，每以所用种子量表示之），施肥二十至三十背，每背约六七十斤（老秤[①]）。栽培较勤者，常施肥一次。其为量则至不一样，大多视肥料之有无而定。山农间有用枯烂树叶、杂草作堆肥者，其成分及用量，则了无定则矣。

因肥料之缺乏，山农保持地方之另一办法，即利用冬季休耕。一年可二熟之区，每二年行冬闲一次，以免地方有过度之消耗。此法在国外常有引用。平原区域，肥料充足之处，鲜有行之者。

此种施肥方法，当然限于农田。至于栽培蔬菜之园圃，其用量及施用次数，自必较多。但一般言之，较之平原区所用者远少。故其蔬菜，无论为菜为果，往往形小质粗。气候与肥力有以使然也。

农地之所有权[②]，多属诸农人。逊清行屯兵制，每户出丁，每丁有耕地若干，故多自耕农。且山民聚居之寨子，每户业农，耕地鲜有不用者。且贫富相差不远，大多家鲜有余资，故绝少转卖等情，而致形成地主佃农之别也。每户所有地之面积，往往不足以维持生计，而须入山挖药或烧碱以为副业，以资补助。所有绝少之佃农，则因有若干喇嘛寺，寺产颇多，而喇嘛往往不事生产，以租予佃农，此为仅有之特殊现象也。

六、作物种类

山中栽作物，种类至为简单。今依其重要性，次第叙述之。

---

① 老秤：底本讹为“老种”，径改。

② 所有权：底本作“有所权”，今乙正。

甲．食用作物种类

（子）玉米。玉蜀黍为作物中之最主要者，山民食粮多赖之。夏季为山中最好之生长季，亦即玉米之栽培时也。其品种至为单纯，因各地生长季之长短及耕作制度之不同，而定其选择。常见者多属于硬皮类，可分下列三种。

（1）大金黄。植株高大，粒金黄色，生长期达一百五十日，产量较丰，但出粉率不高。适于沿江海拔六千五百尺以下，生长季节较长之处。

（2）二黄子。植株中等，粒黄色，生长期较短，为一百三十日，产量亦较逊。适于海拔六千五百至八千五百尺及生长期较短之处。适于大金黄之地，亦有因栽种小麦，玉米播种较迟，而种二黄子者。

（3）小金黄。植株矮小，粒金黄，生长期仅一百十日至一百二十日，产量较低，然出粉率较高，海拔高或有前后作物之区域多种之。

除前述三类主要品种外，尚有白玉米、马牙子。白玉米种粒白色，马牙子种粒顶端下陷若臼齿，因以得名。惟二者之为数不多耳。

玉米为自然杂交作物，除农民所注意之若干主要性状略为纯化外，一品种中，其他性状每因自然杂交而趋于庞杂。农民虽亦知纯种之利，但不得维持之方，仅能自品种较纯之田间获其种子而已。

（丑）小麦。小麦为一年二熟带之冬季作物，一部分二年一熟带之夏季作物。因其生长环境差别甚大，品种间亦各有其宜。常见品种，约述如左。

（1）白花麦。白谷红皮，有芒，成熟较迟，粒性属半硬类。

（2）红花麦。赤谷红皮，成熟较早，粒硬性，秆部叶鞘色深而有粉末，远望呈青色，颇似①欧西品种。

（3）蓝麦。植株较大，上有粉末，穗大。颖大而内向，芒长，远望似大麦，产量颇高，出粉率亦高。

（4）春小麦：夹背②以上，多栽春小麦，以穗呈棍状者为主。颖白，芒甚短或无芒。

小麦虽属自交作物，但以农民耕作、收获、贮藏方法均极粗放，故常有混杂。甚至小麦田中，大麦有之，燕麦亦有之，有时竟至不辨农民原意所种为大麦或小麦矣。一般论之，凡以小麦为主要作物之处，品种较纯；而居次要地位之处，品种较杂。其混杂情形，兹用杂谷脑河上游之尽头寨麦田为例：

---

① 颇似：底本讹为“预似”，径改。

② 夹背：地名。

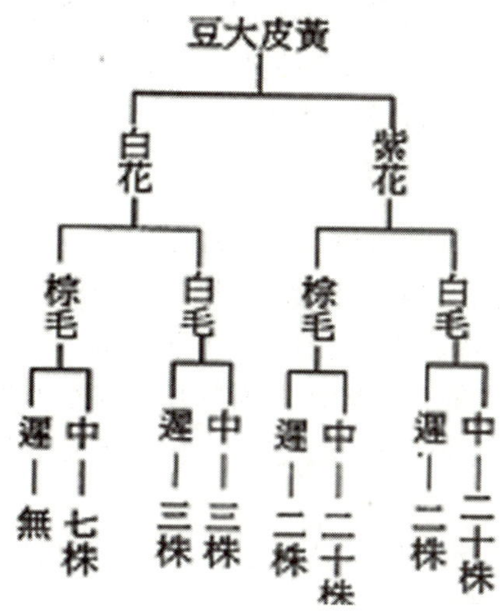

小麦在两熟地带，不为主要作物。推其原因，不外收获量之差异大，难以食粮之大任畀之。而使收量变异之因素，不外下列二端：（一）在小麦生长期中，雨量无定，倘遇旱年，即致歉收。（二）秆锈病及腥黑粉病为灾之剧。

（寅）大豆。大豆虽属田间作物，而其用途则为蔬菜，因其主要用途为制作豆腐之原料也。其栽培，每与玉米间作，鲜有单独栽培者，品种大多属黄色种。丘地一带之高度，已达大豆区之限度，则以褐皮者为主。花色有紫有白。因系间作物，栽培亦较粗放。品种至不纯一，实难作有系统之分析。兹将田间混杂之情形，举例如左：此以在生长期之主要形状分之，已有如许之变异。若就种色、种形、脐形、脐色及大小而言，更可加以详分缕析矣。

（卯）青稞。青稞乃无皮大麦之一种，耐寒力强，在摄氏二十度左右能开花结实，纵温度降至摄氏十度，花部亦不受害，故海拔较高之山寨及马塘高地均植之。而为食粮之主，所谓糌粑者，即大麦粉所制。栽培以有芒无皮品种为主。至颖色则以无色为主，紫颖次之。品种混杂情形，一如小麦。兹将尽头寨大麦情形，举例如次。[①]

（辰）荞麦。荞麦耐寒，而生长期短，故在介乎一年二熟与一年一熟之区域，用以轮作。亦为生长期极短之处之作物。可分为甜荞、苦荞二种，甜荞耐寒力较弱，但品种较优；苦荞反是。二者固各有适应之区域也。

（巳）黍子。栽培面积甚少，多采为轮作之一部分，且多在利用山坡隙地时栽之。

（午）马铃薯。在海拔高而生长期短之处栽之。山中土壤多沙，极宜[②]于此。在一单位面积内，出产之高，为各作物之冠。且所含养料丰富，为一极有价值之食粮。惟目下尚在蔬菜时期，未入大规模栽培之阶段。未来之希望，正复无穷。不但今日栽玉米之地，可改种马铃薯；其适应地区域，直达于海拔最高之耕种地带。今日之所以不能广为栽培者，乃野猪为害过烈所致。他日野猪问题解决，栽培面积扩展[③]，则山中食粮之生

① 底本缺所举例证，盖作者疏忽所致。
② 宜：底本讹为“直”，径改。
③ 扩展：底本作“广展”，径改。

产，质、量两方俱可大为增加。山中所栽品种，大别为紫花、白花两种。紫花者，其块茎外皮，往往[①]亦具紫色；白花者，往往具白色。以品质而论，一般以白皮者为优。

（未）莜麦：燕麦之一种，山农间或种植，以作饲料。未闻有用作食粮者。

乙．特用作物种类

山中特用作物，品量均少。兹就所见，分述于左。

（子）叶烟。此为特用作物中栽培最普通者，几于随地可见。大多农人，栽以自用。所栽种类，与通常烟区所种者，大不相同。其学名为 Nicotiaza rustica，普通叶烟属（Nico－tiazatabzcua），通称兰花烟。叶较厚而细长，花小群聚，呈黄绿色，与普通叶烟极易辨别。制成烟叶，香味甚佳，但产量较低。山农不栽普通叶烟之故，据云系易受病害，不合经济故也。

（丑）麻。麻之栽培，多属散见，且面积亦不大。生长尚称茂盛，在水源近处者，不逊平原。山农用以织布为裳。

（寅）亚麻。亚麻在欧美栽培甚广，在我国仅在东三省略有栽培外，另未有所闻。通化佳山寨一带，有小面积之栽培。是否由传教士传来，则在不可知之列矣。

（卯）花椒。花椒之栽培，多在田旁硬土或山坡，间有一二亩大面积之栽培。不畏脊土，产量颇丰。山农调味，间有用之，但大多运销成都平原。

丙．蔬菜种类

山地虽大多瘠瘦，但在居住区附近，尤以近县城之处，蔬菜种类颇多，□□小平原，几已应有尽有，惟栽培之时期，与平原不同而已。兹就时期、出产之多寡，依序述如左。

一、菜豆。菜豆杂种田间。栽培情形，介乎作物与蔬菜之间。面积广，栽培粗放，播种时期，先后参差。七八月间，有者已结实供市，有者方开放着花，有者方吐针叶，有者正将出土。品种亦颇复杂。藤性者极罕见。普通尽□生种，有紫花、白花两种。若依种及色泽分类，当可更详分缕析。调查期间，种子多已成熟，不作详细记载耳。

二、辣茄。川人多嗜辣，此风亦随移民而入山。故辣茄之栽培颇为普通，而以汉人聚居之处尤然。山寨中，则绝无仅见耳。品种简单，与川西平原所栽者相似。

三、茄。茄为普通之夏季蔬菜，栽培大多集约。植株相当高大，水分充足时为尤然。惟果实多较平原为小。品种简单，普通多为紫皮洋梨形种。果形最大者，不过如小儿拳。供给期颇长。

四、南瓜。南瓜亦为常见之蔬菜，生长强健，产量颇丰。瓜类本宜沙质土，故山中所产，品质较佳。品种简单，果形多扁圆。间有长颈者，或系杂交使然。

五、包菜。包菜之栽植，多在县城附近或人口较多、土壤较肥之处。生长相当良好，结球率甚高。惟球形较小，鲜有在一斤以上者。

六、萝卜。萝卜在夏间为名菜，价格甚高。其栽培地，与包菜仿佛。根部发育，因在砂土，尚属良好。所栽多细长形而皮带红色者。

---

① 往往：底本作“住往”，径改。

七、马铃薯。马铃薯栽培面积不大，未能成为食粮，兹为山中常用之蔬菜。

八、豇豆。豇豆之栽培，远不若菜豆之多，以其耐寒力较为薄弱故也。在大路附近园圃中，间有栽培者。

九、黄瓜。夏间常见菜蔬之一。品质颇佳，价亦低廉。山民多栽于住屋附近，栽培地亦多限于大路附近。

十、油菜。春间栽培。生长不良，植株瘦小。在杂谷脑一带较多。

十一、葱蒜。羌民常用以调味，故栽培之面积虽不大，但尚称普通。

十二、苋菜。栽培普通，但其主要目的，乃用作饲料。间有入蔬菜者。

十三、莴苣。栽培颇少，或非其时季之故。

十四、白菜。县城附近，栽培尚多。但品质不佳，带苦味，价颇廉。

十五、包心白菜。包心白菜在山中间有所见。但生长多不甚良好，因此栽培者少，价格颇贵。县城附近方有所见。

十六、芹菜。栽培不多，多在县城附近，品质不佳。此物喜水，宜其不适于山地也。

十七、冬苋菜。常见野生园圃附近，惟未见用以入蔬。

十八、豆芽。此虽与其他蔬菜之在田间生产不同，但为普通蔬菜之一。市售多系黄豆芽。

十九、蕈。山中野蕈极多，山人多以佐餐。其最名贵者，为鸡冠蕈，多生冷杉干上，肥大，作淡胭脂纽色。边缘渐薄而呈波状，缺口如鸡冠，因名。味颇鲜美。

丁．果木种类

山中无正式果园，果木仅作路旁或家园之点缀而已。

一、桃。夏季果品，以桃为最普通。山坡常多野生。园圃点缀，亦多任其自生自灭，极少真正加以培护者，品质自不见佳。但山中得此，亦颇可口。多系红核离心者。品种大致有二：（一）果形较小，而皮色鲜浓。（二）果形稍大，仅尖端着色而已。

二、胡桃。胡桃多栽于路旁或□隅，不加管理。但因栽植普遍，故出产亦颇不少。树势强盛，但每株结实不丰。

三、花红。栽培少而粗放，出产多运县城销售。果形较平原者小，而甜味亦逊。

四、枣。野生者颇多，间有大树。但结实甚小，品质亦劣。

五、石榴。栽培甚少，多在庭园作点缀。树高每不满二丈，结果亦小。

六、葡萄。此属山中原产，抑系输入者，颇属疑问。属欧洲葡萄系统，藤壮大，果长形，如牛奶种，但两端颇尖，似橄榄。皮绿色，味酸，而香气亦逊。

七、梨。在理番城附近，曾有所见。皮青而颈长，似属 Porus Bretschnederi 之实生种。味涩而心大，品质低劣。

八、覆盆子。沿途野生极多，丛生若荆棘。果小味淡，但为采樵妇女消遣之良品。

九、苹果。在克增寨杨守备家，曾见有苹果两株。但树上果数甚多，而果形甚小。究竟属于何种，尚有疑问耳。

此外据远成公司办事人谈，自塔司坝北去六十余里之处，有野生樱桃及杏。不知究属何物。余山中野果之可食者，有牛奶子等，种类固甚多也。（□详见作物组报告）

七、农业区域

左右农业情形者实为气候，而山中气候，视海拔而异，既言之矣。故农业情况不同之地，错杂相间，实无广大之区域可言。今不论其分布若何，但就耕作情况之大概，大别为四区域。

（甲）一年两获区

自汶川至茂县，沿岷江两岸及杂谷脑河两岸，海拔在六千五百尺以下之处，均属之。年可两熟。夏季作物以玉米为主，大豆次之。海拔较低、生长季较长之处，玉米多栽大金黄。海拔较高，而生长较短之处，如杂谷脑附近，则玉米品种，以小金黄为主矣。冬季作物，在前者为小麦，品种以蓝麦为多，后者则以青稞为主。两季所栽，俱属主要作物，收量均相当可观。此种地域，有因其他关系而行一熟制者。如威州附近，冬季风沙过大，不能耕作。理番附近，因肥料不敷①，冬季均行休闲。

（乙）玉米大豆区

此区生长季节更短，严格言之，为一年一熟区域。海拔六千五百尺至八千五百尺之处，如佳山寨、西山寨、马棚寨、千王寨、杂谷脑至夹背间，均属之。夏季作物为玉米、大豆。海拔较低处，玉米品种为二黄子，更高则渐改小金黄。大豆品种，亦因高度之增加，而改为早熟种。玉米、大豆间作者，极为普通。收获后，冬季任其休闲。如续种小麦或青稞，则在麦类收获以后，不能更种玉米或大豆，而仅能种荞麦矣。如是虽可两年三熟，但确实非主要作物，收量颇少，山农每因调节地力，亦常用后法以行轮栽。

（丙）小麦青稞区

海拔八千五百至九千二百尺之处，若老王寨、拉海、夹背至尽头寨等地属之。一年可熟。但生长季既短，温度亦低，不宜玉米之栽培，而冬季作物大小麦，遂一变而为夏季作物矣。海拔较低处，可年种小麦。小麦熟后，尚可种荞麦二季。渐高不复能种荞麦，更高则以大小麦必须轮栽。小麦而后，不复能耕种小麦，必须间以大麦。除麦类外，夏季亦有栽豌豆、蚕豆、洋芋等作物者。在杂谷脑河上游，则有三分之一春小麦矣。

（丁）青稞洋芋区

自海拔九千二百尺，以至万尺左右之区，如马塘至康猫儿一带属之。生长季极短，作物仅限于青稞、洋芋二种，即小麦亦无法成熟矣。

八、轮作制度

在各农业区内，因气候、地力、习惯，等等，轮作制度，亦各有不同。兹就调查所得，分区以图表示之。

① 不敷：底本作“不数”，据文意改。

（甲）一年二熟区

（子）沿江及杂谷脑河下游沿岸。

（丑）理番杂谷间河岸

（乙）玉米大豆区

（子）

（丑）

（寅）

（丙）小麦青稞区

一年二作，二年三作

（丁）青稞洋芋区

九、耕种方法

山农耕种，在利用土地上，虽称集约，但方法则颇简陋。在播种以前，往往先施基肥，如行撒播，种子亦往往在犁地前撒入。耕后，因土多砂石，亦无耙碎之必要。点播者，则在整地以后，锄穴播种，除玉米、大豆多行点播而外，其余均行撒播。玉米之栽培，较为集约，生长期内，当施追肥一次，以烂草厩肥为主，中耕亦行二三次。其他作物，则并此无之矣。

收获方法，与平原区无甚区别，割后即置平原沙土上，状如洋台之屋顶。田中少平地，晒谷均在屋顶，其番民房屋特有式样之所由来也。屋顶后部，靠山石处，多有一小间。如遇大雨，可将晒谷移入。田庄较大之顶次，晒场有二三层者。晒干以后，玉米往往用手工脱粒，小麦等多用连枷脱谷。

各作物播种收获时期，因地而异。兹将主要作物之生长期，就调查所得，列表于左：

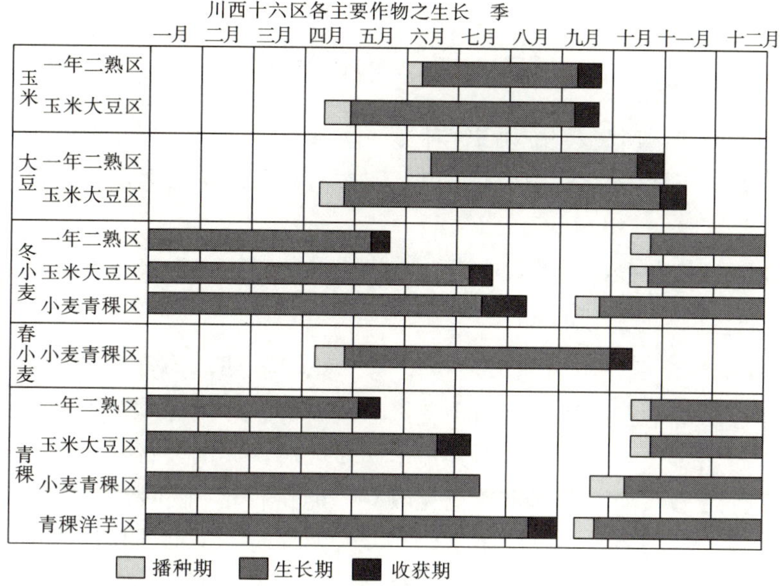

各作物之产量，受生长季节与土壤肥沃度之节制，因地而异。前述四种作物，在各区域之产量，以平均言，列表如左：

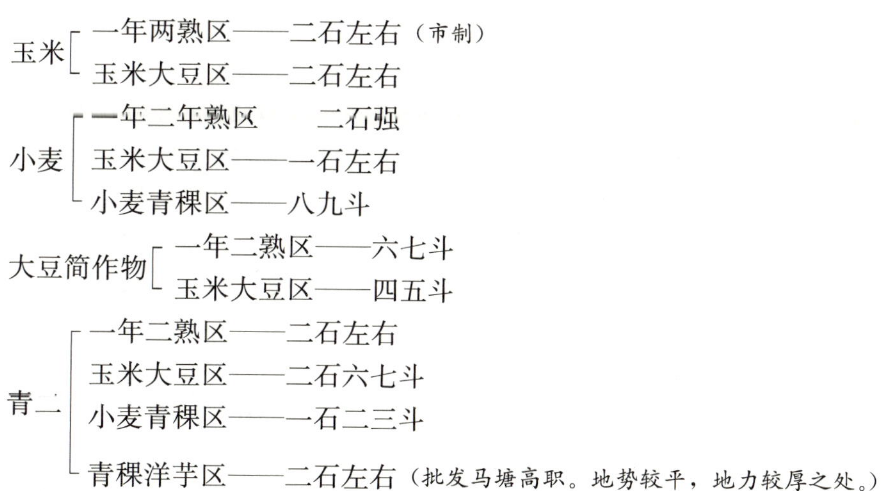

玉米
- 一年两熟区——二石左右（市制）
- 玉米大豆区——二石左右

小麦
- 一年二年熟区　二石强
- 玉米大豆区——一石左右
- 小麦青稞区——八九斗

大豆简作物
- 一年二熟区——六七斗
- 玉米大豆区——四五斗

青二
- 一年二熟区——二石左右
- 玉米大豆区——二石六七斗
- 小麦青稞区——一石二三斗
- 青稞洋芋区——二石左右（批发马塘高职。地势较平，地力较厚之处。）

播获种种作业所用工具，亦颇简陋。所用犁，三角形，尖端锐，侧面无弯曲度，仅有一弓之背以分土。耕作时，前用二牛曳犁，一农人执犁，尽力将其压入土内。其利在遇山石时，犁无折断之虞；其弊则工作费力，极少效率，而入土亦不深。

打谷之枷，为单枷。仅将木棍一根，系于竹竿或木棍上，使能周转而已[①]，故转动不灵，而所及面积甚小，打谷之效率，因亦极低。其所以不用连枷之故，尚未访得其实。

---

① 而已：底本作“而已已”，衍一“已”字，今删。

十、植物病害情形

在短期调查期间，所发现植物病害种类，虽不云多，但其为害之烈，殊使人得一深刻之印象。山农对于植物病害，既无认识，因亦不知有以防治之道。作物损失，每委之天命，诚可慨叹。

受病害而损失最大者，当推大小麦，兹将所见各作物之重要病害，分述于次：

（甲）小麦病害

（子）秆锈病。秆锈，土名地火。病微生于秆叶各部，为红颜色小点，着生颇密。病株生长衰弱，易受旱害。秆之受病剧者，常致倒折。即结种实，亦多绉缩。在十六区一带，甚为普遍。二一年之为害剧烈异常。病转区域，亦损失百分之三四十。佳山寨一带，损失达百分之七八十，有甚者致全无收获。能将种粮[①]收回，已属侥幸。当作者自茂县返威州时，□□□毛坪堡国民小学。与校长闲谈时，渠称前秋曾播小麦七斗地，至夏间仅收获三斗之微。彼则即种量亦未能收回矣。理汶一带，小麦始终不为农民食粮之主，非因气候不宜或土壤瘠薄所致，实因病害为害过剧，收量大减。且每年之收量，受病害之影响而了无把握，致不足以食粮赖之也。

此病之病原菌，有转株寄生现象。其生活史之一部，寄生于小麦；另一部，则寄生于伏牛花（或称小蘗）。二者缺一，病菌即不易繁衍。山中伏牛花，比比皆是。五步一丛，十步一簇，且其上病菌累累，其繁多为作者前所未见。且往往毗邻麦田，传染极易，宜乎此病一猖獗也。书载俄疆高加索一带，山中伏牛花繁多，为害于小麦之情形，恐亦无以过之也。在欧美防治此病，主要方法之一，即为挖掘伏牛花而毁灭之，但山间则此法无实行之可能。因伏牛花生长既极普通，根群分布深广，不易挖掘，且人力亦不敷应用。加以山坳崖侧，搜索难求净尽。故解决之法，惟有引种抗病小麦品种，以期不受害耳。

（丑）腥黑粉病。黑粉病，土名通种灰包。在小麦所普遍发生者，为腥黑粉病。病株所生之穗，所有种粒，均变黑粉；嗅之作鱼腥味，故名。在十六区之发生，极为普遍。调查时见及病剧之田，受害穗达百分之四十许。威州附近以至茂县，为害最甚。当自威去茂之时，道经白水寨，至面铺购得锅块，其色灰白。初疑其系掺入青稞粉所致，后访诸乡民，知是处黑粉病极烈。打麦时，黑粉混入种子；在磨面时，如不将种子洗净，粉即呈灰色。黑粉为病菌胞子，即在显微镜下，亦颇微小。今能使面粉变色，其为数之多，实是骇人听闻。

此病防治方法，本极简易，但须用极细炭酸铜粉拌种，而后播种即可。惜山农疾苦，鲜人过问，即此轻而易举之事，亦因乏人介绍，而不克利用。

（乙）大麦病害

（子）坚黑粉病。病株所生之穗，全部变为黑粉，土名亦称之为灰包，为大麦之大

---

① 种粮：底本作“种量”，据文意改。

害，损失率在百分之一至四十间。病情轻剧，依地域、种子来源而别。在佳山寨、西山寨等处所见农人割麦，夹杂病穗甚多。打谷时亦不加选除，宜乎大量病菌胞子，混附种子表面，而为害于翌季也。防治之法，与小麦腥黑病同。但至今无人注意及之耳。

（丑）条锈病。此病兼害大小麦。但调查所及，其为害于小麦也，至为轻微，但大麦则受病受害甚重。病征多见叶部。病轻者，病斑呈长梭形；长二三寸，宽四五分许；上生排成条形一黄色小点。病剧时，病斑大而不规则，黄色小点亦更多。病株生长矮弱，穗形变小，而种粒亦不充实。其为害情形在百分之五十之间。防治方法，以选育抗病种为最宜。

成都平原，此病亦剧，但病菌胞子，抵抗力弱，不耐此间夏季一潮热，故病菌不能年年周始。秋季种麦以后，病菌之来源，依现有证据测之，系来自西方高山。盖山上夏季温度、湿度，均较平原为低，病菌可获生长之凭借，正可补入平原不宜病菌生存之季节。故山区此病之防除，间接当影响成都平原之病害发生也。

（丙）玉米病害

（子）丝黑粉病。此病兼害高粱、玉米。但山中极少高粱，其为害玉米，则关系颇大，病株顶部雄花，全部受害，而成黑粉。间亦有发生于植株其他部分者。其为害雄花，似与收获无妨，但病菌吸取寄生养分，为害仍大。病株所结穗包，往往短小，而种粒亦间有不充实者。九子屯一带，竟有受病之后，加以干旱而致死亡者，可见其影响之巨。为害大处，损失达百分之五。

（丑）瘤黑粉病。此病在地上各部，均可发生。先生一瘤状物，逐渐扩大，最大者可如儿拳，外有白色膜，最后内部全变黑粉。膜如袭破，粉即随风飞散。此病所致之损失，亦属间接，与丝黑粉病同。尤以瘤之着生穗苞上部时为尤甚。汶川南部及茂县附近，发生甚多，而以茂县之病情为最剧，受病率高者达百分之十。

（寅）锈病：病征与小麦秆锈病相似，但多发生于叶部。其寄为害生，不若前述两锈病之剧。但分布普遍，总计其损失，当不在小，估计在百分之一二间。

（丁）大豆病害

（子）叶斑病。病叶上生褐色有轮纹之大斑。病部枯腐，终生小黑点无数。病剧时，全叶腐烂，致使植株矮化，产量减低，豆种瘦小。受病率估计在百分之五至四十间。

（丑）菌核病。自近地面之秆部开始发生，逐渐向上蔓延。病茎呈褐色，在潮湿处，表面生白色棉状薄层，更生成白色小圆粒体，是为菌核，渐变褐色而脱落。病斑有时亦发生于叶部，病叶变褐腐烂，病株因下部之杆枯死，养料不能如常输送，终至全株死亡。此病亦在山阴或其他湿度较高之处为多。

其他栽培作物，或有栽培价值作物之病害，列表于后，以供参考。

植物名称	病名	病菌	学名	普遍性
玉米	丝黑粉病	Sorosporuim	reiliona	普遍
	瘤黑粉病	Ustilago	Zeae	汶茂
	锈肉	Pueciuia	Sorghi	普遍
	叶斑病	Heltpinthosporiuar	Turcicum	普遍
	褐斑病	Physodarma	Leae-maydis	汶灌
小麦	秆锈病	Puccinia	Graminis	普遍
	叶锈病	Ppuccinia	Triticina	普遍
	条锈病	Puccinic	Glumarum	普遍
	腥黑粉病	Tilletia	Tritici 及下 levis	普遍
	散黑粉病	Ustilago	Tritici	普遍
	褐叶粉病	Fpiccocum	Tritoi	普遍
大麦	条锈病	Puccinia	Glumarum	普遍
	坚黑粉病	Uutilaco	Hordci	普遍
	散黑粉病	Ustilago	Huda	普遍
大豆	叶斑病	AScochyta	Sp	普遍
	兰核病	Sderotium	Rohii	汶
	霜毒病	Peronospoia	Manschurica	普遍
马铃薯	叶枯病	Alternaria	Soini	杂谷脑
	疫病	Phytaphthora	Inrestans	杂谷脑
莜麦	叶锈病	Puccinic	Coronata	普遍
兰花烟	褐斑病	Ahernari	Jongisos	普遍
亚麻	枯死病	Fnsarhm	Lini	通化
	锈病	MeJampsora	Lini	通化
菜豆	角斑病	Isaripsis	Griaca	普遍
	叶斑病	Ascochyta	Phaeolorum	普遍
	锈病	Urongces	Appendicviatus	普遍
茄子	褐轮纹病	Phomopsis	Vovans	普遍
南瓜	白粉病	Spbaerctheca	Ilunujivar	普遍
			Fuliginea	普遍
包菜	黑轮纹病	Ahintrta	Brossicas	普遍
	软腐病	Eilinia	Carotovora	理番
	黑腐病	Phytomonas	Campestris	理番
菜油	白锈病	Albugo	Candida	普遍
芹菜	叶枯病	Cercospora	Apii	威茂

续表

植物名称	病名	病菌	学名	普遍性
桃	芽孔病	Cercospora	Circumissa	普遍
覆盆子	锈病	Uedoosp		普遍

十一、改进建议

调查时间既甚短促，问题之认识，不敢竟云透彻。惟就显而易见之诸点，建议改进十六区农业方法如左。

（甲）改良种子

边地地瘠民贫[①]，物质之上限制严重，故改农业之道虽多，最适于环境需要者，实推改良种子。引有优良之种子，则增加生产，不赖肥料，减除病害，无需药剂。但须有人提倡推广，农民可不劳而受惠。改良种子之方针及方法，兹分述如次。

（子）改良种子之目标。

一、抗旱力强：山中水源，每每缺乏。农民素无蓄水之计，纵能设法蓄水，地多沙质，亦易流失。且大气干燥，蒸发亦剧。倘得耐旱品种，可大减旱魃威胁。

二、抗病品种：病害之严重，既如前述。倘用药剂，运输既大不便，成本又复因以增高，非乡民所乐为。如能选育抗病品种，此问题自迎刃而解。

三、耐寒品种：山地农区，几全受制于海拔。易言之，即作物之分布，全视其耐寒力若何。如得耐寒力强之区种，则栽培面积，即可因之推广。

四、早熟品种：山中生长季节甚短，温暖之日，实至可贵[②]。倘有早熟品种，缩短生长期，则一年一熟地区，容有两熟可能矣。

五、出粉率高之品种。所有食粮作物，几全须先行磨粉，玉米、小麦、大麦、大豆、荞麦等，无不如是。如得出粉率高之品种，则同一产量，可利用之部份，即随之增加矣。

（丑）改良种子方法

一、当地品种选择：当地品种中，不乏优良系统。如采用选种方法，依上述目标以行选择，得一品性优良者之可能性甚大。一经选得，即可推广，无风土不宜之虞。

二、引入外间品种：其他地域，气候、土壤相似之处，每每已有优良品种之育成。如能加以介绍，作区域试验后，亦可选优推广。

三、纯化种子：山中作物，品种庞杂。一田之内，小麦有之，大麦、燕麦亦有之。同一小麦也，亦性状各异，如是，则良莠不齐。同一人工地面，所获大有不同。应去劣存优，庶得最大收获。且品种不纯，成熟度不[illegible]，收割之时，每有早熟者种子已落，迟熟者谷粒未充，亦足以减少收量。倘用纯种，自无此[③]弊。

① 地瘠民贫：底本作“地瘠贫民”，今乙正。

② 实至可贵：底本作“至可实贵”，今乙正。

③ 此：底本讹为“比”，径改。

四、集体留种。玉米之产量，以每一代或二代之杂交种为最高。欲得此项种子，非先行自交数代之久，然后人工杂交之。欲行此种作业，自非农家所胜任。应用集体留种法，庶可请长于此技者为之。其他改良种子之方，亦非此莫能行也。

（乙）介绍新作物

洋芋一物，产量既高，养料亦丰，较山中通用之玉米还过之。山农虽有栽之者，但多以蔬菜视之，无大量之栽培。以山中气候、土壤而言，实颇宜于此作物之栽培，应可推广成为食粮作物。其耐寒力甚强，现有垦殖地区，固无地不宜，即目前认为不宜农业之区域，亦颇有可栽洋芋者。将来若拟增加食粮产量，改进食粮品质，以应人口增加，生活提高之求，似舍此莫从也。今之问题，在于野猪为害。倘能积极歼灭野猪，广为栽培，其成功未容忽视。

此外如黑麦，或黑麦与小麦杂交种，耐寒力极强。北方严寒之处，多种植以作食粮。此项作物，颇可加以介绍，以扩充耕殖面积，而增加食粮之量。照二者之间，尤以黑麦小麦杂交种，为晚近[①]育种学家之大贡献，耐寒力强如黑麦，而品质远胜之，尤有介绍之价值。

（丙）改良作业方法

（子）播种方法：撒播[②]虽较省工，但此后作物生长疏密不匀，收量不若条播之高。条播自应予提倡。

（丑）改良农具：改良犁枷等农具，以求得较优之效果，较大之效率。

（寅）集体蓄水：以目前情形而论，实无所谓蓄水设备。而以山土疏松之地，蓄水自非易事。但各农家倘能合而谋之，终不无小补耳。

（卯）提倡造林：人烟所到之处，几已无往而不童山濯濯。少数林木，多赖迷信以维持其存在。不特山土因而趋崩塌，终致不毛，且山水无从为蓄，水旱两虞。改良山中之一般天然环境，非从造林入手不可。今之伐木公司，虽不妨继续其业务，但砍伐方法，不无大有改良之处。而恢复森林，尤当前之急。

（辰）增加施肥量：肥料之缺乏，为农产品之一大原因。倘能尽量利用绿肥山草，或自外运入干燥紧压之肥料，当可增加生产不少。

（丁）改进交通工具：交通不便，为其地民智不开，生活水准低落之最大原因。有无之通不易，闻见欲广无从。土产原料，或则任其[③]积腐，如木材；或则粗制滥用，如羊毛。民智不启，奸商即可愚弄乡民，压榨取利，进而酿成民族纠纷，此间接之弊之也。故交通之开发，实属刻不容缓之图矣。

---

① 晚近：底本讹为“挽近”，径改。

② 撒播：底本作“撒播”，据文意改。

③ 其：底本讹为“共”，径改。

陆　动物之部

绪　言

康藏高原为全球高山生物区之一，动植物之丰富与特异为任何区域所不及，四川地处边陲，西北与青海、西康接壤，故川西北之松潘与理番等地实已属于青康藏大高原之一部。灌县位于成都平原西北部，与川西北山区相接，自此以北以迄省界，海拔由八百至五千公尺以上，纬度则自北纬三十一度至三十三度，地形则由平原而至高山；雪线气候则自半热带而转北方性气候。在此种情形下，故特异之生物颇多，分布情形亦因气候高度不同而异，川西北一带为我国产药最丰富之区域，畜牧前途亦大有希望，故无论以纯粹科学或经济立场而言，有系统之调查及研究实刻不容缓。本组于六月二十五日首先离蓉，至灌县西之蟠龙山（属灌县及汶川县）一带采集调查，于七月十九日重还灌县，与团部会合北行。沿途工作，至理番县西北之青山美人沟为止。八月十九日由理番县城循原道而返，二十三日抵灌县，二十四日平安返蓉城。松潘一带因时间及经济之限制未克成行。总计本组工作时间，前后共二月。工作人员于蟠龙山一带为九人，至理番区则改为五人。第一步之整理工作，则华西协合大学生物系全体参加，今已完成，然详细研究①工作，仍需相当时日也。此次调查工作因经济及时间关系，未克做规模较大之采集，故对鸟类及哺乳类未能调查，只能就昆虫、鱼类、两栖类及爬虫类加以采集及研究。兹将调查结果分述如下，专文五篇另行发表。

一、昆虫

昆虫方面有两大目的，一为搜集高山区之研究材料，二为搜集部分发国内各中学之昆虫分类标本。本组在灌县水磨沟一带工作，前后达五星期之久，故采集较为详细。至于理番、汶川两地，因途中行程较速，平均每日步行四五十里，殊未从事昆虫采集，所经地点，除远成公司之老君沟及青山两林场外，其他各处，大半童山濯濯，植物种类不若灌县水磨一带之丰富，故理番一带收获较少。

① 研究，底本作“究研”，今乙正。

直翅目	Orthotpra	七—八种	一〇个
革翅目	Derrnaptera	二种	二一个
等翅目	Isoptera	一种	一〇个
褶翅目	Plecoptera	二—三种	八个
蜻蜓目	Odonnta	四种	二一个
半翅目	Hemzptera	二六种	一七〇个
同翅目	Homoptera	二〇种	三五四个
脉翅目	Neuroptera	一种	三个
毛翅目	Tricoptera	二—三种	九个
鳞翅目	Lepiaoptera	五〇种	四七四个
鞘翅目	Coeoptera	一一三种	一〇四二个
膜翅目	Iigmenoptera	三五种	三一四个
双翅目	Diptera	三一种	二三二个

二、鱼类

一、猫儿鱼（hucho Breekeri Kimurs），属 Isopapoebyu 目之 Salrmoudao 科。为本科淡水产之良好代表，全体被细鳞；口大，具尖齿，喜吞食其他鱼类；体近圆柱形而力壮，产量甚少，故不易捕取。除背鳍外，复具脘肪质第二背鳍，故极易识别。一九三四年由日本人木村重首先记载。该鱼分布于灌县、汶川、理番、茂县等地之岷江上游，大者长达三四尺，重逾三十斤，每年早春溯江而上，在上游河床平坦及水流迟缓处产卵，秋季则顺水而下，故春季在理番之杂谷脑及灌县之水磨沟均可捕获，秋冬两季则灌县鱼市常有出售。本科鱼类大部均系海产，故疑其由海中溯江而上，遂至上游产卵。惟此鱼之分布，除岷江上游外，其他各地尚未见记载，而以川北灌县、汶川、理番等地发现之地点、时间而论，则四季相接，由此可知此鱼之分布，大概限于岷江上游也。

二、石爬鲶（Euchiloglamiʒdividi），属 Ostariophysi 之目 Sisanidae 科，体态特殊，能适应生活于[①]急流水中，胞腹鳍[②]之位置及形态，亦与常鱼迥异，体阔而扁，胞腹平宽如吸盘状；故能附着于水中岩石上，无论行动或静止，均不致为水流冲去。常匿藏于石隙下，渔人多以手搜捕之。分布于灌县、汶川、峨眉、雅安等地，但灌县之产量特多，产地海拔自二千至四千尺左右。

三、细鳞鱼（Schiqcthoraxprenanti Hersewsteim），属 Ostaryo 目之 Physjidae 科，此鱼全体被细甲，口部向下，下颚具软骨质边缘；口部两侧有短须两对，为上游产量最多之鱼类，据渔人经验，知其产量与猫儿鱼（HuchobJoekeri）之比例为 100∶1，故市

① 于：底本“于”字在“急流”后，今乙正。
② 胞腹鳍：底本作“胞鳍腹”，考下文亦有“胞腹”，则“胞腹”应为一名词，据此乙正。

上常见，经济价值最高。分布于灌县、理番、汶川、茂县、雅安与峨眉一带，海拔自二千五百至六千尺以上均有之。

四、重口子（schisothoraypotanini），属 Osteriophysi 目之 Gprinldae 科，此鱼外形与细鳞鱼无异，惟下颚具有柔软之皮肤覆盖之，故名为重口子，其分布区域与细鳞鱼相同。

五、冷水鱼（ChuanchiaChevgEang），属 Ostariophysl 目之 Cyjiwidae 科，此鱼体圆而长，除肛门两侧及鳃盖后具有大形鳞甲外，余皆赤裸，肛门两旁之鳞片各一列，排列于肛门及腹缘两侧。形似缝隙，故有裂腹鱼之称。本地人则因其产于高山急流之冷水中，故名冷水鱼。此鱼最初在松潘境内发现，此次在理番孟屯沟上游海拔自六千尺至九千尺地方河流中捕得数条，当属此次鱼类中收获之最珍异者。

六、桃花鱼（ZaccoChengtui Kimura），属 Ostoriophysi 目之□□科，此鱼在成都平原及其附近，及川西一带产量甚多，但因其体型极小，经济价值也低。

七、溪鳅（Neowachilussp）属 Ostariophys 目之 Cbitidae 科，在灌县水磨沟及理番四门关一带共获溪鳅三种。

八、黄鳝［Monopternsalbus（Auiew）］，属合鳃目 Aymbranehea 之 Synbkncbidae 科，分布极广，我国各地皆有之。体长如蛇，无鳞无须，胞鳍、腹鳍，概付缺如，背鳍、臀鳍亦均退化，此乃由于第二退化之 Seconbarydegenerasion，而并非代表其进化过程中之低者也。此鱼主要特征即在其左右两鳃孔移向下部，合而为一，故有合鳃目之称。此鱼口腔甚大，血管密布，能吞含大量空气，故口腔兼具呼吸作用而适宜生活于浅水谭及沟中，灌县、水磨沟一带稻田中均有之。

三、两栖类

一、白龙［Batachuperuspinchonii（Duvid）］，属时尾两栖类 Caudat 目之鲵科（Hynobiidae），此种动物栖于山溪急流水边之石下，或浅边之石隰间，或在大河支流之石下，俗名为杉木鱼。因亦常居于杉木林内有水之处，或在已腐杉木或烂叶下，无特殊经济价值，土人有用此动物医疮者。其法，先将杉木鱼晒干，研为粉末调以酒，敷疮口上则愈。间或有人取而作为食物者，其味与泥鱼（Mlegalobatrachusjaponica）味相似，颇可口。当地人对此动物颇迷信传说，谓峨眉金顶白龙池内有此动物，峨山僧人言，如携往他处过夜，即将遁去无踪或死亡。盖白龙善爬，常易匿于石隙间，又以白龙为冷水内生活之动物，若移置温度较高之水中或在海拔较低之处，因环境之改变而易致于死亡。

白龙体形扁长，头部宽平，口大，四肢尚沂原始现象，皆具四指，尾则左右扁平，为在水内之游泳器官。皮肤滑泽，时常分沁滑黏之液。体色不同，有棕色至白灰色者，有时亦有淡绿色者，腹面淡肉色，背部及侧面常有深色斑点。白龙分布颇广，然在海拔六千尺以上始有此动物，如杂谷脑河坝台地以上之孟屯沟、蟠龙山之杉木林、峨嵋金顶，又如西康宝兴县之打枪棚及两河、康定附近均有此动物。白龙生产期约自四月至六月。卵在卵囊内，贴于水内石上，囊长袋形，呈透明状，并有纵纹，新卵孵出之小白龙有外鳃，生活于浅水中。

二、Meqodbryn minor Steineqet，属无尾两栖 Sqiientia 目之 Petobvtdae 科，与 Mepopbrr Poeqeri 及 Meqopbrr Rnatunensr 颇相似，惟头上及背上之花纹则极清楚，产于灌西蟠龙山上，约在海拔三千至七千尺之流水沟内，尽伏于草中石下，夜间则鸣于近水之草中。成蛙体小，雄者三．一厘，雌者较大，三．七厘。体色变化无定，时为淡灰乳或棕色者，有时则为栗色或红褐色。头上有三角形之黑色或深棕色斑纹，背上有◇形之同色斑纹，腿部则有深棕色或黑色之棒状横纹，大腿后面及下面与体基部之左右面为红珊瑚色。足之间几无蹼，然跳跃颇高。此种蛙不易觅得，故无俗名。今所采得之标本之地点，乃近型范标本之产出地 Type locojity。此种蛙之蝌蚪则栖于小水沟内，口部似斜方形之漏斗，用以辅助漂浮水面及吸食水面流动之微小动植物。体短，尾颇长，以便在流水内游泳，体色棕灰。有两足或四足之蝌蚪，则头部俱有深棕色之三色斑纹矣，此亦为该种蝌蚪特点之一。

三、ScutlqersiSkimensis（Blyth），属 Saliortia 目之 Pelobatiae 科，为中国所罕见标本之一种。此种蛙类原产于 Sikkint，后在缅甸与西康交界处亦发现，经作者四年来所调查之结果，始知在川西及西康高山地带亦皆有之，如西康之宝兴县[①]东一带及峨山灌西之蟠龙山，以及汶川之马柳湾。成蛙不易采到，经数人历年来之搜集，仅在陇东得标本三，在蟠龙山得标本二，所得之标本均在小水沟[②]内之石旁或石下。此蛙动作迟缓，与蟾蜍之动作相近。背部有黄棕色圆形之疣颇多，疣上及其附近为黑色或深棕色。眼大，瞳孔如猫，可随光之强弱变更其大小。眼球上半为金黄色，下半为黑金色，似有阴阳之分。雄者较大，体长六．三厘，雌者为五．九厘。于雄性之第一二指上，均有黑色刺状突起，胞部[③]有两团黑刺状突起。此蛙之蝌蚪，由海拔三千英尺至七千英尺内之小水沟内均有之，且为数甚多。蝌蚪颇大，体长二十五厘，尾长五十厘，且尾之基部甚厚，颇有力，故能游泳于山涧流水中。口部特别发达，性贪食，不但能吃石上之低等植物，且可泛食水中之昆虫幼虫及其他稚蝌蚪。上唇齿多为六行，第一行极短，其他五行皆为中断者；下唇齿多为六行，第一行较长于上唇齿之第一行，其他行均为中断。上下齿颇极坚强，有大锯齿形边缘。

四、Scutiqeraiicolo（Procfor），属 Salienfia 目之 Pelobafidae 科，乃中国无尾两栖类之特殊动物，原产于我国西藏高山沟内，栖于海拔一万零五百英尺至一万六千五百英尺各处，现仅有两个标本，在英国皇家博物馆内。作者在灌县蟠龙山之黑峰头，海拔五千英尺处曾采到此种蛙之蝌蚪。在汶川县之马柳湾，海拔为六千英尺左右之水沟内，采到蝌蚪甚多，且有小蛙两个，然成蛙未采到。此蛙与 Scufiqer sikkimensis 之幼蛙颇相似，惟蹼甚发达，四肢上之黑斑花纹较宽，圆疣亦较少。此蝌蚪与 Scoſiqer sikkimensis 蝌蚪颇相近，体尾较短，在背部近尾基处有一棕色之斑纹，此与峨山所产者颇相似。

五、Scufiqer species，属 Salientla 目之 Pelobafdiae 科，此种两栖类之蝌蚪及幼蛙

① 宝兴县：底本讹为“宝随县”，下文有“西康宝兴县”，据改。

② 小水沟：底本讹为“小沟水”，今乙正。

③ 底本衍一“部”字，今删。

采于汶川县之马柳湾内，均在海拔六千英尺左右。蝌蚪颇小，颜色与前者亦不同，背面为棕橄榄色，尾基部黑色。幼蛙背面红棕色，上有极多之深棕色斑点或黑色斑点，四肢上有不甚清楚之黑斑花纹，因成蛙未采到，故此种新蛙之讨论待诸来日。然以前之记载，中国只有前所言之二种，此为第三种 Scufiqer 之蝌蚪发现，谅系新种也。

六、Aleurophryne qlandulata spnov，属 Salientia 目之 Pelobatidae 三科，为中国无尾两类中最特殊亦最稀罕之动物。外形及动作似蟾蜍，然骨骼特性及□□属 Pelobatidae 科。按以前之记载，在中国西部高山地带有 Aleuropyne mammata Giinther，在一八九六年定名为 Bufomammata，后改为 Aleuphrophayne，第二种为 Aleurophryneqiqas，Boring 与 Pope 将此新种归并于第一种蛙之名称，不但因其特性与 Aleuropyne mammata 相近，且产地亦相同。按此在孟屯沟调查之结果，曾在河坝附近海拔八千英尺处采到此种蛙，与 Aleurophyne mammata 相近，而不同之处亦多，如雄性标本胸部有腺两对，前对大，后对小，腺上无刺。第一二指上之□亦不甚发达，故名之为 Aleurophryne qladulata。此蛙居于河边石下，为数极少。经三日调查之结果，仅采到雌性、雄性标本各二个，雄者体长八十一厘与六十七厘，雌者八十一厘及七十七厘，体为棕绿色，上有深棕色之斑纹，金色在头部尤为显著，瞳孔与 Scuriqer sikkimensis 者相同，光之强弱可更变瞳孔之大小。卵产于静水中石下，为数极多，乳白色外有胶质黏于石面上，蝌蚪小者多在小静水沟内，大者则在大河边流动之浅水内，为灰棕色，此种新蛙之特别叙述当另著文出版。

六、□□□□，属 Salientia 目之 Bufonidae 蟾蜍科，为作者前往西康采到之新种蟾蜍，今在灌县、汶川、理番各地均曾采到。该蟾蜍与普通蟾蜍相同之处甚多，如颜色、赘疣及蝌蚪之口部等。雌性体长约一百厘，雄性约七十二厘，雄者虽大，前肢亦粗肚。第一二指上有刺状黑点。昼伏夜出，居于屋旁或水边石下，产卵于静水池内，卵之动物极为淡黑色，植物极为乳白色，蝌蚪小而黑，尾鳍低，尾端圆，亦为黑色。口大，胸部有小凹□四，或作为吸于石上之用。到戎民所居地带，仅知蟾蜍为惟一之无尾两栖类，名曰喀士比。

七、□□□□，属 Salientia 目之 Mioronyldae 科，为中国西部之狭口蛙，原产于嘉定，由华西大学之葛维汉氏首先采得，经美国博物馆 Stejneqer 氏所定名者。蛙与广东所产之 Kalcij 相近，惟体较小，□极发达，且背面无淡色之长条花纹。此蛙在灌县附近颇多，于七八月间，大雨后常鸣于静水池附近或水上，以便吸引雌性而事产卵。口小皮滑，为橄榄色，上有无规则之深色斑点，指端为宽大方形，与其他蛙类颇不同。卵产于静水内，卵棕色，外附以胶质，并□□□帽，为卵之漂浮器，以此卵漂静水而如油点，不易使人注意。蝌蚪深棕色，体扁宽，口阔而无齿，尾短而高，生活于静水池沿内，常不为人注意，因平间恒藏匿于池底石下或腐叶下故也。

八、Stamrosis juqans（Steineqcro），属 Salientia 目之 Ranidae 科，原发现于汶川县境，为葛维汉氏首先所采得。此蛙栖于山涧急流水沟内，常在海拔三千至五千英尺左右，俗名称为涨水蛙。盖因春夏之间，因雨大水涨后，则出现于水沟内之石上或瀑布附近之故。天旱水小时则匿于石隙内，大雨后因水浸于石隙内，外间湿度适于此蛙之出现，故由四月中旬至七月底，雨后晚间，闻此蛙之鸣声。若借电筒之光捕捉□，则每晚可得数十头。为适用环境关系，蛙身扁，腿长，蹼大，指端均有极大之吸盘，如此则能在急流水内游泳，亦可吸着于峭壁上。其产卵期尚未调查清楚，然蝌蚪之形态及适应环境之方法颇为特殊，与石爬子鱼极相似。体扁，腹面平，口部及胸部成一大吸盘，用以吸于急流或瀑布中之石上。此吸盘如一真空杯，蝌蚪用此可在光平之石面上滑行，不但能逆水而上，且可由瀑布下之垂直石面上行，幼小蝌蚪则多栖于小瀑布下塘水之内。

九、Soaurois fnnensis□□，属 Salientia 目之 Ranidae 科，产于理番县城外南沟、杂谷脑及孟屯沟、汶川之银杏坪附近及草坡。此蛙与 Staurois 极相近，习性亦相同，惟体形较大耳。蝌蚪之口部与 Staurois 蝌蚪之口部不同。盖后者之上唇有齿四行，而该新种则有七行，且腹下之毒腺位置亦不同，故定为一新种。第一个标本采自理番，故名之为理番蛙，在相同之环境下亦采到 Stamrosis juqans 成蛙及蝌蚪，适应环境之方法与前所讨论者同，不再赘述，关于此新种蛙叙述，另见他篇专文。

十、Rana boulenqe□□，属 Salientia 目之 Ranidae 种，体大腿长，栖于山涧急流水沟内。背油绿色，腹面及四肢下面为黄色，蹼极发达且指端有小吸盘，常驻在急流水内之大石上。善游泳，体力殊强大，故不易采集。其蝌蚪则甚小，灰黑色，体上有深色斑点；栖于大水之急流水边之静水处。灌县之青城山及蟠龙山，以及汶川县之南岳庙等处均有此蛙之踪迹。雄者大而雌者小，产卵期尚未调查清楚，然蝌蚪由四月至九月可在水沟内觅到，成蛙于晚间较易采集。

十一、Rana boulenqe□□，属 Salientia 目之 Ranidae 科，原产于宜昌。在一八八九年为 Gssnther 氏所发现，后与中国之 Ran pinovh 相混。在一九二〇年，Boulenqer 氏将此蛙改为 Rana。Spsnosa 由一九三一至一九三四年曾到美国及欧洲之各大博物馆加以究研，始知华西 Ranaboulenqe Giintner Ranaspinosa 之不同。经作者在川三年之调查研究，愈知华西□□与□东产者不属同种，不□□蛙之特性不同，并生活史与蝌蚪亦相异。此蛙俗名为梆梆鱼，盖以其鸣如梆声。常在山涧近水之石下，雨后晚间则易采到，其肉鲜美无比，可作羹。雄蛙食时几似海参，因胸部皮上有刺状凸起甚多故也。此蛙大而且肥，雄者约重半斤，雌者稍逊。产卵期颇长，经数年调查之结果，似为由三月至九月底。卵产于小静水沟内之大石下。卵大，为□黄色，外有胶质黏于卵之下面，卵可坠入水内。蝌蚪淡棕色，□中长，在山间大小流水沟内均有之，如灌县之青城山、之蟠龙山及汶川之南岳庙、娘子岭以至理番威□□附近，由二千五百至五千英尺海拔之山上均有之，平原则无此蛙。

十二、Rana japonica Giinthar，属 Salientia 目之 Ranidae 科，为中国普通蛙类之一。在灌县白沙附近及水磨沟与汶川县之南岳庙均有之，于二三月间产卵于慢流水或静水内，或产于山边之稻田中。成蛙为灰棕黄色，眼后有三角形之棕色或深灰色之斑纹，眼后至后腿基部之直□腺，为此蛙之特征。背部常有圆形突起，有时有深色之斑纹点，腿之背面则有深色横斑纹。身长约六十尺，雌雄略同，然雄性之后肢长，雌性之□□，前者之□，比后者之□较大，且其前肢亦甚大，大指内上部有极大之腺状突起。在产卵时期，于水旁可采到，在产卵前后则多匿于草内，然亦常在树林里找到，故亦名为森林蛙。有后肢之蝌蚪，尾长约五十二厘，身长十七厘，尾长三十五厘，身体为灰棕色，上有极多之小深色斑点。唇齿之行数不同，然上唇多为三行，第二三行为中断者，下①之皆为三行，只第三行为中断者。中国森林蛙之问题尚多，华北者似为不同之两种，而华东及华西是否同种，则尚待研究之。

十三、Rana limnochoris Gavenborst，属 Salientia 目之 Ranidae 科，为中国蛙类分布最广之一种，其经济价值甚高。因多栖于稻田内，食各种农作物之害虫，增加此种蛙之数量，则为生物防治害虫法之一。惜农夫无知，常加害于此成蛙与蝌蚪，至于游禽等对蛙卵及蝌蚪之为害亦颇巨。由灌县城至蟠龙山之五千英尺左右海拔处及汶川县之各处均有之，雄性成蛙小于雌性者，前者体长约三十九厘，后者约四十六厘，体色变化颇大，常为灰棕色，上有棕色或深棕色之斑点，背面前部常有深红色之斑点。瞳孔方形，深紫色，此为其特征之一。五六月间则产卵于有水之稻田中，卵小，为灰棕色，蝌蚪亦小，体长约十一厘，尾长约二十二厘，身为浅灰绿色，尾鳍上下边缘则有深色之斑点，唇齿行数无变化，上唇有二行，第二行中断，下唇有三行，无中断者。

十四、Rana niqromncota Hoallon，属 Salientia 目之 Ranidae 科，亦为中国蛙类最普通之一种，居于池旁湿处或在稻田附近，海拔三千五百英尺左右之灌县、汶川各地均有之。在四五月间则移居水内，以便产卵。该蛙之经济价值颇高，不但为消灭害虫之有益动物，且亦为实验室内常用之材料，亦为人类所药食，政府虽禁止捕捉，然市上依然可以购到，关于卵及蝌蚪之损失亦颇大。注重农业生产事业者，似应对此问题多加以研究。雄者体长六十七厘左右，而雌者为八十厘，前者后肢长于后者。体色之变异极大，雌者多黑色或黑绿色，背中间有一极显著之乳白色条纹，由头部至体末端。雄性者为灰黄色，或为绿色，或为银灰棕色，背中线不若雌者显著，有时或无。卵产于池塘内或水沟内，时或产于稻田中。蝌蚪颇大，体长十七厘左右，尾长约五十四厘，体为橄榄色，尾色颇淡，上唇齿两行，第三行中断，下唇有三行，第三行为中断者，上唇齿为三行之蝌蚪颇少。

十五、Rhacophorusdavidi（Sauvaqe），属 salientia 目之 Rhacophgridae 科，为川康特产，原产于西康宝兴县，后有人在峨眉山采到。Stejreqir 氏认为后有人 Rhacophorus Omeimontis 与产于宝兴者同。此蛙俗称为天蛙，因常在树上、屋上或墙壁上。在灌县之青城山、蟠龙山及汶川之南岳庙等处均有之，其分布由二千至四千英尺。然在峨眉之金顶曾采到此蛙之蝌蚪及成蛙，雌性体长七十六厘左右，雄性六十六厘左右，前者之后腿较短，然其指端之吸盘则略大。体色之变化甚大，依环境状况而变，在暗湿处则色深暗，反之则变为淡色。背面为淡棕色或灰棕色，上有无定形绿色或黄绿色之斑点，色如地衣之生于树皮上者，故不易判别。四五月晚间，雄者先到池边之树枝或草上，以其鸣声吸引雌性。产卵时以树叶作巢，粘以胶质。卵产于巢内，至孵化之时胶质溶化，蝌蚪滴入水内。体色黑，长十五厘，尾长二十，于食物丰富池塘内之蝌蚪较大，且体色极深，反之则体小而色淡，故其受食物之影响颇大。上齿多为五行，内四行皆为中断者；下唇齿多为三行，第三行中断。初长成之幼蛙全体为绿色，与绿色雨蛙同。

十六、Rhacphorus leuconystax（Graaenholst），属 Salientia 目之 Rhacophgridae

① 下：底本作“上”，据文意改。

科，分布颇广，变异亦大，然多在山上，如灌县之青城山、蟠龙山，汶川县之南岳庙及娘子岭均有之。平时在树上、竹林内或草中，因常在竹上找到，故俗名为上竹蛙。雌雄差异颇大，雄小雌大，指端皆有吸盘，以便吸着于树上或壁上，体色亦能因环境而变，由深棕色变淡米黄色。多数标本背面有深色纵纹四条，少数标本则背面有“之”形之深色花纹。产卵时期，雄者在稻田小静水池旁，或破旧之粪池旁呜呜作鸣，以吸引雌性。卵产于袋状胶质物内，为圆形或椭圆形，贴于水之池壁上或稻田边缘及稻苗上，孵化时则滴入水内。蝌蚪体短圆，在吻端上部有“之”形米色斑点为其特征。尾宽短，末端为尖形，极易破坏。蝌蚪之大小、体色，亦常为水中食料之多寡所影响，上唇齿多为四行，内三行皆中断，下唇齿为三行，仅内一行中断，初成幼蛙与①成蛙特性同。

四、爬虫类

一、NatrixnuchLis（Boujeoqer），属 Colubriadae 科，分布于中国西部高山地带，如灌县之山及理番各地均有之，喜匿于石下或腐烂植物下。无毒，不咬人，惟嗅味如蒜，难闻无比。

二、Achalinusipiualis Hetels 属 Colubridae 科，俗名龟板蛇，在高山石下常有之。体小，紫灰色，色淡者体常为半透明状，在灌县蟠龙山四千英尺海拔处曾采到，在汶川县各处颇多，无毒，不嗜咬。

三、Zaocysdhumnades（cantor），属 Colubridae 科，俗名乌梢蛇。大为乌黑色，小者则有纵行斑纹②，行走甚速，力大不易捉到耳。嗜咬，普通以为有毒，实则无毒，常到水边捉蛙为食。在平原及高地上均有之，然不越四千英尺左右之海拔处。

四、Amblycebhahs Chinensis Barbiur，属 Colubriadae 科。俗名蛇旱黄鳝，因其形状及颜色均似黄鳝，然不居水内，故名③为旱黄鳝。此蛇无毒，亦无恶味，不嗜咬，在汶川县豆芽坪附近，经张锡昌君采到，而身体半部已为一较小之毒蛇所吞食。峨山之大坪寺，此蛇闻名。

五、Aqkiatrodon strauchi（Bedriaqa），属 Crotahidae 科。俗名地皮灰，因其体色与地皮色相近，此为适应环境之用，以免易于发现。该蛇为高山动物，由七千英尺至一万四千英尺海拔处均有之，在理番之塔思坝、河坝寨附近之石下或路旁均可采到，此蛇颇毒。

六、Trimeresurus mucrolquamatus（Cantor），属 Colubriadae 科，俗名烙铁头，或以其头形似烙铁，且有黑色花纹故也。此蛇甚毒，被咬者虽不致丧命，而常变残废，盖被咬后数小时内，被咬部分即行肿起，痛苦万分，有时被咬肢体可脱落或骨脱节。各地医法不同，有将雄黄末和以酒敷伤处，或于咬后立将被咬部浸□水缸内。灌县、汶川各山地均有之。

① 与：底本作“异”，据文意改。繁体“异”与“与”形近。

② 斑纹：底本作“斌纹”，据文意改。

③ 底本此处衍一“名”字，今删。

七、Jpalura splenda Barbor and Dunh，属 Auqamidae 科，俗称四脚蛇。由汶川县之映秀湾至杂谷脑沿途均有之，由威州至理番一带最多。雄者大，背面有冠，喉下为绿色，且可下垂。雄者相斗时则冠直立，喉下绿色部分亦下垂，成一突起物，雌者无显著之颜色及冠。此种动物爬行甚快，且可跳跃，卵长，圆形，白色。

八、Ophisauru sharti Boueuqer，属 Anqmidae 科，俗名脆蛇。土人据传此蛇若由树上落下，可分为若干段，然能立即将各段自行接起，仍可成一完好之脆蛇。此颇宝贵，言浸于酒内可医跌打损伤。在汶川之南岳庙及峨山曾皆采到。

九、Sphenomophus indicus (Gray)，属 Soincidae 科，俗名铜蛇。肉体如铜色，高山平原均有，由灌县至理番沿途均有，唯不多耳。铜蛇喜匿路旁石下，为胎生，七八月间每一雌者可生七八个以至二十余头小铜蛇。

十、Leioploqisma spnov，属 Soincidae 科，俗名小铜蛇，产于高山□海拔七千英尺至九千英尺之山上，天晴时常爬行于石间，然喜隐藏于石上。在理番之塔思坝及尽头寨均发现此动物，形态与□□相近，然此四脚蛇为胎生，而□□则为卵生。